Roland Förther ist Chief Developer bei der Senacor Technologies AG in Nürnberg. Seine Arbeitsschwerpunkte sind u.a. Client-Anwendungen in C unter Unix/X11 sowie in Java/Swing, Webanwendungen in Java/Struts und Ruby on Rails. Er studierte Informatik an der Friedrich-Alexander-Universität in Erlangen.

Carl-Eric Menzel arbeitet als Senior Developer bei der Senacor Technologies AG. Er beschäftigt sich dort mit den Themen Middleware-Entwicklung im Java-Enterprise-Bereich, Java-Webanwendungen sowie Usability. Er studierte Informatik an der FH Furtwangen.

Olaf Siefart ist Chief Developer bei der Senacor Technologies AG, wo er mit J2EE-Applikationen und Client-Architekturen (Webanwendungen) arbeitet. Er absolvierte sein Studium der Informatik an der Universität Marburg.

Roland Förther · Carl-Eric Menzel · Olaf Siefart

Wicket

Komponentenbasierte Webanwendungen in Java

dpunkt.verlag

Roland Förther
rfoerther@wicketbuch.de

Carl-Eric Menzel
cmenzel@wicketbuch.de

Olaf Siefart
osiefart@wicketbuch.de

Lektorat: René Schönfeldt
Copy-Editing: Ursula Zimpfer, Herrenberg
Satz: Science & More, www.science-and-more.de
Herstellung: Nadine Thiele
Umschlaggestaltung: Helmut Kraus, www.exclam.de
Druck und Bindung: Media-Print Informationstechnologie, Paderborn

Bibliografische Information Der Deutschen Bibliothek
Die Deutsche Bibliothek verzeichnet diese Publikation in der Deutschen Nationalbibliografie;
detaillierte bibliografische Daten sind im Internet über <http://dnb.ddb.de> abrufbar.

ISBN 978-3-89864-569-0

1. Auflage 2010

Ringstraße 19 B
69115 Heidelberg

5 4 3 2 1 0

Inhaltsverzeichnis

1 Einleitung

Entwicklung und Pflege von Java-Webanwendungen stellen hohe Ansprüche an alle Beteiligten: Webdesigner müssen sich täglich mit den Launen der Webbrowser bezüglich der Interpretation von HTML, CSS und JavaScript auseinandersetzen. Von den Java-Entwicklern wird erwartet, dass sie einerseits Java beherrschen, aber andererseits auch fit sind in JavaScript, HTML und mehreren XML-Dialekten. In vielen Projekten muss der Java-Entwickler sogar die Aufgaben des Webdesigns mit übernehmen.

Erschwerend kommt hinzu, dass die Basistechnologien des World Wide Web – HTTP und HTML – nie für die Umsetzung interaktiver Benutzeranwendungen gedacht waren. Seit Jahren versucht man mit Frameworks aus Open-Source-Initiativen, durch den Java Community Process sowie über kommerzielle Produkte, die Unzulänglichkeiten der Webtechnologien vor dem Entwickler zu verbergen, und verspricht ihm stattdessen mächtige und zugleich benutzerfreundliche Programmiermodelle.

Dieses Buch zeigt in der Einleitung, welche Rolle das Open-Source-Webframework Wicket dabei spielt und wie es sich gegenüber Mainstreamlösungen positioniert. Wir werden dazu einen Überblick über die wichtigsten Features von Wicket geben.

Wir wollen außerdem erläutern, was uns bewegt hat, zum Thema Wicket ein Buch zu verfassen, und welchen Leserkreis wir damit ansprechen wollen. Wir werden den Leserkreis in Zielgruppen abhängig von persönlichen Vorkenntnissen aufteilen und für jede Zielgruppe einen Leseleitfaden aufzeigen.

Am Ende dieser Einleitung sollte der Leser so viel über das Buch wissen, dass er entscheiden kann, ob sich die weitere Lektüre für ihn lohnt.

1.1 Wicket im Dschungel der Java-Webframeworks

Kaum ein Thema in der Entwicklung von Java-Webanwendungen wird zurzeit so heiß diskutiert wie die Frage, welches Webframework die beste Wahl ist. Allein unter der Webadresse `http://java-source.net/open-source/web-frameworks` werden über fünfzig Open-Source-Frameworks aufgelistet, unter denen sich der Entwickler nach Belieben bedienen kann. Daneben gibt es auch noch etliche kommerzielle Alternativen.

Warum wird so viel Energie in die Entwicklung von Webframeworks gesteckt? Gibt es keine einzelne Lösung, die leistungsfähig genug ist, um die meisten Bedürfnisse zu befriedigen, und die am besten noch standardisiert ist?

1.1.1 Historische Entwicklung

Betrachten wir die historische Entwicklung der Java-Webtechnologien, um die heutige Situation besser verstehen zu können.

Die Servlet-API

Schon lange bevor die erste Version der Java-Enterprise-Plattform definiert war, hatte Sun mit der Einführung der Servlet-API 1.0 im Jahre 1997 den Weg zur Entwicklung von dynamischen Webinhalten in Java bereitet. Das Servlet-Prinzip ist leicht zu verstehen, wenn man sich ein wenig mit den Grundlagen des HTTP-Protokolls auseinandergesetzt hat: Anfragen von Clients werden von einer Servlet-Engine entgegengenommen. Jede HTTP-Anfrage wird in ein Java-Objekt vom Typ `HttpServletRequest` verpackt und über einen URL-Abbildungsmechanismus an ein Servlet delegiert. Dabei wird die Methode `service(...)` einer `HttpServlet`-Instanz aufgerufen. Das Servlet führt serverseitige Logik durch und schreibt die Clientantwort (meist in HTML) in das Containerobjekt vom Typ `HttpServletResponse`. Die Servlet-Engine erzeugt aus dem Antwortcontainer die HTTP-Antwort und liefert sie an den Client zurück.

JavaServer Pages

Auch wenn das Programmiermodell eingängig ist, erregte es erst größere Aufmerksamkeit, nachdem Sun zwei Jahre später (1999) die Servlet-Spezifikation 2.1 veröffentlichte und im gleichen Zug mit *JavaServer Pages* (JSP) eine Technologie einführte, mit deren Hilfe man HTML-Seiten auf Basis von Vorlagen erzeugen konnte. Man hatte offensichtlich erkannt, dass die Generierung von Markup in Java weder zur Übersichtlichkeit noch zur Wartbarkeit des Codes beitrug. JavaServer Pages erlauben zur Erzeugung einer Seite die Vermischung von regulärem, statischem HTML mit dynamisch generierten Inhalten durch

Java-Code. Mit anderen Worten: Über JavaServer Pages erreicht man im Gegensatz zu Servlets eine Trennung von Darstellung und Inhalt.

Jetzt standen mit Servlets und JSP gleich zwei Ansätze zur Erstellung von Anwendungsseiten bereit. Sun hatte sich bereits in Vorabversionen der JSP-Spezifikation 1.0 darüber Gedanken gemacht, wie die Rollenverteilung zwischen diesen Technologien aussehen kann. Ein Vorschlag, den sie Model 2 nannten, ist bis heute Grundlage vieler Webframeworks (siehe Abbildung 1-1). Die Idee ist, beide Ansätze so in die Request-Verarbeitung einzubeziehen, dass jeder für sich seine Stärken ausspielen kann. Die Stärke von Servlets liegt klar in der Ausführung Businesslogik-lastiger Aufgaben. JSP-Seiten dagegen eignen sich am besten für das Rendern von Anwendungsseiten.

Die MVC-Variante Model 2

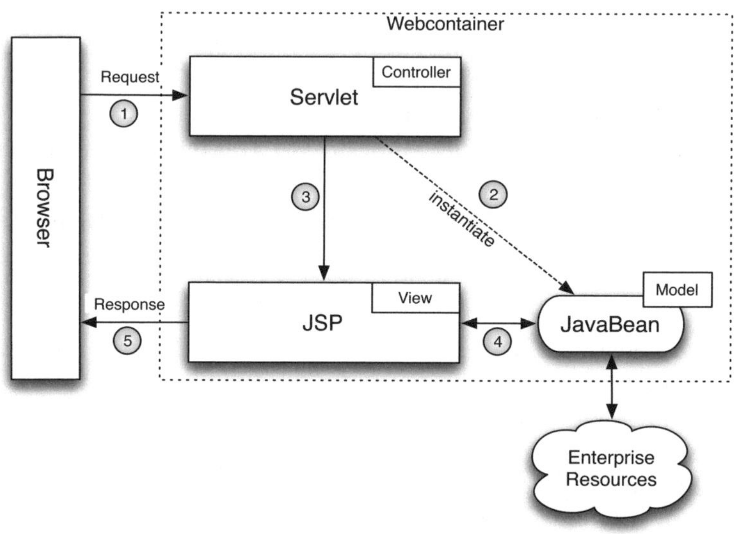

Abb. 1-1
Model 2 zur Strukturierung der Anwendung

Eine ausführliche Diskussion des Model-2-Anwendungsmusters kann in Abschnitt A.3.3 nachgelesen werden.

Zu Model 2 gesellte sich mit Front-Controller[1] bald ein weiteres Architekturmuster, das dabei helfen sollte, technisch motivierte Controller-Logik und die Einbindung Request-übergreifend benötigter Dienste zu zentralisieren. Beim Front-Controller-Muster werden alle Requests durch ein einzelnes Servlet – den Front-Controller – geleitet. Das Front-Controller-Servlet bindet zentrale Dienste ein und delegiert an Application-Controller-Instanzen zur Ausführung der anwendungsspezifischen Logik. Zentrale Dienste decken beispielsweise die Berei-

Front-Controller

[1] `http://java.sun.com/blueprints/corej2eepatterns/Patterns/FrontController.html`

che Internationalisierung, Logging, Authentifizierung oder Autorisierung ab.

Front-Controller und Model 2 bilden die Grundlage für viele Webframeworks. Struts war eines der ersten Frameworks, das diese Architektur nahezu unverändert umgesetzt hat und lange Zeit als De-facto-Standard für die Entwicklung von JEE-Webanwendungen galt. Auch heute findet man in sehr vielen Firmen noch Struts-Anwendungen, die weiter gepflegt oder migriert werden müssen.

Struts – der Dinosaurier unter den Webframeworks

Struts wies als Framework von Anfang an gravierende Designschwächen auf, die man aber lange Zeit mangels Alternativen in Kauf nahm. In Struts2 wurden einige dieser Probleme gelöst, wodurch jetzt z. B. der Front-Controller (der als eine Interceptor-Chain realisiert wird) den eigenen Wünschen entsprechend angepasst werden kann. Jedoch kamen die lange ersehnten Verbesserungen mit Struts2 zu spät, sodass sich zwischenzeitlich Alternativen etablieren konnten, die wesentlich durchdachter waren. Erwähnenswert hierzu ist beispielsweise Spring MVC, das sich neben einer sauberen Model-2-Umsetzung auch perfekt in einen Spring-basierten Business-Layer integrieren lässt.

1.1.2 Der Weg zu komponentenbasierten Frameworks

Mit wachsender UI[2]-Komplexität und Größe einer Webanwendung stellt man fest, dass eine Model-2-Anwendungsarchitektur häufig nicht den erwarteten Mehrwert bietet. Andere Probleme treten dann in den Vordergrund, für die Frameworks wie Struts oder Spring MVC kaum Lösungshilfen anbieten:

Model-2-Frameworks besitzen gegenüber HTTP und der Servlet-API nur eine dünne Abstraktionsschicht. Unwegsamkeiten des HTTP-Protokolls und Eigenschaften des Browsers als Clientplattform wirken sich bis in den Anwendungscode aus. Hier sind einige prominente Beispiele, die eine Behandlung im Anwendungscode erforderlich machen:

Typische Probleme von Webanwendungen

- Die aktuelle Seite wird über die Browserfunktion Page-Reload neu geladen. Mit dem vorangegangenen Request wurde der Inhalt eines Formulars abgesendet. Ohne zusätzliche Maßnahmen würden die Formulardaten nochmals gesendet werden – eine unerwünschte Situation, wenn man z. B. mit dem letzten Request eine Banktransaktion abgeschlossen hat. Vergleichbare Szenarien sind die Browser-Back-Funktion oder das Öffnen eines weiteren Browserfensters.
- Das manuelle Codieren und Decodieren von URLs ist aufwendig. Fehlerhafte URLs werden oft nur zur Laufzeit erkannt.

[2] User-Interface

- Hauptaugenmerk fast jeder Webanwendung ist die Verwaltung des Anwendungszustandes. Der Anwendungszustand gliedert sich in Request-bezogene, benutzerbezogene oder anwendungsglobale Informationen, für deren Verwaltung die Container `HttpRequest`, `HttpSession` und `ServletContext` durch die Servlet-API bereitgestellt werden. Diese Container sind wie normale Hashmaps nicht typsicher. Das heißt, Fehler durch falsches Casten werden erst zur Laufzeit aufgedeckt. Die Anwendung ist für den Lebenzyklus der Containerobjekte selbst zuständig. Bezüglich der Sessiongröße, d. h. der Datenmenge in `HttpSession`, müssen häufig Grenzen gesetzt werden, wenn man eine große Anzahl paralleler User erlauben möchte. Mit zunehmender Größe der Benutzersession erhöht sich außerdem die zu replizierende Datenmenge beim Betrieb in einem Cluster. Die Verwaltung der Sessiondaten in `HttpSession` erfordert deshalb besondere Aufmerksamkeit durch den Anwendungsentwickler.

Komplexe Weboberflächen, die nicht nur aus einfachen Formularen, Links oder Tabellen bestehen, erfordern unverhältnismäßig hohen Entwicklungsaufwand. Diese Einschätzung teilen vor allem erfahrene Desktop-Anwendungsentwickler, die mit Frameworks wie Swing oder SWT wesentlich effizienter Benutzeroberflächen erstellen können.

Selbst wenn man den hohen Entwicklungsaufwand in Kauf nimmt, sollte man wenigstens erwarten können, dass man das Ergebnis seiner Bemühungen wiederverwenden kann – idealerweise als Blackbox verpackt mit funktionaler Aufrufsematik. Das ist leider nicht der Fall. Eine auf die Granularität von (Web-)Seiten beschränkte Architektur wie Model 2 ist dazu wenig geeignet.

JavaServer Faces

Diese und andere Erkenntnisse haben die Mitglieder des Java Community Process (JCP) dazu bewogen, über den JSR 127 mit *JavaServer Faces (JSF)* eine komponentenbasierte Architektur und API für Java-Webanwendungen zu definieren, die fortan den Standard in der Entwicklung dieser Anwendungsklasse setzen sollte.

Als Kurzfassung lässt sich die JSF-Architektur so beschreiben: UI-Komponenten werden in einem Baum angeordnet. Benutzeraktionen werden auf serverseitige Ereignisse (Event) abgebildet und von Event-Handlern verarbeitet. Komponenten können sich selbst rendern und ihren Zustand bei Bedarf sichern und wiederherstellen. Die Request-Verarbeitung geschieht nach einem fest definierten Phasenmodell, das in jeder Phase Einhängepunkte für anwendungsspezifische Erweiterungen bietet.

Auch wenn mit jeder Spezifikation eine Referenzimplementierung von Sun zur Verfügung gestellt wurde, blieb der Ansturm der Entwicklergemeinde auf JSF lange hinter den Erwartungen zurück. Selbst heute ist man mit der in der Praxis gelebten JSF-Spezifikation 1.2 als Teil von JEE 5 noch nicht an einem Punkt angekommen, an dem man von einer breiten Akzeptanz sprechen kann.

Wie kommt das? Tatsache ist, dass JSF kein One-Stop-Shopping-System aus dem Blickwinkel vieler Projektvorhaben ist. JSF stellt in erster Linie ein Gerüst mit standardisierter API und Erweiterungspunkten dar, das in den Projekten um weitere Frameworks angereichert wird, um eine praxisgerechte Plattform zu erhalten. Die Erwartungshaltung der Technologie-Entscheider in Unternehmen gegenüber JSF ist aus unserer Erfahrung eine andere. Man erhofft sich von JSF eine fertige Lösung, die sich nicht nur auf die Bereitstellung eines Komponentenmodells konzentriert, sondern viele der täglichen Probleme angeht, so z. B. das Arbeiten in mehreren Fenstern, eine Back-Button-Unterstützung oder Bookmarks von Anwendungsseiten.

JSF soll laut JSR 127 die Entwicklung von Java-Webanwendungen deutlich erleichtern. Komponenten zu schreiben soll ebenso einfach sein, wie bestehende Komponenten wiederzuverwenden. Unserer Ansicht nach trifft es nicht zu, dass Komponenten einfach zu erstellen sind. Dagegen spricht schon, dass im Standardfall zahlreiche Artefakte erstellt bzw. gepflegt werden müssen:

- Komponentenklasse
- HTML-spezifische Komponentenklasse
- Renderer-Klasse
- `faces-config.xml`
- JSP-Tag-Handler-Klasse
- JSP-Tag-Library-Descriptor

JSF ist klar spezifikationsgetrieben. Das Fähnchen »Standard« wird so hoch gehalten, dass man weitverbreitete Problemfälle aus der Praxis nicht rechtzeitig wahrnimmt und im Standard vernachlässigt. Wir wollen dies an einem aktuellen Beispiel verdeutlichen. Die Aggregation einer Komponente aus bestehenden Komponenten ist einer der häufigsten Gründe, eine Komponente selbst zu schreiben. In JSF muss ein solches Aggregat mühsam in Java-Code erstellt werden. Ein Templating-Mechanismus, der statischen von dynamischem Markup trennt, bei dem die zu aggregierenden Komponenten im Markup deklariert werden, ist hier besser geeignet. In der Entwickler-Community hat man das Problem erkannt und bietet z. B. mit *Facelets* eine Lösung, die das JSP-basierte View-Handling ersetzt. Bedauerlicherweise ist die Facelet-Technologie kein JSR-Standard.

JSF ist seit JEE5 Bestandteil der Java Enterprise Edition. Verbesserungen können nur zu den JEE-Release-Zeitpunkten (etwa alle zwei Jahre) veröffentlicht werden. Das ist unschön, wenn man bedenkt, dass sich gerade im Bereich der Webtechnologien eine rasante Entwicklung vollzieht.

Auch wenn mit der kürzlich verabschiedeten Spezifikation 2.0 dringend gebrauchte Verbesserungen eingeflossen sind, bleibt JSF 2.0 für viele Anwender weiterhin Zukunftsmusik. Jetzt sind erst einmal die Application-Server-Hersteller gefragt, entsprechende Implementierungen zu liefern. Selbst dann werden längst nicht alle Anwender von einer älteren JSF-Version umsteigen können, da gerade Enterprise-Kunden oft eine konservative Haltung in Bezug auf ein Upgrade des Application Server einnehmen.

Alles in allem bietet JSF oft nicht das, was viele davon erwarten. Statt »Ease of Development« und »One-Stop-Shopping« erhält man ein Baukastensystem mit großer Lernkurve. Auf der anderen Seite muss man zugestehen, dass durch die Standardisierung einiges in die Tools und Komponenten rund um JSF investiert wird, wodurch einige seiner Schwächen in der Wahrnehmung abgemildert werden.

1.1.3 Wie Webentwicklung wieder Spaß macht

Wicket als Top-Level-Apache-Projekt

Abseits des Mainstreams wurde im Jahr 2004 von Jonathan Locke das Open-Source-Webframework Wicket initiiert. Jonathans Vision war es, ein Webframework zu entwickeln, das in der Kategorie der komponentenbasierten Frameworks neue Maßstäbe setzen sollte. Wickets Leitmotiv sollte sein, ein Rahmenwerk bereitzustellen, das intuitives Vorgehen und hohe Effizienz bei der Erstellung von Webanwendungen fördert. Bis dato war man von der Umsetzung dieser Vision durch die Mainstreamlösungen wie Struts und JSF weit entfernt. Wicket fand sehr schnell Beachtung durch die Entwickler-Community. Binnen kurzer Zeit bildete sich ein schlagkräftiges Kernteam, das bis heute zusammen mit einer Vielzahl von Committern das Projekt vorantreibt. Wicket glänzt heute als Top-Level-Projekt unter dem Dach der Apache Software Foundation durch eine äußerst aktive Community.

Gleichzeitige Unterstützung klassischer Webanwendungen und Rich Internet Applications

Wicket unterstützt einerseits das klassische Modell einer Webanwendung, bei dem die Anwendung aus Webseiten besteht, die mit jedem Benutzer-Request neu ausgeliefert werden und mit konventionellem HTML auskommen. Gleichzeitig bietet es auch das aktuelle Modell einer Rich Internet Application (RIA), das mithilfe von JavaScript clientseitig und per Ajax Desktop-ähnliche User-Interfaces ermöglicht. Das Interessante dabei ist aber, dass in Wicket beide Anwendungsarten über das gleiche Programmiermodell abgebildet werden und die technische Komplexität von Rich Internet Applications komplett durch Wicket gekapselt wird.

Leichtgewichtiges Komponentenmodell ähnlich zu Swing

Im Mittelpunkt der Architektur von Wicket steht ein leichtgewichtiger Komponentenansatz. Wicket orientiert sich dabei grundsätzlich am Komponentenmodell von Swing, einem Modell zur Entwicklung von Desktop-Anwendungen in Java. Dies hat zwei entscheidende Vorteile: Man nutzt ein lange bewährtes und praxiserprobtes Modell und kann gleichzeitig Swing-erfahrenen Entwicklern den Einstieg in die Welt der Webanwendungen erleichtern. Wicket schafft es, ein zustandbehaftetes Komponentenmodell aus dem Desktop-Bereich mit den beschränkten Mitteln des Web, insbesondere dem HTTP-Protokoll, abzubilden, ohne gleichzeitig den Weg in die native Welt der Webentwicklung zu versperren.

Virtueller Anwendungsspeicher

Wicket stellt jedem Benutzer der Anwendung virtuellen Anwendungsspeicher bereit, dessen Lebenszyklus durch das Framework verwaltet wird. Vorbei sind die Zeiten, in denen man Ad-hoc-Objekte in der Websession selbst verwaltete. Zustand wird in Form von Attributen an Komponenten- und Seitenklassen geheftet. Der Anwendungsentwickler muss sich keine Gedanken mehr darüber machen, ob und wie er Daten in welchen Kontexten der Servlet-API verwaltet, das Framework nimmt ihm diese Aufgabe ab.

Java im Fokus der Entwicklung

Mit Wicket steht Java im Fokus der Entwicklungstätigkeit. Seiten und Komponenten werden eins zu eins durch Java-Klassen abgebildet und mit Java-Mitteln zueinander in Beziehung gesetzt. Die Anwendung ist selbst für die Instanziierung von Komponenten verantwortlich. Im Vergleich zu JSF, wo Komponenten über Tags in JSP-Seiten deklariert werden, hat dieser Ansatz entscheidende Vorteile:

- Man kann zum einen genau bestimmen, in welcher Phase der Request-Verarbeitung Komponenten erzeugt werden sollen.
- Die Komponentenschnittstellen werden nicht auf Umwegen, sondern über Konstruktoren und Java-Properties der Komponentenklassen definiert.
- Schlüsseltechniken der objektorientierten Programmierung wie Vererbung und Komposition können voll ausgenutzt werden.
- Man erfährt bereits zur Compile-Zeit, ob die Komponentenschnittstellen korrekt bedient werden (*static typing*).

Die Fokussierung auf Java hat noch den angenehmen Nebeneffekt, dass man von den Java-Refactoring-Möglichkeiten der Entwicklungsumgebung profitiert und keine zusätzliche Toolunterstützung wie Eingabehilfen oder Validierung für spezielle frameworkrelevante Artefakte benötigt.

Mit folgendem Beispiel wollen wir demonstrieren, wie angenehm der puristische Java-Ansatz für den Entwickler ist. Es zeigt, dass clientseitiges Verhalten über Java-Klassen gekapselt werden kann, sodass konventionelle Komponenten durch «Rich»-Eigenschaften ausgebaut werden können, ohne dass der Anwendungsentwickler selbst in die JavaScript-Trickkiste greifen muss.

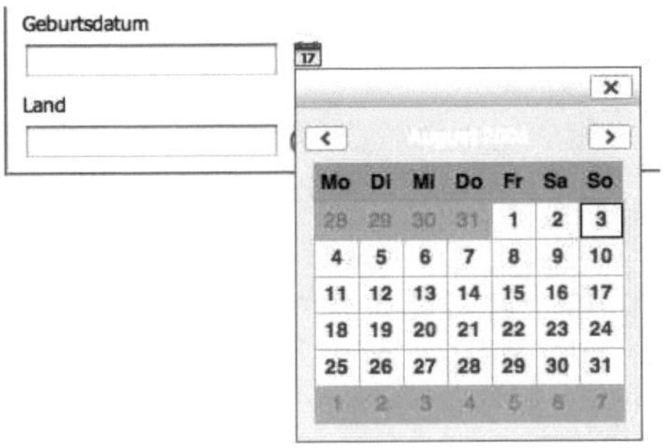

Abb. 1-2 *Datumseingabe ergänzt um Kalender-Widget*

Ein Texteingabefeld zur Datumseingabe soll um einen interaktiven Kalender ergänzt werden (siehe Abbildung 1-2). Das Kalender-Widget ist Bestandteil von Yahoos User Interface Library (YUI), einem JavaScript-Framework, das Widgets zum Entwickeln von Rich Internet Applications bereitstellt:

```
DateTextField birthday =
   new DateTextField("birthday", "dd.MM.yyyy");
birthday.add(new DatePicker());
```

Zur Eingabe des Geburtsdatums wird die Komponente `DateTextField` verwendet. Die Klasse `DatePicker` kapselt die Funktionalität des Kalender-Icons mit dem Kalender-Widget als Popup. Die Kalenderfunktionalität wird alleine durch die Codezeile `birthday.add(new DatePicker())` hinzugefügt. An keiner Stelle im Anwendungscode muss JavaScript eingebunden oder aufgerufen werden.

XHTML-Templates ohne UI-Logik

Über XHTML-Templates werden Layout und statischer Inhalt der Anwendungsseiten definiert. Markierungspunkte in Form von speziellen HTML-Attributen weisen das Framework an, zur Laufzeit dort Wicket-Komponenten einzufügen. XHTML-Templates beinhalten keine UI-Logik, wie man sie z. B. von JavaServer Pages her kennt, etwa zum Iterieren von Tabelleninhalten über Custom-Tags und EL-Ausdrücke. In Wicket wird UI-Logik alleine in Java abgebildet.

Parallele Entwicklung von Webdesign und UI-Logik

Die Templates bleiben trotz der Markierungen für Komponenten reines (X)HTML und können von Webdesignern zu jeder Phase der Entwicklung mit ihren gewohnten Tools angepasst werden. XHTML-Templates unterstützen damit auf natürliche Weise die parallele Entwicklung des Webdesigns und der UI-Logik.

Minimierung von Nicht-Java-Artefakten

Die Fokussierung auf Java geht einher mit dem Ziel, auch Art und Anzahl sonstiger Artefakte zu minimieren. Nach der Idee der Wicket-Framework-Entwickler enthält eine Wicket-Anwendung neben Java im Wesentlichen folgende Artefakte:

- Artefakte der Servlet-Spezifikation, z. B. web.xml
- XHTML-Templates
- CSS-Dateien
- JavaScript-Dateien
- Resource-Bundles

Auf klassische Konfigurationsdateien wie XML- und Property-Dateien zur Anwendungs- und Framework-Parametrierung wird bewusst verzichtet. Natürlich sprechen wir hier nicht von Parametern zur Konfiguration von Businessregeln oder zur Anpassung an die Betriebsumgebung. Diese haben auch unter Wicket ihre Daseinsberechtigung.

Der Trend weg vom intensiven Gebrauch von Konfigurationsdateien wurde mit dem von Ruby on Rails stammenden Paradigma »Convention over Configuration« eingeläutet. Dies wurde auch von Wicket übernommen, indem beispielsweise die Verknüpfung von zusammengehörigen Ressourcen über Namenskonvention erfolgt. Eine typische Wicket-Seite besteht z. B. aus folgenden Ressourcen:

```
LoginPage.java              // Seitenklasse
LoginPage.html              // Seitenvorlage (Template)
LoginPage.properties        // Texte und
LoginPage_de.properties // Fehlermeldungen
```

Solange alle Ressourcen im gleichen Klassenpfad liegen, kann Wicket diese zueinander in Beziehung setzen.

Leistungsfähige Fehlerdiagnose

Ein wunder Punkt vieler Frameworkalternativen ist, dass im Fehlerfall unzureichend über die Fehlerursache berichtet wird. Anwendungsfehler, die sich mit der Seite »Error 500 – Internal Server Error« bemerkbar machen und den Entwickler zu einer aufwendigen Suche nach der Ursache verleiten, gehören mit Wicket der Vergangenheit an. Aus Wicket gemeldete Fehler bezeichnen immer Ursache mit Ortsbezug. Abbildung 1-3 zeigt z. B., wie ein Fehler in der Seitenvorlage gemeldet wird.

1.1.4 Wicket-Community

Der Erfolg eines Open-Source-Projekts steht und fällt mit der dahinter stehenden Community bestehend aus den Frameworkentwicklern und

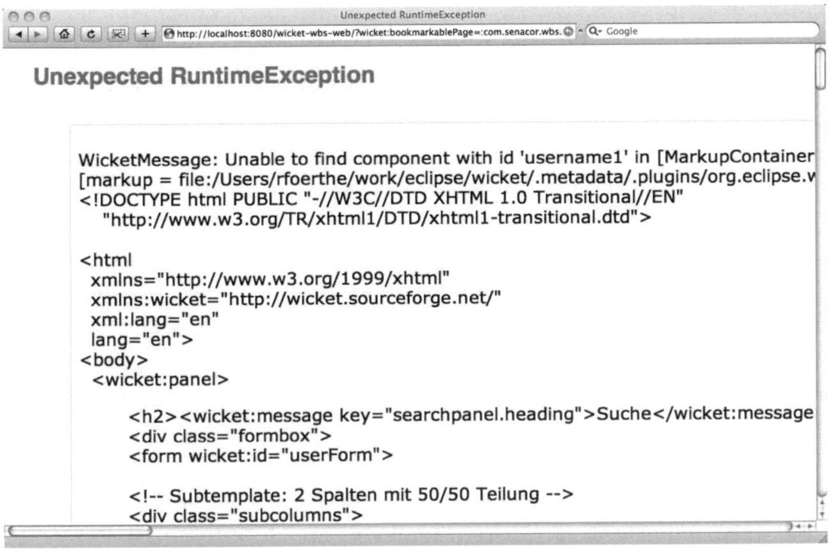

Abb. 1-3
Hilfe bei der Fehlerdiagnose

-anwendern. Die Wicket-Community zeichnet sich durch ein sehr engagiertes Kernteam aus ca. 20 Entwicklern aus, von denen etwa die Hälfte seit Projektstart aktiv dabei sind. Zusammen mit den Wicket-Interessierten, die sich in den Wicket-Mailinglisten rege beteiligen, kann man von einer sehr aktiven Community sprechen. Das belegt zum Beispiel die Statistik des Mailinglisten-Servers `http://www.nabble.com/`, auf dem Wicket regelmäßig unter den Top 10 der aktivsten Mailinglisten im Bereich der Java-Projekte geführt wird. In der Praxis bedeutet das, dass eine Support-Anfrage in einer der Mailinglisten in der Regel innerhalb weniger Stunden kompetent beantwortet wird.

Die Wicket-Community sorgt für zuverlässige Releasezyklen. Wicket-Major-Releases erscheinen ca. alle zwei Jahre, wobei darauf geachtet wird, dass eine Migration auf das nächste Release mit vertretbarem Aufwand möglich ist. Die in anderen Open-Source-Webframeworks bisweilen anzutreffende »Innovationswut« beim Entwurf neuer Releases ist hier nicht gegeben. Das spricht auch für die Tragfähigkeit der Wicket-Architektur, die sich im Kern seit dem ersten Release im Jahr 2005 kaum verändert hat.

1.2 Warum dieses Buch?

Lohnt es sich überhaupt, ein Buch über ein Webframework zu schreiben, das nicht zu den Key Playern im Markt zählt? Wird das Interesse an Wicket nach einem kurzen Hype nicht wieder schnell abklingen? Wir sind uns sicher, dass Wicket sowohl technisch als auch als Open-

Source-Projekt mit seiner starken Community überzeugt und gerade im Vergleich zu den etablierten Frameworks wie Struts und JSF viele Vorzüge bietet. Leider hat sich in der Vergangenheit des Öfteren gezeigt, dass ein technisch überzeugendes Programmiermodell noch lange kein Garant für die Akzeptanz eines Frameworks ist. Ähnlich verhält es sich mit einer starken Community, wenn diese es nicht schafft, die Vision des Frameworks zu verbreiten.

Wir bekommen von unseren Kunden immer wieder die gleichen Fragen gestellt, wenn wir den Einsatz einer Open-Source-Technologie vorschlagen: Gibt es gute Dokumentation zu dem Thema? Gibt es genügend Know-how im Markt? Letztendlich sind es die richtigen Antworten auf diese Fragen, die oft mehr wiegen als die technische Brillanz einer Technologie.

Die als Wiki gepflegte Onlinedokumentation des Wicket-Projekts (`http://wicket.apache.org`) bietet zwar viel Information für Einsteiger und Experten. Sie ist aber weitestgehend im How-to- bzw. Referenzstil gehalten, sodass gerade für Einsteiger der »rote Faden« schwer zu erschließen ist.

Genau an dieser Stelle wollen wir mit unserem Buch Abhilfe schaffen. Der Einsatz des Webframeworks Wicket soll in Form einer fundierten Einführung und praktischen Darstellung vorgestellt werden. Gleichzeitig verbinden wir damit die Hoffnung, einen Beitrag zur Verbreitung dieses exzellenten Frameworks leisten zu können.

1.3 Für wen ist das Buch geschrieben?

Zum Verständnis dieses Buches ist es wichtig, dass der Leser vertiefte Kenntnisse in der objektorientierten Entwicklung mit Java besitzt. Innerhalb von Java gibt es allerdings Themen, mit denen man auch als erfahrener Java-Entwickler seltener in Berührung kommt. Bei der Entwicklung mit Wicket spielen z. B. innere Klassen und anonyme Klassen eine besondere Rolle. Wir werden deshalb auf die entsprechenden Java-Grundlagen bei Bedarf eingehen. Zusätzlich werden fundierte HTML-Kenntnisse und Grundkenntnisse in CSS und JavaScript vorausgesetzt. Zum Erwerb bzw. zur Auffrischung dieser Kenntnisse verweisen wir gerne auf `http://de.selfhtml.org/`.

Zielgruppe: Java-Webentwickler

Als Hauptzielgruppe sehen wir Webentwickler, die von ihrem gewohnten Webframework auf eine leistungsfähigere Alternative umsteigen wollen. Aus eigener Erfahrung wissen wir, dass viele dieser Entwickler durch ihr bisheriges Framework leidgeprüft sind. Wir sprechen hier insbesondere von den Struts-Entwicklern. Auf der anderen Seite wollen wir mit diesem Buch auch diejenigen wachrütteln, die sich hinter dem Standpunkt verstecken, Webentwicklung sei per se kompliziert und aufwendig[3].

Wir wenden uns mit diesem Buch außerdem an Swing- oder SWT[4]-Entwickler, die eine Plattform für Webanwendungen suchen, mit der sie schnell und nachhaltig produktiv sein können. Gerade die Verwandtschaft des Wicket-Programmiermodells mit Swing sollte dieser Lesergruppe entgegenkommen.

Zielgruppe: Swing- oder SWT-Entwickler

Als dritte Zielgruppe sehen wir Java-Entwickler, die noch keine Erfahrung in der Entwicklung von Clientanwendungen besitzen. In der Regel sind das Entwickler, die zumindest den JEE-Entwicklungsstack ziemlich gut kennen, was wir aber nicht zwingend voraussetzen.

Zielgruppe: erfahrene Java-Entwickler

1.4 Was kann das Buch nicht leisten?

Mit dem Ziel einer fundierten Einführung in die Programmierung mit Wicket ist es leider nicht möglich, alle Aspekte von Wicket abzudecken. Wir beschränken uns auf Themen, von denen wir der Ansicht sind, dass sie die meiste Praxisrelevanz besitzen. Sicher wird der eine oder andere eine Wicket-Komponente vermissen, die wir hier nicht behandeln können.

Des Weiteren beschränken wir uns beim Thema Backend-Integration auf die Möglichkeiten, die uns das Spring[5]-Framework hier anbietet. Einen Spring-Service-Layer als Mediator zwischen Frontend und Backend einzusetzen, ist unserer Meinung nach eine weitverbreitete Option. Dadurch ist es aus Sicht von Wicket nicht mehr relevant, ob z. B. Webservices, EJBs oder POJOs angesprochen werden.

1.5 Welche Wicket-Version wird betrachtet?

Die Ausführungen und Codebeispiele beziehen sich auf Wicket in der Version 1.4, die kurz vor Drucklegung des Buches vom Wicket-Team freigegeben wurde. Eine zuweilen anzutreffende Firmenstrategie ist es, dass Frameworks erst dann eingesetzt werden, wenn sie eine gewisse Marktreife erreicht haben. Das zu beurteilen, ist als zukünftiger Frameworkanwender allerdings nicht leicht. Man wartet deshalb vor dem Einsatz einfach noch ein paar Minor Releases ab. Sollte das in Ihrem

[3]Diese Aussage wird vielerorts auch vom Management getragen, wodurch oft der Antrieb in den Entwicklungsabteilungen fehlt, an dieser Situation etwas zu ändern.

[4]SWT ist ein zu Swing alternatives Widget-Toolkit, das von IBM als Basis für Eclipse entwickelt wurde.

[5]`http://www.springsource.org/`

Fall zutreffen, so würde sich der Einsatz der Vorgängerversion 1.3 anbieten.

Die Änderungen zwischen Version 1.3 und 1.4 liegen vor allem in der Unterstützung der Java-Version. Wicket 1.3 kann ab JDK 1.4 eingesetzt werden. Mit Wicket 1.4 wird JDK 1.5 zwingend vorausgesetzt, was vor allem daran liegt, dass Generics eingeführt wurden. API-Änderungen zwischen Version 1.3 und 1.4 sind vergleichsweise gering und können mit dem Migrations-Guide unter `http://wicket.apache.org/news.html#News-wicket1.4` schnell nachvollzogen werden. Dementsprechend bietet sich das Buch auch für diejenigen an, die den Einsatz von Wicket 1.3 planen.

Download

Wicket-Distributionen können auf der Homepage unter `http://wicket.apache.org` heruntergeladen werden. In jeder Distribution befinden sich sowohl die JAR-Dateien als auch die Sourcen. Im nächsten Kapitel werden wir zeigen, dass durch den Einsatz von Maven das Herunterladen einer Wicket-Distribution nicht mehr notwendig ist, wenn es nur darum geht, die Wicket-Bibliotheken und davon abhängige Bibliotheken im Projekt einzubinden.

wicket-examples

Zu jeder Wicket-Distribution gehört auch das Projekt `wicket-examples`, das eine ganze Reihe von Beispielen für Problemlösungen und Anwendungsfälle unter dem Dach einer einzigen Wicket-Anwendung zur Verfügung stellt. Die dort gezeigten Codebeispiele müssen für ein eigenes Problem zwar immer angepasst werden und sind auch nicht durchgehend dokumentiert. Wenn man bei der Arbeit aber gar nicht mehr weiter weiß, kann sich ein Blick in diese Beispiele möglicherweise lohnen. Unter `http://www.wicketstuff.org/wicket14/` kann man sich die Anwendung `wicket-examples` live anschauen.

1.6 Codebeispiele

Viele Konzepte und Komponenten lassen sich am besten anhand einer durchgängigen Beispielanwendung erläutern. Eine solche Anwendung wurde im Rahmen dieses Buchprojekts entwickelt. Die Kapitel 5 – 10 nehmen kontinuierlich auf den Quellcode dieser Anwendung Bezug. Er unterliegt der Apache-2-Open-Source-Lizenz[6] und kann unter `http://www.wicketbuch.de` heruntergeladen werden.

[6] `http://www.apache.org/licenses/LICENSE-2.0.html`

1.7 Leseleitfaden

Das Buch ist so aufgebaut, dass die Lektüre der Kapitel 2 »Wicket-Schnellstart« bis Kapitel 9 »Komplexe Komponenten« in Folge empfohlen wird. Ab Kapitel 10 »Tests« ist es jederzeit möglich, zwischen den Kapiteln zu springen.

Nicht-Java-Webentwicklern wird empfohlen, Anhang A »Besonderheiten der Webentwicklung« zu lesen, bevor sie mit Kapitel 2 »Wicket-Schnellstart« beginnen.

2 Wicket-Schnellstart

Die besten und schönsten Konzepte der Welt sind ohne eine vernünftige und qualitativ hochwertige Umsetzung nutzlos. Glücklicherweise haben die Wicket-Autoren ihr Konzept exzellent umgesetzt. Und da ein wenig Code dies oft besser zeigen kann als viele Worte, folgt in diesem Kapitel ein einfaches Beispiel.

2.1 Ein höfliches Beispiel

Wie es bei der Einführung in neue Frameworks üblich ist, beginnen wir mit einem klassischen Hello-World-Beispiel. Dazu wird eine passende Entwicklungsumgebung aufgesetzt, das Beispiel implementiert und auch getestet. Am Ende des Kapitels kommt ein zusätzliches Schmankerl mit ein wenig Web-2.0-Feeling (inklusive Ajax) hinzu.

Die tiefer gehenden Details werden wir in diesem Kapitel nicht behandeln, denn es soll hier nur um einen schnellen Start und eine erste laufende Mini-Anwendung gehen. In den späteren Kapiteln wird Wicket dann mit all seinen Feinheiten erläutert.

Der erste Teil des Beispiels wird ein einfaches Formular zur Namenseingabe sowie eine Ausgabemöglichkeit haben, um eine personalisierte Begrüßung durch die Anwendung zu ermöglichen (siehe Abb. 2-1).

Das fertige Beispiel wird mitdenken[1], sich an die erfolgten Eingaben erinnern und eine Autocomplete-Funktion bieten, wie sie vor einiger Zeit von Google gezeigt wurde (siehe Abb. 2-2).

Zunächst erfolgt die Einrichtung der Entwicklungsumgebung, dann wird gezeigt, wie schnell sich mit Wicket eine Anwendung bauen lässt.

---

[1]Gute, benutzbare Anwendungen sind *höflich* und *denken mit*. Siehe dazu das exzellente Buch »About Face« [2].

Abb. 2-1 *Schnellstart: Hallo Welt!*

Abb. 2-2 *Schnellstart: Hallo Welt! mit Ajax*

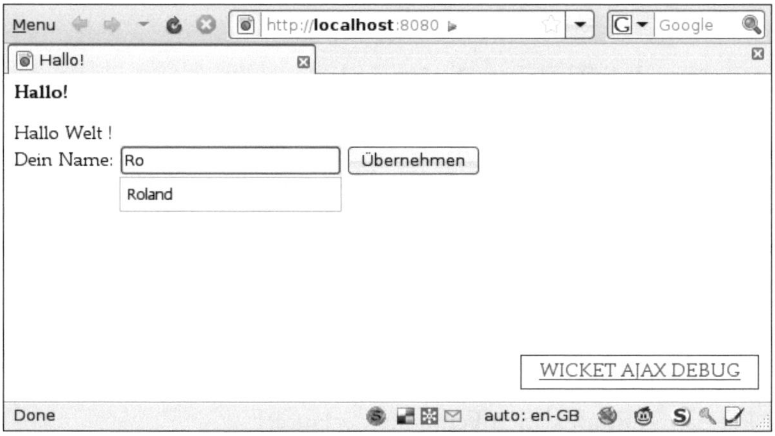

2.2 Entwicklungsumgebung für Wicket-Anwendungen einrichten

Über die Entscheidung, eine bestimmte Entwicklungsumgebung oder einen bestimmten Editor[2] zu verwenden, lässt sich endlos streiten. Wir gehen davon aus, dass Sie eine bevorzugte Entwicklungsumgebung haben und sich zumindest mit den Grundlagen wie Projekterstellung und dem Einbinden von Libraries auskennen. Eine tiefer gehende Einführung in eine bestimmte Umgebung würde sowohl den Rahmen dieses Buches sprengen als auch zwangsläufig nur für eine Minderheit der Leser relevant sein.

[2]Die Glaubenskriege zwischen Anhängern von vi und emacs sind bekanntermaßen legendär.

Stattdessen zeigen wir hier beispielhaft das Aufsetzen eines Projekts für Eclipse (unter Verwendung des Tomcat[3]-Servers) sowie eine Projektbeschreibung für Maven (hier wird der Jetty-Server zum Betrieb der Anwendung verwendet).

2.2.1 Eclipse

Eclipse bietet mit Erweiterungen wie dem Web Tools Project (WTP)[4] sehr mächtige Werkzeuge für die Webentwicklung. An dieser Stelle wird aus WTP ein Dynamic Web Project und die Tomcat-Integration verwendet.

Integration des Tomcats in Eclipse

Für die Integration eines bereits installierten (bzw. ausgepackten) Tomcats muss nur das Basisverzeichnis der Installation innerhalb der Eclipse-Entwicklungsumgebung konfiguriert werden. Dieses wird unter *Preferences > Server > Runtime Environment* bei der Konfiguration einer entsprechenden Server Runtime angegeben.

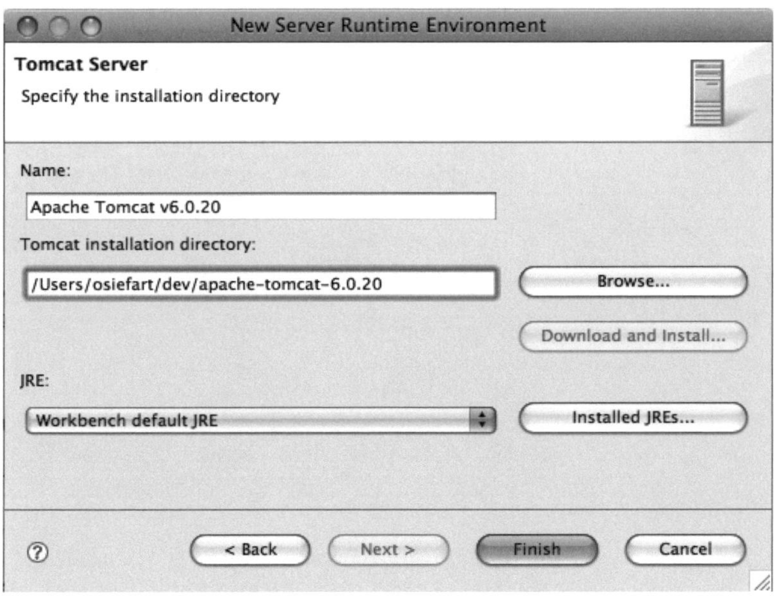

Abb. 2-3 *Eclipse: Tomcat-Integration*

[3] `http://tomcat.apache.org`
[4] Eclipse WTP: `http://eclipse.org/project/wtp`.

Erzeugen des Schnellstart-Projekts

Für das Schnellstart-Projekt kann über einen Eclipse Wizard (*New > Other > Web > Dynamic Web Project*) ein passendes Eclipse-Projekt angelegt werden. Hierbei können alle Defaults übernommen werden, nur der Projektname (quickstart) muss angegeben werden.

Abb. 2-4
Eclipse: Tomcat-Integration

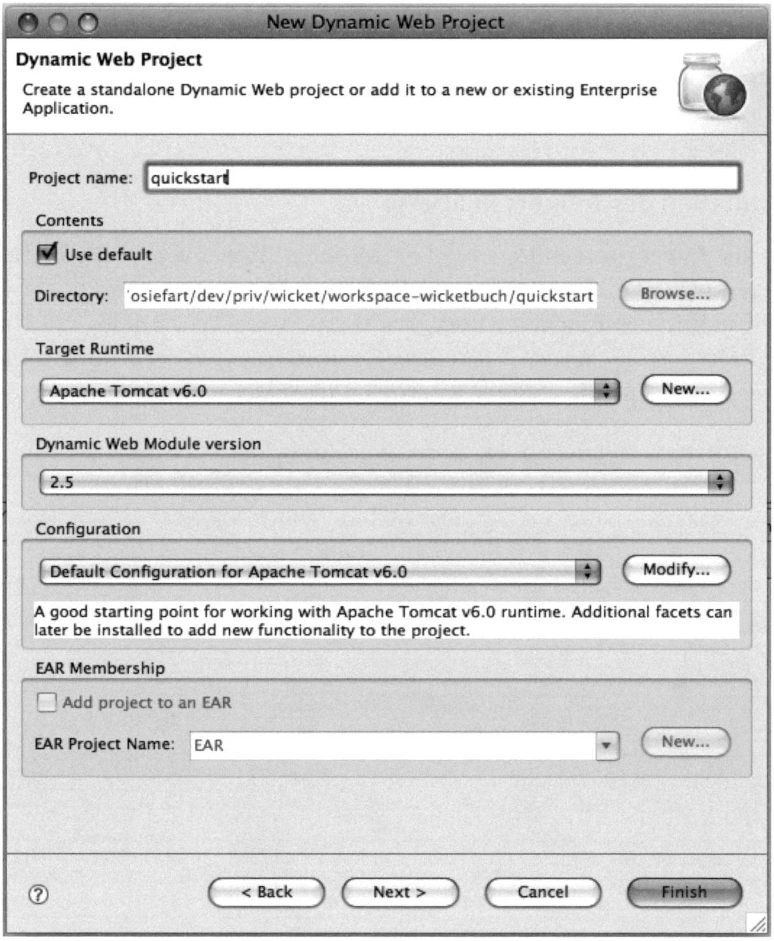

Eine Struktur mit einem Sourceverzeichnis `src/main/java/`, einem Testverzeichnis `/src/test/java/` und einem Applikationsverzeichnis `src/main/webapp/WEB-INF/` hat sich bewährt, letztendlich bleibt die Projektstruktur aber Ihnen überlassen. Wicket stellt dazu keine festen Regeln auf.

Nachdem in der Server-View eine neue Instanz des Servers erzeugt wurde, kann die Quickstart-Anwendung dieser direkt hinzugefügt wer-

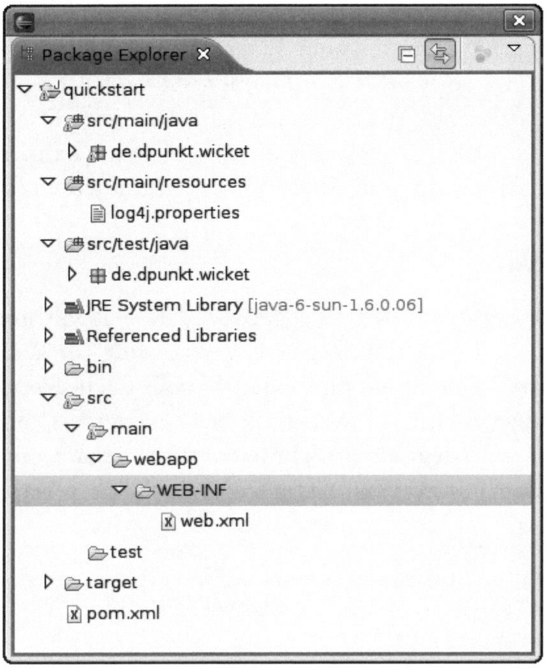

Abb. 2-5
Beispiel-Projektlayout

den, sodass sie beim Start des Servers mit geladen wird. Dabei empfiehlt es sich, das Auto-Reload innerhalb des Servers abzuschalten.

Hinzufügen des Projekts zum Server

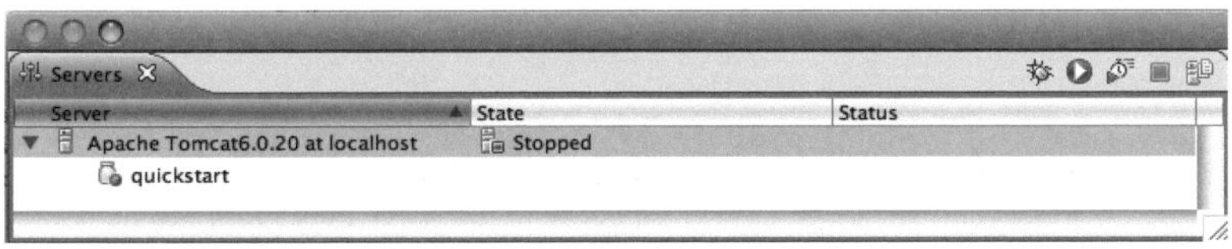

Abb. 2-6
Eclipse: Tomcat-Integration

Alle nachfolgend beschriebenen Abhängigkeiten können nun direkt in das `WEB-INF/lib`-Verzeichnis gelegt werden.

Wicket und seine Abhängigkeiten herunterladen

Zuerst benötigt man die Dateien von Wicket selbst. Laden Sie dazu einfach das aktuelle Release von `http://wicket.apache.org/` herunter. Zu Beginn reicht aus der Distribution die Datei `wicket-`*`version`*`.jar`.

Außerdem werden noch ein paar weitere Bibliotheken gebraucht: Wicket verwendet für das Logging das relativ neue SLF4J-Framework[5],

[5] `http://www.slf4j.org/`

das ein Ersatz für das veraltete Commons Logging ist. Welches tatsächliche Logging darunter zum Einsatz kommt, ist an dieser Stelle egal, das Beispiel verwendet den De-facto-Standard Log4J[6]. Sie benötigen also aus der SLF4J-Distribution die Dateien `slf4j-api.jar` und `slf4j-log4j.jar` sowie von Log4J `log4j.jar`. Nun kann mit der Entwicklung der Anwendung in Abschnitt 2.3 begonnen werden.

2.2.2 Maven

Wicket selbst wird mit Maven[7] gebaut. Diese Erfahrungen hat das Team genutzt und eine erstklassige Unterstützung für Wicket-Projekte auf Maven-Basis erstellt. Es gibt einen Maven-Archetyp, der ein komplettes Grundgerüst für ein Wicket-Projekt erzeugt[8]. Die Kommandozeile aus Listing 2.1 legt ein Projekt namens `quickstart` mit einem Java-Package `de.dpunkt.wicket.quickstart` und der Wicket-Version 1.4.1 an.

Listing 2.1
Maven-Kommando für ein neues Wicket-Projekt

```
mvn archetype:create
  -DarchetypeGroupId=org.apache.wicket
  -DarchetypeArtifactId=wicket-archetype-quickstart
  -DarchetypeVersion=1.4.1
  -DgroupId=de.dpunkt.wicket.quickstart
  -DartifactId=quickstart
```

Das so generierte Projekt enthält eine optionale Unterstützung für den Jetty-Servlet-Container. Wenn Sie nicht bereits einen anderen Container installiert haben, können Sie im Projektverzeichnis mit `mvn jetty:run` die Anwendung von Maven automatisch kompilieren und deployen lassen. Maven startet dann direkt eine Jetty-Instanz, mit der die Anwendung ausprobiert werden kann.

2.3 Sag der Welt »Guten Tag«

Für dieses Beispiel werden folgende Dateien und Klassen benötigt:

- Eine Webanwendungsklasse, die der zentrale Konfigurationspunkt für jede Wicket-Anwendung ist.
- Einen Deployment-Deskriptor (`web.xml`), wie ihn auch jede andere Webanwendung besitzt.
- Eine Seitenklasse samt zugehöriger HTML-Datei

[6] `http://logging.apache.org/log4j`

[7] Tutorials und weiterführende Links zu Maven gibt es unter `http://maven.apache.org`

[8] Es gibt unter `http://wicket.apache.org/quickstart.html` sogar einen Generator, der die Kommandozeile mit allen Parametern »vorkaut«.

2.3.1 Die Anwendung

```
public class HelloWorldApplication extends WebApplication {
 @Override
 public Class<HomePage> getHomePage() {
  return HomePage.class;
 }
}
```

Listing 2.2
HelloWorldApplication .java

Jede Wicket-Anwendung hat als Einstiegspunkt eine Anwendungsklasse – eine Unterklasse von `WebApplication`. `HelloWorldApplication` wird innerhalb von `src/main/java/` angelegt. Alle anwendungsweiten Eigenschaften werden hier initialisiert. Zusätzlich definiert diese Klasse die Startseite der Anwendung: `HomePage.class`.

Damit der Servlet-Container die Anwendung auch findet, benötigt er einen Deployment-Deskriptor. In `src/main/webapp/WEB-INF/web.xml` wird ein Servlet-Filter[9] konfiguriert, dem der Name der Beispielanwendung gegeben wird.

```
<?xml version="1.0" encoding="UTF-8"?>
<web-app xmlns="http://java.sun.com/xml/ns/j2ee"
    xmlns:xsi="http://www.w3.org/2001/XMLSchema-instance"
    xsi:schemaLocation="http://java.sun.com/xml/ns/j2ee
    http://java.sun.com/xml/ns/j2ee/web-app_2_4.xsd"
    version="2.4">
    <display-name>quickstart</display-name>

    <filter>
        <filter-name>wicket.quickstart</filter-name>
        <filter-class>
            org.apache.wicket.protocol.http.WicketFilter
        </filter-class>
        <init-param>
            <param-name>applicationClassName</param-name>
            <param-value>
                de.dpunkt.wicket.HelloWorldApplication
            </param-value>
        </init-param>
    </filter>
```

Listing 2.3
web.xml

[9]Seit Version 1.3 verwendet Wicket kein Servlet mehr, sondern einen Filter. Details dazu in Abschnitt 3.1.

```
    <filter-mapping>
        <filter-name>wicket.quickstart</filter-name>
        <url-pattern>/*</url-pattern>
    </filter-mapping>
</web-app>
```

2.3.2 Die (einzige) Seite

Die Hello-World-Anwendung wird lediglich eine einzelne Seite haben. In HTML – zumindest theoretisch wird das von einem Designer geliefert – sieht das so aus:

Listing 2.4
HomePage.html

```
<html>
    <head>
        <title>Hallo!</title>
    </head>
    <body>
        <strong>Hallo!</strong>
        <br/><br/>
        Hallo <span wicket:id="name">name will be here</span>!
        <br/>
        <form wicket:id="myForm">
          Dein Name:
          <input type="text" wicket:id="nameField" autocomplete="off"/>
          <input type="submit" value="&Uuml;ebernehmen"/>
        </form>
    </body>
</html>
```

Das Attribut `autocomplete="off"` dient lediglich dazu, das browserinterne Autovervollständigen abzuschalten, schließlich soll die Anwendung das später selbst kontrollieren. Ansonsten bleibt das HTML nahezu unverändert: keine speziellen Tags oder Taglibs, lediglich ein paar `wicket:id`-Attribute, damit der Code Einstiegspunkte hat.

Diese HTML-Datei legt man im gleichen Verzeichnis ab wie die zugehörige Java-Klasse[10]. In Wicket ist jede Seite eine eigene Klasse, die sich (meistens) von `WebPage` ableitet und die benötigten Komponenten enthält:

[10] Wicket sucht standardmäßig im Klassenpfad im Package der Seitenklasse nach einer HTML-Datei mit dem gleichen Namen wie die Klasse – für die Klasse HomePage (`HomePage.class`) also `HomePage.html`. Man kann das umkonfigurieren, das ist aber nicht üblich.

Listing 2.5
HomePage.java

```
public class HomePage extends WebPage {
 public HomePage() {
  final IModel<String> model = new Model<String>("Welt");
  final Label nameLabel = new Label("name", model);
  add(nameLabel);
  Form myForm = new Form("myForm");
  add(myForm);
  TextField<String> nameField =
    new TextField<String>("nameField", model);
  myForm.add(nameField);
 }
}
```

Zuerst springt das `TextField` ins Auge – offensichtlich das Eingabefeld auf der Seite. Auch `Form` ist noch klar, hier handelt es sich um das HTML-Formular, das gebraucht wird, damit der Browser überhaupt etwas abschickt. Das `Label` ist ein einfaches Ausgabefeld, das seinen Inhalt in die Seite schreibt.

Bleibt das `Model`. Wer schon einmal eine grafische Oberfläche mit Swing gebaut hat, wird sich vielleicht daran erinnern. Das Model-Objekt ist ein Container, der die für eine Komponente relevanten Daten kapselt. Wicket hält alle Zustände von Komponenten in solchen Models, was sich selbst in diesem Beispiel schon als enormer Vorteil erweist. Es gibt keinen Code, der Daten aus dem Eingabefeld zur Ausgabe schaufelt. Da sowohl dem `Label` als auch dem `TextField` dasselbe `Model` zugewiesen wurde, muss weiter nichts getan werden. Das `Label` speist sich aus dem `Model`, das den Initialwert »Welt« hat. Das `TextField` schreibt wiederum seinen Wert in dieses `Model`, wodurch sich automatisch der Inhalt von `Label` ändert.

2.3.3 Start!

Damit ist die erste Ausbaustufe des Beispiels auch schon fertig! Wer bereits einen Servlet-Container installiert hat, kann die Anwendung deployen und dürfte so etwas Ähnliches wie den Screenshot in Abbildung 2-7 sehen. Das Gleiche gilt für Eclipse-WTP: Publishen und Server starten.

Maven packt mittels der Kommandozeile `mvn jetty:run` die Webanwendung zusammen und startet sie in einem Jetty-Webserver.

2.4 Web 2.0: Autocomplete mit Ajax

Wie versprochen soll jetzt noch eine Autocomplete-Funktion dazukommen. Dafür wird das `wicket-extensions`-JAR benötigt.

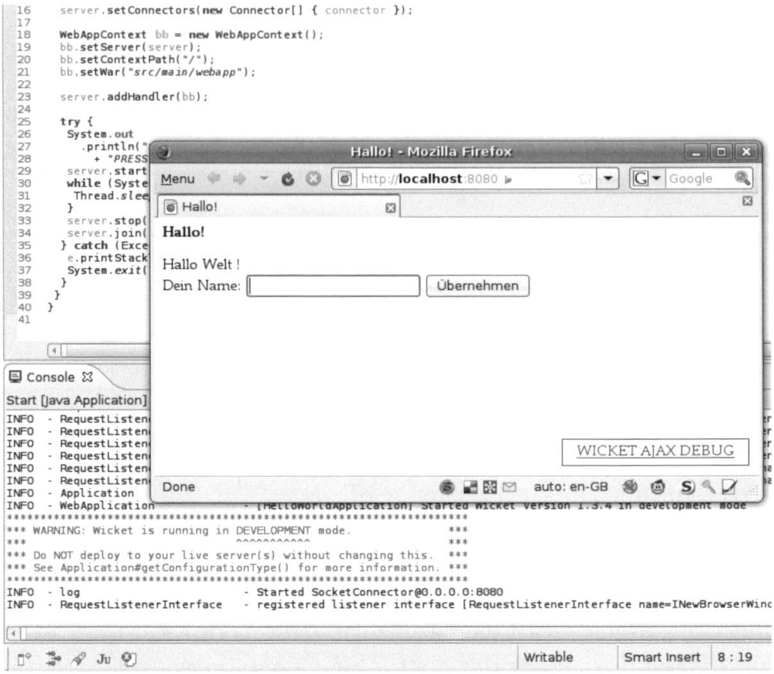

Abb. 2-7
Es läuft.

Eclipse: Im normalen Download-Archiv auf der Wicket-Website ist es bereits enthalten und kann direkt in Eclipse eingebunden werden.

Maven: Für das Maven-Projekt muss das `pom.xml` angepasst werden. Das anfangs generierte `pom.xml` enthält einen auskommentierten Eintrag für die Extensions in der `<dependencies>`-Sektion – einfach die Kommentar-Tags entfernen, und Maven holt das JAR.

Danach sind nur wenige Änderungen erforderlich – eigentlich nur an der Java-Klasse. `HomePage` braucht eine Liste, die die gemerkten Werte speichert, und irgendetwas, das die Ajax-Interaktion mit dem Browser übernimmt:

Listing 2.6
HomePage.java mit Ajax

```
public class HomePage extends WebPage {
 private final SortedSet<String> rememberedNames =
   new TreeSet<String>();

 @SuppressWarnings("serial")
 public HomePage() {
  rememberedNames.add("Olaf");
  rememberedNames.add("Roland");
  rememberedNames.add("Carl-Eric");
  final IModel<String> model = new Model<String>("Welt");
  final Label nameLabel = new Label("name", model);
  add(nameLabel);
```

```
  Form myForm = new Form("myForm") {
   @Override
   protected void onSubmit() {
    super.onSubmit();
    rememberedNames.add(model.getObject());
   }
  };
  add(myForm);
  TextField<String> nameField =
    new TextField<String>("nameField", model);

  myForm.add(nameField);
  nameField.add(new AutoCompleteBehavior<String>(
    StringAutoCompleteRenderer.INSTANCE) {
   @Override
   protected Iterator<String> getChoices(
     final String input) {
    final List<String> suggestions =
      new ArrayList<String>();
    for (final String name : rememberedNames) {
     if (name.startsWith(input)) {
      suggestions.add(name);
     }
    }
    return suggestions.iterator();
   }
  });
 }
}
```

Grundsätzlich reicht das, aber mit ein paar zusätzlichen CSS-Styles sieht es besser aus:

Listing 2.7
HomePage.html mit CSS

```
<html>
 <head>
  <title>Hallo!</title>
  <style>
   div.wicket-aa {
    font-family: "Lucida Grande",
                 "Lucida Sans Unicode",
                 Tahoma,Verdana;
    font-size: 12px;
    background-color: white;
    border-width: 1px;
```

```
    border-color: #cccccc;
    border-style: solid;
    padding: 2px;
    margin: 1px 0 0 0;
    text-align:left;
   }
   div.wicket-aa ul {
    list-style:none;
    padding: 2px;
    margin:0;
   }
   div.wicket-aa ul li.selected {
    background-color: #FFFF00;
    padding: 2px;
    margin:0;
   }
  </style>
 </head>
 <body>
  <strong>Hallo!</strong>
  <br/><br/>
  Hallo <span wicket:id="name">name will be here</span>!
  <br/>
  <form wicket:id="myForm">
    Dein Name:
    <input type="text" wicket:id="nameField"
                       autocomplete="off"/>
    <input type="submit" value="&Uuml;bernehmen"/>
  </form>
 </body>
</html>
```

Das SortedSet sorgt dafür, dass kein Eintrag doppelt vorkommt, aber die Vorschläge immer alphabetisch sortiert sind. Ein paar Namen werden vorbelegt. Dann wird eine Kleinigkeit am Formular geändert und das TextField mit Ajax-Fähigkeiten versorgt.

Bisher hat der Code in HomePage das Abschicken des Formulars ignoriert, da Wicket sich darum gekümmert hat, dass die Eingabewerte an das Ausgabelabel weitergereicht wurden. Jetzt muss aber der eingegebene Name im Set gespeichert werden. Dazu überschreibt man im Form-Objekt die onsubmit()-Methode.

```
Form myForm = new Form("myForm") {
 @Override
 protected void onSubmit() {
  super.onSubmit();
  rememberedNames.add((String) model.getObject());
 }
};
```

Listing 2.8
Form-Submit

Anonyme Klassen

Für manche mag eine Eigenheit des Programmierens mit Wicket etwas ungewohnt sein: Was hat es mit den sogar für Java-Verhältnisse überraschend vielen geschweiften Klammern {} auf sich? An vielen Stellen setzt Wicket auf anonyme Unterklassen. Wer sich mit anonymen Klassen in Java schon auskennt, kann diesen Ausflug getrost überlesen, für alle anderen gibt es hier einen kurzen Überblick:

Wicket ruft zur Verarbeitung von Events – wie hier z. B. `onSubmit`, das Abschicken des Formulars – Methoden an den Komponenten auf. Die Implementierungen in den Superklassen sind meist leer oder bieten nur ein paar Defaults. Um eigenes Verhalten wie hier im Beispiel zu implementieren, muss man die entsprechende Event-Listener-Methode in einer Unterklasse überschreiben. Das ist kein Problem: einfach eine neue Klasse anlegen, Methode schreiben, fertig. Unübersichtlich wird es allerdings spätestens dann, wenn man viele Komponenten hat, und jede Komponente auf andere Events hören soll oder unterschiedlich darauf reagieren soll. Wenn man dafür jedes Mal eine neue Klasse aufmacht, ist natürlich auch von der Wiederverwendung nichts mehr übrig.

Es gibt aber einen Mechanismus in Java, mit dem man ad hoc an einer einzigen Stelle im Code eine Unterklasse eröffnen kann, ohne dafür gleich eine neue Klasse mit eigenem Namen und eigener .java-Datei zu schreiben: anonyme Subklassen.

Um eine anonyme Klasse zu erzeugen, ruft man mit `new` einen Konstruktor der Superklasse auf, die man erweitern will, und schreibt direkt dahinter einen Block, der die überschriebenen Methoden enthält:

```
Super anonymeSub = new Super("parameter") {
  public void methode() {
    ...
  }
};
```

Bei jedem Form-Submit ruft Wicket die `onSubmit()`-Methode des entsprechenden `Form`-Objekts auf. Zuerst wird an die Superklasse delegiert, danach der im `Model` eingetragene String in `rememberedNames` gespeichert.

Listing 2.9 *AutoComplete-Behavior*

```
nameField.add(new AutoCompleteBehavior<String>(
  StringAutoCompleteRenderer.INSTANCE) {
 @Override
 protected Iterator<String> getChoices(
   final String input) {
  final List<String> suggestions =
    new ArrayList<String>();
  for (final String name : rememberedNames) {
   if (name.startsWith(input)) {
    suggestions.add(name);
   }
  }
  return suggestions.iterator();
 }
});
```

Wicket-Extensions liefert ein `AutoCompleteBehavior`[11] mit, das die allermeiste Arbeit übernimmt. Es muss nur noch in der Methode `getChoices(String input)` anhand des übergebenen Eingabestrings entschieden werden, welche Werte als Autocomplete-Vorschläge angezeigt werden sollen. Hier wird einfach über die bisher gespeicherten Namen iteriert. Diejenigen, die mit dem aktuell eingetippten Teilstring anfangen, werden gesammelt und als Vorschläge zurückgegeben.

Und das war es auch schon – das Hello World kann sich die eingegebenen Namen merken.

---

[11] Ein Behavior ist ein verkapseltes Verhalten, mit dem eine Komponente erweitert werden kann und das bei bestimmten Events während des Lebenszyklus aufgerufen wird. Zum Beispiel kann jeder beliebigen Komponente ein `AjaxSelfUpdatingTimerBehavior` mitgegeben werden, wodurch die Komponente sich selbst regelmäßig via Ajax aktualisiert, ohne selbst wissen zu müssen, wie das geht. Mehr zu Behaviors erfahren Sie in Abschnitt 7.1.4.

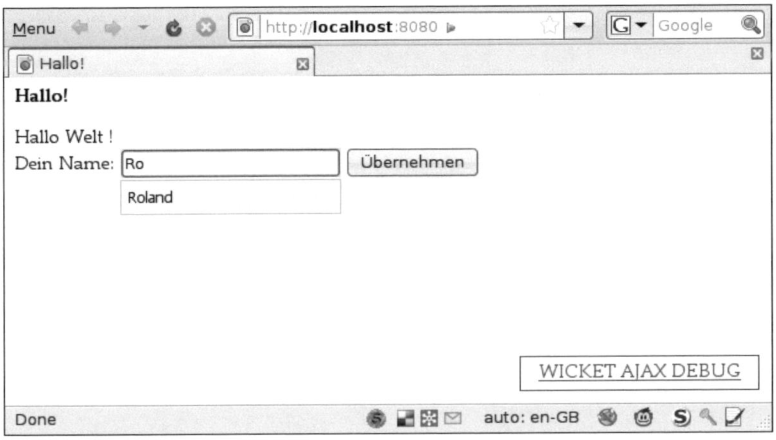

Abb. 2-8
Schnellstart: Hallo Welt!

3 Wicket-Überblick

In den folgenden Abschnitten werden die Bausteine von Wicket vorgestellt, die das Wicket-Programmiermodell bilden.

Es wird gezeigt, welche Abstraktionen Wicket gegenüber der direkten Verwendung der Servlet-API vorsieht und wie die Softwareentwicklung davon profitiert.

Wir starten mit einem Streifzug durch die Bausteine einer Wicket-Anwendung und ihre Abhängigkeiten, um uns aus der Vogelperspektive einen Überblick zu verschaffen. Damit wollen wir erreichen, dass die Grundlagen von Wicket so weit erläutert werden, dass einfache Anwendungen entwickelt und verstanden werden können. Im Kapitel 7 werden wir dann die Feinheiten dieser Konzepte detailliert untersuchen.

3.1 Aufbau einer Wicket-Anwendung

Konform zur Servlet-API 2.3

Eine mit Wicket entwickelte Anwendung stellt eine zur Servlet-API 2.3 konforme Webanwendung dar. Wicket-Anwendungen lassen sich dadurch auf jedem Webcontainer betreiben, der mindestens diese Servlet-Spezifikation unterstützt.

Klassisches Webmodell und Ajax

Eine Wicket-Anwendung ist definiert als eine ereignisgesteuerte Abfolge von dynamisch erzeugten Webseiten. Dies entspricht der Definition des klassischen Modells einer Webanwendung, bei dem nach jedem HTTP-Request eine neue Seite zurückgeliefert und im Browser gerendert wird (*Multi-Page-Modell*). Darüber hinaus wird auch das Ajax-basierte Modell unterstützt, bei dem Benutzeranfragen synchron oder asynchron mit JavaScript versendet und die Serverantworten über JavaScript verarbeitet werden. Serverantworten sind im einfachsten Fall HTML-Fragmente, die durch Manipulation des DOM-Baumes in die aktuelle Seite eingearbeitet werden. Man spricht vom *Single-Page-Modell*, wenn die Anwendung im Wesentlichen aus einer Seite besteht und jeder Request per Ajax ausgeführt wird.

Wicket versteckt die technischen Details beider Modelle hinter der Framework-API, was es dem Entwickler erlaubt, sehr schnell zwischen beiden Modellen zu wechseln bzw. diese in der Anwendung zu kombinieren. Dabei ist hervorzuheben, dass Ajax-Handling und DOM-Manipulation in den meisten Fällen alleine mit Java-Mitteln erreicht werden können. Entsprechende JavaScript-zu-Java-Wrapper sind Bestandteil der Wicket-Distribution. Da wir der Meinung sind, dass Wicket bezüglich Ajax ein herausragendes Programmiermodell anbietet, haben wir dem Thema ein eigenes Kapitel gewidmet (siehe Kapitel 8).

Wicket definiert für klar voneinander abgrenzbare Bausteine einer Webanwendung entsprechende Abstraktionen. Abbildung 3-1 gibt einen Überblick über die wichtigsten Bausteine und ihre Beziehung untereinander. Nachfolgend wollen wir diese im Einzelnen betrachten.

Abb. 3-1 *Bausteine einer Wicket-Anwendung*

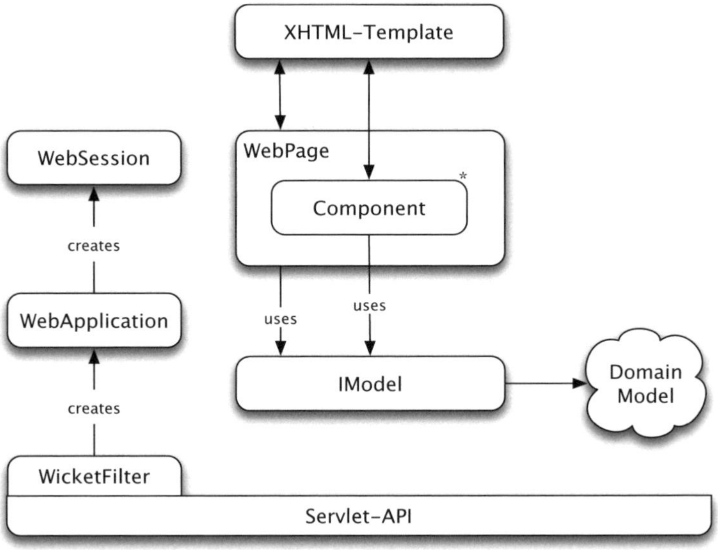

Ablauf einer Benutzeranfrage

`WebPages`, `Components`, XHTML-Templates und Wicket-Models (Interface `IModel`) bilden die Kernelemente einer Wicket-Anwendung. Wie diese Elemente in der laufenden Anwendung zusammenspielen, soll am Beispiel einer Benutzerinteraktion gezeigt werden. Zur Veranschaulichung dient Abbildung 3-2. Das Beispiel zeigt konzeptionell, was passiert, wenn der Benutzer den Inhalt eines Formulars an den Server schickt.

Der Browser sendet den Request an den Server, wo er von Wicket auf einen Methodenaufruf an eine Komponente weitergeleitet wird. Diese Komponente repräsentiert aus Sicht des MVC-Patterns sowohl *Controller* als auch Teile des *View*.

Die Funktion des Controllers übernehmen dabei Event-Handler-Methoden in der Komponente wie z. B. `onClick()` oder `onSubmit()`. Sie

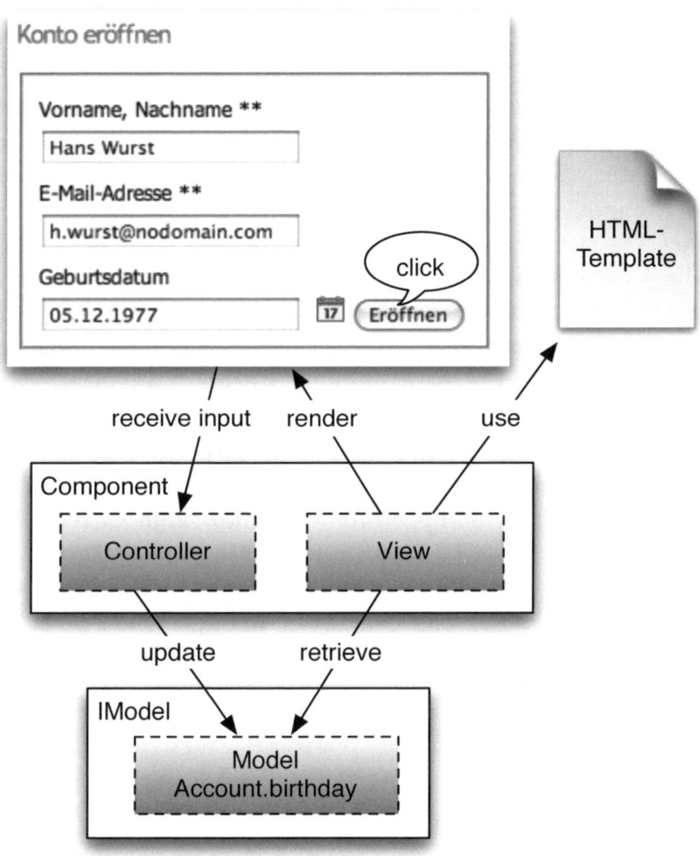

Abb. 3-2
Typischer Ablauf einer Benutzeranfrage

sind dafür zuständig, Benutzereingaben zu verarbeiten, das Modell zu aktualisieren und gegebenenfalls einen neuen View aufzurufen.

Das *Modell* wird durch Klassen der Anwendungsdomäne repräsentiert. Dort finden wir Klassen wie Kunde, Warenkorb, Projekt oder Aufgabe. Das `IModel`-Delegate-Interface ermöglicht der Komponente einen standardisierten Zugriff auf die Domänenobjekte und erlaubt es auch mehreren Komponenten, gemeinsam auf das gleiche Modell zuzugreifen, ohne voneinander zu wissen.

Nachdem die Verarbeitung im Controller, also in den Event-Methoden, abgeschlossen ist, rendert Wicket die Ergebnisseite, den *View*. Das ist standardmäßig die Seite, von der aus der Request kam, oder eine andere Seite, wenn der Controller dies bei Wicket mit `setResponsePage()` angefordert hat.

HTML einer Seite erzeugen

Eine Seite generiert ihr Markup für den Browser aus dem zugehörigen Template sowie aus den Ausgaben der Komponenten, die sie enthält. Jede Komponente stellt durch Implementierung von `renderComponent()` die Funktionalität zur Erzeugung ihres Markups bereit. Je nach Art der Komponente kommt dabei ein (XHTML-)Template zum Einsatz oder nicht. Einfache Komponenten wie `Label` und `TextField` benötigen dafür kein Template, da sie nur ein kurzes Stück Text oder z. B. ein HTML-Eingabeelement ausgeben. Andere Komponenten wie `Panel` erzeugen HTML-Fragmente, die sie aus einer eigenen Template-Datei lesen. Neben statischem Markup kann die Komponente auch Daten aus dem Modell beziehen, greift also lesend auf das Modell zu.

Unterschied zu MVC im Original

Kenner des Original-MVC-Patterns werden sicher bemerkt haben, dass der Controller den View nicht direkt aufruft. Normalerweise würde der Controller den View benachrichtigen, falls Änderungen in den Benutzereingaben oder dem Modell erkannt werden und eine neue Ausgabe erfordern. Eine solche Verbindung wäre aber nur dann sinnvoll, wenn entsprechende Änderungen im View aktiv zum Client gesendet werden können. Das HTTP-Request-Response-Modell lässt das aber nicht zu. Letztendlich reicht es, wenn der Controller das Modell aktualisiert. Für die Antwort auf den HTTP-Request rendert Wicket die Ergebnisseite, die sich dann aus den aktuellen Modelldaten speist.

3.1.1 Front-Controller: WicketFilter

Direkt auf der Servlet-API operierend sitzt der `WicketFilter`, über den jeder Request an eine Wicket-Anwendung geschleust wird.

Front-Controller

Wicket setzt, wie viele Servlet-basierte Frameworks, auf das Front-Controller-Pattern zur Steuerung des Request-Zyklus[1]. Der Front-Controller wird entweder in Form eines Filters (`WicketFilter`) oder eines Servlets (`WicketServlet`) im Deployment-Deskriptor `WEB-INF/web.xml` konfiguriert. Der Einsatz von WicketFilter wird für die meisten Zwecke empfohlen. Der nachfolgende Kasten erläutert, warum es zwei Lösungsvarianten gibt.

[1] Unter dem Request-Zyklus versteht man den Ausführungspfad vom Absenden eines Requests durch den Benutzer über seine Verarbeitung auf dem Server bis zur Anzeige der Serverantwort im Browser.

WicketFilter oder WicketServlet?

Die Varianten Filter und Servlet bieten zunächst einmal die gleiche Grundfunktionalität. `WicketFilter` hat gegenüber `WicketServlet` den Vorteil, dass Pre- und Post-Verarbeitung über weitere Filter möglich ist (*Filter-Chain*) und nicht von der Anwendung behandelbare Ressourcen-URLs einfach an den Container weitergereicht werden können. Es kann z.B. aus Performance-Überlegungen gewünscht sein, dass statische Ressourcen direkt vom Webserver ausgeliefert werden. Würde man ein Servlet verwenden, so wäre dieses selbst für das Streamen solcher Ressourcen verantwortlich.

Es gibt aber auch Situationen, in denen nur `WicketServlet` eingesetzt werden kann. Das betrifft z.B. Webcontainer, die keine saubere Unterstützung für Filter bieten (z.B. ältere IBM Websphere- oder Bea Weblogic-Container), oder einige OSGI-Container, die lediglich eine Registrierung von Servlets erlauben. Die OSGI-Spezifikation 4.x sieht einen `HTTPService` vor, der es erlaubt, Servlets zu betreiben – allerdings auf Basis von Servlet 2.1. Filter gibt es aber erst seit Servlet 2.3.

Jeder Request an die Anwendung wird über den Front-Controller geleitet. Dieser untersucht den Request anhand der URL und der Request-Parameter. Daraus wird die Art des Requests ermittelt. In Wicket gibt es unterschiedliche Request-Arten, die sich im Wesentlichen in den Request-Zielen unterscheiden und damit die nötigen Prozessschritte zur Generierung der Serverantwort vorgeben. Typische Ziele sind Seiten, Komponenten oder Ressourcen. Wir werden in Abschnitt 7.2 ausführlich auf die einzelnen Request-Arten mit den zugehörigen Verarbeitungsschritten eingehen.

3.1.2 WebApplication

Jede Wicket-Anwendung muss eine Anwendungsklasse als Erweiterung zu `WebApplication` bereitstellen. Die Anwendungsklasse bestimmt, welche Seite als Startseite der Anwendung dient. Darüber hinaus ist sie zentraler Anlaufpunkt für die Anwendungskonfiguration und für seitenübergreifend gemeinsame Ressourcen. Registriert wird die Anwendungsklasse im Rahmen der Deklaration von `WicketFilter` oder `WicketServlet` in web.xml mithilfe des Parameters `applicationClassName`. In Abschnitt 7.1.1 werden wir die Aufgaben der Anwendungsklasse im Einzelnen erläutern.

3.1.3 Seiten und Komponenten

Eine Wicket-Seite

Kommen wir nun zu den Bausteinen, mit denen sich der Anwendungsentwickler am häufigsten auseinandersetzen wird. In Wicket bilden Seiten und Komponenten die zentralen Abstraktionen. Eine Wicket-Anwendung ist eine Ansammlung von Seiten. Eine Wicket-Seite ist zunächst eine Klasse, die von `WebPage` abgeleitet wird. Seiten werden entweder aus der Anwendung heraus über einen der Konstruktoren erzeugt oder unter Angabe einer Seitenklasse zur Erzeugung an das Framework übergeben.

Komponenten

Jede Wicket-Seite besteht aus einer Hierarchie von Komponenten. Alle Komponenten erben von der Klasse `Component`, wie auch `WebPage` selbst. Komponenten werden im Konstruktor der Seite mit `new` erzeugt und mit `add(..)` hinzugefügt. Komponenten sind User-Interface-Elemente wie Labels, Textfelder, Buttons, Panels, Menüs oder Tabellen. Sogar `WebPage` selbst ist eine Komponente, da sie von `Component` erbt. Die Hierarchie kann beliebig viele Stufen aufweisen. Das bedeutet, Komponenten können wiederum Komponenten enthalten. Man spricht dann von Containerkomponenten. Die Komponentenhierarchie einer Seite wird also durch einen Baum beschrieben, dessen Wurzel die Seitenklasse ist, dessen Knoten aus Containerkomponenten wie Tabellen, Menüs oder Panels bestehen und dessen Blätter durch einfache Komponenten wie Labels und Eingabefelder repräsentiert werden.

Ein Teil der Komponenten ist in der Lage, Benutzerereignisse zu verarbeiten. Typische Ereignisse sind Klicks auf Links und Buttons oder das Selektieren eines Eintrags in einer Select-Box. Die korrespondierenden Komponenten wie `Button`, `Link` und `DropDownChoice` beinhalten Event-Listener-Methoden, die durch das Framework bei Auftreten eines Events aufgerufen werden. Die Anwendung kann eigenen Code durch Implementieren von Event-Callback-Methoden beisteuern, die von den Event-Listenern aufgerufen werden. Listing 3.1 zeigt im Ansatz, wie eine Komponente mit Event-Callback eingesetzt wird.

Listing 3.1 *Callback-Methoden*

```
Button next = new Button("nextButton") {
 public void onSubmit()
 {
   // Verarbeitung der Eingabewerte,
   // z.B. Aufruf der Businesslogik hier
 }
};
```

Logik in Java

In Wicket existiert eine strikte Trennung von Logik und Design. Seiten- und Komponentenklassen sind Ausgangspunkt für die Umsetzung der User-Interface- und Anwendungslogik (Businesslogik). User-Interface-

Logik (UI-Logik) umfasst beispielsweise das Iterieren von Tabellenzeilen oder das Einblenden zusätzlicher Eingabefelder, abhängig von der bisher getätigten Eingabe, oder die Auswahl der nächsten Anwendungsseite. Die Anwendungslogik dagegen ist in der Regel unabhängig vom User-Interface.

Design über XHTML-Templates

Das Design von Seiten und Komponenten wird in HTML-Templates ausgelagert. Die Vorlagen basieren auf dem XHTML-Standard und definieren vor allem den statischen Inhalt einer Seite. Des Weiteren sind sie dafür zuständig, die Verbindung zu den in der Seitenklasse instanziierten Komponenten herzustellen. Durch die Vergabe von speziellen Wicket-Attributen im Template, den Wicket-IDs (Attribut `wicket:id`), und der gleichzeitigen Verwendung dieser IDs beim Erzeugen der Komponenten im Konstruktor der Seitenklasse wird diese Verbindung hergestellt. Das Beispiel in Abbildung 3-3 veranschaulicht diesen Zusammenhang.

Verzicht auf JavaServer Pages (JSP)

Auf den ersten Blick überrascht es, dass Wicket auf den Einsatz von JavaServer Pages (JSP) gänzlich verzichtet. Ein zentraler Punkt im Wicket-Design ist es, UI-Logik komplett in Java außerhalb des Templates zu behandeln, ganz im Gegensatz zu JavaServer Pages, wo UI-Logik und Design im gleichen Artefakt gepflegt werden. Des Weiteren steht aus Sicht vieler Experten außer Frage, dass aufwendig zu erstellende Taglibs und die begrenzten Möglichkeiten einer Expression-Language (JSP-EL) als Mittel zur Umsetzung von UI-Logik in JavaServer Pages nur eingeschränkt tauglich sind.

Zusammenfassend kann man sagen, dass Seiten und Komponenten nahezu alle Aufgaben übernehmen, die im Zusammenhang mit der Darstellung einer Anwendungsseite, der Verarbeitung von Benutzerereignissen und der Auswahl einer Folgeseite stehen. Man spricht von einem seitenzentrierten Framework. Im Gegensatz dazu verfolgt ein Model-2-Framework wie Struts einen Controller-zentrierten Ansatz. Hier steckt hinter jedem Formular und jedem Link eine eigene Klasse als Controller (im Struts-Jargon: Action). In Wicket ist die gesamte Controller-Logik entweder in einer Klasse (WebPage) vereint oder wird von ihr aus angestoßen. Das trägt vor allem zu einer besseren Übersichtlichkeit und Wartbarkeit des Codes bei und führt dazu, dass Controller-Logik direkten Zugriff auf alle Eigenschaften der Seite erhält.

Ressourcen

Wicket-Seiten und -Komponenten bestehen normalerweise nicht nur aus Java-Klassen und XHTML-Templates. Sie beinhalten auch externe Ressourcen wie CSS-Dateien, Images, JavaScript-Dateien oder Resource-Bundles zum Zweck der Internationalisierung. Für ein ein-

Abb. 3-3 Zusammenhang von Seitenvorlage und -implementierung

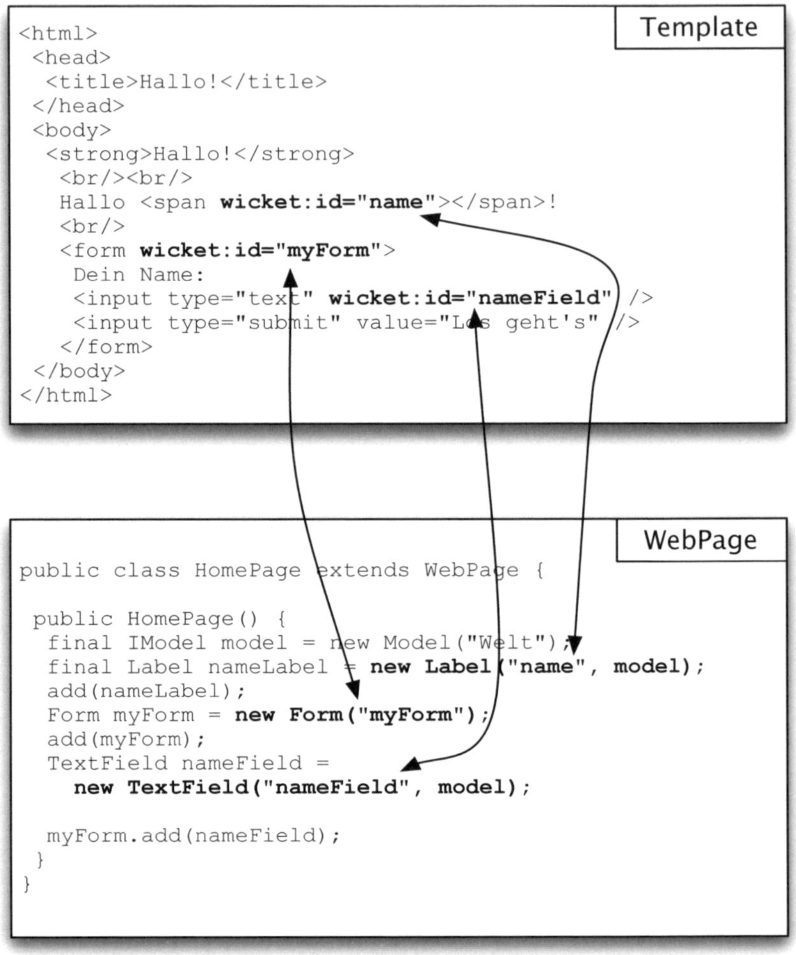

faches Bündeln und Wiederverwenden werden alle zu einer Seite bzw. Komponente gehörenden Artefakte über den Klassenpfad referenziert. Damit können Komponenten direkt per JAR-Datei verteilt oder verwendet werden. Wir werden in den Abschnitten 11.2 zu Ressourcen und 11.1 zur Lokalisierung tiefer in das Thema einsteigen.

Behaviors

Das Verhalten sowohl der Controller- wie auch der View-Aspekte einer Komponente kann auf verschiedene Weisen beeinflusst werden. Zum einen kann man Unterklassen schreiben und damit, wie in der Java-Entwicklung gewohnt, das Verhalten verändern. Zum anderen kann man auch sogenannte *Behaviors* hinzufügen. Ein Behavior ist ein verkapseltes Verhalten, mit dem eine Komponente erweitert werden kann und das bei bestimmten Events während des Lebenszyklus aufgerufen wird, um z. B. CSS-Attribute oder einen JavaScript-Aufruf hinzuzufügen. Sie können aber auch komplexes Verhalten erzeugen. So kann z. B. das `DatePicker`-Behavior an ein Texteingabefeld, das für ein Datum bestimmt wird, ein komplettes JavaScript-basiertes Kalender-Widget anhängen, wie es in der Einleitung auf Seite 9 gezeigt wurde. Behaviors sind ein nützlicher Mechanismus, um Code wiederverwendbar zu machen, vor allem wenn unterschiedliche Komponenten nicht von der gleichen Superklasse erben können. Während in Kapitel 5 über Komponenten bereits einige nützliche Behaviors erwähnt werden, wollen wir sie in Abschnitt 7.1.4 detailliert beschreiben.

3.1.4 Wicket-Model

Ein letzter, aber dennoch sehr wichtiger Baustein entbehrt noch einer Beschreibung. Sie haben sich sicher schon gefragt, wie die Komponenten mit den Anwendungsdaten in Verbindung gebracht werden. Die Antwort darauf liefert das Wicket-Model-Konzept.

Anwendungsarchitekturen mit klarer Schichtentrennung definieren für den Zugriff der Präsentationsschicht auf persistente Anwendungsdaten prinzipiell zwei Varianten:

- Über objektrelationales Mapping wird eine objektorientierte Sicht auf die benötigten relational verwalteten Anwendungsdaten hergestellt. Die Anwendung nutzt die Möglichkeiten des eingesetzten OR-Mapping-Frameworks wie z. B. JBoss Hibernate, um CRUD-Operationen[2] oder mengenbasierte Operationen durchzuführen. Die erzeugte objektorientierte Sicht bildet das Domänenmodell der Anwendung, bestehend aus Domänenklassen.
- Service-Fassaden regeln den erlaubten Zugriff auf die Daten entweder durch einfache CRUD-Operationen oder durch komplexere Businesslogik-Service-Aufrufe. Die Anwendungsdaten werden über Data-Transfer-Objekte (DTO) der benötigten Granularität als In/Out-Parameter der Services verwendet. Häufig wird OR-Mapping für CRUD- und mengenbasierte Operationen herangezogen, wenn die Daten in einer relationalen Datenbank verwaltet werden, sodass beide Modelle miteinander kombiniert werden.

Je nachdem welche Variante zur Umsetzung der Businesslogik herangezogen wird, müssen wir entweder Domänenobjekte oder Data-Transfer-Objekte mit Wicket-Komponenten verknüpfen. Aus der Perspektive von Wicket ist diese Unterscheidung nicht von Bedeutung. Wicket führt nämlich mit dem Interface `IModel` eine Abstraktion ein,

[2] Create, Read, Update, Delete

um Komponenten eine einheitliche Sicht auf bzw. eine Schnittstelle zum Zugriff auf Objekte der Anwendungsdomäne zu ermöglichen. Listing 3.2 zeigt das einfache Interface.

Listing 3.2
Interface IModel

```
public interface IModel<T> extends IDetachable
{
        T getObject();

        void setObject(final T object);
}
```

Jedes Objekt der Anwendungsdomäne, das mit einer Komponente verknüpft werden soll, wird in eine Implementierung von `IModel` eingepackt und der Komponente entweder über einen Konstruktor oder mit `setDefaultModel(final IModel<?> model)` zugewiesen. Wicket-Models sind für viele anfangs gewöhnungsbedürftig. Sie bieten aber ein riesiges Spektrum an Möglichkeiten für den Zugriff auf die Anwendungsdaten. In Abschnitt 7.1.5 werden wir uns daher eingehend mit Idee und Implementierung von `IModel` auseinandersetzen.

3.1.5 Verwaltung des Anwendungszustandes

Verwaltung des Anwendungszustandes durch Wicket

In Abschnitt 1.1 haben wir erfahren, dass die Verwaltung des Anwendungszustandes durch das Framework ein elementares Feature von Wicket ist. Um zu verstehen, warum dies von großem Nutzen ist und wie sich das im Wicket-Programmiermodell äußert, hilft es, sich ein wenig mit der Geschichte des Web auseinanderzusetzen (siehe Anhang A.1).

Viele MVC2-Frameworks, dazu zählen beispielsweise Struts oder Spring MVC, zeichnen sich dadurch aus, dass sie eine dünne Abstraktionsschicht um die Servlet-API bilden und `HttpSession` zur Verwaltung der Sessiondaten an die Anwendung durchreichen. Mit der Kontrolle über `HttpSession` übernimmt der Anwendungsentwicker aber auch eine große Verantwortung. Nicht sachgemäße Nutzung kann sehr schnell Probleme verursachen:

- Es ist nicht leicht, geeignete Cleanup-Strategien zu entwickeln, wenn Sessionobjekte adhoc in `HttpSession` gespeichert werden.
- Es können Namenskonflikte bei der Verwaltung der Sessionobjekte auftreten. Das heißt, Sitzungsobjekte können unabsichtlich überschrieben werden, wenn kein eindeutiger Schlüssel verwendet wird.
- Der Zugriff auf die Sessionobjekte ist nicht typsicher.
- Die Anwendung muss Vorkehrungen für den reibungslosen Betrieb im Cluster treffen. Es erfordert beispielsweise elementares Wissen

über den im Webcontainer implementierten Replikationsmechanismus, wenn man die zu replizierende Datenmenge möglichst klein halten möchte.

WebSession

In der Wicket-API ist der direkte Zugriff auf HttpSession durch die Anwendung nicht mehr vorgesehen. Wicket bietet für die Verwaltung der Sessiondaten stattdessen die Klasse `WebSession` an. In `WebSession` werden Sessionobjekte aber nicht wie in `HttpSession` in einer `HashMap` verwaltet. Vielmehr geht es darum, mit dieser Klasse eine typsichere Schnittstelle für Sessionobjekte zur Verfügung zu stellen. Dazu wird man in der Regel `WebSession` ableiten, die benötigten Properties hinzufügen und in der Anwendungsklasse registrieren (siehe Abschnitt 7.1.1). Das `WebSession`-Objekt wird selbst als Attribut in `HttpSession` verwaltet. Das übernimmt das Framework für uns.

Neben der Abstrahierung von `HttpSession` gibt es mit `WebRequest` auch entsprechenden Ersatz für `HttpServletRequest`. Die schon gezeigte `WebApplication` ist neben ihrer Funktion als zentrale Anwendungskonfiguration auch ein Ersatz für den `ServletContext`. Wie auch bei der `WebSession` werden nicht mehr Einträge einfach mit einem Key in die Session geworfen, sondern anwendungsspezifisch und typsicher in der eigenen `WebApplication`-Implementierung abgelegt.

Wicket versperrt trotz Abstrahierung nicht die Möglichkeit, auf die nativen Kontextobjekte der Servlet-API zurückzugreifen. Das ist in manchen Situationen nötig, beispielsweise dann, wenn eine Anwendung schrittweise von einem Model-2-Framework nach Wicket migriert werden soll und während der Migrationsphase eine Koexistenz von Wicket und dem bisherigen Webframework besteht.

4 Die Beispielanwendung

Wir haben uns dazu entschlossen, Wicket anhand einer konkreten Anwendung vorzustellen. Damit werden nicht nur technische Aspekte einzelner Komponenten, sondern auch die Kombination mit anderen Komponenten unter fachlichen Gesichtspunkten beleuchtet. Dieses Vorgehen trägt zu einem nachhaltigeren Verständnis der eingesetzten Komponenten und Konzepte bei. Auch bei der Auswahl der zusätzlich zu den grundlegenden Elementen vorgestellten komplexeren Komponenten haben wir uns an diesem Beispiel orientiert.

Dieses Kapitel startet daher mit der Vorstellung der fachlichen Anforderungen und zeigt dann den technischen Rahmen der Beispielanwendung und ihres Backends.

4.1 Fachliche Anforderung

Bei unserer Beispielanwendung handelt es sich um die Onlineversion eines Projektstrukturplans (englisch: Work Breakdown Structure; abgekürzt: WBS). Dieser erlaubt die hierarchische Zerlegung eines Projekts in Tasks (Arbeitspakete bzw. Teilaufgaben). Er zeigt das Projekt mit den Tasks, aus denen es besteht, grafisch als Baum an, dient als Basis für die Termin- und Kostenplanung und bietet entsprechende Report-Möglichkeiten über den aktuellen Stand des Projekts[1].

Die fachlichen Anforderungen an die Anwendung lassen sich wie nachfolgend angegeben gliedern.

4.1.1 Projekt- und Taskverwaltung

Der Kern der Anwendung ist die Projektverwaltung (Einstieg siehe Abbildung 4-1). Darin soll eine beliebige Anzahl von Projekten verwaltet werden können. Zu einem Projekt können beliebig viele Tasks erfasst werden, die wiederum in entsprechende Untertasks unterteilbar sind (siehe Abbildung 4-2). Pro Projekt können Start-/Endzeitpunkt sowie

[1]Näheres zu Theorie und Einsatz des Projektstrukturplans (WBS) kann in [7] nachgelesen werden.

Aufwand und Status erfasst werden. Ein Task kann auf vollständig gesetzt werden, wenn alle seine Untertasks diesen Status besitzen.

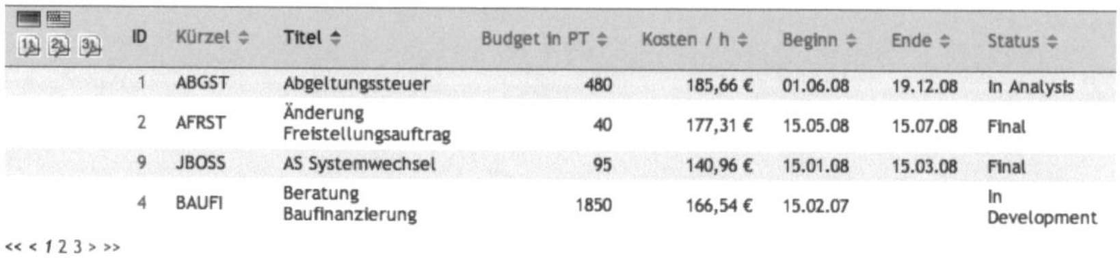

Abb. 4-1 Projektverwaltung

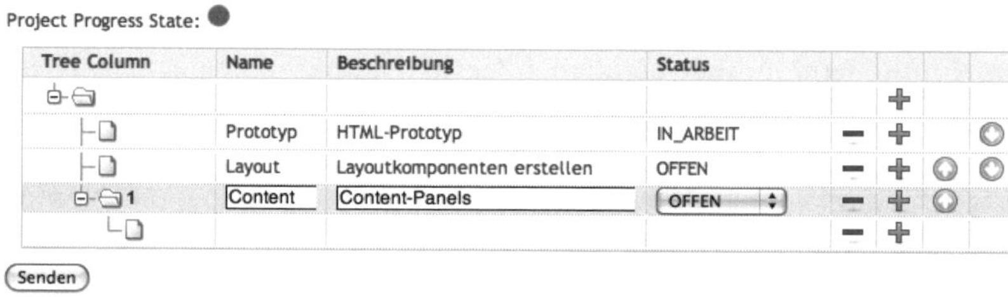

Abb. 4-2 Taskverwaltung

4.1.2 Benutzerverwaltung

Die Verwaltung (d. h. das Erfassen, Ändern und Löschen) von Benutzern erfolgt aus der Benutzersuche heraus (siehe Abbildung 4-3). Hier kann aus der Ergebnisliste ein Benutzer ausgewählt oder ein neuer Benutzer angelegt werden. Die Anlage erfolgt über einen Assistenten (englisch: Wizard), der durch die einzelnen Segmente der Benutzerdaten navigiert (siehe Abbildung 4-4).

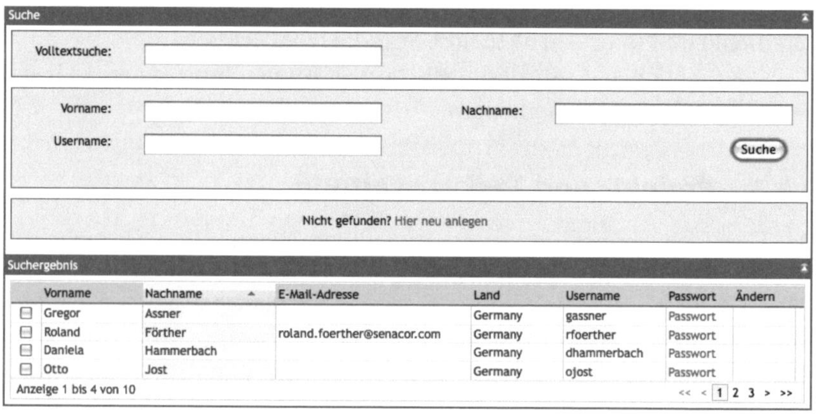

Abb. 4-3 Benutzer suchen

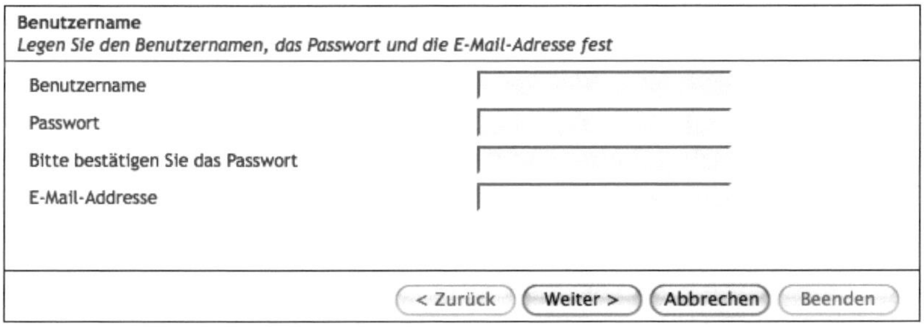

Abb. 4-4
Benutzer anlegen

Zusätzlich soll es möglich sein, dass jeder angemeldete Benutzer sein persönliches Benutzerprofil aktualisieren kann. Abbildung 4-5 zeigt hierfür das umzusetzende Eingabeformular.

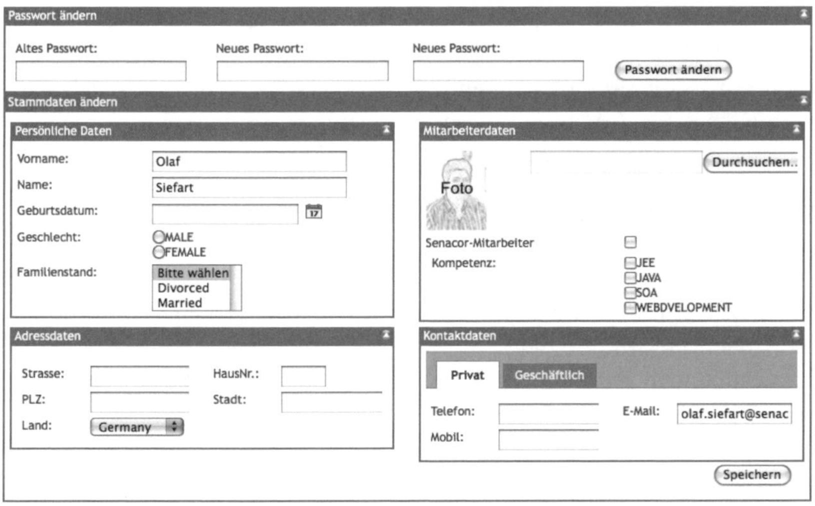

Abb. 4-5
Benutzerprofil ändern

Hier können gegenüber der Neuanlage in der Benutzerverwaltung zusätzliche Informationen eingegeben werden. Dies umfasst Daten für ein Mitarbeiterprofil und einen Geschäftskontakt.

4.1.3 Rollen- und Rechtekonzept

Für die Anwendung ist ein zentrales Rollen- und Rechtekonzept notwendig. Grundsätzlich werden die drei Rollen Administrator, Manager und Benutzer benötigt. Administratoren können Benutzer anlegen, ändern (inklusive Rollenzuordnung), deaktivieren und Passwörter zurücksetzen. Für die Zuordnung von Rechten zu einer Rolle ist eine eigene Maske vorgesehen (siehe Abbildung 4-6).

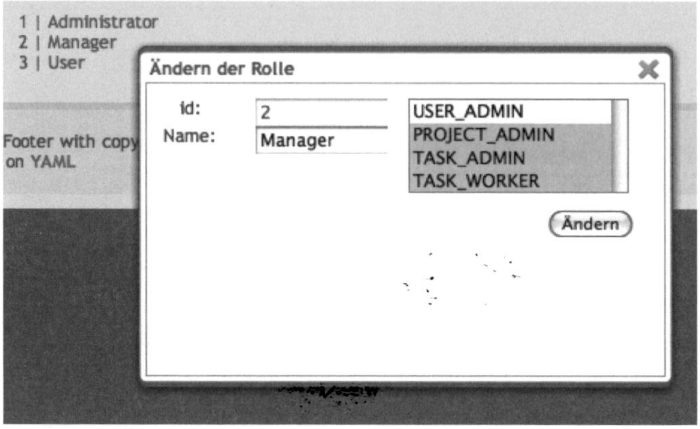

Abb. 4-6
Rollen zuordnen

Ein Manager kann Projekte anlegen, bearbeiten und löschen, Tasks innerhalb der Projekte anlegen und Benutzern zuweisen. Der Benutzer kann innerhalb eines Projekts nur seine eigenen Tasks bearbeiten und auch nur in diesen entsprechende Untertasks anlegen. Zusätzlich kann er seine eigenen Attribute ändern (inklusive seines Passworts).

4.2 Technische Realisierung

Der Fokus dieses Buchs liegt klar auf der Erstellung einer Webanwendung, also eines Frontends, mit Wicket. Die überwiegende Mehrheit aller Anwendungen, die über simple Datenbank-Frontends hinausgehen, braucht jedoch auch ein Backend, das Nicht-UI-Logik kapselt, Daten und Benutzer verwaltet usw.

Um bei einem möglichst praxisnahen Beispiel zu bleiben, haben wir zwei Teile entwickelt: ein Spring- und Hibernate-basiertes Backend sowie ein Wicket-basiertes Frontend. Über beide soll hier ein kurzer Überblick gegeben werden, bevor wir uns in den nächsten Kapiteln detailliert dem Wicket-Teil zuwenden.

Wenn Sie einfach die fertige Anwendung einmal laufen lassen möchten, springen Sie direkt zu Abschnitt 4.2.3 auf Seite 50. Die beiden nächsten Abschnitte fassen erst einmal grob zusammen, wie die Anwendung technisch aufgebaut ist.

Details zur Anbindung von Anwendungslogik und zur empfohlenen Architektur gibt Kapitel 6.

Eckdaten der Implementierung

Für die Entwicklung der Anwendung wurde eine Standard-Eclipse-J2EE-Entwicklungsumgebung verwendet. Für Eclipse gibt es ein Wicket-Plug-in mit dem Namen »Eclipse-Wicket-Bench«[2]. Dieses

[2] `http://www.laughingpanda.org`

wurde allerdings mangels Stabilität in der zur Verfügung stehenden Version nicht verwendet.

Für den Zugriff auf das Versionskontrollsystem Subversion wurde das Plug-in Subversive[3] eingesetzt. Als Webcontainer diente der Tomcat Server[4], der sich sehr gut in Eclipse integriert.

Wie erwähnt, wurde die Implementierung der Anwendung in zwei Unterprojekte unterteilt: Die Middleware-Applikation befindet sich im Maven-Modul `wbs-middleware` und der Webclient im Maven-Modul `wbs-web-client`.

4.2.1 Die Middleware-Applikation

Das Serviceprojekt `wbs-middleware` stellt die Fachlichkeit in Form einer fachlichen Fassade zur Verfügung. Für eine Entkopplung der einzelnen Schichten ist die Service-Fassade Interface-basiert. Frontend-Komponenten dürfen daher ausschließlich Abhängkeiten zu den fachlichen Interfaces und dem verwendeten Objektmodell besitzen.

Die Daten der Anwendung werden in einer H2-Datenbank[5] gespeichert, die beim Hochfahren der Anwendung erzeugt wird. Das interne fachliche Modell wird dabei über Hibernate und unter Verwendung von JPA-Annotationen[6] auf die Datenbank abgebildet. Die Transaktionssteuerung ist über einen Interceptor an der fachlichen Fassade modelliert, sodass jeder Aufruf innerhalb einer Transaktion stattfindet.

4.2.2 Der Webclient

Der Webclient `wbs-web-client` verwendet die fachlichen Services der Middleware-Applikation. Die Service-Beans werden in einem Spring-Kontext deklariert und per Annotation in die entsprechenden Wicket-Komponenten injiziert. Diese Art der Spring-Integration liefert Wicket über das Teilprojekt `wicket-spring` selbst mit. Wie das geht, wird in Kapitel 6 beschrieben.

Zur Umsetzung des Seitenlayouts verwenden wir das CSS-Framework YAML[7] in der Open-Source-Lizenz zu Creative Commons Attribution 2.0. Die Anwendung erzeugt in einem Use Case PDF-Dokumente, die zum Download angeboten werden. Zur PDF-Generierung wird die Bibliothek `iText`[8] eingesetzt.

[3] `http://www.polarion.org/index.php?page=overview&project=subversive`

[4] `http://tomcat.apache.org/`

[5] `http://www.h2database.com/`

[6] JPA: Java Persistence API

[7] `http://www.yaml.de`

[8] `http://www.lowagie.com/iText`

4.2.3 Starten der vorbereiteten Anwendung

Die Anwendung kann entweder als kompiliertes WAR-Archiv oder im Quellcode von der Webseite `http://www.wicketbuch.de` heruntergeladen werden. Um die Anwendung in einem Webcontainer laufen zu lassen, muss sie darin deployt werden. Zusätzlich ist ein Verzeichnis zu konfigurieren, in dem sowohl die Indexdateien der integrierten Datenbank als auch Indexdateien für eine Textsuche liegen. Das Verzeichnis wird über die System-Property `hibernate.search.default.indexBase` beim Start des Servlet-Containers gesetzt. Alle Quellcode-Artefakte liegen im Font-Encoding `UTF-8` vor. Damit es in der laufenden Anwendung nicht zu Darstellungsproblemen kommt, muss daher die System-Property `file.encoding` auf `UTF-8` gesetzt werden.

Das fertige Archiv `wicket-wbs-web.war` ist in jedem Servlet-Container lauffähig. Wir zeigen, wie das Deployment in Tomcat 6 funktioniert:

Zuerst wird das Archiv nach `<catalina.home>/webapps` kopiert. Die System-Properties können mithilfe der Umgebungsvariablen `JAVA_OPTS` gesetzt werden. Der Tomcat-Start sieht dann auf einer Unix-Kommandozeile (z. B. OS X oder Linux) so aus:

```
> export JAVA_OPTS="-Dfile.encoding=UTF-8
   -Dhibernate.search.default.indexBase=/tmp/wbs-index"
> cd <calatina.home>/bin
> catalina.sh run
```

Das Gleiche sieht unter Windows folgendermaßen aus:

```
> set JAVA_OPTS="-Dfile.encoding=UTF-8
  -Dhibernate.search.default.indexBase=D:\temp\wbs-index"
> cd <calatina.home>\bin
> catalina.bat run
```

Fast genauso schnell kommt man zu einer laufenden Anwendung, wenn man das Anwendungsbeispiel aus den Quellen über Maven selbst baut. Packt man das Archiv `wicket-wbs.zip` aus, so kann man über eine Unix-Kommandozeile im Top-Level-Verzeichnis mit folgenden Kommandos die Anwendung unter dem Webcontainer Jetty [9] laufen lassen:

```
> mvn install
> export MAVEN_OPTS= \
 "-Dhibernate.search.default.indexBase=/tmp/wbs-index
  -Dfile.encoding=UTF-8"
> cd wbs-web-client
> mvn jetty:run
```

[9] Jetty `http://www.mortbay.org/jetty/` wird über ein Maven-Plug-in eingebunden und läuft dort eingebettet, sodass keine Serverinstallation notwendig ist.

Hier ist die Windows-Aufrufvariante:

```
> mvn install
> set MAVEN_OPTS= \
 "-Dhibernate.search.default.indexBase=D:/temp/wbs-index
  -Dfile.encoding=UTF-8"
> cd wbs-web-client
> mvn jetty:run
```

Beim Deployen der Projekte auf Tomcat in Eclipse werden die System-Properties im Server-View unter »Open Launch Configuration« angegeben (siehe Abbildung 4-7). Die Property `file.encoding` kann hier weggelassen werden, da das Datei-Encoding entweder global in den Workspace-Settings oder für jedes Projekt einzeln in den Project-Settings eingestellt wird.

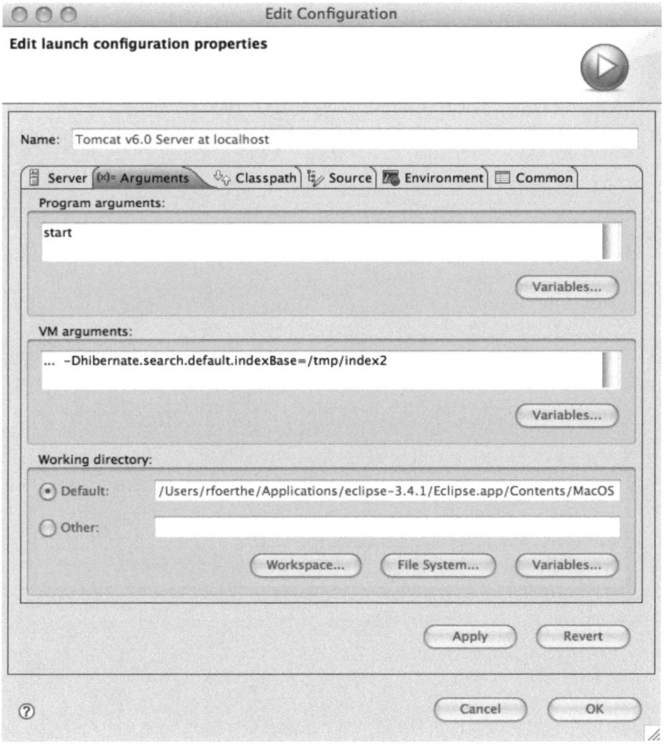

Abb. 4-7
System-Properties für Tomcat in Eclipse

5 Wicket-Komponenten

Wickets Komponentenmodell zeichnet sich durch Klarheit und ein enormes Leistungspotenzial in der Umsetzung von Komponenten aus. In diesem Kapitel werden wir diese Eigenschaften anhand von Komponenten der Wicket-Distribution und selbst entworfener Komponenten aufzeigen.

Im darauf folgenden Abschnitt 5.1 werden die von der Anwendung benötigten Komponenten vorgestellt: einfache Komponenten zur Ausgabe von Text und Bildern, Komponenten zur Abbildung von Hyperlinks und zur Umsetzung von Formularen sowie Komponenten zur Darstellung von Iterationen wie Tabellen und Auflistungen. Die Auswahl der Komponenten bildet unserer Meinung nach die Grundausstattung für die meisten Webanwendungen.

Die Umsetzung eines zentralen Layouts mit der Wiederverwendung von Hauptstrukturelementen einer Seite wie Kopf-/Fußbereich und Navigation bildet den Schwerpunkt von Abschnitt 5.2.

Zum Ende des Kapitels widmen wir uns der Entwicklung eigener Komponenten (Abschnitt 5.3). Die Platzierung dieses Themas am Kapitelende soll allerdings nicht über seinen hohen Stellenwert bei der Entwicklung von Wicket-Anwendungen hinwegtäuschen.

5.1 Basiskomponenten

Dieses Kapitel beschreibt einige der mit der Wicket-Distribution mitgelieferten Komponenten anhand verschiedener Anwendungsfälle (Benutzerprofile editieren etc.) der Beispielanwendung.

5.1.1 Ausgabekomponenten

Die Ausgabe dynamischer Inhalte ist das wohl am häufigsten benötigte Feature in einer Anwendung. Für statische Inhalte sind in Wicket die HTML-Templates vorgesehen. Für variable und dynamisch ermittelte Inhalte stehen entsprechende Ausgabekomponenten bereit.

Label

Die grundlegende Ausgabekomponente von Wicket ist `Label`. Sie lässt sich an nahezu jedes beliebige HTML-Element anhängen und ersetzt den *Inhalt* des Elements. Beispiele für Labels finden sich überall in Wicket-Applikationen, so auch in der Beispielanwendung. Hier ein Ausschnitt aus Template und Code der Komponente `Header`:

```
<h1 wicket:id="title">Titel der Seite</h1>
```

```
IModel titleModel;
...
add(new Label("title", titleModel));
```

In der Ausgabe bleibt das `<h1></h1>` erhalten, der *Inhalt* »Titel der Seite« wird jedoch durch den Inhalt des Modells ersetzt. Dies ermöglicht es, die Ausgabedaten aus beliebigen Quellen zu ziehen – Datenbanken, Resource-Bundles oder was sonst zur Verfügung steht.

renderBodyOnly
Normalerweise gibt jede Wicket-Komponente das HTML-Tag, das zu ihr gehört, auch wieder aus. Ein Label, das an einem `<span>`-Tag hängt, wird also für `<span wicket:id="myLabel"> Text kommt hier</span>` im Template die Ausgabe `<span wicket:id ="myLabel">Hallo, Welt!</span>` erzeugen. Ruft man vorher `myLabel.setRenderBodyOnly(true)` auf, kommt stattdessen nur `Hallo, Welt!`.
Das ist z. B. dann sinnvoll, wenn ein übermäßiges Verschachteln von `<span>`- oder `<div>`-Tags vermieden werden soll, auch wenn verschachtelte Komponenten benötigt werden. Ein Beispiel wäre der anklickbare Text eines Links, der über ein oder mehrere `Label`s erzeugt wird, die im Komponentenbaum als Kinder am `Link` hängen. Innerhalb des `<a>`-Tags des Links sind weitere `<span>`-Elemente meist unnötig.

MultiLineLabel

Zeilenumbrüche im Label-Inhalt werden dem Browser zwar übertragen, aber von diesem nicht angezeigt. Wenn die Ausgabe sichtbare Zeilenumbrüche enthalten soll, muss statt `Label` die Komponente `MultiLineLabel` verwendet werden. Sie verhält sich genauso wie das normale `Label`, ersetzt aber einzelne Zeilenumbrüche durch `<br/>`-Tags und mehrere aufeinanderfolgende Umbrüche durch ein `<p>`.

Formatierter Text versus Security

Eine der mittlerweile klassischen Sicherheitslücken in Webanwendungen entsteht aus der ungefilterten Ausgabe von Benutzereingaben. In einem Gästebuch oder Forum z. B. könnte ein User script-Tags einfügen, wodurch dann die Daten (Cookies, Passwörter usw.) anderer Nutzer ausgespäht werden könnten.

Um dies zu verhindern, ersetzt Label alle relevanten Sonderzeichen (<, >, &) durch die entsprechenden HTML-Entity-Codes (<, >, &). Das macht diesen Angriff praktisch unmöglich, hat aber eine Nebenwirkung: Durch HTML-Tags formatierter Text wird ebenfalls verändert und die Tags werden in der Anzeige sichtbar. Für die meisten »einfachen« Ausgaben ist das kein Problem, da sie über die umgebenden HTML-Tags mittels CSS formatiert werden können. Manchmal muss ein Label aber strukturierte Ausgaben produzieren, z. B. ein <span> enthalten, um nur einen Teil des Textes mit einer bestimmten Formatierung zu versehen. Für diesen Fall kann man das Escaping über die Component-Methode setEscapeModelStrings(false) ausschalten. Bei programmatisch generierten Ausgaben (z. B. Preisangaben oder sonstigen wohldefinierten Werten) ist das kein Problem. Sobald aber Benutzereingaben ins Spiel kommen, muss man vorsichtig sein. Ohne das automatische Escaping müssen die Daten durch die Anwendung gefiltert werden, um derartige Angriffe auszuschließen.

<wicket:message>

Die Label-Komponenten sind hauptsächlich für programmatische Ausgaben nützlich. Fast häufiger als die Ausgabe von dynamisch ermittelten Daten benötigt man die Ausgabe von Resource-Bundle-Einträgen, z. B. bei der Internationalisierung der Anwendung. Die Label-Komponente kann zwar auch hier verwendet werden, wird dann aber schnell unpraktisch. Der Komponentenbaum wird mit Labels überfrachtet und das Synchronisieren der Hierarchien in Code und Template zunehmend erschwert. Ein Ausweg ist die Verwendung von <wicket:message>, mit dem ein Resource-Bundle-Eintrag ausgegeben werden kann, ohne eine Komponente im Code zu instanziieren. In Abschnitt 11.1.1 wird näher auf <wicket:message> eingegangen.

Bilder

Eine Webanwendung kann neben Text natürlich auch Grafiken und Bilder ausgeben. Diese lassen sich in folgende Kategorien einteilen:

- Statische Bilder: Das sind grafische Elemente, die sich nicht verändern und immer ausgegeben werden. Dazu zählen Icons für Buttons, z. B. das Symbol einer Kalenderkomponente.
- Semistatische Bilder: Grafische Elemente, die nicht immer angezeigt werden, sondern abhängig von Programmlogik ein- oder ausgeblendet werden, oder die je nach Zustand unterschiedliche Bilder anzeigen, was z. B. für die Statusanzeige von gelesenen und ungelesenen E-Mails notwendig ist. Die eigentlichen Bilddaten sind jedoch nicht variabel und liegen spätestens zur Deployment-Zeit vor.
- Dynamische Bilder: Hier handelt es sich um erst zur Laufzeit erzeugte Grafiken, wie z. B. den Graphen eines Börsenkurses, der laufend aktualisiert wird.

Statische Bilder

Grafiken liegen bei »klassischen« Webanwendungen üblicherweise irgendwo im Verzeichnis der Anwendung, unterhalb des Content-Root. Da diese Bilder nicht vom Programm beeinflusst werden, gehören sie zum Template und werden daher einfach im HTML referenziert. Grundsätzlich ist das natürlich auch mit Wicket möglich. Es bricht aber die Kapselung der Komponenten auf, wenn Grafiken einfach in der Anwendung »herumliegen«. Bei z. B. der Verwendung des DatePicker-Behaviors will man nicht deren Kalendersymbol vor der Benutzung ins Anwendungsverzeichnis kopieren, sondern ein JAR mit allem Code und Ressourcen einbinden. Wenn die URL der aktuellen Seite Schrägstriche enthält – z. B. `.../project/PBS/task/31` – muss man zudem genau aufpassen, damit der Browser relative Referenzen noch korrekt auflösen kann. Die in Abschnitt 5.1.2 vorgestellte Methode mittels `<wicket:link>` hilft weiter, wie auf Seite 65 gezeigt: Grafiken und andere Ressourcen können mit der Komponente verpackt und trotzdem transparent in den Templates verwendet werden. Natürlich lassen sich mit den folgenden Methoden für semistatische und dynamische Bilder auch statische Bilder simulieren, das ist jedoch im Allgemeinen unnötiger Aufwand.

Semistatische Bilder

Grafiken, die nur unter bestimmten Bedingungen angezeigt werden sollen, unterscheiden sich erst einmal nicht von statischen Bildern. Die Dateien liegen in der Anwendung oder vorzugsweise im JAR der Komponente. Die View-Logik generiert `<img>`-Tags, deren `src`-Attribut auf die entsprechende Datei verweist. Hier greift jedoch der `<wicket:link>`-Mechanismus nicht mehr, da diese Logik ja im Code liegt und nicht im Template. Wicket bietet hierzu eine eigene `Image`-Komponente an, die im Template an ein `<img>`-Tag gebunden wird. Dabei kann man einen beliebigen String als `src` setzen, viel praktischer ist aber eine `Resource` bzw. `ResourceReference`[1], die ähnlich `<wicket:link>` korrekte URLs zu Grafiken direkt in den Java-Packages generieren.

[1] Details zu Wicket-Ressourcen finden Sie in Abschnitt 11.2.

Wann verwendet Image das src-Attribut, die Resource oder das Model?

Die `Image`-Komponente sucht in einer bestimmten Reihenfolge nach ihrem »Inhalt«:

1. Eine `Resource` oder `ResourceReference` im `Model` der Komponente
2. Eine im `Image`-Konstruktor oder mit `setImageResource` oder `setImageResourceReference` gesetzte `Resource` oder `ResourceReference`
3. Eine durch das `src`-Attribut des `<img>`-Tags referenzierte Bilddatei, relativ zur Komponente, die das `Image` enthält
4. Eine durch das `Model` als String referenzierte Bilddatei, ebenfalls relativ zur umgebenden Komponente

Ein Beispiel aus der WBS-Anwendung ist ein grafischer Indikator für den Projektfortschrittsstatus. Je nach Wert des Attributs `Project#progress` – `RED`, `YELLOW`, `GREEN` – soll auf der Projekt-Details-Seite ein rotes, gelbes oder grünes Feld erscheinen. Zunächst kommt dafür ein `<img>` in das Template:

```
Project Progress State:
<img wicket:id="progressState"/>
```

Durch die `wicket:id` hat man wie gewohnt einen Griff an dem Tag und kann jetzt je nach Projektstatus eine andere Grafik einbinden:

__Listing 5.1__
ProjectDetailsPanel.java (Auszug) – Image und ResourceReference

```
private static final
 Map<ProgressState, ResourceReference>
 progressStateIndicators =
  new HashMap<ProgressState, ResourceReference>() {
   {
    put(ProgressState.GREEN, new ResourceReference(
      ProjectDetailsPanel.class,
      "res/progress_green.png"));
    put(ProgressState.YELLOW, new ResourceReference(
      ProjectDetailsPanel.class,
      "res/progress_yellow.png"));
    put(ProgressState.RED, new ResourceReference(
      ProjectDetailsPanel.class,
      "res/progress_red.png"));
   }
  };
```

```
...
add(new Image("progressState",
     progressStateIndicators.get(project
                        .getProgress());
    ));
```

Am Ende von Listing 5.1 wird ein neues `Image` erzeugt, das eine `ResourceReference` erhält, die auf die Grafik verweist. In diesem Beispiel sind die Referenzen für jede Projektstatusgrafik in einer Map abgelegt. Sie verweisen relativ zur Klasse `ProjectDetailsPanel` auf den Pfad `res/progress....png` – d. h., dass die Dateien direkt im Java-Package im Unterverzeichnis res liegen.

Diese Grafik ist jetzt für die Lebensdauer der Seite »fix«, solange man nicht über `setResource()` eine neue Ressource setzt. Listing 5.2 zeigt, wie mit einem Wicket-Model das `Image` dynamisiert werden kann: Auch wenn nun während der Lebensdauer der Seite der Projektstatus geändert wird, verwendet die Komponente immer die richtige Grafik.

Listing 5.2
ProjectDetailsPanel.java (Variante) – Image und Model

```
add(new Image("progressState",
  new Model<ResourceReference>() {
   @Override
   public ResourceReference getObject() {
    return progressStateIndicators.get(project
      .getProgress());
   }
  }));
```

Letztendlich benötigt das `Image` immer noch eine `ResourceReference`, da kein statisches `src`-Attribut gesetzt ist. Aber dieses Mal wird die `ResourceReference` in eine simple `Model`-Unterklasse verpackt. Wenn `Image` keine `Resource` oder Referenz direkt übergeben bekommt, schaut es in seinem (optionalen) Modell mittels `getObject` nach. Die gezeigte Implementierung dieser Methode holt jedes Mal die richtige Referenz aus der oben schon gesehenen Map.

ContextImage

Unter Umständen kann es auch nötig sein, Grafikdateien zu referenzieren, die *nicht* im Package einer Komponente liegen, sondern, wie in einer klassischen Webanwendung, im Anwendungsverzeichnis. So etwas könnte z. B. bei einer Fotogalerie der Fall sein. Diese Bilddateien können nicht fest im Template stehen, hängen aber auch mit keiner Komponente zusammen. Um sicherzustellen, dass sie das richtige `src`-Attribut bekommen, bietet sich die Verwendung von `ContextImage` an. Das `Model` für diese Komponente ist ein Pfad als String relativ zum Root des Anwendungsverzeichnisses. `ContextImage` generiert daraus immer die korrekte URL, egal wie die URL der aktuellen Seite aussieht.

Dynamische Grafiken

Zur letzten Kategorie von Grafiken gehören solche, die erst zur Laufzeit überhaupt erstellt werden. Das könnten z. B. Graphen von laufend aktualisierten Börsenkursen sein, CAPTCHA-Grafiken (zur Unterscheidung von Mensch und Maschine) oder im WBS-Beispiel eine Statistik über die offenen Projekttasks in den letzten 30 Tagen. Dadurch, dass das HTML, Skripte und Grafiken jeweils in separaten Requests an den Browser übertragen werden, sind solche Aufgaben traditionell recht aufwendig. In den vorigen Beispielen reichte es noch, nur die richtige `src`-URL in das `<img>`-Tag zu schreiben. Für dynamisch erzeugte Grafiken muss einerseits die passende URL erzeugt werden, andererseits muss auch noch ein Programm unter dieser URL verfügbar sein, das die Grafik erstellt und als Stream an den Browser schickt. Bisher ist es üblich, dafür ein Servlet zu schreiben und in der Seite die URL dazu zu konstruieren. Das war und ist technisch problemlos möglich, hat aber den Nachteil, dass der Code für die Bildgenerierung an einer völlig anderen Stelle steht als der sonstige für die Seite verantwortliche Code. Außerdem fehlt dem Servlet der Kontext des Aufrufers, und Parameter können nur im URL-String übergeben werden.

In Wicket verwendet man dafür die oben bereits vorgestellte `Image`-Komponente, übergibt ihr aber eine spezielle `Resource`. Es gibt eine Reihe von speziellen Image-Ressourcen, und ein Blick in das Package `org.apache.wicket.markup.html.image.resource` ist sehr zu empfehlen. Das Beispiel zeigt `RenderedDynamicImageResource`, eine Unterklasse von `DynamicImageResource`. Letzteres ist eine Oberklasse für verschiedene Image-Ressourcen, die programmatisch erstellt und nicht einfach von der Festplatte geladen werden. Das Besondere an `RenderedDynamicImageResource` ist, dass man, wie von der Desktop-Grafikprogrammierung her gewohnt, in ein `Graphics2D`-Objekt zeichnen kann.

Das Backend liefert eine Liste mit den offenen Tasks pro Projekt der letzten 30 Tage, aus der ein Graph gezeichnet werden soll. Auch hier schreibt man zunächst ein `<img>` ins Template:

```
Open tasks last 30 days:<br/>
<img wicket:id="openlast30"/>
```

`ProjectStatisticsPanel` kann dann direkt in dieses Image hineinzeichnen, wie Listing 5.3 zeigt.

Listing 5.3
ProjectStatisticsPanel.java (Auszug) – Zeichnen in eine dynamische Grafik

```
private static final int HEIGHT = 400;
private static final int WIDTH = 400;
...
add(new Image("openlast30",
   new RenderedDynamicImageResource(WIDTH, HEIGHT) {

    @Override
    protected boolean render(final Graphics2D graphics) {
     List<Integer> openLast30 =
       projectManager.getLast30DaysOpenTaskCount();
     int max = Collections.max(openLast30);
     prepareGraphics(graphics);
     int xStep = 10;
     double yScale = 1.0 * HEIGHT / max;
     int x = 0, y = (int) (yScale * openLast30.get(0));
     int xOld = x, yOld = y;
     for (Integer tasks : openLast30) {
      y = (int) (yScale * tasks);
      graphics.setColor(Color.BLACK);
      graphics.drawLine(xOld, yOld, x, y);
      graphics.setColor(Color.RED);
      graphics.drawLine(x - 2, y - 2, x + 2, y + 2);
      graphics.drawLine(x - 2, y + 2, x + 2, y - 2);
      xOld = x;
      yOld = y;
      x += xStep;
     }

     return true;
    }

    private void prepareGraphics(
      final Graphics2D graphics) {
     graphics.setColor(Color.WHITE);
     graphics.fillRect(0, 0, WIDTH, HEIGHT);
     graphics.setColor(Color.BLACK);
     graphics.translate(50, HEIGHT);
     graphics.scale(1, -1.0);
     graphics.setRenderingHint(
       RenderingHints.KEY_ANTIALIASING,
       RenderingHints.VALUE_ANTIALIAS_ON);
    }
   }));
```

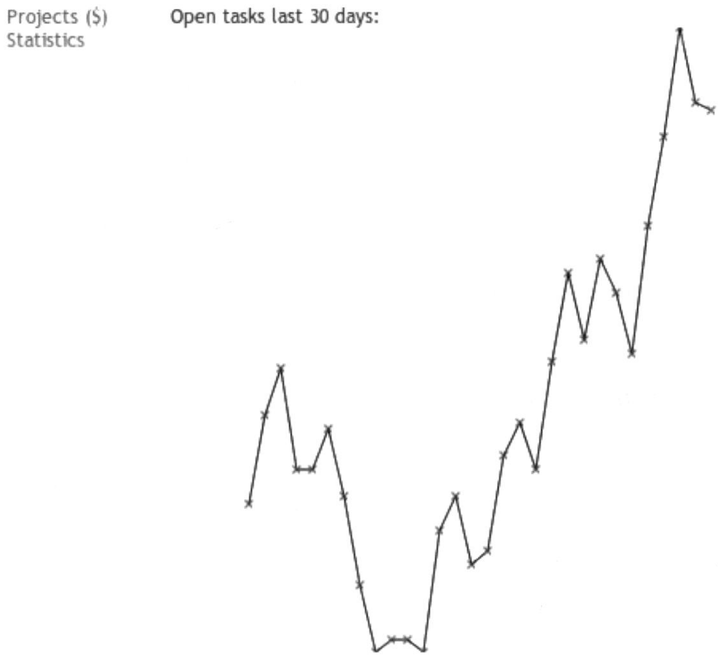

Abb. 5-1
Dynamische Grafik, im Code erzeugt

Der größte Teil dieses Listings ist das eigentliche Zeichnen. Man erzeugt eine neue `RenderedDynamicImageResource` mit der gewünschten Breite und Höhe und implementiert davon die `render`-Methode. Ab hier hat der Code praktisch nichts mehr mit Wicket zu tun – jeder, der schon einmal eine Desktop-Anwendung mit Swing geschrieben hat, wird sich hier schnell zurechtfinden. Man zeichnet einfach in das von Wicket bereitgestellte `java.awt.Graphics2D`-Objekt einen – zugegebenermaßen im Beispiel sehr simplen – Graphen, und Wicket wird daraus eine PNG-Grafik erstellen und an den Browser senden. Der Return-Wert der `render`-Methode zeigt an, ob das Bild in die vorgegebenen Dimensionen gepasst hat (`true`) oder nicht (`false`) – im zweiten Fall würde die Methode mit einem entsprechend angepassten `Graphics2D`-Objekt erneut aufgerufen. Abbildung 5-1 zeigt das Ergebnis.

Images und Resources

In diesen Beispielen wurden die Images mit `Resources` und `ResourceReferences` bestückt. Mehr dazu, und wie Sie mit `SharedResources` diese Ressourcen zwischen verschiedenen Klassen wiederverwendbar machen, finden Sie in Abschnitt 11.2 auf Seite 281.

5.1.2 Linkkomponenten

Das Grundelement des Web sind seine Hyperlinks. Zu Beginn waren das simple Verknüpfungen zwischen unterschiedlichen Dokumenten, die beliebig weit verteilt sein konnten. Solche statischen Links lassen sich geradezu trivial in Wicket verwenden: Man schreibt einfach wie gewohnt `<a href="linkziel">Linktext</a>` in das HTML-Template. Heutzutage sind Links natürlich immer noch hauptsächlich »Dokumentenzeiger«, aber sie werden nun auch zur Steuerung von Webanwendungen benutzt. Sie können sowohl auf dem Server als auch – mittels JavaScript[2] – auf dem Client beliebige Aktionen auslösen.

Links innerhalb einer Anwendung

Um dem Benutzer Navigationsmöglichkeiten innerhalb der Anwendung zu bieten, gibt es z. B. `Link`. Ein Beispiel für einen solchen Link enthält das `SearchUserPanel`.

Listing 5.4
HTML und Java für die Klasse SearchUserPanel (Auszug) – ein Beispiel für Seitennavigation

```
<a wicket:id="createUser" href="#">
 Neuen Benutzer anlegen
</a>
```

```
border.add(new Link("createUser") {
 @Override
 public void onClick() {
  setResponsePage(CreateUserPage.class);
 }
});
```

Listing 5.4 zeigt, dass der `Link` sich – wie alle Linkkomponenten – an ein `<a>`-Tag anhängt. Sobald der Benutzer auf diesen Link klickt, wird `setResponsePage(Class<Page>)` aufgerufen und die angegebene Seite per Defaultkonstruktor erzeugt und gerendert. Wenn die Zielseite keinen Defaultkonstruktor besitzt (Wicket kann die Seite also nicht automatisch erzeugen) oder wenn eine schon bestehende Instanz verwendet werden soll, würde stattdessen `setResponsePage(Page)` aufgerufen. Da `onClick` erst beim Klick aufgerufen wird, wird die Zielseite auch erst dann erzeugt und belegt so nicht unnötig Platz auf dem Server.

Die tatsächlich im Browser anklickbare Fläche entspricht dabei genau dem, was innerhalb des `<a>`-Tags steht. Im Beispiel ist das einfach ein Text, es können aber auch beliebige Wicket-Komponenten verwendet werden, z. B. ein Label, um den Text dynamisch anzupassen. Diese

[2] Siehe Kapitel 8.

Komponenten müssen natürlich dem Link über `add()` hinzugefügt werden.

Sessionrelative Links

`Link` erzeugt eine relativ unansehnliche URL. Sie sieht ungefähr aus wie `http://localhost:8080/wicket-wbs-web/?wicket:interface=:4:middleColumn:listPanel:2:createUser::ILinkListener::`, die genauen Werte hängen vom momentanen Zustand der Session ab. Für Links, die ohnehin nur innerhalb der Anwendung gelten, ist das aber akzeptabel. Links in Wicket haben aber noch eine weitere Eigenschaft: Sie gelten nur *innerhalb der aktiven Session.*

Wie schon das Escaping von Sonderzeichen im `Label`, so hat auch dieser Sessionbezug der Links Vor- und Nachteile, wobei meistens die Vorteile überwiegen, da es auch hier wieder um die Sicherheit der Anwendung geht. Eine in den letzten Jahren aufgekommene Attacke basiert darauf, einem Benutzer auf einer fremden Website einen Link in die Anwendung unterzuschieben, der dann in der Anwendung eine Aktion mit den Rechten dieses Benutzers auslösen soll. Das funktioniert natürlich nur, wenn der Angreifer vorhersagen kann, welche URL zu welcher Aktion gehören wird. In Wicket ist dieser Angriff nahezu unmöglich geworden: Die generierten URLs sind relativ zur Session und enthalten z. B. die Position der aktuellen Seite in der Page Map sowie die Versionsnummer, die sich bei jedem Aufruf der Seite erhöht. Dadurch ist es sehr schwierig, eine gültige Link-URL vorherzusagen.

Sowohl die URLs als auch der Sessionbezug der Links lassen sich beeinflussen. Zum Sessionbezug gibt es z. B. `BookmarkablePageLinks`, zur Anpassung der URLs erfahren Sie mehr in Abschnitt 11.5 auf Seite 295.

Stabile Links mit BookmarkablePageLink

Mit `BookmarkablePageLink` statt `Link` wird die URL des Links »stabil« und kann, wie der Name schon sagt, vom Anwender auch als Bookmark gespeichert und jederzeit später wieder aufgerufen werden. Das funktioniert nur, wenn die Seitenklasse statt einer fertigen Instanz verwendet wird. Da die Session nicht zur Verfügung steht, gibt es auch keine `Link`-Komponente, deren `onClick` aufgerufen werden könnte.

PageParameters

Trotzdem können der verlinkten Seite noch Parameter übergeben werden, sie müssen nur unabhängig von der Session sein. Statt des Defaultkonstruktors der Seite kann Wicket noch einen anderen aufrufen, der genau ein Argument vom Typ `PageParameters` enthält. Dabei handelt es sich um eine `Map` aus Schlüssel-Wert-Paaren, die die Parameter für die neue Seite darstellen. Da diese Werte später alle als Query-String an die URL angehängt werden, müssen sie ein brauchbares `toString` haben. Für die üblichen Typen wie `Integer`, `Boolean` usw. ist das bereits der Fall. In Listing 5.5, einem Auszug aus den Beispielkomponenten ProjectListPanel und ProjectDetailsPage, ist die Verwendung von BookmarkablePageLink und PageParameters dargestellt.

Listing 5.5 *ProjectListPanel.java und ProjectDetailsPage.java (Auszug) – Beispiel für BookmarkablePageLink*

```
ProjectListPanel.java:
 ...
 PageParameters pageParameters =
              new PageParameters();
 pageParameters.put("projectId", project.getId());
 item.add(new BookmarkablePageLink<ProjectDetailsPage>(
         "tasks", ProjectDetailsPage.class,
         pageParameters).add(new Label("id")));
 ...

ProjectDetailsPage.java:
 ...
 public ProjectDetailsPage(PageParameters
                           pageParameters) {
  long projectId = pageParameters.getLong("projectId");
  Project project = projectManager.retrieve(projectId);
  ...
 }
 ...
```

Vor der Generierung des Links wird ein neues PageParameters-Objekt erzeugt mit einem Parameter "projectId". Dann wird der BookmarkablePageLink aufgebaut: Er bekommt seine Wicket-ID, die Klasse der Zielseite und schließlich die PageParameters. Zuletzt wird ihm noch ein Label hinzugefügt, das den anklickbaren Linktext liefert. Wenn der Benutzer nun auf den Link klickt, wird der gezeigte Konstruktor aufgerufen. Das Argument "projectId" wird wieder aus den PageParameters herausgeholt – getLong() gehört zu einer Reihe von Hilfsfunktionen, die aus den Strings einfache Datentypen machen können – und verwendet.

<wicket:link>

In Wicket sind grundsätzlich Template (HTML) und Logik (Java) strikt getrennt. Einige sehr einfache Dinge wären jedoch im Code so trivial, dass die Autoren zusätzlich die Möglichkeit eingebaut haben, sie auch komplett im Template zu halten. Dazu gehören lokalisierte Texte[3] wie auch ein Tag für die automatische Erstellung von BookmarkablePageLinks. Dies ist nützlich, wenn es z. B. ein fixes Menü von Seiten gibt und nicht alles auch noch in Java mitgepflegt werden soll. In diesem Fall kann man, wie in Listing 5.6 gezeigt, Links in

[3] <wicket:message>, siehe Abschnitt 11.1.

<wicket:link>-Tags einbetten. Diese Links haben dann kein wicket:id-Attribut, denn das würde sie zu vollwertigen Komponenten machen, die auch im Code vorkommen müssten.

Listing 5.6
Verwendung von <wicket:link>

```
<wicket:link>
 <a href="sub/package/StartPage.html">
  Start
 </a><br/>
 <a href="../higher/package/SearchPage.html">
  Search
 </a><br/>
</wicket:link>
```

Die Linkpfade müssen zu den HTML-Templates in den Package-Verzeichnissen führen. Wicket generiert daraufhin entsprechende BookmarkablePageLink-Instanzen, die zu den jeweiligen Seitenklassen führen. Links auf die aktuelle Seite werden dabei automatisch deaktiviert dargestellt. So kann man den Aufwand einsparen, diesen recht statischen Teil der Anwendung dynamisch im Code aufzubauen.

Automatische Links überall
<wicket:link> dient dazu, die automatische Linkgenerierung nur für bestimmte Regionen im Template zu aktivieren. In der Standardeinstellung verändert Wicket keine Links außerhalb dieser Regionen. In der init-Methode der Anwendungsklasse kann dieses Verhalten mit getMarkupSettings().setAutomaticLinking(boolean) angepasst werden: false ist der Default, true sorgt dafür, dass Wicket *jeden* Link im Template bearbeitet, der kein eigenes wicket:id-Attribut hat.

Automatische Pfade für Bilder und Skripte

<wicket:link> hat aber auch noch einen anderen Anwendungsbereich. Pfade zu Bildern, Stylesheets und Skripten sind in HTML üblicherweise relativ angegeben, und gerade in Webanwendungen wären absolute Pfade einem Deployment in einer anderen (z. B. Test-)Umgebung hinderlich. Je nachdem, wie die URL zur aktuellen Seite genau aussieht – abhängig davon, wie viele Schrägstriche enthalten sind[4] –, kann der Webbrowser einen relativen Pfad ganz unterschiedlich interpretieren. Durch das Einbetten in <wicket:link>-Tags kann man die Pfade zu diesen Ressourcen ebenfalls anpassen lassen. Ein Beispiel dafür sind die Sprach-Umschalt-Links im Template Header.html in Listing 5.7: Die Bilddateien de.png und us.png liegen im gleichen Package und damit im gleichen Verzeichnis wie das HTML-Template und die Header-Klasse. Daher braucht man hier kein Package-Präfix. Aber egal wie der Link

[4]Das kann z. B. durch das Mounten von Seiten oder durch unterschiedliche IRequestCodingStrategys beeinflusst werden, siehe Abschnitt 11.5.

aussieht, über den der Benutzer auf die aktuelle Seite gekommen ist, `<wicket:link>` sorgt dafür, dass der Browser immer den richtigen Pfad zu den Bildern angezeigt bekommt. Die Links selbst sind »normale« Wicket-Komponenten: `AutoLinkBookmarkablePageLinks` für Links aufseiten der Anwendung und `ExternalLinks` für absolute Links ins Netzwerk (Links, die eine vollständige URL enthalten). Links auf Ressourcen wie Bilder und Skripte werden als `ResourceReferenceAutolinks` abgebildet. Programmatische Links und automatisch erstellte Links lassen sich problemlos kombinieren.

Listing 5.7
Header.html (Auszug) – <wicket:link> für Bilder

```
<wicket:link>
 <a href="#" wicket:id="langde">
  <img src="de.png" alt="Germany"/>
 </a>
 <a href="#" wicket:id="langus">
  <img src="us.png" alt="USA"/>
 </a>
</wicket:link>
```

Links als Auslöser für Aktionen

Wie eingangs erwähnt, können Links in modernen Webanwendungen nicht nur zur Navigation verwendet werden. Man sieht immer häufiger auch, dass Links wie Buttons in klassischen GUI-Anwendungen eingesetzt werden und eine Aktion auf dem Server auslösen (z. B. Teile der Oberfläche auf- oder zuklappen). Damit sollte man zwar ein bisschen vorsichtig sein – siehe den Kasten zu Get-Requests –, aber in vielen Fällen ist es nützlich, und Wicket bietet mit der Komponente `Link` hervorragende Unterstützung. Listing 5.8 zeigt das `AuthenticationStatePanel`, das einen Link zum Ausloggen aus der Anwendung enthält.

Listing 5.8
AuthenticationStatePanel.java (Auszug) – Link und onClick

```
add(new Link("logoutLink") {
 @Override public void onClick() {
  WBSSession.get().invalidate();
  setResponsePage(StartPage.class);
 }
});
```

Vorsicht mit Get-Requests

Get-Requests, also solche, die durch normale Links ausgelöst werden, sollten keine nicht zurücknehmbaren Datenveränderungen vornehmen. Es gibt die Geschichte einer mittelgroßen Webanwendung, die dadurch abgeschossen wurde, dass der Google-Bot über Nacht auf jeder Seite sorgfältig dem »Produkt löschen«-Link gefolgt ist.
Es gibt zwei Möglichkeiten, zu verhindern, dass Robots wie die von Suchmaschinen solche fatalen Aktionen auslösen, indem sie den Links folgen:

- Nur Post-Requests für solche Aktionen verwenden. Posts werden üblicherweise nur durch das Absenden von Formularen erzeugt.
- Die Aktion durch Ajax-Links auslösen (siehe Kapitel 8 auf Seite 215).

Außerdem sollten potenziell gefährliche Aktionen nur mit einer entsprechenden Berechtigung ausführbar sein. Wenn der Link nur nach einem Login funktioniert, stellt auch der Google-Bot keine Gefahr mehr dar.

Wie schon bei der Seitennavigation gesehen, muss für Link nur die Methode onClick implementiert werden. Im Gegensatz zu vielen früheren Frameworks muss man sich nicht um URLs, Request-Zyklen, Forwards und solche Dinge kümmern, nur um eine Aktion für den Benutzer auszuführen. Stattdessen kann man sich einfach darauf verlassen, dass die onClick()-Methode aufgerufen wird, wenn der Benutzer auf den Link klickt. Im Beispiel wird daraufhin der Logout durchgeführt, indem die Session gelöscht und der Benutzer auf die StartPage weitergeleitet wird.

Dabei ist zu beachten, dass Link immer erst einmal auf die aktuelle Seite zurückführt. Ohne den Aufruf von setResponsePage() fände *kein* Seitenwechsel statt, sondern die aktuelle Seite würde in ihrem aktuellen Zustand erneut ausgegeben. Ein solcher Link eignet sich also dazu, um aus klassischen GUIs bekannte Buttons und ähnliche Controls nachzuempfinden. Wenn eine andere Seite kommen soll, egal ob nur als Navigation oder auch als Ergebnisseite einer aufwendigen Serveraktion, geschieht das über setResponsePage(). Diese Methode hängt an Component und ist daher überall verfügbar, nicht nur in Links. Sie kommt in drei Varianten vor: setResponsePage(Class<C extends Page>), setResponsePage(Class<C extends Page>, PageParameters) und setResponsePage(Page).

JavaScript/Ajax-Links

Mit den Komponenten AjaxLink und AjaxFallbackLink ist es auch möglich, JavaScript- und Ajax-Funktionen aufzurufen. Mehr dazu in Kapitel 8.

Links zum Erzeugen von Popup-Fenstern

Mit den vorgestellten Linkkomponenten ist es auch möglich, das Linkziel in einem neuen Fenster zu öffnen. Die einfachste Methode, dies zu erreichen, ist die Verwendung des Attributs `target` im Anchor-Element: `<a href=... target="newWindowId">...</a>`. Diese Methode scheitert allerdings, wenn man einen Button mithilfe von `<input type="button" .../>`, `<input type="submit" .../>` oder `<button>` verwenden möchte. Oft ist es auch gewünscht, mehr Kontrolle über das zu öffnende Browserfenster ausüben zu können, wie das Einstellen von Fenstergröße und Position oder das Ein-/Ausblenden des Browsermenüs und der Browser-Toolbar. In solchen Fällen ist man auf den Einsatz der JavaScript-Funktion `window.open()` angewiesen. Zum Öffnen eines Popup-Fensters über `window.open()` muss lediglich die Property `popupSettings` vom Typ `PopupSettings` auf dem Linkobjekt gesetzt werden. Listing 5.9 zeigt, wie man ein Popup-Window zur Anzeige von PDF parametrieren kann.

Listing 5.9 *Popup-Window-Einstellungen*

```
WebResource projectsResource = ...

ResourceLink pdfDownload =
  new ResourceLink("pdfDownload", projectsResource);
PopupSettings popupSettings =
  new PopupSettings(PopupSettings.STATUS_BAR);
popupSettings.setWidth(500);
popupSettings.setHeight(700);
pdfDownload.setPopupSettings(popupSettings);
```

Die hier verwendete Linkkomponente (`ResourceLink`) hat die Aufgabe, einen Link auf eine Wicket-Ressource zu generieren und bei Aktivierung auszuliefern. Der Download-Mechanismus selbst wird detailliert in Abschnitt 11.2 auf Seite 281 beschrieben.

Über PopupSettings wird die Größe des Fensters (hier 500 x 700) festgelegt. Außerdem wird durch den Konstruktorparameter `PopupSettings.STATUS_BAR` die Browserstatusanzeige aktiviert. Die gewünschten Fensterdekorationsparameter müssen explizit eingeschaltet werden. Dies geschieht durch Oder-Verknüpfung der entsprechenden Konstanten: `new PopupSettings(PopupSettings.STATUS_BAR | PopupSettings.SCROLLBARS)`.

5.1.3 Formularkomponenten

Neben der Anzeige von Informationen ist die Verarbeitung von Benutzereingaben eine der Hauptaufgaben von webbasierten Systemen. Typische Beispiele dafür sind Suchformulare oder Warenkörbe, in denen elektronisch erfasste Bestellungen des Benutzers verwaltet werden.

Hierfür definiert der HTML-Standard eine Reihe von Formularelementen, die für Benutzereingaben zur Verfügung stehen. Diese Formularelemente müssen dabei innerhalb eines HTML-Formulars `<form action=">...</form>` definiert sein, das durch eine Submit-Aktion übertragen wird. Die Adresse, an die die Formulardaten übertragen werden, wird dabei innerhalb des `action`-Attributs der Form angegeben. Die Standardaktionen auf dem Formular sind dabei Submit (Übertragen der Daten) und Reset (Zurücksetzen des Formulars).

Für Formulare definiert der HTML-Standard folgende Eingabeelemente:

Name	HTML-Code
Eingabefelder	`<input type="text"/>`
Eingabefelder für Passwörter	`<input type="password"/>`
Mehrzeilige Eingabebereiche	`<textarea cols="50" rows="10"/>`
Auswahllisten	`<select size="2"><option>User</option><option> Admin</option></select>`
Optionsfeld (»Radiobutton«)	`<input type="radio" name="role" value="Admin"/>`
Checkbox	`<input type="checkbox" name="status" value="verheiratet"/>`
Datei-Upload	`<input type="file" size="50" maxlength="10000" accept="text/*">`
Versteckte Elemente (»Hidden-Field«)	`<input type="hidden" name="userId" value="">`

Tab. 5-1
Formularelemente

Die Eingaben des Anwenders werden stringbasiert an den Server übertragen, um dort weiterverarbeitet zu werden. Diese Übertragung kann sowohl als HTTP-Get-Request als auch als HTTP-Post-Request erfolgen. Allerdings gibt es bei HTTP-Get-Requests bei einigen Browsern eine Begrenzung auf 2000 Zeichen.

Die Empfehlung des W3C-Konsortiums lautet daher, über HTTP-Get nur Daten zu übertragen, die der Visualisierung dienen (z. B. Sortierparameter), und für alle anderen Fälle HTTP-Post zu verwenden.

Wicket stellt für die Verwendung von Formularen entsprechende Basiskomponenten zur Verfügung, die eine einfache und elegante Integration in die Seiten ermöglichen. So findet eine einfache Bindung der Attribute des Datenobjekts über Models an die Formularfelder statt. Es können Konverter registriert werden, die bei komplexeren Datentypen die Umwandlung der Eingaben vornehmen und es können Validierungen auf den Feldern durchgeführt werden.

Seine besonderen Stärken zeigt Wicket allerdings beim modularen Aufbau eines Formulars. So ist es z. B. kein Problem, eine eigene Adressenkomponente zu entwickeln, die sämtliche Clientlogik (Feldvalidierungen, Prüfung gegen eine Adressdatenbank etc.) samt Eingabeformular enthält, und diese Komponente überall innerhalb der Anwendung, wo eine Adressbearbeitung stattfinden soll, wiederzuverwenden. Eine Verschachtelung von Formularkomponenten ist im Gegensatz zu den meisten anderen Webframeworks möglich.

Verschachtelte Formulare

Auch wenn HTML eigentlich keine verschachtelten Forms ermöglicht, können diese in Wicket verwendet werden. Sie sind ein wichtiger Bestandteil bei der Wiederverwendung eigener Komponenten. Nur so kann eine fachliche Komponente als eigenes JAR gekapselt und in einem beliebigen Kontext verwendet werden, ohne dass es eine Einschränkung beim Einsatz in anderen Formularen gibt.

Um die Beschränkung im HTML-Standard zu umgehen, werden von Wicket innere Formulare nicht als `<form>...</form>` gerendert, sondern als `<div>...</div>`. Für die Verarbeitung innerhalb von Wicket ist nun entscheidend, dass die inneren Formulare über explizite Submit-Komponenten (wie Buttons oder Submit-Links) übertragen werden. Wird ein inneres Formular übertragen, so bleiben alle Eingabewerte des Benutzers in der äußeren Form erhalten, allerdings werden nur die der inneren Form validiert und verarbeitet.

Beispiel: Ändern der Benutzerdaten

Wir beginnen mit einem einfachen Beispiel, das in praktisch jeder Webapplikation benötigt wird: die Bearbeitung der eigenen Daten (z. B. für eine Adressänderung) und die Möglichkeit, das Passwort zu ändern (siehe Abbildung 5-2).

So wie der HTML-Standard das Form-Element vorsieht, steht auch in Wicket mit `org.apache.wicket.markup.html.form.Form` eine entsprechende Komponente als Basis für Formulare zur Verfügung. Formularkomponenten können nur innerhalb einer `Form` verwendet werden. Allerdings müssen sie ihr nicht zwangsweise direkt hinzugefügt werden, sie können auch in Containerkomponenten (wie z. B. in einem Panel) gruppiert sein, die wiederum selbst der `Form` hinzugefügt werden.

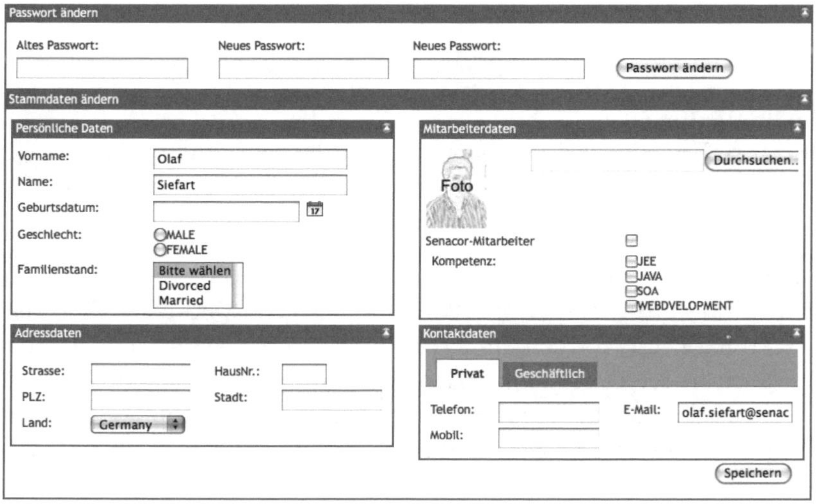

Abb. 5-2
Benutzerprofil ändern

StatelessForm

Eine zustandslose *Form* ist eine Erweiterung einer normalen `Form`, mit dem Unterschied, dass sie bei Übertragung des Formulars noch nicht im Komponentenbaum instanziiert sein muss, sondern erst während des Aufrufs von `onSubmit()` in der `Form` oder eines ihrer Buttons erzeugt wird.
Dieses hat den entscheidenden Vorteil, dass entsprechende Formulare auch noch funktionieren, wenn der Benutzer keine Session hat, ein typischer Anwendungsfall sind z. B. Login-Formulare, die nach einem erfolgreichen Logout angezeigt werden. Voraussetzung bei der Verwendung von zustandslosen Formularen ist, dass ihr kompletter Inhalt aus dem Request ermittelt wird, es kann keine Abhängigkeiten zum Zustand der Seite geben.

Die Formularkomponenten werden auch von Wicket zur Verfügung gestellt. Sie ermöglichen eine einfache und elegante Verarbeitung der Eingaben. Teilweise werden durch die Abstrahierung von Wicket auch Schwächen des zugrunde liegenden HTML-Modells korrigiert (siehe Kasten »Verschachtelte Formulare« auf Seite 70).

Texteingabekomponenten

Wicket stellt folgende Komponenten zur Eingabe von Text bereit:

TextField Eingabe von Text
TextArea Ermöglicht die mehrzeilige Eingabe von Texten
PasswordField Wird für Passwortfelder verwendet, bei denen die Eingabe nicht im Klartext geschehen soll.

Als Beispiel für die einfachen Texteingabekomponenten dient hier die Bearbeitung von Name und Vorname (siehe Listing 5.10) über ein TextField. Diese werden im Datenmodell im User-Objekt (und damit auch in der Datenbank) als einfache Strings gespeichert. Das Binding zwischen den Datenobjekten und den Formularkomponenten erfolgt über ein CompoundPropertyModel, das die Attribute über Reflection mit der Wicket-ID aus dem User-Objekt holt und setzt. Das CompoundPropertyModel wird in Abschnitt 7.1.5 genauer erläutert. Zusätzlich werden die beiden Eingabefelder an dieser Stelle als Pflichtfelder ausgewiesen.

Listing 5.10
TextField

```
public UserForm(final String componentName, final User user) {
 super(componentName, new CompoundPropertyModel(user));
 ...
 add(new TextField("name").setRequired(true));
 add(new TextField("vorname").setRequired(true));
 ...
}
```

Schaut man sich nun das zugehörige Markup (siehe Listing 5.11) an, so ist es wie erwartet. Wicket erfordert die Verwendung der passenden HTML-Tags zu den Fomularkomponenten. Diese sind innerhalb der Form angeordnet, die Reihenfolge spielt dabei keine Rolle, wichtig ist nur, dass die gleichen Elemente im Java- und im HTML-Code vorhanden sind. Das Ergebnis ist dann in Abbildung 5-3 zu sehen.

Abb. 5-3
Verwendung von Textfeldern

Listing 5.11
Textfeld-Markup

```
<wicket:panel>
 <form wicket:id="userForm">
  <input type="text" wicket:id="vorname" size="10"/>
  <input type="text" wicket:id="name" />
 </form>
</wicket:panel>
```

Passwortfelder lassen sich ähnlich realisieren. Sie unterscheiden sich von den normalen Textfeldern nur dadurch, dass ihre Eingabe verschlüsselt angezeigt wird. Zusätzlich wird das neue Passwort (wie in Listing 5.12 zu sehen) nicht direkt in das Passwortfeld des Benutzers geschrieben, sondern in Zwischenvariablen der Form gespeichert. So kann gewährleistet werden, dass – bevor das neue Passwort gesetzt wird – geprüft werden kann, ob das eingegebene alte Passwort korrekt ist. Diese Prüfung wird innerhalb der `onSubmit`-Methode der Form implementiert.

Listing 5.12
Passwortfelder

```
class ChangePasswordForm extends Form {
 private String oldPassword = "";
 private String newPassword1 = "";
 private String newPassword2 = "";

 public ChangePasswordForm(String id, User user) {
  super(id);
  add(new PasswordTextField("oldPassword",
   new PropertyModel(this, "oldPassword"))
   .setRequired(true));
  FormComponent newPassword1FC =
   new PasswordTextField("newPassword1",
     new PropertyModel(this, "newPassword1"))
     .setRequired(true);
  add(newPassword1FC);
  FormComponent newPassword2FC =
   new PasswordTextField("newPassword2",
     new PropertyModel(this, "newPassword2"))
     .setRequired(true);
  add(newPassword2FC);
 }

 @Override
 protected void onSubmit() {
   if (!user.getPasswort().equals(oldPassword)) {
    error("Das eingegebene alte Passwort ist nicht korrekt");
   } else {
   user.setPasswort(newPassword1);
   userManager.saveOrUpdate(user);
   ...
  }
 }

}
```

Am zugehörigen Markup (siehe Listing 5.13) gibt es hingegen keinerlei Besonderheiten. Das Ergebnis ist dann in Abbildung 5-4 zu sehen.

Listing 5.13
Passwortfelder-Markup

```
<wicket:panel>
 <form wicket:id="changePasswortForm">
  <input type="password" wicket:id="oldPassword" />
  <input type="password" wicket:id="newPassword1" />
  <input type="password" wicket:id="newPassword2" />
</wicket:panel>
```

Abb. 5-4
Verwendung von Passwortfeldern

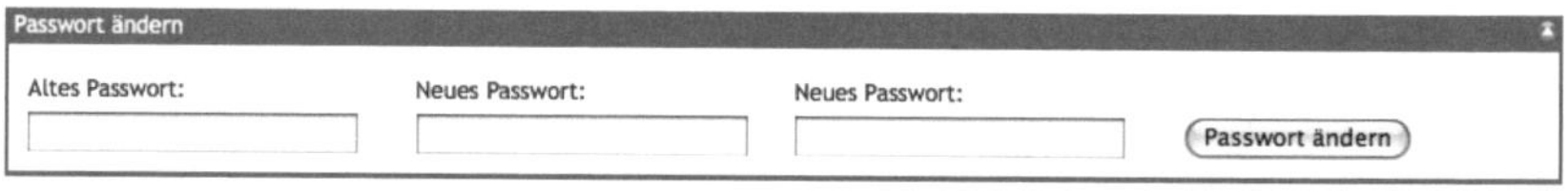

Die Eingabe und Verarbeitung von Datumsformaten ist (ähnlich wie die Verarbeitung von Währungsbeträgen oder anderen speziellen Eingabeformaten) immer mit höherem Aufwand verbunden, solange sie nicht direkt vom Framework unterstützt wird. Hier lohnt sich ein Blick in das Paket *wicket-extensions*. Dieses bietet zum einen eine `DateTextField`-Komponente, die intern mit entsprechenden Date-Pattern arbeitet und ein `DatePicker`-Behavior, das die Kalenderkomponente von YUI[5] zur Verfügung stellt. Ihre Verwendung wird in den Listings 5.14 und 5.15 gezeigt. Als Grundlage für das Markup dient weiterhin das Standard-HTML-Textfeld.

Listing 5.14
Datumsangaben

```
public UserForm(final String componentName,
 ...
 add(DateTextField.forShortStyle("birthDate")
  .add(new DatePicker()));
 ...
}
```

Listing 5.15
Datumsangaben-Markup

```
<wicket:panel>
 <form wicket:id="userForm">
  <input type="text" wicket:id="birthDate"
   size="6" />
 </form>
</wicket:panel>
```

Die Verwendung des `DatePicker`-Behaviors, wie in Abbildung 5-5 zu sehen, ermöglicht eine schnelle und elegante Eingabe von Datumswerten, die jedoch je nach verwendetem Layout Probleme bei der Darstellung

[5] Yahoo! User Interface Library: `http://developer.yahoo.com/yui/`.

im Internet Explorer mit sich bringen kann. Hier muss im Zweifelsfall eine Nachbearbeitung des CSS erfolgen, sofern nicht die komplette Anwendung auf YUI-Basis entwickelt wurde.

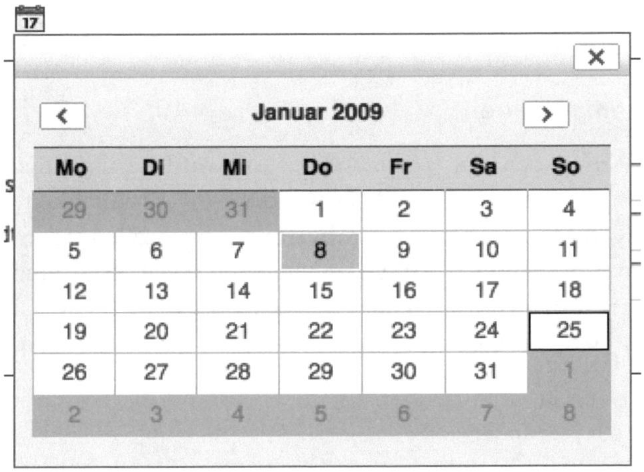

Abb. 5-5
Datum über Kalender wählen

Checkbox

Checkboxen sind ein häufig verwendetes Mittel, um spezifische Eigenschaften des Benutzers abzufragen oder seine Zustimmung zu den Geschäftsbedingungen der Anwendung oder dem Versand von Informations-E-Mails einzuholen. Innerhalb der Listings 5.16 und 5.17 wird dieses Vorgehen anhand eines einfachen Beispiels aus der WBS-Anwendung gezeigt, wo die Zugehörigkeit des Benutzer zur Firma Senacor eingetragen werden kann.

Listing 5.16
Checkbox

```
public UserForm(final String componentName, final User user) {
  ...
  add(new CheckBox("senacorEmployee"));
}
```

Listing 5.17
Checkbox-Markup

```
<wicket:panel>
  <form wicket:id="userForm">
    ...
    <input type="checkbox" wicket:id="senacorEmployee" />
  </form>
</wicket:panel>
```

Das Ergebnis ist nun in Abbildung 5-6 zu sehen. Hinter Optionsfeldern stecken in den meisten Fällen einfache Boolean-Werte, die von der Wicket-internen Konvertierung automatisch verwendet werden können. Das `Model` in der `Checkbox`-Komponente ist daher auch auf `IModel<Boolean>` eingeschränkt.

Abb. 5-6 Verwendung von Checkboxen

Auswahlkomponenten

Soll dem Anwender eine vordefinierte Auswahl an Optionen angeboten werden, so gibt es im HTML-Standard die Möglichkeit, entweder diese als Radio-Group mit Radiobuttons darzustellen oder aber Auswahllisten zu verwenden. Ist diese Menge statisch (d. h., ihr Inhalt ist fest definiert und unveränderbar zur Laufzeit), so bietet es sich an, diese Menge als Java-Enumeration (siehe Listing 5.18) abzubilden.

Listing 5.18 Land-Enumeration

```
public enum Country {
 Germany, USA, France;
}
```

Für Listen mit dynamischem Inhalt (der zur Laufzeit z. B. durch das Hinzufügen oder Löschen neuer Elemente in der Datenbank verändert wird) erfolgt eine Kapselung der Listenelemente in einer eigenen Klasse mit entsprechenden Attributen. Dieses Vorgehen wird z. B. bei der Definition von Rollen innerhalb der WBS-Anwendung verwendet (siehe Listing 5.19). Hinter der Auswahlliste steht in diesem Fall eine `List<Role>` von Rollen.

Listing 5.19 Rollen als Beispiel für dynamische Listen

```
public class Role extends BusinessObject {
 private Long id;
 private String name;

 // Getter / Setter
 ...
}
```

Unabhängig davon, ob es sich um statischen oder dynamischen Inhalt handelt, muss dieser nun auf die Auswahlkomponente abgebildet werden. Zu diesem Zweck bietet Wicket das Konzept der`IChoiceRenderer`, der der Auswahlkomponente eine Abbildung eines Listenelements auf den Anzeigewert und eine Abbildung auf einen ID-Wert (mit der das ausgewählte Element im Inhalt identifiziert werden kann) zur Verfügung stellt (siehe Listing 5.20).

```
public interface IChoiceRenderer<T> extends IClusterable {
 Object getDisplayValue(T object);
 String getIdValue(T object, int index);
}
```

Listing 5.20
IChoiceRenderer

Zu IChoiceRenderer gibt es die Standardimplementierung ChoiceRenderer (siehe Listing 5.21), mit der viele Anwendungsfälle abgedeckt werden können, ohne dass eine eigene Implementierung von IChoiceRenderer geschrieben werden muss.

```
public class ChoiceRenderer<T> implements
IChoiceRenderer<T> {
 ...
 public ChoiceRenderer(String displayExpression){...}
 ...
}
```

Listing 5.21
ChoiceRenderer

Der ChoiceRenderer arbeitet generisch über Reflection und verwendet zur Ermittlung des IDs- und des Display-Werts die gleiche Bean-Expression, wie sie von Wicket auch innerhalb des PropertyModel und des CompoundPropertyModel (siehe Abschnitt 7.1.5) verwendet wird. Diese Bean-Expressions werden beim Instanziieren der Komponente im Konstruktor übergeben und ermitteln die zu verwendenden Werte auf den Elemente der Liste. So wird im nachfolgenden Beispiel (siehe Listing 5.22) ein ChoiceRenderer erzeugt, der den Namen des Benutzers als Display-Wert und seine ID zur Identifikation in der Liste verwendet.

```
new DropDownChoice<User>("users",
 new Model<User>(selectedUser), listOfUsers,
  new ChoiceRenderer<User>("name", "id"))
```

Listing 5.22
Verwendung des ChoiceRenderer in einer DropDownChoice

Es kann aber auch problemlos eine eigene Implementierung verwendet werden, z. B. bietet sich die Implementierung eines EnumChoiceRenderer an, der für alle Java-Enumerations eingesetzt werden kann (siehe Listing 5.23). Hier wird als Display-Wert der Name der Enumeration verwendet und als ID-Wert die Position des Elements in der übergebenen Liste.

```
public class EnumChoiceRenderer implements
  IChoiceRenderer {

 public Object getDisplayValue(Object object) {
  Enum enumElement = (Enum) object;
  return enumElement.name();
 }
```

Listing 5.23
EnumChoiceRenderer

```
 public String getIdValue(Object object, int index) {
  return String.valueOf(index);
 }

}
```

Grundsätzlich ist bei Auswahlkomponenten zwischen zwei Anwendungsfällen zu unterscheiden:

- `Single-Select`: Es kann nur ein Element aus der Liste ausgewählt werden.
- `Multiple-Select`: Es können mehrere Elemente aus der Liste ausgewählt werden.

Für den ersten Anwendungsfall können folgende Wicket-Komponenten verwendet werden:

- `DropDownChoice`
- `ListChoice`
- `RadioChoice`

Dabei basieren `DropDownChoice` und `ListChoice` beide auf dem gleichen HTML-Element (`<select ...>`) mit dem Unterschied, dass die Auswahlliste bei `ListChoice` immer ausgeklappt angezeigt wird (mit konfigurierbarer Anzahl der Zeilen) und scrollbar ist. Die Komponente `RadioChoice` entspricht der Darstellung eines Optionsfelds.

DropDownChoice

Als einfaches Beispiel für `DropDownChoice` dient hier die Auswahl des Landes in der Adresseingabe. Die möglichen Länder sind, wie im Vorfeld schon erläutert, innerhalb einer Enumeration abgebildet und werden in Listing 5.24 der `DropDownChoice`-Komponente als Liste übergeben und über einen `EnumChoiceRenderer` gerendert. Der zugehörige Markup-Code wird in Listing 5.25 gezeigt. Die dort angegebenen Werte (Deutschland, USA) haben nichts mit dem späteren Inhalt der Auswahlkomponenten zu tun, sondern dienen nur der Möglichkeit, sich den Inhalt der Seite als HTML vernünftig anzeigen zu lassen.

Listing 5.24
Verwendung einer DropDownChoice

```
public EditAddressPanel(String id, final Address address) {
 ...
 Form addressForm = new Form("addressForm");
 DropDownChoice country =
   new DropDownChoice("country", Arrays.asList(Country
     .values()), new EnumChoiceRenderer());
 addressForm.add(country);
}
```

Listing 5.25
DropDownChoice-Markup

```
<wicket:panel>
 <form wicket:id="addressForm">
  <select wicket:id="country">
   <option>Deutschland</option>
   <option>USA</option>
  </select>
 </form>
</wicket:panel>
```

ListChoice

Für die `ListChoice`-Komponente (die in Listing 5.26 anhand des Familienstandes des Benutzers demonstriert wird) kann das gleiche Vorgehen wie bei der vorher definierten Komponente `DropDownChoice` erfolgen. Der einzige Unterschied ist im Markup (siehe Listing 5.27) zu erkennen, wo die Anzahl der anzuzeigenden Zeilen über das `size`-Attribut gesetzt wird.

Listing 5.26
Verwendung einer ListChoice

```
public UserForm(final String componentName, final User user) {
 ...
 add(new ListChoice("maritalStatus", Arrays
   .asList(MaritalStatus.values()),
   new EnumChoiceRenderer()));
 ...
}
```

Listing 5.27
ListChoice-Markup

```
<wicket:panel>
 <form wicket:id="addressForm">
  <select wicket:id="maritalStatus" size="3">
   <option>Verheiratet</option>
   <option>Ledig</option>
  </select>
 </form>
</wicket:panel>
```

Wie das vorher definierte Beispiel einer `ListChoice` innerhalb der WBS-Anwendung verwendet wird, ist in Abbildung 5-7 zu sehen.

Abb. 5-7
ListChoice in Aktion

RadioChoice

Die Verwendung von Optionsfeldern für Auswahllisten sollte innerhalb einer Anwendung auf Fälle beschränkt bleiben, in denen die dahinterliegende Auswahlmenge relativ klein ist. Bei mehr als vier Auswahlmöglichkeiten leidet sonst in den meisten Fällen die Übersichtlichkeit der Anwendung. Das nachfolgende Beispiel (siehe Listing 5.28) demonstriert die Verwendung eines Optionsfelds bei der Angabe des Geschlechts des Benutzers. Auch hier wird weiterhin eine Enumeration zur Abbildung der Auswahlliste verwendet.

Listing 5.28
Verwendung einer RadioChoice

```
public UserForm(final String componentName,
  final User user) {
 ...
 add(new RadioChoice("gender", Arrays.asList(Gender
   .values()), new EnumChoiceRenderer()));
 ...
}
```

Der Markup-Code (siehe Listing 5.29) zeigt die Kapselung mehrerer <input type='radio' ... />-Elemente über ein span, wobei diese wiederum nur für die Vorschaufunktion verwendet werden und nicht mit Wicket-Komponenten verknüpft sind. Das Ergebnis ist in Abbildung 5-8 zu sehen.

Listing 5.29
RadioChoice-Markup

```
<wicket:panel>
 <form wicket:id="addressForm">
  <span wicket:id="gender">
   <input type="radio" />Male
   <input type="radio" />Female
  </span>
 </form>
</wicket:panel>
```

Abb. 5-8
Verwendung von Radiobuttons

Neben der Möglichkeit, nur einen Eintrag aus einer Menge von Optionen auszuwählen, gibt es auch die Möglichkeit der Mehrfachauswahl. Dieses Konzept findet man z. B. bei der Zuordnung zwischen Rollen und Benutzern. Ein Benutzer kann gegenüber dem System z. B. sowohl in der Rolle Administrator als auch in der Rolle Benutzer agieren.

Hierzu stellt Wicket auf Basis der schon vorher gezeigten Komponenten sogenannte Multiple-Select-Komponenten zur Verfügung. Deren Verwendung wird an dieser Stelle exemplarisch anhand der Komponenten CheckBoxMultipleChoice und ListMultipleChoice gezeigt. Voraussetzung für eine Mehrfachauswahl ist natürlich eine Unterstützung im dahinterliegenden Objekt, in dem die Mehrfachauswahl gesetzt wird. Hier sind entsprechende Set- oder List-Attribute zu verwenden.

CheckBoxMultipleChoice

Die Komponente CheckBoxMultipleChoice wird innerhalb der WBS-Anwendung zur Abfrage der Fähigkeiten des Benutzers verwendet (siehe Listing 5.30). Hiermit kann ein potenzieller Einsatz auf einem Projekt besser abgeschätzt und geplant werden. Die möglichen Werte sind hierbei wieder als Enumeration abgebildet, wobei auch eine flexiblere Definition über die Datenbank an dieser Stelle sinnvoll sein kann.

Listing 5.30 *Verwendung einer CheckBoxMultipleChoice*

```
public UserForm(final String componentName,
    final User user) {
 ...
 add(new CheckBoxMultipleChoice("knowledges", Arrays
  .asList(Knowledge.values()),
  new EnumChoiceRenderer()));
}
```

Anhand des Markup-Codes (siehe Listing 5.31) ist kein Unterschied zwischen der Einfach- und der Mehrfachauswahl zu erkennen. Sichtbar wird dieses erst anhand des Attributs Set<Knowledge> knowledges im User-Objekt.

Listing 5.31 *CheckBoxMultipleChoice-Markup*

```
<wicket:panel>
 <span wicket:id="knowledges">
  <input type="checkbox">Java</input>
  <input type="checkbox">JEE</input>
 </span>
</wicket:panel>
```

ListMultipleChoice

Auch bei der ListMultipleChoice, die hier anhand der Zuordnung zwischen Benutzer und Rollen (siehe Listing 5.32 und 5.33) gezeigt wird, ist zwischen der Einfachauswahl und der Mehrfachauswahl kein wirklicher Unterschied in der Verwendung auszumachen.

Listing 5.32 *ListMultipleChoice*

```
public UserRolesStep() {
 ...
 ListMultipleChoice roles =
   new ListMultipleChoice("user.roles", roleManager
     .findAll(), new ChoiceRenderer("name"));
 add(roles);
}
```

Listing 5.33 *ListMultipleChoice-Markup*

```
<wicket:panel>
 <select wicket:id="user.roles">
  <option>Administrator</option>
  <option>Benutzer</option>
 </select>
</wicket:panel>
```

Hidden-Field

Im Gegensatz zu anderen Technologien besteht bei Wicket so gut wie keine Notwendigkeit für die Verwendung von Hidden-Feldern in einem Formular, da der komplette Komponentenbaum serverseitig zur Verfügung steht. Daher ist der Verwendungsbereich relativ klein, es ist aber der Einsatz für zustandslose Komponenten oder für die Verwendung in JavaScript-Aufrufen möglich.

So kann (wie im nachfolgenden Beispiel in Listing 5.34 zu sehen) z. B. eine Geokoordinate für Google-Maps erzeugt und in die Seite integriert werden.

Listing 5.34
HiddenField

```
HiddenField hF = new HiddenField("gLatLng",
 new PropertyModel(this, "gLatLng"));
add(hF);
```

Übertragung der Formularinhalte

Nach der Erfassung der Daten in einem Formular muss im Anschluss eine Aktion ausgelöst werden, die die Formularinhalte an den Server überträgt. Der HTML-Standard sieht hierfür Submit-Buttons vor, die innerhalb der zu übertragenden Form definiert werden müssen. Alternativ kann diese Übertragung auch über JavaScript ausgelöst werden (z. B. durch Klicken auf einen Link). In diesem Fall ist die Positionierung innerhalb der Form keine Voraussetzung. Nachdem sich mit den mittlerweile zur Verfügung stehenden Layoutmöglichkeiten in modernen Browsern das Erscheinungsbild aller Elemente nahezu beliebig gestalten lässt, kann – wenn JavaScript innerhalb der Anwendung zulässig ist – beliebig in Wicket zwischen `Button` und `SubmitLink` gewählt werden.

Ein einfaches Beispiel zum Ändern des Passworts zeigen die Listings 5.35 und 5.36.

Listing 5.35
Submit-Button

```
class ChangePasswordForm extends SecureForm {
 ...
 add(new Button("changePassword"));
 ...
}
```

Listing 5.36
Submit-Button

```
<wicket:panel>
 <form>
  <input type="submit" wicket:id="changePassword"
        value="Passwort aendern" />
 </form>
</wicket:panel>
```

Wird dieses Beispiel nun auf einen `SubmitLink` umgebaut (wie in den Listings 5.37 und 5.38), muss an den anderen Komponenten nichts geändert werden. Wird `SubmitLink` außerhalb einer Form verwendet, so kann die Form direkt im Konstruktor mit übergeben werden.

```
class ChangePasswordForm extends SecureForm {
 ...
 add(new SubmitLink("changePassword"));
 ...
}
```

Listing 5.37
Submit-Link

```
<wicket:panel>
 <form>
  <a wicket:id="changePassword">Passwort aendern</a>
 </form>
</wicket:panel>
```

Listing 5.38
Markup des Submit-Links

Interessant bei der Verwendung der Submit-Komponenten ist, dass diese eine eigene `onSubmit`-Methode mitbringen, die überschrieben werden kann und die vor der `onSubmit`-Methode der Form aufgerufen wird.

Datenkonvertierung

In jeder browserbasierten Webanwendung müssen Benutzereingaben über Formulare als Request-Parameter stringbasiert zum Server gesendet werden. Informationen aus dem Domänenmodell der Anwendung fließen in HTML-Seiten in Form von Links und Textinhalten ein. Auch hier müssen die Daten letztendlich stringbasiert bereitstehen. Auf der anderen Seite wird aber niemand deswegen auf die Idee kommen, Modellattribute als Strings zu spezifizieren. Schließlich soll das Domänenmodell unabhängig von seiner Präsentation sein. Wir kommen deshalb an einer Datenkonvertierung zwischen Strings und Modelltypen nicht vorbei. Auf den ersten Blick bieten sich die Wicket-Models dafür an. Schließlich stehen sie in der Vermittlerrolle zwischen Komponenten und Domänenobjekten. Tatsächlich kann mithilfe einer Wrapper-Klasse jedes `Model` mit einer Stringkonvertierung versehen werden. Wie das geht, zeigen wir mit folgendem Beispiel (siehe Listing 5.39).

```
public class DateFormatModel implements IModel {
 private IModel dateModel;
 private DateFormat sf;

 public DateFormatModel(IModel dateModel, DateFormat sf) {
  super();
  this.dateModel = dateModel;
```

Listing 5.39
DateFormatModel

```
  this.sf = sf;
  assert sf != null;
  assert dateModel.getObject() instanceof Date;
}

public Object getObject() {
  return sf.format(dateModel.getObject());
}

public void setObject(Object object) {
  try {
    dateModel.setObject(sf.parseObject((String) object));
  } catch (ParseException e) {
    throw new RuntimeException(e);
  }
}

public void detach() {
}
```

Mit dem Model-Wrapper `DateFormatModel` erhält ein bestehendes `Model` für `Date` durch Angabe eines Datumformates (`DateFormat`) eine auf String aufbauende Schnittstelle:

```
DateFormatModel dfn = ...
dfn.setObject("01.04.2008");
```

`DateFormat` übernimmt die Konvertierung zwischen `String` und `Date` durch `format()` und `parseObject()`. So naheliegend ihr Einsatz auch sein mag, Model-Wrapper besitzen ein paar Nachteile:

- Sie müssen für jedes `Model` geschrieben werden.
- Sie sind sehr eng mit dem eigentlichen `Model` verbunden. Das ist ungünstig für die Wiederverwendbarkeit des Konvertierungsmechanismus.
- Sie fügen sich schlecht in den Prozess der Eingabevalidierung ein. Eigentlich müsste `setObject()` im Beispiel einen Validierungsfehler auslösen, wenn ein Datum in `setObject()` nicht in dem erwarteten Format übergeben wird. Zum Registrieren von Validierungsfehlern muss aber die Komponente bekannt sein, die das `Model` verwendet. Eine `Model`-zu-Komponente-Kopplung sollte sofern möglich aber vermieden werden.

Wicket stellt für das Problem der Datenkonvertierung einen eigenen Mechanismus bereit, der komponentenübergreifend funktioniert. Ausgangspunkt ist das Interface `IConverter` (siehe Listing 5.40).

```
public interface IConverter extends IClusterable
{
  Object convertToObject(String value,
                         Locale locale);
  String convertToString(Object value,
                         Locale locale);
}
```

Listing 5.40
Interface IConverter

`IConverter` beziehen sich immer auf einen konkreten Zieltyp (z. B. `java.util.Date` bei einer Datumseingabe). Der Zieltyp wird bei Formularkomponenten entweder explizit z. B. durch Setzen über `FormComponent#setType(Class<?> type)` festgelegt oder implizit über Reflection anhand eines angegebenen PropertyModels ermittelt. Im ersten Fall muss die Anwendung sicherstellen, dass der Zieltyp zum Model-Typ kompatibel ist.

Mit `convertToObject()` werden Benutzereingaben, d. h. Request-Parameter, auf Objekte vom Zieltyp abgebildet. Es handelt sich hierbei um Objekte, die zum internen Zustand der Komponenten gehören. Bei reinen Ausgabekomponenten wie z. B. `Label` gibt es natürlich keine Konvertierung in den Zieltyp.

`convertToString()` wird im Rahmen der HTTP-Response-Generierung zum Rendern des Models aufgerufen.

Angefordert werden IConverter über die Methode `Component#getConverter(Class type)` in `Component`. Was hier bei der Anzeige von Model-Attributen passiert, wollen wir anhand der `Label`-Komponente zeigen. Die für das Rendern zuständige Methode `onComponentTagBody()` enthält die Zeile:

```
replaceComponentTagBody(markupStream, openTag,
                        getModelObjectAsString());
```

Der Aufruf `getModelObjectAsString()` ermittelt die Klasse des dem Label zugewiesenen Models und ruft wiederum `getConverter(Class modelType)` und anschließend `convertToString(modelObject, getLocale()` auf dem ermittelten `IConverter` auf.

Die interessante Frage ist nun, was beim Aufruf von `getConverter(Class type)` passiert. `Component#getConverter(Class type)` delegiert an `Application#getConverterLocator()`. `IConverter` werden zentral in der Anwendung in einer Registry verwaltet. `ConverterLocator` repräsentiert die `IConverter`-Registry und verwaltet `IConverter` in einer Map. Als Zugriffschlüssel dient der Name des Zieltyps (`Class#getName`). Beim Hochfahren der Anwendung werden bereits einige `IConverter` registriert (siehe Tabelle 5-2). Es handelt sich um Implementierungen für die Java-Standarddatentypen. Die `IConverter`-Klassen sind im Paket `org.apache.wicket.util.convert.converters` zu finden.

Tab. 5-2 *Standardkonverter*

Zieltyp	IConverter-Implementierung
Boolean, boolean	BooleanConverter
Byte, byte	ByteConverter
Character, char	CharacterConverter
Double, double	DoubleConverter
Float, float	FloatConverter
Integer, int	IntegerConverter
Long, long	LongConverter
Short, short	ShortConverter
java.util.Date	DateConverter
java.sql.Date	SqlDateConverter
java.sql.Time	SqlTimeConverter
java.sql.Timestamp	SqlTimestampConverter
BigDecimal	BigDecimalConverter

Ist das Modell beispielsweise vom Typ `java.util.Date`, dann wird über `getConverter(Class type)` der `DateConverter` geliefert. DateConverter parst und formatiert `Date`-Objekte nach dem Muster `DateFormat.SHORT`, was bei deutscher `Locale`-Einstellung dem Muster *dd.MM.yy* entspricht[6].

Die im Auslieferungszustand vorhandenen `IConverter` werden in der Praxis selten ausreichen. Eigene `IConverter` zu erstellen und zu registrieren ist aber vom Prinzip her einfach, was wir sogleich zeigen wollen.

Unsere WBS-Projektliste soll den Status jedes Projekts benutzerfreundlich darstellen. Der Projektstatus wird über die Property `Project#state` vom Typ `ProjectState` abgebildet. `ProjectState` ist eine `enum`. Für diesen Typ existiert kein `IConverter` in der Registry. ConverterLocator liefert immer dann, wenn für den gewünschten Zieltyp kein `IConverter` registriert ist, den `DefaultConverter` zurück. Der `DefaultConverter` führt bei `convertToString(obj, locale)` einfach `toString()` auf unseren `ProjectState`-Objekten aus. Das heißt, wir sehen in der Spalte »Status« die Konstantenwerte »IN_ANALYSIS«, »IN_DEVELOPMENT« und »FINAL«. Ganz nach dem Prinzip *Convention over Configuration* wollen wir nun einen IConverter erstellen,

[6] Wir werden Konverter in Abschnitt 11.1.5 im Kontext der Internationalisierung nochmals betrachten.

der die technischen Konstantenwerte in eine anwenderfreundliche Darstellung überführt.

Der `EnumConverter` ersetzt die Unterstriche durch Leerzeichen und wandelt die Wortteile in Groß- und Kleinschreibung um (siehe Listing 5.41). Angezeigt wird dann: »In Analysis«, »In Development« und »Final«.

Listing 5.41
EnumConverter

```
public class EnumConverter extends AbstractConverter {

 private final Class enumType;

 public EnumConverter(Class enumType) {
  this.enumType = enumType;
 }

 public Object convertToObject(String value, Locale locale) {
  String upper = value.toUpperCase(locale).trim();
  String enumName = StringUtils.replace(upper, " ", "_");
  try {
   return Enum.valueOf(enumType, enumName);
  } catch (IllegalArgumentException ex) {
   throw newConversionException("Cannot parse '" + value
     + "' using enum type " + enumType.getName(), value,
     locale);
  }
 }

 public String convertToString(Object value, Locale locale) {
  Enum enumValue = (Enum) value;
  String enumName = enumValue.name();
  String words = StringUtils.replace(enumName, "_", " ");
  return WordUtils.capitalizeFully(words);
 }

 @Override
 protected Class getTargetType() {
  return enumType;
 }

}
```

Der Vollständigkeit halber wurde auch die Methode `convertToObject()` implementiert. Diese Methode wird aber nur dann benötigt, wenn man `ProjectState`-Werte erfassen möchte. Auffällig an der Implementierung von `convertToObject` ist das Exception-Handling. In Wicket gilt die Konvention, dass Fehler beim Parsen des Eingabewertes immer zu einer

Konvertierungsfehler sind Validierungsfehler

ConversionException führen sollen. Das hat einen besonderen Grund: Die Klasse FormComponent, von der alle Formular-Input-Komponenten erben, führt in ihrer Methode convertInput die Abbildung der Eingabewerte auf dem Modell mithilfe von IConverter#convertToObject durch. Dabei wird ausgelöst durch eine ConversionException ein *IValidationError* erzeugt und für das Benutzer-Feedback aufgezeichnet. Folglich wird ein Konvertierungsfehler genauso wie ein gewöhnlicher Validierungsfehler behandelt.

Widmen wir uns nun wieder unserem EnumConverter. Wir müssen ihn abschließend noch dem ConverterLocator bekannt machen. Das geht auf direktem Weg durch Überschreiben der Fabrikmethode Application#newConverterLocator() in WorkBreakdownStructureApplication wie in Listing 5.42 dargestellt.

Listing 5.42 *EnumConverter registrieren*

```
protected IConverterLocator newConverterLocator() {
 ConverterLocator converterLocator =
   new ConverterLocator();
 converterLocator.set(ProjectState.class,
   new EnumConverter(ProjectState.class));
 return converterLocator;
}
```

Über ConverterLocator#set(final Class c, final IConverter converter) kann man eigene IConverter hinzufügen. Noch ein Hinweis am Rande: Beim Schreiben von Konvertern sollte man darauf achten, dass diese Thread-sicher programmiert sind. Schließlich werden die IConverter-Instanzen wiederverwendet.

Mit global registrierten Konvertern können wir nicht alle Konvertierungsprobleme lösen. Was ist beispielsweise, wenn man in der Anwendung ein Datum unterschiedlich formatiert haben möchte? Das Geburtsdatum würde man als *dd.MM.yyyy* erfassen und formatieren, ein Feld »Wohnhaft seit« dagegen eher als *MM/yyyy*. Dieses Problem bekommt man durch Überschreiben der Methode Component#getConverter(class type) in den Griff. Das kann entweder als anonyme Implementierung, wie in Listing 5.43 angedeutet, oder durch eine konkrete Ableitung der Komponentenklasse passieren.

Listing 5.43 *Lokaler IConverter anonym*

```
TextField dateOfBirth = new TextField("birth") {

  @Override
  public IConverter getConverter(Class type) {
    ...
  }
};
```

Eine konkrete Implementierung ist dann der anonymen vorzuziehen, wenn das Gespann aus Komponente und `IConverter` wiederverwendet werden kann. `DateTextField` aus dem Modul `wicket-extensions` ist ein Beispiel für eine sinnvolle Bündelung aus Komponente und `IConverter`. Mit einem DateFormat-String als zusätzlichem Parameter im Konstruktor wird ein Datumseingabefeld erzeugt.

In einigen Fällen kann es auch nützlich sein, den gewünschten IConverter direkt an der Komponente zu registrieren. Guter Stil ist es hierbei, die IConverter-Registry als Ausweichlösung mit einzubinden (siehe Listing 5.44).

Listing 5.44
Konverter direkt an der Komponente registrieren

```
public void setConverter(IConverter converter) {
        this.converter = converter;
}

public IConverter getConverter(Class type)
{
        if (converter == null)
        {
                return super.getConverter(type);
        }
        else
        {
                return this.converter;
        }
}
```

Validierung

Neben der Konvertierung der Formularfelder gehört zur Verarbeitung eines Formulars auch die Validierung der Eingaben. Als Beispiel bleiben wir bei der Bearbeitung unserer eigenen Daten. Um das Ergebnis der Validierungen auch sichtbar zu machen, muss die Anwendung zuerst um ein `FeedbackPanel` erweitert werden, das das Ergebnis der Validierungen über eine Liste von Benutzermeldungen in der Seite anzeigt. Die Meldungen werden in der Beispielanwendung zentral für alle Seiten in die mittlere Spalte eingeblendet (siehe Listing 5.45 und 5.46). Die Interna von FeebackPanel und anderen Formen von Benutzer-Feedback werden am Ende dieses Abschnitts erläutert.

Listing 5.45
Definition eines FeedbackPanel

```
public class WBSFeedbackPanel extends Panel {

 public WBSFeedbackPanel(String id) {
  super(id);
  add(new FeedbackPanel("feedBack"));
 }
}
```

Listing 5.46
Integration des WBSFeedbackPanel

```
middleColumn.getListPanel().addPanel(
  new FeedbackPanel(middleColumn.getListPanel()
    .newChildId()));
```

Pflichtfelder

Die Validierung auf Pflichtfelder erfolgt schon vor der Konvertierung, alle weiteren Validierungen finden erst danach auf den konvertierten Werten statt. Damit können Validierungen immer auf dem eigentlichen Datentyp implementiert werden. Für die Festlegung von Pflichtfeldern gibt es auf allen `FormComponents` eine eigene `FormComponent<T> setRequired`-Methode, wie sie in Listing 5.47 verwendet wird. Praktischerweise wird als Ergebnis die Formularkomponente selber wieder zurückgeliefert (Builder-Pattern), sodass die Methode während des Hinzufügens zu dem Formular aufgerufen werden kann. Für größere Projekte lohnt sich allerdings die Entwicklung einer eigenen Komponente, die dann das Feld an der Oberfläche gleichzeitig als Pflichtfeld markiert (typischerweise mit einem *).

Listing 5.47
Definieren von Pflichtfeldern

```
public UserForm(String id, User user) {
 super(id, new CompoundPropertyModel(user));
 add(new TextField("name").setRequired(true));
 add(new TextField("vorname").setRequired(true));
}
```

Feldvalidierung

Für die Validierung der Eingabewerte stellt Wicket eine Reihe von Validatoren zur Verfügung. Somit können die Eingaben schnell über Patterns, Minimum, Maximum, Wertebereich etc. geprüft werden. So werden im nächsten Beispiel (siehe Listing 5.48) die Telefon- und Mobilnummer validiert, ob sie nur aus Zahlen oder Minus bestehen. Des Weiteren wird die E-Mail-Adresse auf ein gültiges Format geprüft. Validatoren werden dabei (solange sie sich nur auf ein Feld beziehen) direkt der zu validierenden Komponenten über `add` hinzugefügt und auch in genau dieser Reihenfolge ausgeführt. Schlägt eine Validierung fehl, so wird die Validierung abgebrochen.

Listing 5.48
Verwendung vorhandener Validatoren

```
public EditContactDataPanel(String id, ContactData cd) {
 super(id);
 setModel(new CompoundPropertyModel(cd));
 Form cdf = new Form("contactDataForm");
 cdf.add(new TextField("telephone")
   .add(new PatternValidator("[0-9-]*")));
 cdf.add(new TextField("mobile")
   .add(new PatternValidator("[0-9-]*")));
 cdf.add(new TextField("email")
   .add(EmailAddressValidator.getInstance()));
 add(cdf);
}
```

Aber auch die Entwicklung und Verwendung eigener Validatoren ist problemlos möglich. Im nachfolgenden Beispiel wird ein `VorwahlValidator` implementiert, der die Vorwahl der Telefonnummer gegen eine Datenbank prüft.

Listing 5.49
Implementierung eigener Validatoren

```
public EditContactDataPanel(String id, ContactData cd) {
 ...
 cdf.add(new TextField("telephone").add(
   new PatternValidator("[0-9]*[-][0-9]*")).add(
   new VorwahlValidator()));
 ...
}

class VorwahlValidator implements IValidator {

 public void validate(IValidatable validatable) {
  String vorwahl =
    StringUtils.split((String) validatable.getValue(),
      "-")[0];
  if (!vorwahlService.validateVorwahl(vorwahl)) {
   validatable.error(new ValidationError()
     .addMessageKey("NotAValidVorwahl"));
  }
 }
}
```

Ein solcher Validator muss das Interface `IValidator` und damit die Methode `validate(IValidatable validatable)` implementieren. Validatoren bekommen nicht, wie man vielleicht erwarten würde, eine FormComponent als Parameter an `validate()` übergeben, sondern eine Implementierung von `IValidatable` (siehe Listing 5.50).

Listing 5.50
IValidatable

```
public interface IValidatable<T>
{
        T getValue();

        void error(IValidationError error);

        boolean isValid();
}
```

Die Wicket-Entwickler haben diese Designentscheidung getroffen, damit die Validatoren auch losgelöst von den Wicket-Komponenten eingesetzt werden können. Wicket verwendet intern einen `ValidatableAdapter`, um die Validatoren auf dem Feldinhalt auszuführen. Das ist nötig, da FormComponent das Interface IValidatable selbst nicht implementiert. Für die Verwendung der Validatoren außerhalb des Wicket-Ablaufs existiert zusätzlich die `Validatable`-Implementierung, es kann aber auch eine eigene bereitgestellt werden (siehe Listing 5.51).

Listing 5.51
Implementierung eines ValidatableAdapter

```
class ValidatableAdapter implements IValidatable {
 private final FormComponent formComponent;

 public ValidatableAdapter(FormComponent formComponent) {
  this.formComponent = formComponent;
 }

 public void error(IValidationError error) {
  formComponent.error(error);
 }

 public Object getValue() {
  return formComponent.getConvertedInput();
 }

 public boolean isValid() {
  return formComponent.isValid();
 }

}
```

IValidationError

Hauptaufgabe eines Validators ist es also, im Fehlerfall ein `IValidationError`-Objekt zu erzeugen und damit die `error`-Methode aufzurufen. In der Regel wird man die Standardimplementierung `ValidationError`, wie am Beispiel des Vorwahl-Validators gezeigt, verwenden. Die Fehlermeldung kann dort wie im Beispiel über einen Resource-Bundle-Schlüssel oder auch fest verdrahtet mit `ValidationError#setMessage(String message)` eingestellt werden.

Feldübergreifende Validierung

Neben der Validierung von Einzelwerten gibt es auch den Anwendungsfall, dass für die Validierung mehrere abhängige Felder herangezogen werden müssen. Für diesen Anwendungsfall können Validatoren auf Form-Ebene definiert werden. Diese implementieren im Gegensatz zu Feldvalidatoren nicht mehr das Interface `IValidator`, sondern `IFormValidator`, das neben der Validierung auch noch die beteiligten Feldkomponenten über die Implementierung der Methode `getDependentFormComponents` festlegt. Voraussetzung für die Ausführung eines Form-Validators ist, dass die vorherige Validierung der beteiligten Felder keinerlei Fehler geliefert hat. Sind Fehler in nicht beteiligten Komponenten aufgetreten, so wird der Form-Validator trotzdem ausgewertet. Die Reihe an vordefinierten Form-Validatoren ist allerdings begrenzt. Wicket bringt hier standardmäßig nur einen `EqualPasswordInputValidator` mit. Sein Einsatz wird im nächsten Beispiel (siehe Listing 5.52) gezeigt. Dieser überprüft, ob das neue eingegebene Passwort auch mit der Wiederholung übereinstimmt, um eine fehlerhafte Eingabe auszuschließen.

Listing 5.52
Verwendung des EqualPasswordInput-Validator

```
public ChangePasswordForm(String id, User user) {
  ...
  FormComponent newPassword1FC =
    new TextField("newPassword1", new PropertyModel(
      this, "newPassword1")).setRequired(true);
  FormComponent newPassword2FC =
    new TextField("newPassword2", new PropertyModel(
      this, "newPassword2")).setRequired(true);
          add(newPassword1FC);
  add(newPassword2FC);
  add(new EqualPasswordInputValidator(newPassword1FC,
    newPassword2FC));
  ...
}
```

Häufiger existiert die Notwendigkeit, einen entsprechenden Validator selber zu implementieren. In dem nun folgenden Beispiel (siehe Listing 5.53) trifft das auf die Validierung der Postleitzahl zu. Handelt es sich um eine Adresse in Deutschland, so wird eine fünfstellige numerische Angabe erwartet, bei Auslandsadressen existieren je nach Land andere Regeln.

Listing 5.53
Implementierung eigener Form-Validatoren

```
private class ZipCodeValidator extends
   AbstractFormValidator {

  private final DropDownChoice countryFC;
  private final TextField zipCodeFC;

  private ZipCodeValidator(TextField zipCode,
   DropDownChoice country) {
    this.zipCodeFC = zipCode;
    this.countryFC = country;
   }

   public FormComponent[] getDependentFormComponents() {
    return new FormComponent[] { zipCodeFC, countryFC };
   }

   public void validate(Form form) {
    Country country =
      (Country) countryFC.getConvertedInput();
    if (Country.Germany.equals(country)) {
     IValidatable validatable =
       new ValidatableAdapter(zipCodeFC);

     if (validatable.getValue() == null) {
      validatable.error(new ValidationError()
        .addMessageKey("Required"));
     } else {
      new PatternValidator("[0-9][0-9][0-9][0-9][0-9]")
        .validate(validatable);
     }
    }
   }
}
```

Validierungsvorgang

Doch wie genau läuft nun eigentlich der Validierungsvorgang ab? Betrachten wir dazu den Ablauf eines Formular-Requests anhand der Abbildung 5-9.

Für jede `FormComponent` innerhalb der `Form` werden folgende Schritte ausgeführt:

1. Prüfung auf Pflichtfeld
2. Konvertierung in den vereinbarten Zieltyp
3. Validierung der Felder
4. Ausführung der registrierten Form-Validatoren
5. Aktualisierung der Modelle
6. Ausführung der `onSubmit`-EventHandler

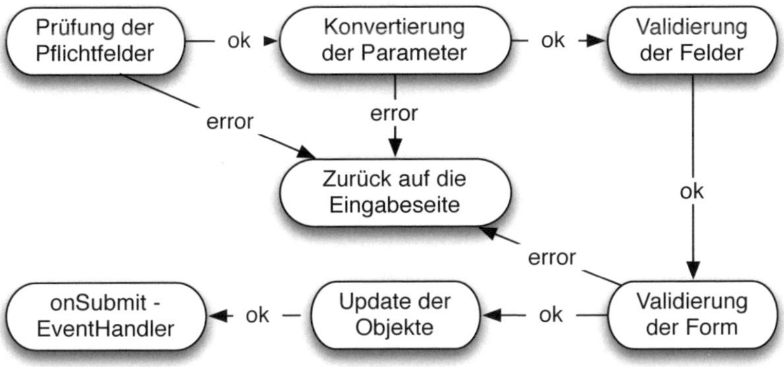

Abb. 5-9
Formularbehandlung

Bricht einer der Schritte oder im letzten Fall ein Validator mit einem Fehler ab, werden die restlichen Schritte bzw. Validatoren übersprungen und der Vorgang wird mit der nächsten Formularkomponente fortgesetzt.

Nachdem die feldbezogenen Prüfungen stattgefunden haben, sind die feldübergreifenden Prüfungen mittels Form-Validatoren an der Reihe. Die `validate`-Methode der Form-Validatoren wird wie bereits erwähnt nur dann ausgeführt, wenn die beteiligten Einzelfeldkomponenten valide sind.

Sind bis hierher keine Fehler aufgetreten, werden die konvertierten und validierten Werte der Formularkomponenten auf ihre zugeordneten Modelle abgebildet (»Update der Objekte« in Abbildung 5-9).

Erst jetzt werden (soweit definiert) die `onSubmit`-Methoden der auslösenden Submit-Komponente und die der Form selbst ausgeführt. Das geschieht aber nur dann, wenn bisher kein Konvertierungs- oder Validierungsfehler aufgetreten ist.

Benutzer-Feedback

Was geschieht nun im Einzelnen mit den Fehlermeldungen, die die Validatoren erzeugen, und welche Möglichkeiten gibt es, sie anzuzeigen? Wie schon bei der Einführung der Validatoren erwähnt, stellt Wicket als Basis zur Anzeige von Meldungen ein `FeedbackPanel` bereit.

Doch wo genau werden die Meldungen nun gespeichert und wie können eigene Meldungen definiert oder spezifische Fehlermeldungen der Komponente angezeigt werden? Wicket hat direkt in seiner `Session` ein `FeedbackMessages`-Objekt, in dem alle erzeugten Nachrichten abgelegt werden. Die Nachrichten werden dort so lange aufbewahrt, bis sie dem Benutzer angezeigt wurden (sog. Flash-Scope[7]).

[7] Das Konzept des Flash-Scopes ist nicht neu. Es entstammt den Frameworks Ruby on Rails und Spring Web Flow.

Die Nachrichten werden während des Render-Prozesses innerhalb der `populateItem`-Methode im `FeedbackPanel` durch Aufruf von `message.markRendered()` markiert und am Ende des Request-Zyklus in `RequestCylce#detach()` durch Aufruf von `getSession().cleanupFeedbackMessages()` entfernt.

In unserem Beispiel soll nun das globale `FeedbackPanel` um weitere FeedbackPanels erweitert werden, die die Validierungsmeldungen direkt dort anzeigen, wo sie aufgetreten sind. Hierzu wird das Konzept der `IFeedbackMessageFilter` verwendet. Durch Angabe eines entsprechenden Filters kann die Ausgabe der Meldungen z. B. auf eine Komponente oder ein Panel mit seinen Komponenten eingeschränkt werden. Wicket stellt hier folgende Implementierungen zur Verfügung:

`ComponentFeedbackMessageFilter` Findet alle Nachrichten, die direkt der Komponente zugeordnet sind.

`ContainerFeedbackMessageFilter` Findet alle Nachrichten, die einer Containerkomponente oder einer ihrer Kindkomponenten zugeordnet sind.

`ErrorLevelFeedbackMessageFilter` Findet alle Nachrichten, die mindestens den angegebenen Error-Level besitzen. Die Levels sind sortiert nach ansteigernder Priorität DEBUG, INFO, WARNING, ERROR und FATAL.

Existiert allerdings eine Verschachtelung der Komponenten und `FeedbackMessages` wie in unserem Beispiel, so reichen diese Filter nicht aus. Hier besteht die Anforderung, neben den spezifischen FeedbackPanels der Datenbereiche noch ein globales FeedbackPanel zu definieren, in dem alle anderen Meldungen angezeigt werden. Hierzu wird ein eigener Filter definiert (siehe Listing 5.54), der prüft, ob die `FeedbackMessage` schon einem `FeedbackPanel` zugeordnet ist.

Listing 5.54
Filter, der Nachrichten von definierten Containern ausschließt

```
class GlobalFeedbackMessageFilter implements
  IFeedbackMessageFilter {
 ...
 public boolean accept(FeedbackMessage message) {
  if (message.getReporter() == null) {
   return false;
  }
  for (MarkupContainer container : containerList) {
   if (container.contains(message.getReporter(), true)
     || container == message.getReporter()) {
    return false;
   }
  }
  return true;
 }
```

Eine andere Möglichkeit, dem Benutzer schnell und übersichtlich die aufgetretenen Fehler anzuzeigen, besteht aus folgenden Schritten:

- Felder mit fehlerhaften Eingaben werden rot markiert.
- Die Fehlermeldungen werden zentral an einer Stelle angezeigt.

Hierzu gibt es mehrere relativ einfache Lösungen: Da über die `isValid`-Methode direkt an der Formularkomponente geprüft werden kann, ob die Validierung fehlerfrei durchlaufen wurde, ist es möglich (wie im Listing 5.55), über ein einfaches `IBehavior` beim Rendern der Komponente eine Markierung hinzuzufügen.

Listing 5.55 *Markierung fehlerhafter Felder*

```
textField.add(
 new SimpleAttributeModifier("class", "fieldError") {
  public void onComponentTag(Component component,
   ComponentTag tag) {
   if (component instanceof FormComponent) {
    FormComponent formComponent =
      (FormComponent) component;
     if (!formComponent.isValid()) {
       super.onComponentTag(component, tag);
     }
   }
  }
 });
```

Allerdings können über einen `SimpleAttributeModifier` nur Eigenschaften des Feldes an sich manipuliert werden. Soll stattdessen ein zusätzliches Element angezeigt werden (z. B. ein roter Stern), empfiehlt sich der Einsatz der Komponente `FormComponentFeedbackBorder`.

Dabei handelt es sich um eine Komponente, die Markup für einen Rahmen (`Border`-Komponenten werden in Abschnitt 9.3 genauer erläutert) mitbringt, den sie um ihre Kindkomponenten legt. Bei `FormComponentFeedbackBorder` besteht der Rahmen aus einem roten Stern, der hinter der eingebetteten Formularkomponente angezeigt wird, aber nur dann, wenn für die Formularkomponente eine Validierungsmeldung vorliegt.

Im Wizard zur Benutzerneuanlage wird `FormComponentFeedbackBorder` bei der Validierung des Benutzernamens eingesetzt (siehe Listings 5.56 und 5.57).

Listing 5.56 *FormComponent-FeedbackBorder im Einsatz (Java)*

```
 ...
 add(new FormComponentFeedbackBorder("fbusername")
  .add(new RequiredTextField("user.username")
  .add(new MarkAsRequiredIndicator())));
 ...
}
```

Listing 5.57 FormComponent-FeedbackBorder im Einsatz (Markup)

```
<wicket:panel>
 ...
 <td><wicket:message key="username">
       Benutzername
     </wicket:message>
 </td>
 <td>
   <span wicket:id="fbusername">
    <input type="text" wicket:id="user.username" />
   </span>
 </td>
 ...
</wicket:panel>
```

Bei großen Anwendungen bietet es sich an, ein solches Verhalten innerhalb eigener Form-Komponenten zu kapseln, um die einzelnen Seiten zu verschlanken und einen firmenweiten Einsatz zu ermöglichen.

Andere Meldungen

Die bis jetzt vorgestellten Möglichkeiten zur Anzeige von Validierungsfehlern lassen sich darüber hinaus zur Anzeige beliebiger Meldungen verwenden. Hierzu finden sich in der Basisklasse `Component` folgende Methoden:

- `debug(String)`
- `info(String)`
- `warn(String)`
- `error(java.io.Serializable)`
- `fatal(String)`

Soll eine lokalisierte Meldung verwendet werden, so wird der Aufruf mit der `getString(String s)`-Methode kombiniert:

Listing 5.58 Ausgabe der Meldung: Ihr Passwort wurde geändert

```
 ... info(getString("password.changed"));
}
```

Alternativ (insbesondere wenn die Kopplung an die Komponente vermieden werden soll) können diese Methoden jedoch auch direkt auf dem `FeedbackMessages`-Objekt in der Session aufgerufen werden: `getSession().getFeedbackMessages().info(null, getString("password.changed"));` Letztendlich machen die Komponentenmethoden auch nichts anderes.

Das Double-Submit-Problem

Eine Anwendung hat gegenüber dem Anwender zwei Aufgaben:

- Sie zeigt ihm Informationen an (wird meistens über ein HTTP-Get ausgeführt, der Serverstatus sollte sich nicht ändern).
- Sie erlaubt ihm, Informationen an das System zu übermitteln (als Formulardaten mit einem HTTP-Post, der Serverstatus kann sich ändern).

Daraus lässt sich folgern, dass es relativ unproblematisch ist, wenn eine Anwendung den gleichen Get-Request mehrfach verschickt, da er keine Zustandsänderung zur Folge hat. Das mehrfache Verschicken von Formulardaten jedoch kann ungewollte Folgen haben, hierunter fallen z. B. doppelte Einträge im Warenkorb und im schlimmsten Fall sogar doppelte Bestellungen.

Es existieren mehrere Szenarien, wie es zur erneuten Übertragung eines schon versendeten Requests kommen kann:

- Verwendet man den Aktualisieren-Button im Browser, so wird die Seite neu geladen und zu diesem Zweck der usprüngliche Post-Request erneut versendet.
- Bei der Verwendung der Back- und Forward-Buttons im Browser
- Durch Zurückgehen auf die Formularseite und das erneute Versenden des Formulars

Zwar warnen Browser bei der Verwendung des Back-Buttons, dass der Post-Request noch einmal verschickt werden muss. Diese Fehlermeldung verunsichert die meisten Anwender eher, da es sich um eine Meldung des Browsers und nicht um eine Meldung der Anwendung handelt.

Ziel des verwendeten Frameworks sollte also sein (wenn der Back-Button unterstützt werden soll, viele Anwendungen versuchen aus diesem Grund die Back-Buttons auszublenden oder eigene Back-Buttons in der Anwendung anzubieten), diese Fehlermeldung des Browsers zu verhindern.

Zu diesem Zweck hat sich in den letzten Jahren das Post-Redirect-Get-Pattern[8] etabliert (manchmal auch als Redirect-After-Post bezeichnet). Das Funktionsprinzip ist in Abbildung 5-10 dargestellt.

Hierbei wird der Request aufgeteilt. Die Formulardaten werden durch den Post-Request verschickt, der Serverstatus ändert sich, anschließend wird der Anwendung ein Redirect auf die aktuelle Seite gesendet, die diese dann wieder über einen Get-Request abfragt. Somit

[8] `http://www.theserverside.com/tt/articles/article.tss?l=RedirectAfterPost`

Abb. 5-10
Post-Redirect-Get

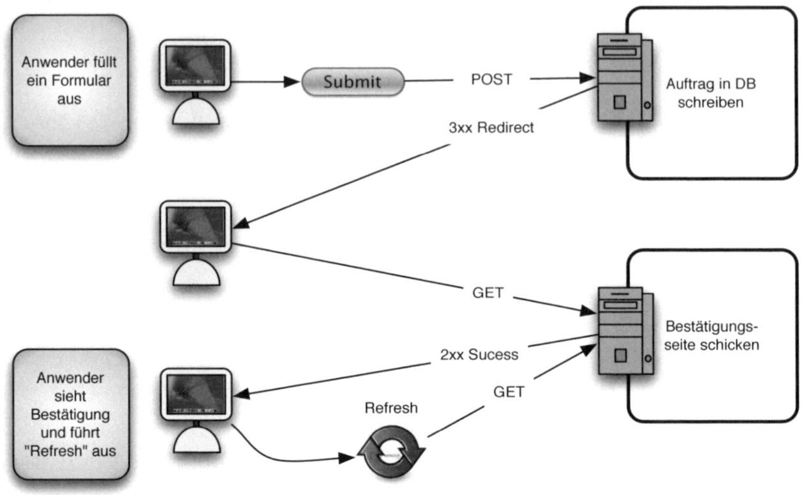

wird bei einem Refresh der Seite ausschließlich der Get-Request wiederholt, der keine Zustandsänderung zur Folge hat.

Auch Wicket unterstützt dieses Pattern. Es kann innerhalb der Applikation konfiguriert werden (siehe Listing 5.59).

Listing 5.59
Post-Redirect-Get in Wicket

```
public class WorkBreakdownStructureApplication extends
  SwarmWebApplication {

 @Override
 protected void init() {
  super.init();

  getRequestCycleSettings()
   .setRenderStrategy(
        IRequestCycleSettings.REDIRECT_TO_BUFFER);
 }
};
```

An dieser Stelle gibt es drei Konfigurationsmöglichkeiten:

- ONE_PASS_RENDER: Die komplette Verarbeitung findet innerhalb eines Requests statt. Dies ist somit die performanteste Verarbeitung, es erfolgt allerdings keinerlei Schutz gegen das Double-Submit-Problem. Notwendig ist diese Einstellung, wenn die Anwendung auf einem Cluster läuft und dieser nicht gewährleisten kann (z. B. über eine sticky session), dass der zweite Request auf dem gleichen Clusterknoten landet wie der erste.

Die nächsten beiden Konfigurationen basieren auf dem Post-Redirect-Get-Pattern und schützen damit vor dem Double-Submit-Problem. Die Wicket-Implementierung geht dabei so weit, dass das komplette Rendering erst im Anschluss an den Redirect stattfindet und somit auch die `IRequestListener` geschützt sind, über die z. B. per Link Zeilen in einer Tabelle hinzugefügt oder entfernt werden.

- REDIRECT_TO_BUFFER: Auch in diesem Fall findet die komplette Verarbeitung innerhalb eines Requests statt. Das Ergebnis wird allerdings nicht direkt an den Browser zurückgeschickt, sondern stattdessen von der Anwendung gecacht. Nun wird an den Browser ein Redirect gesendet, über den dieser das gecachte Ergebnis des vorherigen Requests per HTTP-Get holt. Im Anschluss wird das gecachte Ergebnis aus dem Speicher entfernt, um den Speicherverbrauch der Anwendung zu reduzieren. Diese Konfiguration ist die Defaulteinstellung von Wicket, sie erzielt einen wirksamen Schutz gegen das Double-Submit-Problem bei einer guten Effizienz.
- REDIRECT_TO_RENDER: Bei dieser Einstellung wird die Anfrage innerhalb von zwei Requests verarbeitet. Beim ersten findet die Abarbeitung innerhalb des Komponentenbaums statt (inklusive dem Aufruf der `IRequestListener`, wie `onClick` bei Linkkomponenten). Im Anschluss wird der Redirect an den Browser versendet. Das eigentliche Rendering findet erst innerhalb des zweiten HTTP-Get-Requests statt. Hierzu müssen allerdings die Models wieder im Komponentenbaum eingefügt werden, was insbesondere bei Loadable-Detachable-Models (siehe Seite 201) zu Problemen führen kann. Bei diesen muss verhindert werden, dass der Inhalt mehrfach aus dem Backend geladen wird.

Auch in anderen Bereichen bietet Wicket eine gute Unterstützung für den Back-Button. Nachdem eine HTML-Seite durch das Rendern eines Komponentenbaums entsteht, muss für die korrekte Darstellung der Seite bei der Verwendung des Browser-Back-Buttons eine Versionierung der Zustände des Komponentenbaums erfolgen. Jede Aktion, die den Zustand des Komponentenbaums ändert (z. B. das Ein-/Ausblenden von Komponenten), erzeugt somit eine neue Version. Auf die Details dieser Thematik gehen wir in den Abschnitten 7.3 und 11.4 genauer ein.

5.1.4 Listen und Repeater

Nahezu jede Webanwendung basiert zumindest zum Teil auf der tabellarischen oder listenartigen Darstellung von Daten, seien es Suchtreffer,

Produktkataloge, Terminkalender oder Nachrichten. Wicket bietet hier Unterstützung einerseits durch die sehr grundlegende RepeatingView-Komponente, die mit wenig Aufwand jede denkbare Form von Wiederholungen von Ausgabestrukturen ermöglicht. Andererseits gibt es auch einige Ableitungen der gemeinsamen Superklasse AbstractRepeater, die für typische Anwendungsfälle spezialisiert sind. Sehen wir uns zunächst die einfachste Variante an: ListView.

ListView

ListView generiert für eine java.util.List von Objekten je eine Komponente vom Typ ListItem und fügt sie sich selbst als Kindelemente hinzu. An diese ListItems wiederum hängt die Anwendung die Komponenten an, die für jeden Listeneintrag ausgegeben werden sollen. Zwei Beispiele dafür gibt es in der WBS-Anwendung: die Menüs sowie die Liste der Rollen eines Benutzers. Die Verwendung einer Liste für ein Menü mag auf den ersten Blick seltsam erscheinen, ist aber dann zu empfehlen, wenn – z. B. je nach den Rechten des eingeloggten Benutzers oder abhängig von der Seite, die gerade angezeigt wird – unterschiedliche Menüeinträge angezeigt werden sollen. Statt umständlich die Sichtbarkeit von einzelnen Links ein- und auszuschalten, kann man einfach eine Liste bauen, die die erlaubten Links enthält. In Listing 5.60 wird ein ListView erzeugt.

Listing 5.60
SecondLevelMenu.java – Ein ListView mit Links

```
public class SecondLevelMenu extends Panel {

 private final List<Link> links =  new ArrayList<Link>();

 public SecondLevelMenu(String id) {
  super(id);
  add(new ListView("links", links) {
   protected void populateItem(ListItem item) {
    Link link = (Link) item.getModelObject();
    item.add(link);
   }
  });
 }

 public void addMenuLink(IModel title,
  Class<? extends WebPage> target) {
  BookmarkablePageLink pageLink =
    new BookmarkablePageLink("link", target);
  pageLink.add(new Label("title", title));
  links.add(pageLink);
 }
}
```

Wie üblich wird auch die ListView-Komponente als anonyme Unterklasse angelegt, um die noch fehlenden Methoden zu implementieren. Als Konstruktorparameter wird neben der obligatorischen ID die Liste mit den anzuzeigenden Objekten übergeben. Nur eine einzige Methode ist notwendig: populateItem. Sie wird für jedes Objekt der Liste einmal aufgerufen, mit einem ListItem als Parameter. ListItem ist die Containerkomponente für jede »Zeile«[9] der Liste, zu der man die gewünschten Komponenten hinzufügt. Das ModelObject des ListItem ist das Element unserer Liste, das zur aktuellen Zeile gehört. Im Beispiel ist der Listenelementtyp der Einfachheit halber Link, also eine Wicket-Komponente, die direkt dem ListItem hinzugefügt wird. Viel häufiger kommt es vor, dass der Elementtyp ein Domänenobjekttyp ist, für den in populateItem erst noch Komponenten angelegt werden müssen. Wie das geht, zeigt das Benutzer-Rollen-Beispiel in Listing 5.61.

Listing 5.61
ListRolesPanel.java (Auszug) – ListView mit Domänenobjekten

```
roleListView =
  new ListView("roleList", roleManager.findAll()) {
   protected void populateItem(ListItem item) {
    Role role = (Role) item.getModelObject();
    item.add(new RoleFragment("role", "roleFragment", role));
   }
  };
```

Im Markup sind ListView und die anderen Repeater nicht, wie man das vielleicht von anderen Webframeworks kennt, an ein Containerelement wie <table> gebunden. Stattdessen hängt man die wicket:id an das Element, das wiederholt werden soll, also z. B. die Tabellenzeile <tr> oder auch einfach ein <div>, wenn es keine Tabelle, sondern nur eine Reihe von Elementen sein soll. ListView wird selbst gar nicht gerendert, sondern nur die ListItems, für jedes Element der Liste einmal. Jeder ListItem »erbt« dabei das Markup von ListView.

Im Markup zum Panel SecondlevelMenu (siehe Listing 5.62) wird die ListView-Komponente einem <div>-Container mit der ID "links" zugeordnet, der für jedes Element der Liste wiederholt wird. Innerhalb davon stehen der Link ("link") und das Label ("title"), die im Programm in die ListItem-Komponente eingetragen werden.

[9] Je nach Darstellung kann es natürlich auch eine Spalte, Box oder etwas anderes sein. »Zeile« ist aber am anschaulichsten für ein Darstellungselement einer Liste.

Listing 5.62
SecondLevelMenu.html (Auszug) – Das <div>-Element mit der ID »links« wird für jedes Element der Liste wiederholt.

```
<wicket:panel>
  <div wicket:id="links">
    <a wicket:id="link">
     <div wicket:id="title">Titel</div>
    </a>
  </div>
</wicket:panel>
```

Listing 5.64 zeigt die gerenderte Ausgabe, die erzeugt wird, wenn das `SecondLevelMenu` wie in Listing 5.63 gefüllt wird.

Listing 5.63
Das SecondLevelMenu wird gefüllt

```
secondLevelMenu.addMenuLink(new ResourceModel(
  "second.level.users"), UserAdminPage.class);
secondLevelMenu.addMenuLink(new ResourceModel(
  "second.level.roles"), ListRolesPage.class);
secondLevelMenu.addMenuLink(new Model("Settings"),
  AppSettingsPage.class);
```

Listing 5.64
Das von ListView erzeugte HTML

```
<div wicket:id="links">
 <a wicket:id="link"
    href="?wicket:bookmarkablePage=:
     com.senacor.wbs.web.user.UserAdminPage">
  <span wicket:id="title">Benutzer</span>
 </a>
</div>
<div wicket:id="links">
 <a wicket:id="link"
    href="?wicket:bookmarkablePage=:
     com.senacor.wbs.web.user.ListRolesPage">
  <span wicket:id="title">Rollen</span>
 </a>
</div>
<div wicket:id="links">
 <a wicket:id="link"
    href="?wicket:bookmarkablePage=:
     com.senacor.wbs.web.user.AppSettingsPage">
  <span wicket:id="title">Einstellungen</span>
 </a>
</div>
```

Im zugehörigen Komponentenbaum (siehe Abbildung 5-11) fällt auf, dass für die ListItems IDs vergeben werden, für die es keine Entsprechung im Markup gibt. Die Kopplung von Markup und `Component` wird in diesem Fall manuell hergestellt. `ListView` weist sein Template-Markup jedem `ListItem` zum Rendern zu. Dabei rendert `ListView` ausschließlich seine Kinder, die ListItems.

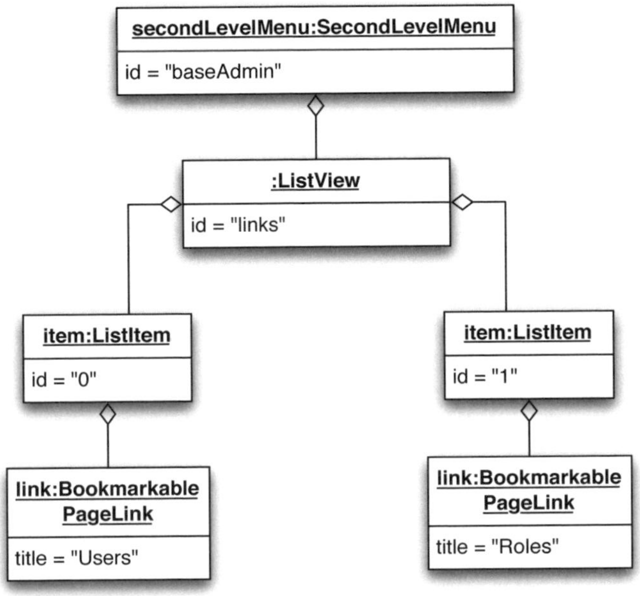

Abb. 5-11
Der von ListView erzeugte Komponentenbaum

Bei jedem Rendern eines `ListView` wird die Komponentenstruktur neu aufgebaut, da `populateItem` in `Component#onBeforeRender()` aufgerufen wird. Bei kurzen Listen oder wenn der Aufbau sehr einfach ist, ist das schnell genug und sorgt gleichzeitig dafür, dass immer alles auf dem »neuesten Stand« ist. Wenn das Konstruieren der Komponenten aber teuer ist, kann man das Flag `ListView#reuseItems` auf `true` setzen. In diesem Fall werden die vorhandenen `ListItems` nicht weggeworfen, sondern wiederverwendet, was den Aufbau beschleunigt. Sollte sich der Inhalt der Liste nun ändern, muss `ListView#removeAll()` manuell aufgerufen werden, damit die Komponentenstruktur neu aufgebaut wird.

Einsatz in Formularen

`ListView` bietet sich auch in Formularen an, wenn eine – potenziell variable – Liste von gleichartigen Eingabefeldern aufgebaut werden soll. Hier muss aber auf jeden Fall `reuseItems` auf `true` gesetzt werden, denn sonst würden die Formularelemente verschwinden, bevor Validierung oder eventuelle Fehlermeldungen zuschlagen könnten.

`ListView` eignet sich hervorragend, um mit wenig Aufwand Listen darzustellen, sollte aber nur für solche Listen eingesetzt werden, die nicht übermäßig groß sind. Man kann zwar bei längeren Listen mit `setViewSize` das sichtbare »Fenster«auf die Liste – also die Anzahl der Einträge, die auf einmal sichtbar sind – angeben, um eine Seitenaufteilung herzustellen. Da aber trotzdem die ganze Liste im Speicher gehalten wird, ist das ab einer gewissen Größe nicht mehr effizient. `setStartIndex` setzt dabei im Übrigen den ersten sichtbaren Eintrag.

DataView

Für größere Datensets, z. B. Suchergebnisse aus einer Datenbank, empfiehlt sich stattdessen der `DataView`. Die Verwendung innerhalb der Seite ist analog zu der von `ListView`: Genau wie oben schon gesehen, befüllt man die einzelnen Einträge in einer Methode `populateItem`. Anstelle der »festen« Liste des `ListView` bekommt er eine Implementierung des Interface `IDataProvider` (siehe Listing 5.65). Der Vorteil ist, dass nicht gleich zu Beginn eine potenziell sehr große Liste angelegt werden muss, sondern dass erst bei Bedarf die Elemente erzeugt – z. B. aus der Datenbank geladen – werden müssen. Arbeitet man mit Paginierung, wird dabei auch nur der für die aktuelle Seite benötigte Ausschnitt angefordert.

Listing 5.65
IDataProvider

```
public interface IDataProvider extends IDetachable {
 int size();

 Iterator iterator(int first, int count);

 IModel model(Object object);
}
```

Die erste Methode, `size()`, soll die Gesamtgröße des Datensets zurückgeben, also z. B. die Anzahl der Suchtreffer. `iterator(first, count)` liefert wie zu erwarten einen Iterator über die Datensätze, beginnend an der Stelle `first` und von dort ab `count` Einträge. So kann z. B. bei einer Datenbanksuche zuerst ein `SELECT COUNT(*) ...` durchgeführt werden. Für die tatsächliche Anzeige müssen dann nicht mehr alle Daten (wie beim `ListView`) geladen werden, sondern nur noch die im angegebenen Bereich.

`DataView` beschafft sich auf diese Weise die gerade benötigten Objekte und ruft dann für jedes davon die dritte Methode, `model(Object)`, auf. Diese hat die Aufgabe, das Domänenobjekt in ein passendes Modell zu »verpacken«. Genau dieses Modell wird beim Rendern an den jeweils passenden `Item` gebunden, der an `populateItem` übergeben wird. Es kann ein einfaches `Model` sein, aber gerade für schwergewichtigere Objekte aus der Datenbank bietet es sich hier an, ein `LoadableDetachableModel`[10] zu verwenden.

Sortierung

Das Codebeispiel in Listing 5.67 basiert der Einfachheit halber auf einer `List`, demonstriert dafür aber, wie man mit einem `ISortableDataProvider` die Ausgabe sortieren kann. Implementierungen dieses Interface verwalten eine Instanz von `ISortState`, das in Listing 5.66 gezeigt ist.

Listing 5.66
ISortState.java

[10] siehe Seite 201.

```
public interface ISortState extends IClusterable {
 public static final int ASCENDING = 1;
 public static final int DESCENDING = -1;
 public static final int NONE = 0;
 public void setPropertySortOrder(String property, int state);
 public int getPropertySortOrder(String property);
}
```

Die Semantik ist einfach: Für jede Property, die mit Namen angegeben wird, wird die Sortierrichtung gespeichert (oder auch keine Sortierung). Dabei kann es sich um ein tatsächliches Feld eines Modellobjekts handeln, muss es aber nicht. Es kann auch eine »synthetische« Property sein, die nur einem von in der Anwendung implementierten Comparator bekannt ist. Man kann mit `ISortState` jede beliebige Sortierung abbilden, es erfordert aber auch den entsprechenden Aufwand, die zu sortierenden Properties zu speichern und zu verarbeiten.

Meistens reicht es aus, nach einer einzigen Property zu sortieren. Wicket liefert eine `ISortState`-Implementierung namens `SingleSortState` mit, die genau das tut: In einem Unterobjekt vom Typ `SortParam` wird der Name einer Property gespeichert, zusammen mit einem `boolean`, der die Sortierrichtung angibt (`isAscending()`). Unser `IDataProvider` in Listing 5.67 leitet sich von `SortableDataProvider` ab, einer einfachen Implementierung von `ISortableDataProvider`, die einen `SingleSortState` für uns bereithält.

Listing 5.67
SortableListDataProvider.java – Beispielimplementierung eines sortierenden IDataProvider

```
public abstract class SortableListDataProvider<E>
  extends SortableDataProvider {

 private final List<E> data;

 public SortableListDataProvider(List<E> data) {
  this.data = data;
 }

 public Iterator<E> iterator(int first, int count) {
  final SortParam sp = getSort();
  SortUtils.sort(data, sp.getProperty(), sp.isAscending(), getLocale());
  int toIndex = first + count;
  if (toIndex > data.size()) {
   toIndex = data.size();
  }


  return data.subList(first, toIndex)
            .listIterator();
 }
```

```
  public int size() {
   return data.size();
  }
}
```

Ein wichtiger Punkt ist, dass die Sortierung von uns implementiert wird (`SortUtils.sort(...)`), da dies Aufgabe der Anwendung ist – Wicket kann ja nicht wissen, wie unsere Domänenobjekte angeordnet werden sollen. Natürlich könnte man auch komplett ohne `ISortState` und die damit zusammenhängenden Klassen arbeiten, aber so muss man tatsächlich nur sortieren und sich nicht um die Verwaltung kümmern. Also implementiert man `iterator(...)` so, dass die Liste sortiert wird, eine Teilliste gebildet wird und von dieser ein `Iterator` zurückgeliefert wird. Zuletzt fehlt nur noch – wie bei jedem `IDataProvider` – die Methode `model()`, die man hier aber abstrakt lassen und stattdessen vom Verwender des `SortableListDataProvider` implementieren lassen kann. `ProjectListPanel` in Listing 5.68 aus der Beispielanwendung zeigt die Verwendung zusätzlich mit der Methode `getLocale()`, damit die Sortierung je nach Sprache passend bleibt.

Listing 5.68
ProjectListPanel.java (Auszug) – Verwendung von SortableListDataProvider

```
...
SortableListDataProvider<Project> projectProvider =
 new SortableListDataProvider<Project>(projects) {
  @Override
  protected Locale getLocale() {
   return ProjectListPanel.this.getLocale();
  }
  public IModel model(final Object object) {
   return new CompoundPropertyModel(object);
  }
 };
projectProvider.setSort("name", true);
dataView = new DataView("projects", projectProvider, 4) {
   ...
 };
...
```

Damit ist die eigentliche Sortierung vorbereitet, es fehlen nur noch die Links bzw. Buttons, mit denen der Benutzer die Sortierung anstoßen oder verändern kann. Grundsätzlich reicht es, wenn durch eine beliebige Aktion das `ISortState`-Objekt verändert wird, da bei jedem Rendern des `DataView` die `iterate(...)`-Methode des zugehörigen `IDataProvider` aufgerufen wird, die die Sortierung durchführt. Aber um das möglichst einfach zu gestalten, gibt es zwei verwandte Klassen, die uns diese Arbeit abnehmen: `OrderByLink` und `OrderByBorder`. Mittels

`OrderByLink` können wir die Sortierung nach einer bestimmten Property anstoßen bzw. deren Richtung umkehren. Dazu erwartet der Konstruktor zusätzlich zur Komponenten-ID auch einen Property-Namen und einen `ISortStateLocator` – Letzteres ist ein Interface, das auch von `SortableDataProvider` implementiert wird und Accessor-Methoden für einen `ISortState` definiert. Ansonsten funktioniert diese Komponente wie alle anderen Links auch. In der Beispielanwendung setzen wir sie aber nur indirekt ein, nämlich über die `OrderByBorder`. Der mit Abstand häufigste Verwendungszweck für Sortierlinks ist in der Kopfzeile einer Tabelle/Liste angegeben, und da es oft auch recht viele Spalten sein können, würde es irgendwann mühsam, für jede davon einen Link sowohl im Code als auch im HTML-Template unterzubringen. Abhilfe schafft die Klasse `OrderByBorder`, eine `Border` (`Border`-Komponenten werden in Abschnitt 9.3 genauer erläutert), die ihren Inhalt in einen `OrderByLink` »verpackt«. In Listing 5.69 sehen wir, wie `OrderByBorder` direkt an den Spaltenkopf `<th>` angehängt wird.

Listing 5.69
ProjectListPanel.html (Auszug) – OrderByBorder direkt an <th> angehängt

```
...
<tr>
 <th wicket:id="orderByKuerzel">Key</th>
 <th wicket:id="orderByName">Title</th>
 <th wicket:id="orderByBudget">Budget in Days</th>
 <th wicket:id="orderByCostPerHour">Cost / h</th>
 <th wicket:id="orderByStart">Started</th>
 <th wicket:id="orderByEnde">Finished</th>
 <th wicket:id="orderByState">State</th>
</tr>
...
```

Listing 5.70 zeigt, wie die Komponente Border im Code verwendet wird: Sie wird einfach hinzugefügt, genau wie jede andere Komponente auch. Den Property-Namen und den DataProvider, die der `OrderByLink` braucht, bekommt sie im Konstruktor übergeben.

Listing 5.70
ProjectListPanel.java (Auszug) – OrderByBorder statt Link

```
...
add(new OrderByBorder("orderByKuerzel", "kuerzel",
    projectProvider));
add(new OrderByBorder("orderByName", "name",
    projectProvider));
add(new OrderByBorder("orderByBudget", "budget",
    projectProvider));
add(new OrderByBorder("orderByCostPerHour",
    "costPerHour", projectProvider));
add(new OrderByBorder("orderByStart", "start",
    projectProvider));
add(new OrderByBorder("orderByEnde", "ende",
    projectProvider));
add(new OrderByBorder("orderByState", "state",
    projectProvider));
...
```

Paging mit IPageable und PagingNavigator

Wenn zu viele Einträge in einer Liste oder in einem sonstigen Repeater stehen müssten, empfiehlt es sich, die Ausgabe auf mehrere Seiten zu verteilen. Man könnte natürlich die dem Repeater übergebenen Daten selbst in entsprechende »Häppchen« aufteilen, aber es geht auch einfacher. Mehrere der Repeater-Klassen, darunter `DataView` und `ListView`, implementieren das Interface `IPageable`:

Listing 5.71
IPageable

```
public interface IPageable extends IClusterable {
 int getCurrentPage();

 void setCurrentPage(int page);

 int getPageCount();
}
```

Die Bedeutung ist offensichtlich: Man kann festlegen und herausfinden, welche Seite die aktuelle ist, und ermitteln, wie viele Seiten es ingesamt gibt. Damit alleine lässt sich schon jede beliebige Navigation zusammenbauen, die man möchte. Solange eine »einfache« Vorwärts-/Rückwärtsnavigation mit direkt anspringbaren Seiten ausreicht, geht es aber auch noch einfacher. Wicket liefert eine Komponente `PagingNavigator` mit, die auf ein `IPageable` referenziert und dieses quasi »fernsteuert«. Ein Beispiel für die Verwendung finden wir im `ProjectListPanel` der WBS-Anwendung:

Listing 5.72
ProjectListPanel.java (Auszug) Einbinden eines PagingNavigator

```
...
dataView = new DataView("projects", projectProvider, 4)
...
add(new PagingNavigator("projectsNavigator", dataView));
...
```

Im Code bekommt `PagingNavigator` außer seiner ID nur das `IPageable` – in diesem Fall den `DataView` – als Konstruktorparameter und ist damit schon fertig.

Listing 5.73
ProjectListPanel.html (Auszug)

```
...
<div wicket:id="projectsNavigator" />
...
```

Im HTML-Template reicht ein simples `<div>`. Das Ergebnis ist unterhalb der Tabelle in Abbildung 5-12 zu sehen. Die Optik kann wie im-

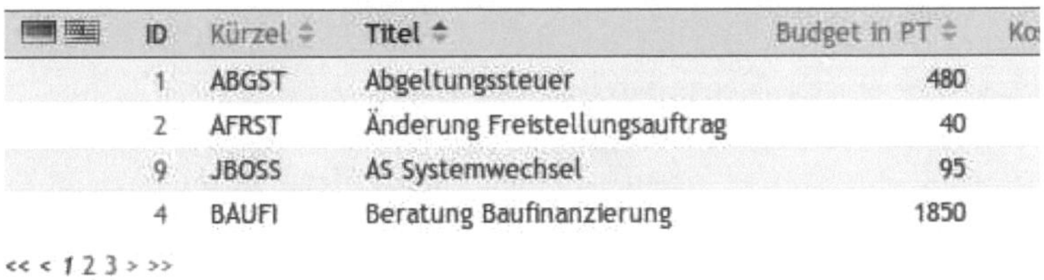

ID	Kürzel	Titel	Budget in PT	Ko
1	ABGST	Abgeltungssteuer	480	
2	AFRST	Änderung Freistellungsauftrag	40	
9	JBOSS	AS Systemwechsel	95	
4	BAUFI	Beratung Baufinanzierung	1850	

Abb. 5-12
PagingNavigator in Aktion

mer durch CSS variiert werden. Da `PagingNavigator` nur ein einfaches Panel aus anderen, intelligenteren Komponenten ist, lohnt es sich, für »größere« Veränderungen den inneren Aufbau anzuschauen und gegebenenfalls nachzubauen. Die interessanten Teile sind `PagingNavigation` (die Seitenliste) und `PagingNavigationLink` – sie lassen sich leicht an die Bedürfnisse anpassen und übernehmen das eigentliche Paging.

RepeatingView

Die allgemeinste Möglichkeit in Wicket, etwas zu wiederholen – und genau das ist es, was wir mit diesen Komponenten tun – ist der `RepeatingView`. `ListView` macht aus einer Liste von Objekten eine Liste von Komponenten, `DataView` macht das Gleiche, nur etwas flexibler. `RepeatingView` dagegen rendert ganz allgemein sein Markup für jede seiner Kindkomponenten erneut. Was bedeutet das? `RepeatingView` bekommt keine Liste von Domänen- oder Modellobjekten und auch keinen `IDataProvider`. Stattdessen fügen wir Wicket-Komponenten über `add()` hinzu, genau wie bei anderen Containerkomponenten wie `Panel`. `RepeatingView` verwendet dann sein Markup für jede dieser Kindkomponenten wieder. Der häufigste Anwendungsfall wäre dann z. B. , eine Reihe von Panels auszugeben, die dann jeweils an einem `<li>`- oder `<div>`-Tag hängen und dort ihr eigenes Markup noch hinzufügen. In der Beispielanwendung haben wir etwa die Spalten im Layout so realisiert. Sie enthalten jeweils einen `RepeatingView`, sodass jede einzelne `Page` die gewünschten Komponenten in die Spalten eintragen kann. Natürlich muss dennoch jede Komponente eine eindeutige ID haben.[11] Man kann entweder selbst sicherstellen, dass das der Fall ist, oder sich von `RepeatingView.newChildId()` eine neue, garantiert eindeutige ID holen. Die Listings 5.74 und 5.75 zeigen, wie der RepeatingView für die mittlere Layoutspalte einmal angelegt und dann in verschiedenen Seitenklassen befüllt wird.

Listing 5.74
MiddleColumn.java: Die mittlere Layoutspalte mit RepeatingView

```
public class MiddleColumn extends Panel {

 private final RepeatingView listPanel;

 public MiddleColumn(final String id) {
  super(id);
  listPanel = new RepeatingView("listPanel");
  add(listPanel);
 }

 public RepeatingView getListPanel() {
  return listPanel;
 }
}
```

Listing 5.75
Die mittlere Layoutspalte wird befüllt.

```
ProjectOverviewPage.java:
    middleColumn.getListPanel().add(
    new ProjectListPanel(middleColumn.getListPanel()
      .newChildId(), projects));

UserAdminPage.java:
  userListPanel =
    new UserListPanel(middleColumn.getListPanel()
      .newChildId(), new UserDataSource(userDataModel));
  ...
  middleColumn.getListPanel().add(userListPanel);
```

[11] Bei `ListView` und `DataView` wird das von `ListItem` bzw. `Item` erledigt.

5.2 Zentrales Seitenlayout

Einer der ersten Schritte beim Entwurf einer neuen Anwendung ist die Definition eines zentralen Layouts. Hierzu gehört die Festlegung entsprechender Rahmenkomponenten (Navigation, Kopfbereich), die auf fast jeder Seite angezeigt werden.

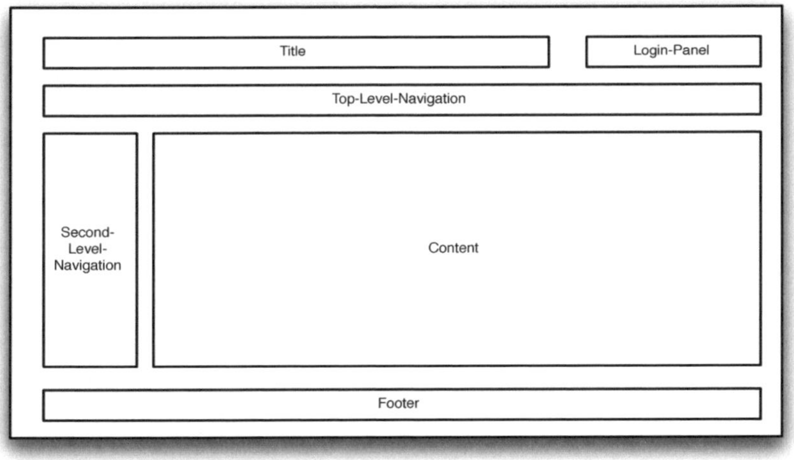

Abb. 5-13
Typisches Layout einer Webseite

Während man früher diese Bereiche in eigenständige HTML-Frames auslagerte, um Dubletten in den Seiten zu verhindern, werden Anwendungen mittlerweile ohne Frames (frameless) durch ein serverseitiges Einbinden dieser Bestandteile realisiert. Dieser Ansatz bietet diverse Vorteile, die gerade im Hinblick auf die Ausgabe einer Seite in verschiedenen Auflösungen oder die Entwicklung barrierefreier Anwendungen zum Tragen kommen. Zusätzlich haben sich in diesem Bereich mittlerweile CSS-Definitionen gegenüber der Verwendung verschachtelter Tabellen durchgesetzt.

Dafür gibt es eine Reihe von Gründen: [12]

- Während CSS-Dateien vom Browser zwischengespeichert werden können, wird die Tabellenstruktur bei jedem Aufruf der Seite mit übertragen und bläht die Seiten damit unnötig auf.
- Hilfswerkzeuge (für Blinde etc.) haben häufig Probleme beim Übertragen des Inhalts in ein anderes Medium.
- Änderungen an der Seite sind durch die Vermischung von Darstellung und Inhalt unnötig komplex und arbeitsintensiv. Bei einer klaren Trennung durch CSS können Änderungen am Layout der Seite

[12] Warum Layout mit Tabellen dumm ist:
`http://seybold.jan-andresen.de/index.php.`

durch eine reine Anpassung der CSS-Dateien erreicht werden, ohne dass der eigentliche Inhalt angepasst werden muss.

- Die Darstellung in einem einheitlichen Design wird durch Verwendung zentraler CSS-Dateien erreicht, alle Seiten besitzen dieselbe Formatierung.
- Die strikte Trennung von Inhalt und Layout ermöglicht zusätzlich eine bessere Unterstützung aller Browser bei der Darstellung des Inhalts.
- Mittlerweile beherrschen alle modernen Browser die notwendige CSS-Unterstützung, sodass auf die Unterstützung nicht CSS-konformer Browser verzichtet werden kann. Auch hier sollte das Augenmerk auf einem Cross-Browser-kompatiblen Format liegen.

Als Basis für das Layout einer eigenen Anwendung bieten sich freie CSS-Frameworks an. Diese stellen eine Menge von fertigen CSS-Komponenten zur Verfügung, mit denen problemlos eine vernünftige Abbildung des Basislayouts erfolgen kann. In unserer Beispielanwendung wurde als Basis das CSS-Framework YAML (Yet Another Multicolumn Layout) [13] gewählt, das ausgezeichnet dokumentiert ist und zusätzlich mit dem YAML-Builder [14] ein Onlinetool bereitstellt, über das im Browser ein Grundlayout definiert werden kann.

Aber auch andere CSS-Frameworks wie

- Mollio [15],
- The Yahoo! User Interface Library (YUI) [16] oder
- Blueprint CSS [17]

können als Basis gewählt werden, hier sollte die beste Eignung des Frameworks für die Zielanwendung geprüft werden.

Die Möglichkeiten von Wicket, neue Komponenten durch Vererbung oder Komposition zu erzeugen, kommen auch bei der Definition eines zentralen Layouts zum Einsatz und sollen in diesem Kontext vorgestellt werden.

5.2.1 Panels

Die am häufigsten verwendete Komponente in Wicket ist das `Panel`. Hierbei handelt es sich (wie auch bei der `WebPage`) um eine Komponente, die zum einen eine eigene Markup-Datei besitzt

[13] YAML: `http://www.yaml.de`.
[14] YAML-Builder: `http://builder.yaml.de/`.
[15] Mollio: `http://www.mollio.org`.
[16] YUI: `http://developer.yahoo.com/yui`.
[17] Blueprint: `http://www.blueprintcss.org/`.

(WebMarkupContainerWithAssociatedMarkup) und zum anderen einen eigenständigen Komponentenbaum definiert. Panels müssen trotzdem immer einer WebPage durch Hinzufügen zugeordnet werden. Es ist nicht möglich, ein Panel isoliert von einer Page – sozusagen als Wurzel des Komponentenbaums – rendern zu lassen.

Panels eignen sich hervorragend als Basis für die Entwicklung eigener fachlicher Komponenten (siehe Abschnitt 5.3.1), da sich in einem Panel Bestandteile (Eingabefelder, Validatoren etc.), die zu einem bestimmten fachlichen Kontext gehören (z. B. alles für die Eingabe einer Adresse), zusammenfassen und durch Instanziierung innerhalb verschiedener Seiten wiederverwenden lassen.

Auch als Basis für die Entwicklung der Rahmenkomponenten für das Seitenlayout bieten sich Panels an. Als erstes Beispiel soll an dieser Stelle die Definition einer Navigationskomponente dienen, die aus einem Panel besteht, das eine Liste von TopLevelMenuItems (Navigationslinks) enthält.

Listing 5.76
Navigationspanel

```
public class Menu extends Panel {

 private final List<TopLevelMenuItem> topLevelMenuItemList =
   new ArrayList<TopLevelMenuItem>();

 public Menu(String id) {
  super(id);
  add(new ListView("topLevelMenuItemList",
    topLevelMenuItemList) {
   protected void populateItem(ListItem item) {
    TopLevelMenuItem menuItem =
      (TopLevelMenuItem) item.getModelObject();
    item.add(menuItem);
   }
  });
 }

 public void addTopLevelMenuItem(TopLevelMenuItem item) {
  topLevelMenuItemList.add(item);
 }
```

Listing 5.77
Menüeintrag

```
public class TopLevelMenuItem extends Panel {

    public TopLevelMenuItem(String title, Class pageClass) {
        super("topLevelMenuItem");
        BookmarkablePageLink pageLink =
          new BookmarkablePageLink("link", pageClass);
        pageLink.add(new Label("title",title));
```

```
        add(pageLink);
    }

}
```

Der zugehörige Markup-Code (siehe Listing 5.78) bietet im Vergleich zu der `WebPage` wenig Neues, wenn man von dem `<wicket:panel>...</wicket:panel>`-Bereich absieht. Dieser definiert das zu dem Panel gehörende Markup, in diesem Fall einfach die Definition der Repeater-Komponente zur Darstellung der Liste der Navigationslinks. Markup außerhalb von `<wicket:panel` wird zur Laufzeit ignoriert. So lässt sich außerhalb durchaus ein HTML-Rahmen für das Panel definieren, der es einem Webdesigner ermöglicht, eine isolierte Layoutoptimierung der Komponente vorzunehmen.

Listing 5.78
Markup für das Navigationspanel

```
<html>
<head />
<body>
  <wicket:panel>
    <ul wicket:id="topLevelMenuItemList">
      <li wicket:id="topLevelMenuItem"><a href="#">Button 2</a></li>
    </ul>
  </wicket:panel>
</body>
</html>
```

Die Navigationskomponente kann nun einfach in der Seite instanziiert und hinzugefügt werden:

Listing 5.79
Instanziierung des Navigationspanels

```
public class MyPage extends WebPage {
 public MyPage() {
  add(new Menu("menu"));
 }
}
```

Auch im Markup der Seite wird das Panel einfach über `<div wicket:id="menu"/>` referenziert. Somit könnte die Navigation problemlos jeder Seite hinzugefügt werden. Da dieses Vorgehen allerdings ziemlich umständlich wäre, wird das Ganze mit dem Vererbungsmechanismus von Wicket kombiniert. Ziel dabei ist die Definition einer abstrakten Seite, in der die Navigationskomponente hinzugefügt wird und von der alle Seiten erben, die diese benötigen.

5.2.2 Vererbung auf Komponenten

Jede Komponente in Wicket kann grundsätzlich die Möglichkeit anbieten, über eigene Unterklassen eine Spezialisierung vorzunehmen und die Basiskomponente zu erweitern. Hierzu muss die Basiskomponente in ihrem Markup einen Erweiterungspunkt (Extension Point) definieren, über den die in der Unterklasse hinzugefügten Erweiterungen integriert werden. Dieser wird über `<wicket:child />` im Markup der Basisklasse definiert und darf nur einmal vorkommen. Innerhalb der Java-Klasse ist keine Kennzeichnung notwendig, hier wird der Standard-Java-Vererbungsmechanismus verwendet (siehe Listing 5.80 und 5.81).

Listing 5.80
Basisseite mit Menü

```
public abstract class BasePage extends WebPage {
 public BasePage() {
  add(new Menu("menu"));
 }
}
```

Listing 5.81
Markup für Basisseite mit Menü

```
<html>
<head />
<body>
  <div wicket:id="menu"/>
  <wicket:child />
</body>
</html>
```

Leitet man nun von der `BasePage` ab (siehe Listing 5.83), kann spezifischer Inhalt einfach im Konstruktor der Komponente hinzugefügt werden. Gleichzeitig wird die zugehörige Markup-Datei (siehe Listing 5.82) im Bereich `<wicket:extend>...</wicket:extend>` erweitert.

Listing 5.82
Markup der Seite mit geerbtem Menü

```
<html>
<head />
<body>
 <wicket:extend>
  <span wicket:id="label"/>
 </wicket:extend>
</body>
</html>
```

Listing 5.83
Seite mit geerbtem Menü

```
public abstract class MyPage extends BasePage {
 public MyPage() {
  add(new Label("label","Hello"));
 }
}
```

Mit den bis hierher vorgestellten Mechanismen lässt sich das in der Abbildung 5-13 vorgestellte Layout (das auch dem unserer Beispielanwendung entspricht) problemlos abbilden. Die Bereiche Title, Top-Level-Navigation, Second-Level-Navigation, Login-Panel, Footer und Content werden als einzelne Panels realisiert und in der Basisseite (`BaseWBSPage`) hinzugefügt. Zusätzlich wird in der Beispielanwendung (siehe Listing 5.84) noch eine Repeater-Komponente (siehe Abschnitt 5.1.4) im Content-Bereich definiert, die es ermöglicht, Panels direkt zum Content-Bereich hinzuzufügen.

Listing 5.84
Content-Panel mit Repeater

```
public class Content extends Panel {
 private final RepeatingView listPanel;
  public Content(final String id) {
   super(id);
  listPanel = new RepeatingView("listPanel");
  add(listPanel);
 }
 public RepeatingView getListPanel() {
  return listPanel;
 }
}
```

Dieses ermöglicht die Erstellung eigener Seiten ohne Markup-Datei und bietet sich vor allem an, wenn das Ziel verfolgt wird, alle Inhalte einer Seite in separate Panels auszulagern.

Neben den bisher vorgestellten Möglichkeiten bietet Wicket noch weitere Mechanismen, wie sich Komponenten gruppieren lassen. Diese sollten vor allem dann in Erwägung gezogen werden, wenn die Wiederverwendung außerhalb der Seite nicht das Ziel ist, sondern es sich um eine reine Gruppierung handelt, sodass Operationen (z. B. Einblenden/-Ausblenden) auf der Komponentengruppe ausgeführt werden können. Hierzu können sogenannte Inline-Panels (Fragmente) oder auch reine `WebMarkupContainer` verwendet werden.

5.2.3 Fragmente (Inline-Panels)

Fragmente (Klasse `Fragments`) sind von der Verwendung stark an Panels angelehnt. Im Gegensatz zu ihnen benötigen sie allerdings keine eigene Markup-Datei, sondern definieren ihr Markup in markierten Bereichen innerhalb der Komponente, in der sie verwendet werden. Ihr Einsatz ist vor allem dann sinnvoll, wenn eine große Menge verhältnismäßig kleiner Markup-Definitionen benötigt werden. Das kann z. B. bei Listen der Fall sein, bei denen die Anzeige der Elemente von deren Status abhängt. In der WBS-Beispielanwendung werden Fragmente im `AuthenticationStatePanel` eingesetzt. Für jeden Login-Zustand (eingeloggt/ausgeloggt) wird ein Fragment definiert, dessen Sichtbarkeit von diesem Zustand abhängt. Damit ist der Bereich zum Einloggen nur sichtbar, wenn der Benutzer noch nicht innerhalb der Anwendung eingeloggt ist, ansonsten wird ihm eine Möglichkeit zum Ausloggen angeboten.

Innerhalb eines Fragments muss nicht seine ID (die `wicket:id`) definiert werden, sondern zusätzlich eine weitere ID, über die der Markup-Bereich des Fragments gekennzeichnet wird. Diese muss im Konstruktor des Fragments (siehe Listing 5.85) mit übergeben werden und wird später im Markup-Code als `wicket:id` des `<wicket:fragment />`-Tags verwendet.

Listing 5.85
Fragment-Java-Code

```
private class LoginFragment extends Fragment {
 public LoginFragment(String id) {
  super(id, "loginFragment", AuthenticationStatePanel.this);
  setRenderBodyOnly(true);
  add(new LoginForm("loginForm"));
 }
```

Die Definition des Fragment-Markups findet innerhalb des Tags `<wicket:fragment wicket:id="...">...</wicket:fragment>` statt (siehe Listing 5.86). Dabei entspricht `wicket:id` dem Wert des zweiten Arguments, das beim Erzeugen des Fragments im Konstruktor übergeben werden muss. In diesem Fall also `"loginFragment"`.

Listing 5.86
Fragment-Markup im AuthenticationState-Panel

```
<html>
<head />
<body>
 <wicket:panel>
  <div wicket:id="login" />
   <wicket:fragment wicket:id="loginFragment">...</wicket:fragment>
 </wicket:panel>
</body>
</html>
```

Das so definierte Fragment kann nun mit der ID `login` wie jede Komponente mit einer eindeutigen ID instanziiert (siehe Listing 5.87) und im Markup referenziert werden. An dieser Stelle wird ein LoginFragment mit der ID: login erzeugt und über `<div wicket:id="login"/>` hinzugefügt.

Grundsätzlich können beliebig viele Instanzen des Fragments auf Basis der einmaligen `<wicket:fragment>`-Definition erzeugt werden (z. B. für die Verwendung innerhalb eines Repeaters).

Listing 5.87
Verwendung der Fragmente im AuthenticationStatePanel

```
public class AuthenticationStatePanel extends Panel {

 public AuthenticationStatePanel(String id) {
  super(id);
  add(new LoginFragment("login"));
  add(new LogoutFragment("logout"));
 }
}
```

Die Definition des Fragment-Markups im Markup der verwendenden Komponente führt allerdings relativ schnell zu schlecht lesbarem Markup-Code und sollte daher mit Bedacht eingesetzt werden.

5.2.4 WebMarkupContainer

Der `WebMarkupContainer` von Wicket ist eine Containerklasse, der grundsätzlich HTML-Markup und Komponenten zugeordnet werden können. Er dient als Basis für eine Vielzahl von Wicket-Komponenten, kann aber auch problemlos direkt verwendet werden.

Als gruppierende Komponente ist er vor allem von Nutzen, wenn eine Menge von Komponenten zusammengefasst werden soll, um die komplette Gruppe dynamisch in die Seite ein- und auszublenden wie im nachfolgenden Beispiel (siehe Listing 5.88 und 5.89), wo die `isVisible`-Methode überschrieben wurde.

Listing 5.88
Gruppierung mit einem WebMarkupContainer

```
WebMarkupContainer wmc =
  new WebMarkupContainer("group"){
   @Override
   public boolean isVisible() {
    return notEmtpy;
   }
};
wmc.add(new TextField("mobile"));
wmc.add(new TextField("email"));
```

Listing 5.89
Markup für die Gruppierung mit einem WebMarkupContainer

```
<div wicket:id="group">
  <input wicket:id="mobile" type="text" />
  <input wicket:id="email" type="text" />
</div>
```

Ein weiterer Einsatzbereich ist das Hinzufügen von Behaviors, um beispielsweise onClick-Verhalten zu integrieren.

Mit den in diesem Kapitel vorgestellten Mechanismen lässt sich jedes geforderte Layout für eine Anwendung abbilden. Allerdings empfiehlt es sich, das Layout frühzeitig festzulegen, die Abbildung in Wicket dementsprechend zu optimieren und den Entwicklern entsprechende Vorgaben für ihre Anwendung zu machen. Hierdurch kann eine konsistente Entwicklung in der ganzen Anwendung erreicht werden.

5.3 Komponenten neu definieren

Fachlich und technisch motivierte Komponenten

Ein häufiger Anwendungsfall für die Neuerstellung einer Komponente ist die Wiederverwendung von fachlicher Logik innerhalb einer Anwendung oder einer zusammenhängenden Anwendungslandschaft. Beispiele hierfür sind:

- Bankleitzahlsuche in einer Banking-Anwendung, z. B. für Überweisungen, Eingabefelder auf Kreditanträgen etc.
- Warenkorbanzeige in einem Shop. Amazon z. B. hat eine solche Anzeige auf der eigentlichen Warenkorbseite, beim »zur Kasse gehen« und bei der endgültigen Bestellbestätigung.
- Login-Panels
- Adresseingabefelder

Oft wird man die Möglichkeit für eine solche Komponentisierung schon früh erkennen, wenn auf verschiedenen geplanten Seiten der Anwendung ähnliche oder gleiche Funktionalität erscheint. Spätestens während der Entwicklung fällt es aber auf, wenn man den gleichen Code – die gleiche Zusammenstellung von vorhandenen Komponenten – erneut schreibt. Das deutet auch gleich auf die Art solcher Komponenten hin und auf die Vorgehensweise, sie zu erstellen. Es geht bei diesen fachlich motivierten Komponenten weniger darum, neue technische Funktionalität aufzubauen, sondern Business-Funktionalität auf mehreren Seiten wiederzuverwenden. Wir werden sehen, wie man eine Gruppe von einfachen Komponenten, die fachlich zusammenhängen, in ein Panel integrieren kann, das die gesamte Funktion verkapselt. Dazu mehr auf der nächsten Seite.

Es gibt aber auch »technisch« motivierte Komponenten. Damit sind nicht Spielereien gemeint, sondern Komponenten, die neue Interaktionen mit der Anwendung ermöglichen oder sonstige Fähigkeiten mitbringen, die die vorhandenen Klassen nicht haben. Gleichzeitig sind diese neuen Komponenten aber nicht durch ihre Fachlichkeit an eine bestimmte Anwendung gebunden, sondern können von beliebigen Projekten eingesetzt werden, wenn diese entsprechende Eigenschaften brauchen. Beispiele hierfür sind:

- Die von Wicket mitgelieferte `DateField`-Komponente. Hier wird ein einfaches Textfeld um einen aufklappenden Kalender erweitert.
- Die Google-Maps-Integration
- Autocomplete-Komponenten

Diese Komponenten haben alle gemeinsam, dass sie aus Sicht des verwendenden Codes einfach nur eine weitere Klasse darstellen, die wie jede andere auch eingebunden wird. Wir werden in Abschnitt 5.3.2 ein ausführliches Beispiel behandeln.

5.3.1 Fachlich motivierte Komponenten

Ein Beispiel für eine fachliche Komponente ist ein Formular für Adressen. Eine einmal entwickelte Adresserfassung kann z. B. in verschiedenen fachlichen Rollen wie Rechnungsanschrift, Lieferadresse oder Voradresse eingesetzt werden. Ihre Entwicklung erfolgt im ersten implementierten Anwendungsfall oft noch nicht als Komponente, sondern als Teil einer Seite. Sobald die funktionalen Anforderungen erfüllt sind, wird sie aus der Seite und dem Template »ausgeschnitten« und nahezu unverändert in eine Panel-Klasse und deren Template kopiert. Nun kann sie mit `add()` an jeder Stelle hinzugefügt werden.

Auf der ursprünglichen Seite könnte das Formular so ausgesehen haben:

```
public EditUserPage() {
  ...
  Form addressForm = new Form("addressForm");
  addressForm.setDefaultModel(new
    CompoundPropertyModel<Address>(address));
  this.add(addressForm);
  TextField zipCode = new TextField("zipcode");
  addressForm.add(zipCode);
  DropDownChoice country =
  new DropDownChoice("country", Arrays.asList(Country
    .values()), new EnumChoiceRenderer());
  addressForm.add(country);
  // ...restliche Adressfelder
}
```

Um dieses Formular wiederverwendbar zu machen, wird eine neue Klasse angelegt: `EditAddressPanel` (siehe Listing 5.90).

Listing 5.90
EditAddressPanel.java

```
public class EditAddressPanel extends Panel {
 public EditAddressPanel(final String id, final Address address) {
  super(id);
  setDefaultModel(new CompoundPropertyModel<Address>(
    address));
  Form addressForm = new Form("addressForm");
  this.add(addressForm);
  TextField zipCode = new TextField("zipcode");
  addressForm.add(zipCode);
  DropDownChoice country =
  new DropDownChoice("country", Arrays.asList(Country
    .values()), new EnumChoiceRenderer());
  addressForm.add(country);
  // ...restliche Adressfelder
 }
 ...
}
```

Gegenüber der Version innerhalb der Page hat sich fast nichts geändert. Auch das Template für die neue Klasse besteht nur aus einem <wicket:panel>-Gerüst und den aus dem alten Template ausgeschnittenen Zeilen:

Listing 5.91
EditAddressPanel.html

```
<!DOCTYPE html PUBLIC
 "-//W3C//DTD XHTML 1.0 Transitional//EN"
 "http://www.w3.org/TR/xhtml1/DTD/xhtml1-transitional.dtd">
<html xmlns="http://www.w3.org/1999/xhtml"
        xmlns:wicket="http://wicket.sourceforge.net/"
        xml:lang="en" lang="en">
<body>
 <wicket:panel>
 <form wicket:id="addressForm">
   Strasse:
   <input wicket:id="street" type="text"/>
   PLZ:
   <input wicket:id="zipcode" type="text"/>
   <!-- ...restliche Eingabefelder -->
 </form>
 </wicket:panel>
</body>
</html>
```

Für die Übersichtlichkeit wurden die Styles in Listing 5.91 weggelassen. Klasse, Template und Ressourcen wie CSS oder JavaScript können jetzt entweder zentral in der Anwendung bleiben oder in ein eigenes Source-Verzeichnis ausgelagert werden. Dann würden sie als eigenes JAR in die Anwendung eingebunden. Dabei handelt es sich um eine ganz gewöhnliche JAR-Datei, die den kompilierten Java-Code enthält sowie alle Ressourcendateien in den entsprechenden Package-Verzeichnissen.

Die Seite, aus der das Formular »ausgeschnitten« wurde, braucht nun nur noch einen einzigen Aufruf:

```
add(new EditAddressPanel("addressPanel", address));
```

Genau so kann das neue Panel natürlich auch auf jeder anderen Seite verwendet werden. Wenn dieses Beispiel jetzt etwas kurz anmutet: So schnell kann es tatsächlich gehen, denn häufig ist es mit dem »Ausschneiden« von Panels schon getan. Die Entwicklung neuer Komponenten wird so zu einem natürlichen und selbstverständlichen Teil der Anwendungsentwicklung mit Wicket, da das Erstellen neuer Seiten sich kaum davon unterscheidet, neue Komponenten zu schreiben.

5.3.2 Technische Komponenten

Der ClickFinder

Das Ziel des in diesem Abschnitt gezeigten Beispiels ist die Erstellung einer neuen Eingabekomponente, die später sowohl in Formularen als auch als gewöhnliche Komponente verwendet werden kann. Dabei werden wir uns grob an einem typischen Eingabesystem für Autonavigationsgeräte orientieren:

1. Der Benutzer gibt einen oder mehrere Anfangsbuchstaben ein.
2. Die Anwendung zeigt eine Liste von möglichen Straßennamen (oder Anfängen von Namen, falls es noch zu viele sind) an, die mit diesem Präfix beginnen.
3. Der Benutzer klickt auf einen kompletten Straßennamen oder einen Anfang, um weitere Vorschläge zu erhalten.

Ein Beispiel (siehe Abbildung 5-14):

1. Die Anfangsbuchstaben der hinterlegten Straßennamen von A-W sind als Links angezeigt.
2. Der Benutzer klickt auf »A«.
3. »Aa«, »Ab«, »Ac«, »Ad«, »Ag« usw. werden statt der alphabetischen Liste angezeigt.
4. Der Benutzer wählt »Ad«.
5. »Adal«, »Adam«, »Adel«, »Adle« und »Adol« werden angezeigt.
6. Der Benutzer wählt »Adel«.
7. Nur noch »Adelgundenstraße« und »Adelheidstraße« werden angezeigt.
8. Der Benutzer wählt eine von beiden Möglichkeiten.

Das Ganze ist einer Autocomplete-Funktion, wie sie z. B. Google Suggest bietet, sehr ähnlich. Hier soll die Steuerung per Maus hinzugefügt werden und die Anwendung soll die Möglichkeit bieten, beim Klick auf einen »fertigen» Eintrag direkt eine Funktion auszuführen. In einer typischen Anwendung könnte mit dieser Komponente bei der Dateneingabe z. B. nach einem Kundennamen oder einer Adresse gesucht werden.

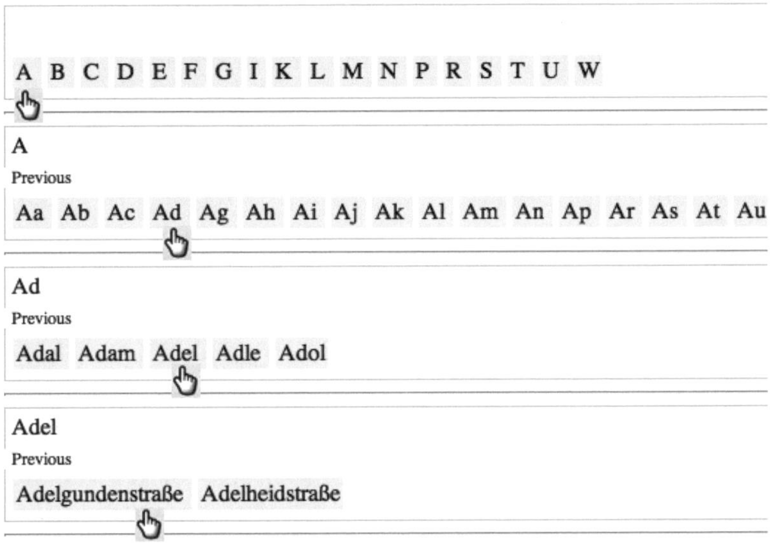

Abb. 5-14
ClickFinder: Beispiel mit Straßennamen

Die nicht funktionalen Anforderungen an die Komponente sind:

- Unabhängigkeit von der Anwendung. Die Komponente sollte in jede beliebige Anwendung integriert werden können, wenn möglich einfach nur durch Hinzufügen eines JAR.
- Getestete Funktionalität. Alle wichtigen Funktionen sollten in eigenen Unit Tests verifiziert sein, damit man sich später darauf verlassen kann.
- Gute Integration in die Anwendung. Die Komponente soll sich mit einem einfachen `add(...)` in eine Seite einbinden lassen und muss ihr Ergebnis in einem von der Anwendung kommenden Modell ablegen können.
- Auch wenn die interne Abbildung ein String ist, soll über entsprechende Konverter jeder beliebige Typ dargestellt werden können.
- Leichte Anpassbarkeit für die verwendende Anwendung. Die Ergebnislisten, die dem Benutzer angezeigt werden, sollen mit möglichst wenig Aufwand übergeben werden können, und die Anwendung muss leicht auf einen »abschließenden« Klick des Benutzers reagieren können.

- Das Aussehen der Komponente sollte möglichst leicht an die Anwendung angepasst werden können, daher werden alle wichtigen Stellen mit CSS-Klassen markiert.

Neues Projekt aufsetzen

Um die Komponente isoliert und eigenständig zu halten, empfiehlt es sich sehr, die Entwicklung dazu in einem eigenen Projekt durchzuführen. Der Einfachkeit halber wird Maven[18] für den Build und Eclipse für die Entwicklung verwendet. Es geht aber natürlich auch »von Hand«.

Unter Zuhilfenahme von `http://wicket.apache.org/quickstart.html` wird eine Maven-Kommandozeile für ein Projekt mit der aktuellen Wicket-Version generiert:

```
mvn archetype:create -DarchetypeGroupId=org.apache.wicket
  -DarchetypeArtifactId=wicket-archetype-quickstart
  -DarchetypeVersion=1.4.1
  -DremoteRepositories=http://wicketstuff.org/maven/repository/
  -DgroupId=beispiel.clickfinder
  -DartifactId=clickfinder
```

Wie schon in Kapitel 2 gesehen, erstellt Maven ein Projekt im Standardlayout mit einer Projektdefinition, Source-Verzeichnissen, den richtigen Abhängigkeiten und einer Beispielseite und -anwendung samt Jetty-Starter. Diese Beispieldateien benötigt das Komponentenprojekt nicht, da ja keine Anwendung ausgeliefert werden soll. Somit sollten diese Klassen auch später nicht mit im JAR enthalten sein. Man kann sie also löschen und dann im `pom.xml` das `<packaging>` von `war` auf `jar` ändern. Die Komponente benötigt keine weiteren Abhängigkeiten, also kann man nun mit `mvn eclipse:eclipse` die notwendigen Dateien für Eclipse generieren und dann das Projekt in einen Eclipse-Workspace importieren. Dort gibt es nun ein »leeres« Projekt namens `clickfinder`, das die Wicket-JARs im Klassenpfad hat.

Demo-Projekt für die Komponente

Zusätzlich zu dem eigentlichen Entwicklungsprojekt empfiehlt es sich, ein Demoprojekt – nennen wir es `clickfinder-demo` – zu erstellen. In diesem Projekt schreiben wir eine Mini-Anwendung, meist mit nur einer einzigen Seite, um die Funktionen der neuen Komponente zu demonstrieren. Natürlich hilft das auch bei der Entwicklung der Komponente selbst, weil man so zusätzlich zu den im Hauptprojekt liegenden Tests auch »von Hand« die Komponente ausprobieren kann.

---

[18] Siehe auch Abschnitt 2.2.2.

Eclipse-Klassenpfad

Mit der Kommandozeile `mvn eclipse:eclipse` generiert Maven die für Eclipse notwendigen Dateien `.project` und `.classpath`. Änderungen am Eclipse-Klassenpfad (dort meistens »Build Path« genannt) sollten dann eigentlich nicht mehr durchgeführt werden. Stattdessen fügt man neue JARs im `pom.xml` hinzu und lässt dann Maven einen neuen Klassenpfad generieren. Einige 2.6er-Versionen des entsprechenden Maven-Plug-ins haben jedoch einen Bug, durch den sowohl für `src/main/java` als auch für `src/test/java` Include-Filter mit dem Muster `**/*.java` hinzugefügt werden. Dadurch wurden aber die HTML- und sonstigen Ressourcendateien eines Wicket-Projekts nicht mehr beim Kompilieren mit in das Output-Verzeichnis kopiert. Seit Version 2.7 ist dieses Problem behoben. Bei Version 2.6 reicht es, wenn man unter *Project Properties -> Build Path* die Include-Filter von den Source-Verzeichnissen entfernt.

Die Generierung funktioniert genauso wie gerade gesehen mit Maven, nur mit einer anderen Artefakt-ID, eben `clickfinder-demo`. Dieses Mal bleiben die `WicketApplication` und die `HomePage` im Projekt. In Letztere wird später die Komponente eingebaut. Um den Rahmen dieses Abschnitts nicht zu sprengen und nicht den ganzen Aufbau einer Wicket-Anwendung zu wiederholen, bleibt dieses Demoprojekt dem geneigten Leser als Übung überlassen. Der seitenbasierte Test der Komponente auf Seite 137 zeigt, wie der `ClickFinder` in eine Seite eingebunden würde, was den Großteil einer solchen Demonstration bildet.

Template erstellen

In welcher Reihenfolge man die Einzelteile der Komponente erstellt, ist letztlich den eigenen Gewohnheiten überlassen. In diesem Beispiel beginnen wir mit dem HTML-Template in Listing 5.92.

Statt nur ein HTML-Fragment zu schreiben, erstellt man üblicherweise eine vollständige Seite und umschließt die für die Komponente relevanten Teile mit `<wicket:panel>`. So kann das Template jederzeit »roh« im Browser geöffnet und überprüft werden. Dies ist auch nützlich, wenn ein Designer für den Look zuständig ist. Dieser kann dann wie gewohnt eine ganze HTML-Seite erstellen und muss nur den benötigten Teil markieren.

Listing 5.92
ClickFinder.html – Das Template für die Komponente

```
<html>
  <body>
    <wicket:panel>
      <span class="clickFinder_component">
              <div wicket:id="display"
                   class="clickFinder_display"/>
              <a href="" wicket:id="previous"
                 class="clickFinder_prevLink">
               <wicket:message key="clickfinder.previous"/>
              </a>
              <a href="" wicket:id="next"
                 class="clickFinder_nextLink">
               <wicket:message key="clickfinder.next"/>
              </a>
              <ul class="clickFinder_prefixList">
                <li wicket:id="prefixes"
                    class="clickFinder_prefix">
                  <a href="" wicket:id="prefixLink"
                     class="clickFinder_prefixLink">
                    <span wicket:id="prefix"/>
                  </a>
                </li>
              </ul>
      </span>
    </wicket:panel>
  </body>
</html>
```

Das Template enthält folgende interessante Punkte:

- Ein `<div>`-Tag mit der ID `display`, das später als `Label` für die Anzeige des Zwischenergebnisses verwendet wird.
- Zwei Links, `previous` und `next`, mit denen der Benutzer zwischen den verschiedenen Suchergebnissen hin- und herspringen kann.
- Eine Liste `prefixes`, die die jeweiligen nächsten Schritte, also die Präfixe des Ergebnisstrings, enthält. Diese werden dargestellt durch:
  - einen Link `prefixLink`, mit dem der nächste Schritt ausgewählt wird,
  - ein Label `prefix`.
- CSS-Klassen an allen wichtigen Stellen. Um Kollisionen mit Klassennamen der verwendenden Anwendung zu vermeiden, haben alle das Präfix `clickFinder_`.

Damit die Entwickler der Anwendung nur Anpassungen vornehmen müssen, statt jedes Mal komplett neue Styles zu erstellen, wird ein Stylesheet mitgeliefert. Für den Rest des Beispiels werden wir nicht weiter darauf eingehen, der Vollständigkeit halber wird es in Listing 5.107 gezeigt. Mit einer zusätzlichen Zeile kann es eingebunden werden:

```
this.add(CSSPackageResource.getHeaderContribution(
    ClickFinder.class, "ClickFinder.css"));
```

Dieser Aufruf sollte möglichst im Konstruktor der Komponente untergebracht werden, die den `ClickFinder` verwendet.

Öffentliches Interface

Ob man nun Test-First oder Test-Driven[19] oder auf eine andere Art und Weise entwickelt, bleibt jedem selbst überlassen. Auf jeden Fall sollte das Ziel sein, am Ende eine funktionierende Implementierung zu haben und dies auch durch hinreichend ausführliche Tests zu beweisen. Die API in Listing 5.93 ist ein Entwurf für das öffentliche Interface des ClickFinder.

Listing 5.93
ClickFinder.java – Public interface

```
public ClickFinder(final String id,
  final List<String> initialPrefixes) {
  ...
}

public ClickFinder(final String id,
  final IModel<T> model,
  final List<String> initialPrefixes) {
  ...
}

protected abstract List<String> getPrefixesStartingWith(
  String prefix);

public String getResult() {
  ...
}

protected void onInputChanged(
  final AjaxRequestTarget target) {
}
```

Für die verschiedenen Anwendungsfälle kristallisierten sich zwei Konstruktoren heraus. Beide stimmen darin überein, dass sie die obligatorische Wicket-ID erwarten sowie zusätzlich eine Liste, die die initialen Präfixe für den ClickFinder enthält. Der Unterschied ist wie bei `Label`

[19] Siehe [1].

und vielen anderen Komponenten, dass einer der Konstruktoren ein IModel entgegennimmt und der andere Konstruktor nicht. Im zweiten Fall muss man der Komponente später noch ein Modell übergeben, oder es wird, z. B. in einem Formular, über ein CompoundPropertyModel[20] gesetzt.

ClickFinder braucht eine Callback-Möglichkeit, um nach der Auswahl eines Strings die nächsten möglichen Präfixe von der Anwendung zu erhalten. Dazu wird die abstrakte Methode getPrefixesStartingWith(prefix) definiert, die jeder Anwender der Komponente implementieren muss. Wahrscheinlich werden in den meisten Fällen aus einer möglichen Wertemenge einfach alle Strings selektiert, die mit dem gegebenen Präfix anfangen.

getResult() ist nicht zwingend erforderlich, hat sich während der Entwicklung aber als nützlich erwiesen. Die Methode gibt den aktuell ausgewählten String zurück, auch wenn der neue Wert noch nicht im Modell steht. Das Modell einer Formularkomponente soll erst aktualisiert werden, wenn das umgebende Formular vom Benutzer abgeschickt wird. Über getResult() kann der Wert, der ohnehin innerhalb der Komponente gespeichert werden muss, dennoch abgefragt werden, z. B. für das Debugging oder komplexere Validierungen.

Zuletzt gibt es mit onInputChanged noch eine weitere Template-Methode, die ein Entwickler überschreiben kann, um einen Event zu erhalten, wenn ein neuer Wert ausgewählt wird.

Implementierung

Initialisierung

Wie alle Wicket-Komponenten initialisiert ClickFinder seine Unterkomponenten im Konstruktor. Listing 5.94 zeigt, dass dazu beide Konstruktoren auf eine init-Methode verweisen.

Listing 5.94
ClickFinder.java – Konstruktoren

```
private final List<String> previousValues =
  new ArrayList<String>();
private final List<String> nextValues =
  new ArrayList<String>();

private IModel<List<String>> prefixesModel;

private String result;
public ClickFinder(final String id,
  final List<String> initialPrefixes) {
 super(id);
 init(initialPrefixes);
}
```

[20] Siehe Seite 193.

```
public ClickFinder(final String id,
  final IModel<T> model,
  final List<String> initialPrefixes,
  final Class<T> conversionType) {
 super(id, model);
 setType(conversionType);

 init(initialPrefixes);
}
```

Der zweite Konstruktor setzt dazu noch den Modell-Typ mittels `setType`, einer Methode von `FormComponent`.

`init` führt die Initialisierungen durch, die beiden Aufrufen gemeinsam sind (siehe Listing 5.95). Zuerst werden die Ausgabe-Markup-ID und das Markup-Placeholder-Tag aktiviert, damit später Ajax funktioniert. Das Label `"display"` zeigt dem Benutzer den aktuell ausgewählten String an. Wegen der oben erwähnten Methode `getResult()` genügt hier ein einfaches `PropertyModel`, um das Label an das Zwischenergebnis zu binden. Dann werden die eigentlich interessanten Unterkomponenten erzeugt: Der `ListView`, der die möglichen Strings zur Auswahl anzeigt, sowie jeweils ein »Vorwärts«- und ein »Rückwärts«-Link, mit denen der Benutzer zur vorigen Auswahl zurückkehren kann. Diese Komponenten sind interessanter und werden daher einzeln erklärt.

Listing 5.95
ClickFinder.java – init-Gerüst

```
private void init(final List<String> initialPrefixes) {
 this.setOutputMarkupId(true);
 this.setOutputMarkupPlaceholderTag(true);

 add(new Label("display", new PropertyModel<String>(
   this, "result")));

 add(new AjaxLink("previous") { ... });

 add(new AjaxLink("next") { ... });

 this.prefixesModel =
   new ListModel<String>(initialPrefixes);
 final ListView<String> prefixes =
   new ListView<String>("prefixes", prefixesModel) {
    ...
   };
 add(prefixes);
}
```

Die Auswahlliste

Der zentrale Punkt des `ClickFinder` ist die Auswahlliste mit den möglichen Strings, die sich nach jedem Klick verändert. Für jede mögliche Auswahl muss zum einen ein Label generiert werden und zum anderen ein Link, der »seinen« Wert als neue Auswahl setzt und die Auswahlliste aktualisiert. Für eine solche relativ kurze Liste, deren Elemente immer gleich aufgebaut sind, bietet sich die `ListView`-Komponente an[21].

Listing 5.96
ClickFinder.java – Der Listview

```
private void init(final List<String> initialPrefixes) {
 ...
 this.prefixesModel =
   new ListModel<String>(initialPrefixes);
 final ListView<String> prefixes =
   new ListView<String>("prefixes", prefixesModel) {
    @Override
    protected void populateItem(
      final ListItem<String> item) {
     final AjaxLink<String> prefixLink =
       new AjaxLink<String>("prefixLink", item
         .getModel()) {
       @Override
       public void onClick(
         final AjaxRequestTarget target) {
        ClickFinder.this
          .input(this.getModelObject());
        target.addComponent(ClickFinder.this);
       }

     };
     item.add(prefixLink);
     prefixLink.add(new Label("prefix", item
       .getModel()));
    }
   };
 add(prefixes);
}
```

Der `ListView` (siehe Listing 5.96) bindet sich an eine ungeordnete Liste (`<ul>`) mit der ID `"prefixes"` im Template. Als Modell dient ein `ListModel`, das mit den übergebenen Präfixen initialisiert wird. Für jeden Eintrag darin wird zuerst ein `AjaxLink` und darin wiederum ein `Label` erzeugt. Beide bekommen das Modell des jeweils aktuellen `ListItem` zuge-

[21]Näheres zu `ListView` in Abschnitt 5.1.4.

wiesen, also den Präfix-String. Das `Label` zeigt diesen String einfach an, der Link ruft bei einem Klick die interne `input`-Methode des `ClickFinder` auf und lässt diesen danach vom `AjaxRequestTarget` neu zeichnen.

Der Link reagiert zwar auf den Klick, die eigentliche Verarbeitung findet aber im `ClickFinder` selbst statt, und zwar in einigen Methoden rund um `input` (siehe Listing 5.97) und `setResult` (siehe Listing 5.98).

Auswahlverarbeitung

Listing 5.97
ClickFinder.java – input(...)

```
protected void input(final String value) {
 previousValues.add(getResult());
 nextValues.clear();
 setResult(value);
 notifyListener();
}
```

Zunächst wird der aktuelle Wert in die Liste gespeichert, aus der sich später die »Zurück«-Funktion speist. Die »Vorwärts«-Liste wird geleert, wie in Webbrowsern üblich. Der neu gewählte Wert wird dann gespeichert, und zuletzt werden eventuell vorhandene Listener benachrichtigt. Jedes Mal, wenn ein ausgewählter Wert mittels `setResult` gespeichert wird, muss die Präfixliste neu generiert werden:

Listing 5.98
ClickFinder.java – setResult(...)

```
protected void setResult(String value) {
 if (value == null) {
  value = "";
 }
 this.result = value;
 prefixesModel
   .setObject(getPrefixesStartingWith(value));
}
```

Damit Code, der auf den Input-Event reagieren will, auch Ajax-fähig ist, holt `notifyListener` (siehe Listing 5.99) das `AjaxRequestTarget` aus dem `RequestCycle` und übergibt es an die Event-Methode `onInputChanged`. Wie bei anderen Ajax-Komponenten auch, wird im Falle eines Nicht-Ajax-Requests `null` übergeben[22].

[22] `ClickFinder` verwendet zwar überall Ajax-Links, aber ein bisschen defensives Programmieren kann nicht schaden. Außerdem passt es gut ins Beispiel.

Listing 5.99
ClickFinder.java – notifyListener()

```
private void notifyListener() {
 final IRequestTarget target =
  getRequestCycle().getRequestTarget();
 if (target instanceof AjaxRequestTarget) {
  onInputChanged((AjaxRequestTarget) target);
 } else {
  onInputChanged(null);
 }
}
```

Vor und zurück

Der Anwender soll jederzeit, wenn er sich geirrt hat, zu seiner vorherigen Auswahl zurückkehren können. Dazu dienen, wie in einem Browser, je ein »Vorwärts«- und ein »Zurück«-Link, wie oben schon angedeutet (siehe Listing 5.100).

Listing 5.100
ClickFinder.java – previous() und next()

```
private void init(final List<String> initialPrefixes) {
 ...
 add(new AjaxLink("previous") {
  @Override
  public void onClick(final AjaxRequestTarget target) {
   ClickFinder.this.previous();
   target.addComponent(ClickFinder.this);
  }

  @Override
  public boolean isVisible() {
   return !previousValues.isEmpty();
  }
 });

 add(new AjaxLink("next") {
  @Override
  public void onClick(final AjaxRequestTarget target) {
   ClickFinder.this.next();
   target.addComponent(ClickFinder.this);
  }

  @Override
  public boolean isVisible() {
   return !nextValues.isEmpty();
  }
 });
 ...
}
```

```
protected void previous() {
 if (!previousValues.isEmpty()) {
  nextValues.add(getResult());
  setResult(pop(previousValues));
  notifyListener();
 }
}

protected void next() {
 if (!nextValues.isEmpty()) {
  previousValues.add(getResult());
  setResult(pop(nextValues));
  notifyListener();
 }
}

private String pop(final List<String> stack) {
 return stack.remove(stack.size() - 1);
}
```

Der »Zurück«-Link ruft `previous()` auf, wodurch der aktuelle Wert in die »Vorwärts«-Liste geschrieben wird und der letzte Wert aus der »Zurück«-Liste wiederum als aktueller Wert gesetzt wird. `next()` funktioniert entsprechend umgekehrt. Beide Links implementieren die `isVisible()`-Methode, da sie nur sichtbar sein sollen, wenn in die jeweilige Richtung gesprungen werden kann. Dazu prüfen sie einfach, ob ihre Liste leer ist oder nicht.

Vom Formular ins Modell

Jetzt ist der `ClickFinder` einsatzbereit: Er kann die Anwendung nach den Einträgen für die Auswahlliste fragen, die Liste anzeigen und sowohl auf eine Auswahl durch den Benutzer reagieren als auch vorwärts und rückwärts durch die Zeit springen.

Aber wie kommt der letztendlich gewählte Wert in das `IModel` der Anwendung? Bis jetzt wird der Wert nur mittels `setResult` im `ClickFinder` selbst gespeichert. Man könnte natürlich die Auswahl via `getResult` »von Hand« auslesen, aber genau das soll ja bei Wicket nicht mehr notwendig sein. Umgekehrt könnte `ClickFinder` direkt das Modell verwenden, statt sich die Auswahl im Feld `result` zu merken. Dann aber würde bei jedem Klick das Modell schon geändert, und bei einem Formular soll das ja erst beim Submit passieren.

`ClickFinder` muss also seinen Wert mit dem Modell zur richtigen Zeit synchronisieren. `FormComponent` definiert eine Methode `convertInput`, die im Rahmen der Validierung der Eingabedaten aufgerufen wird. Sie ist dafür zuständig, aus den Stringparametern, die vom Browser kommen, ein für das Modell passendes Objekt vom richtigen Typ zu machen. `ClickFinder` empfängt zwar keine Strings vom Browser (er enthält ja keine Eingabekomponenten wie Textfelder oder Checkboxen), kann aber diese Methode nutzen, um seinen eigenen internen String für das Modell zur Verfügung zu stellen.

Listing 5.101
ClickFinder.java – convertInput()

```
@Override
protected void convertInput() {
  final T converted = (T) getConverter(getConversionType())
  .convertToObject(getResult(), getLocale());
  setConvertedInput(converted);
}
```

Egal, wie diese Konvertierung passiert, das Ergebnis muss mittels `setConvertedInput` dem Formular mitgeteilt werden (siehe Listing 5.101). Nachdem alle Formularkomponenten auf diese Weise ihre Daten eingereicht haben und die Validierung aller Felder erfolgreich war, werden die konvertierten Werte vom Formular in die Modell-Objekte geschrieben.

Warum nicht updateModel?

`FormComponent` definiert eine Methode `updateModel`, in der genau das passiert, was `ClickFinder` an dieser Stelle braucht: Der ausgewählte Wert wird ins Modell geschrieben – nach der Validierung.

```
public void updateModel() {
  setDefaultModelObject(getConvertedInput());
}
```

Warum überschreiben wir nicht kurzerhand diese Methode und setzen den Result-Wert?

```
@Override public void updateModel() {
  setDefaultModelObject(getResult());
}
```

Das wäre zwar grundsätzlich möglich, jedoch umginge man so die Formularvalidierung. Damit `ClickFinder` eine vollwertige Formularkomponente wird, muss man also in einem früheren Schritt der Formularverarbeitung einsteigen, nämlich in `convertInput`.

In `convertInput` wird der `result`-String des `ClickFinder` über einen `Converter` in den richtigen Typ gewandelt. Woher kennt der Code den richtigen Typ? Die Generics-Typinformation ist zur Laufzeit nicht mehr verfügbar. Die in Listing 5.102 gezeigte Methode `getConversionType` ermittelt den Typ, soweit das möglich ist.

Zuerst wird getType gefragt, eine Methode von FormComponent. Sollte der Entwickler setType aufgerufen oder den Typ im Konstruktor übergeben haben, liefert getType hier diesen Typ. Wenn nicht, könnte das Modell ein IObjectClassAwareModel sein, das den Typ seines Objekts kennt. Dazu zählen die verschiedenen PropertyModel-Varianten[23]. Sollte auch das nicht klappen, bleibt noch, das Modellobjekt selbst zu untersuchen. Der gefundene Typ wird mit setType gespeichert und muss so beim nächsten Mal nicht wieder gesucht werden.

Listing 5.102
ClickFinder.java – getConversionType()

```
private Class<T> getConversionType() {
  Class<T> type = getType();
  if (type == null) {
    if (getModel() instanceof IObjectClassAwareModel) {
      type =
        ((IObjectClassAwareModel) getModel())
          .getObjectClass();
    } else if (getModelObject() != null) {
      type = (Class<T>) getModelObject().getClass();
    }
    setType(type);
  }
  return type;
}
```

Unit Tests

Tests für Wicket-Anwendungen werden allgemeiner in Kapitel 10 beschrieben. Hier soll nur kurz angerissen werden, wie eine Wicket-Komponente isoliert getestet werden kann, ohne dass dafür die komplette Anwendung im Servlet-Container laufen muss.

WicketTester (siehe Abschnitt 10.2) erlaubt zwar grundsätzlich, einzelne Komponenten zu testen, ein Test innerhalb einer Page ist aber einfacher. Insbesondere muss ClickFinder in einem Formular getestet werden, daher beginnen wir mit einer TestPage (siehe Listing 5.103).

Listing 5.103
ClickFinderInsideFormTest.java

```
public class ClickFinderInsideFormTest extends
  TestCase {
  private TestPage page;
  private WicketTester tester;
  private ClickFinder<Value> clickFinder;
```

[23] Siehe dazu Seite 191.

```
public static class TestPage extends WebPage {

 private Value value;
 private String lastInput;

 public Value getValue() {
  return value;
 }

 public void setValue(final Value value) {
  this.value = value;
 }

 public TestPage() {
  super(new Model<Value>());
  final Form<TestPage> form =
    new Form<TestPage>("form",
      new CompoundPropertyModel<TestPage>(this));
  add(form);
  form.add(new ClickFinder<Value>("value", Arrays
    .asList("A", "B", "C")) {

   @Override
   protected List<String> getPrefixesStartingWith(
     final String prefix) {
    return Arrays.asList(prefix + "A", prefix + "B",
      prefix + "C");
   }

   @Override
   protected void onInputChanged(
     final AjaxRequestTarget target) {
    assertNotNull(target);
    lastInput = this.getResult();
   }

   @Override
   public IConverter getConverter(final Class<?> type) {
    assert type.equals(Value.class);
    return new IConverter() {

     public String convertToString(
       final Object value, final Locale locale) {
      return value.toString();
     }
```

```
      public Object convertToObject(
        final String value, final Locale locale) {
       return new Value(value);
      }
     };
    }
   });

   add(new Label("output", new PropertyModel<Value>(
     this, "value")));
  }
 }
...
public class Value implements Serializable {
 public final String val;

 public Value(final String val) {
  this.val = val;
 }

 @Override
 public String toString() {
  return val;
 }

 @Override
 public int hashCode() {
  return val.hashCode();
 }

 @Override
 public boolean equals(final Object obj) {
  if ((obj == null) || !(obj instanceof Value)) {
   return false;
  }
  return this.val.equals(((Value) obj).val);
 }
}
```

Um alles zusammenzuhalten, wird die `TestPage` als innere Klasse von `ClickFinderInsideFormTest` definiert. Die Seite erzeugt ein `Form` mit einem einfachen `ClickFinder`. Die initialen Präfixe sind einfach A, B und C, und diese werden auch für die weitere Auswahl jeweils wieder angehängt. Ein einfacher Konverter macht aus dem ausgewählten String ein Testobjekt vom Typ `Value`. Das Label `"output"` bindet sich ebenso wie der `ClickFinder` an das Feld `value` der Testseite. Hier soll nach dem

Form-Submit also der ausgewählte Wert erscheinen, aber nicht vorher. Um vorher schon die Zwischenwerte überprüfen zu können, wird die Methode `onInputChanged` so überschrieben, dass dieser Wert gespeichert wird.

Die Testseite braucht natürlich auch ein Template, das unter `ClickFinderInsideFormTest$TestPage.html` gespeichert wird. Da nur ein `<form>`, der `ClickFinder` und ein Label benötigt werden, ist es ziemlich unspektakulär (siehe Listing 5.104).

Listing 5.104
ClickFinderInsideFormTest$TestPage.html

```
<html>
 <body>
  <form wicket:id="form">
  <div wicket:id="value"></div>
  </form>
  <span wicket:id="output"/>
 </body>
</html>
```

Der eigentliche Test findet in `testFormComponent` statt.

Listing 5.105
ClickFinderInsideFormTest.java – testFormComponent()

```
public void testFormComponent() throws Exception {
  tester = new WicketTester();
  tester.startPage(TestPage.class);
  clickFinder =
    (ClickFinder<Value>) tester
      .getComponentFromLastRenderedPage("form:value");
  page = (TestPage) tester.getLastRenderedPage();
  tester.executeAjaxEvent(
    "form:value:prefixes:0:prefixLink", "onclick");
  assertInput("A");
  assertNull(clickFinder.getDefaultModelObject());
  tester.executeAjaxEvent(
    "form:value:prefixes:1:prefixLink", "onclick");
  assertNull(clickFinder.getDefaultModelObject());
  assertInput("AB");
  tester.executeAjaxEvent(
    "form:value:prefixes:1:prefixLink", "onclick");
  assertNull(clickFinder.getDefaultModelObject());
  assertInput("ABB");
  tester.executeAjaxEvent("form:value:previous",
    "onclick");
  assertNull(clickFinder.getDefaultModelObject());
  assertInput("AB");
  tester.assertLabel("form:value:display", "AB");
  tester.executeAjaxEvent("form:value:next", "onclick");
```

```
    assertNull(clickFinder.getDefaultModelObject());
    assertInput("ABB");
    ...
}

private void assertInput(final String string) {
    assertEquals(string, clickFinder.getResult());
    assertEquals(string, page.lastInput);
    tester.assertLabel("form:value:display", string);
    page.lastInput = null; // cleanup
}
```

WicketTester und die TestPage werden zunächst initialisiert, anschließend wird der von der Seite erzeugte ClickFinder geholt, um später dessen Werte testen zu können. Dann beginnt der eigentliche Test. Die technischen Details des Tests sind jetzt noch nicht interessant, dazu später mehr in Kapitel 10. Inhaltlich passiert Folgendes: Ein Ajax-Onclick-Event wird auf dem Link des ersten (»nullten«) Elements der Präfixliste erzeugt. Als Nächstes wird in assertInput verifiziert, dass der ausgewählte String "A" im ClickFinder intern als Wert gehalten wird, korrekt an onInputChanged übergeben wurde und im Display-Label des ClickFinder angezeigt wird. Da das Formular noch nicht abgesendet wurde, muss das Modell an dieser Stelle aber noch null sein. Die nächsten Zeilen simulieren einen typischen Ablauf: Es wird auf verschiedene Präfixe geklickt und auch einmal der »Zurück«- und der »Vorwärts«-Link verwendet. Nach jedem Schritt wird der erwartete Wert verifiziert.

Zuletzt muss noch das korrekte Verhalten beim Formularabsenden geprüft werden:

Listing 5.106
ClickFinderInsideFormTest.java – testFormComponent()

```
public void testFormComponent() throws Exception {
    ...
    final FormTester ft =
        tester.newFormTester("form", false);
    ft.submit();
    assertEquals("ABB", clickFinder
        .getDefaultModelObject().toString());
    assertEquals(new Value("ABB"), clickFinder
        .getDefaultModelObject());
    tester.assertLabel("output", "ABB");
}
```

Mit einem FormTester (siehe Abschnitt 10.2) wird das Formular virtuell abgeschickt. Danach kann geprüft werden, ob der ausgewählte Wert richtig in ein Value-Objekt konvertiert wurde und über das Modell der richtige Wert auch im Output-Label angekommen ist.

Auslieferung

Wir haben jetzt eine komplett fertige Komponente, inklusive isoliert lauffähiger Tests. Mit `mvn clean package`, aber natürlich auch z. B. mit Eclipse-Bordmitteln, kann daraus ein JAR gebaut werden. Jede Wicket-Anwendung kann die `ClickFinder`-Komponente nun verwenden. Man muss nur das JAR im Klassenpfad (z. B. `WEB-INF/lib`) unterbringen. Es ist keine weitere Konfiguration oder Deployment notwendig. Wie `ClickFinder` auf einer Seite eingebunden wird, hat der Test schon gezeigt.

Modellsynchronisierung für Eingabefelder und Unterkomponenten

`ClickFinder` demonstriert, wie eine Komponente ihren inneren Zustand mit dem Modell der Anwendung synchronisieren kann. In manchen Situationen muss aber noch auf zwei weitere Dinge geachtet werden:

1. Die Komponente enthält weitere, interne Komponenten mit eigenem Modell.
2. Die Komponente enthält Browser-Eingabekomponenten wie `TextField` oder `CheckBox`. Dies beinhaltet natürlich auch den ersten Punkt.

Im ersten Fall muss das Modell der internen Komponenten, wie auch das interne Modell von `ClickFinder`, vom externen Modell der Anwendung entkoppelt werden, aber zum Rendern und beim Form-Submit synchronisiert werden. Die Entkopplung kann sehr einfach sein, wie das `display`-Label im `ClickFinder` zeigt: Es wurde über ein `PropertyModel` einfach an das `result`-Feld gebunden. Auch bei komplexeren Objekten, z. B. einer Adresse, funktioniert das. Das `PropertyModel` wird dann an ein Feld dieses Objekts statt an das ganze Objekt gehängt. Manchmal gibt es aber keine so einfache Aufteilung auf einzelne Felder. Eine Uhrzeit-Komponente beispielsweise hat als Modellobjekt üblicherweise ein `Date` oder einen `Calendar` – einen Wert, der zumindest auf zwei Eingabefelder, Stunde und Minute, aufgeteilt werden muss. Damit die richtigen Werte ausgegeben werden, müssen sie vor dem Rendern der Komponente zur Verfügung stehen. `Component` definiert eine ganze Reihe von Lifecycle-Methoden. Indem man die passende dieser Methoden überschreibt, kann man an jedem interessanten Punkt des Lebenszyklus einer Komponente eingreifen[24]. In diesem Beispiel ist das die Methode `onBeforeRender`, die, wie der Name vermuten lässt, direkt vor dem Rendern aufgerufen wird. Es empfiehlt sich, die beiden Werte für die internen Komponenten ähnlich wie `result` als Felder zu speichern, also `hour` und `minute`. Angenommen, die übergeordnete Komponente hat einen

onBeforeRender()

[24] Mehr zu den Lifecycle-Methoden findet sich in Abschnitt 7.1.3.

Calendar als Modellobjekt und hour und minute als int-Felder, dann sähe onBeforeRender ungefähr so aus:

```
@Override protected void onBeforeRender() {
 this.hour = calendar.get(Calendar.HOUR_OF_DAY);
 this.minute = calendar.get(Calendar.MINUTE);
 this.hourTextField.setRequired(this.isRequired());
 this.minuteTextField.setRequired(this.isRequired());
 super.onBeforeRender(); // super muss aufgerufen werden!
}
```

Die interessanten Werte werden aus dem Calendar ausgelesen und in den Feldern der Komponente gespeichert, von wo aus sie die PropertyModels der Unterkomponenten lesen können. Für die Validierung wird außerdem das required-Flag synchronisiert.

Der zweite genannte Fall betrifft den umgekehrten Weg: Die beiden vom Benutzer eingegebenen Zahlen müssen wieder in den Calendar geschrieben werden. Ein anderes Beispiel wäre die Synchronisierung von zwei Passwortfeldern für ein Password-Change-Panel. Hierfür wird die schon im ClickFinder gezeigte Methode convertInput verwendet:

```
@Override
protected void convertInput() {
 this.calendar.set(Calendar.HOUR_OF_DAY,
  (Integer) this.hourTextField.getConvertedInput());
 this.calendar.set(Calendar.MINUTE,
  (Integer) this.minuteTextField.getConvertedInput());
 this.setConvertedInput(calendar);
}
```

Die konvertierten Werte aus den zwei Textfeldern werden ausgelesen und in den Calendar zurückgeschrieben. Damit aus den Textfeldern Integer herauskommen, müssen sie schon im Konstruktor oder später mit setType den gewünschten Typ übergeben bekommen.

```
this.hourTextField = new TextField("hour",
 new PropertyModel(this, "hour"),
 Integer.class);
```

Alle Wicket-Textfelder können auf diese Weise für beliebige Typen benutzt werden, wenn es einen geeigneten Converter dafür gibt.

Listing 5.107
ClickFinder.css

```
.clickFinder_component * {
  color: black;
  background-color: none;
  text-decoration: none;
}
```

```
.clickFinder_prevLink,
.clickFinder_nextLink {
 font-size: 9pt;
  margin-left: 5px;
 padding: 0px;
}

.clickFinder_display {
 border: 1px solid #cccccc;
 border-bottom: 0px;
 padding: 4px;
 width: auto;
 height: 1.3em;
}

.clickFinder_prefixList {
 border: 1px solid #cccccc;
 border-top: 0px;
 margin: 0px;
 padding: 5px;
 line-height: 26px;
}

.clickFinder_prefix {
 display: inline;
 padding: 2px;
 margin-right: 4px;
 background-color: #eeeeee;
}

.clickFinder_prefixLink {
 text-decoration: none;
 color: black;
}
```

6 Anbindung von Anwendungslogik

In den letzten Jahren ist es für neue Systeme immer wichtiger geworden, die Software modular und klar strukturiert entwickeln zu können. Dieser Punkt gewinnt mit steigender Größe und Komplexität des Systems immer mehr an Bedeutung, da er die Voraussetzung für eine bezahlbare Wartbarkeit und Weiterentwicklung der Anwendung ist. So bietet es sich auch für kleine Systeme an, vor dem Start der Entwicklung eine grobe Strukturierung vorzunehmen.

Dabei sollte das Zielsystem sowohl funktional als auch konzeptionell eingeteilt werden. Aus den konzeptionellen Strukturen lässt sich im Anschluss eine vertikale Schichtenarchitektur definieren, während die funktionale Unterteilung für den modularen Aufbau der Anwendung notwendig ist.

Für die Strukturierung von Anwendungen haben sich innerhalb der letzten Jahre Best Practices entwickelt, die in diesem Kapitel vorgestellt werden. Insbesondere wird die Fragestellung betrachtet, in welcher Art und Weise die Integration in eine Wicket-Anwendung erfolgt.

6.1 Schichtenarchitektur

Grundsätzlich ließe sich in einer Wicket-Komponente oder einem Model auch direkt Logik, z. B. für das Laden und Speichern eines Benutzers, implementieren. Es zeigt sich aber schnell, dass dieser Ansatz nicht sonderlich tragfähig ist und nur in kleinen oder wenig komplexen Projekten verwendet werden sollte.

Stattdessen sollte von Anfang an eine saubere Aufteilung zwischen UI-Logik, Businesslogik und Persistenz erfolgen. Eine klare Trennung, die die Wicket-Komponenten frei von Datenattributen oder Berechnungsalgorithmen hält, erfolgt z. B. durch:

- die Kapselung der darzustellenden Daten innerhalb eigener Objekte statt als Attribute einer Wicket-Komponente,
- ein Binding dieses Objekts an die Komponente über ein Model,

- eine Abspaltung der Businesslogik in eine eigene Schicht der Anwendung.

Zu diesem Zweck sollte vor dem Start der Entwicklung eine technische Zielarchitektur definiert werden, die eine Trennung und eine möglichst lose Kopplung der einzelnen Bereiche ermöglicht. Bei der klassischen Sicht auf eine Applikation fällt häufig der Begriff einer Schichtenarchitektur. Sie hat den Vorteil, dass die Komplexität von Abhängigkeiten reduziert wird und somit die Applikation besser wartbar und einfacher zu verstehen ist.

Drei-Schichten-Architektur

Der bekannteste Vertreter ist die Drei-Schichten-Architektur. Sie unterteilt eine Anwendung in die folgenden Strukturen:

Präsentationsschicht Darstellung der Anwendungsdaten sowie Verarbeitung der Eingaben des Benutzers. Eine Wicket-Anwendung und ihre Komponenten gehören zu dieser Schicht und rufen die anderen Schichten auf.

Businesslogikschicht Prüfungen, Berechnungen, Verarbeitungslogik, Transformation/Aggregation von Objekten. Wird benötigt, sobald der Funktionsumfang der Anwendung über eine einfache CRUD[1]-Funktionalität hinausgeht.

Persistenzschicht Speichern und Laden von Daten aus Backend-Systemen. In den meisten Fällen handelt es sich um Datenbanken, jedoch kann je nach Einsatzzweck der Anwendung auch der Zugriff auf andere Backend-Systeme (Rechenkerne, SAP, Geosysteme etc.) notwendig sein.

Wichtig für eine saubere Trennung ist, dass jede Schicht nur auf die direkt darunterliegende Schicht zugreifen darf, damit auch in späteren Versionen keine ausufernden Abhängigkeiten zwischen Teilen der Anwendung aufkommen. Eine potenzielle Ausnahme bildet lediglich die Persistenzschicht – sie darf möglicherweise auch direkt von der Präsentationsschicht aus aufgerufen werden, solange es um einfaches Laden und Speichern von Objekten geht. Dies ist aber jeweils im Einzelfall zu beurteilen.

Umgekehrt darf niemals eine tiefer liegende Schicht auf die höheren Schichten Zugriff haben. Dies würde häufig zu schwer auflösbaren zirkulären Abhängigkeiten führen und erschwert die Wiederverwendung von Modulen einer wachsenden Anwendung.

Für den Zugriff aus einer Wicket-Komponente auf die darunterliegende Schicht (in diesem Fall die Businesslogikschicht) gibt es verschiedene Möglichkeiten. In einfachen Szenarien können die verwendeten

[1]Create, Read, Update, Delete.

Komponenten direkt instanziiert werden, solange es sich bei ihnen nicht um Ressourcen handelt, die von dem verwendeten Container verwaltet werden.

In komplexeren Anwendungen jedoch bietet die Businesslogikschicht eine fachliche Fassade[2] in Form entsprechender Interfaces.

Eine Drei-Schichten-Architektur wird auch innerhalb des WBS-Beispielprojekts verwendet. So sind in der Businesslogikschicht verschiedene Managerklassen definiert (z. B. ein `UserManager`, siehe Listing 6.1), die die für den Client nötige Logik über Interfaces zur Verfügung stellen.

Listing 6.1
UserManager

```
public interface UserManager extends BaseManager {
 User login(String userName, String password);

 User saveUser(User user);

 List<User> find(User user);

 User load(Long id);
}
```

Die Abhängigkeit des Clients zur Businesslogikschicht kann somit auf die fachlichen Interfaces und die Klassen des Objektmodells beschränkt werden. Durch die Verwendung von Interfaces ist es außerdem möglich, die Schichten in unterschiedlichen Containern einzurichten und eine Remote-Kommunikation zu verwenden.

6.2 Aufbauen einer Anwendung

Doch wie kommt die Wicket-Komponente an die benötigte Implementierung des in Listing 6.1 definierten `UserManager`? Hierzu gibt es mehrere mögliche Szenarien.

In einfachen Fällen kann sie eine Instanz selbst mit `new` erzeugen. Damit ergibt sich jedoch wieder eine harte Abhängigkeit nicht nur vom Interface, sondern auch von der Implementierungsklasse.

Handelt es sich bei der Implementierung des benötigten Managers um eine vom Server verwaltete Ressource, wie z. B. eine Stateless Session Bean, so erfolgt das Holen der Implementierung über einen JNDI-Lookup. Lagert man nun diesen Lookup in eine zentrale Klasse aus, die eventuell die Instanzen auch noch cachen kann, so landet man beim

[2]Service-Fassade: Design-Pattern, das eine einheitliche Schnittstelle auf die Businesslogik bietet, die auf die vom Client benötigte Funktionalität reduziert wurde. Siehe [4].

Service-Locator, einem Standard-J2EE-Design-Pattern, das normalerweise als Singleton implementiert wird. Trotz der Auslagerung der Logik in eine eigene Klasse besitzen die Komponenten allerdings nun immer noch Abhängigkeiten auf ihre Laufzeitumgebung. Außerdem liegt der Aufruf letztendlich immer noch in der Hand der Komponente. Das macht es schwierig bis unmöglich, in einem Test solche Abhängigkeiten durch Mocks[3] zu ersetzen.

Um diese Einschränkungen zu entfernen, ist man in den letzten Jahren dazu übergegangen, benötigte Ressourcen von außen in die Komponente zu setzen (Dependency Injection) und sie somit unabhängig von ihrer Laufzeitumgebung einsetzbar zu machen.

6.2.1 Dependency Injection

Bei Dependency Injection (DI) handelt es sich um ein Design-Pattern, das bei der Erzeugung und Initialisierung von Objekten die benötigten Abhängigkeiten von außen in dem Objekt setzt. So muss das Objekt nichts über die Ermittlung der notwendigen Komponenten wissen. Man nennt das auch das Hollywood-Prinzip: Don't call us, we'll call you.

Dies minimiert die Abhängigkeiten zwischen den Objekten und es kann eine klare Abhängigkeitsanalyse erfolgen. Zusammengefasst ergeben sich daraus folgende Vorteile:

- Die Abhängigkeiten zwischen Komponenten werden reduziert.
- Es erleichtert das Erkennen von Abhängigkeiten.
- Objekte sind nicht mehr dafür zuständig, die benötigten Ressourcen zu erzeugen, stattdessen werden sie von außen durch ein Framework gesetzt.
- Der Code des Objekts wird unabhängig von seiner Umgebung, dadurch werden unnötige Abhängigkeiten vermieden und das Kompilieren und Testen vereinfacht.
- Es gibt Unterstützung durch diverse Frameworks (z. B. Google Guice, Pico, Spring-Framework)

Es existieren eine Reihe von Ansätzen, wie das eigentliche Setzen und die Definition der Abhängigkeiten vorgenommen werden. So kann eine Definition per Annotation, über die Erstellung eines XML-basierten Kontextes oder programmatisch erfolgen. An dieser Stelle sind Annotationen auf dem Vormarsch und für einfache Szenarien auch die bevorzugte Wahl. Das gilt insbesondere dann, wenn man sie mit einem

[3] Siehe Fußnote auf Seite 250.

Autowiring[4] kombinieren kann, das automatisch die notwendigen Abhängigkeiten ermittelt.

Komplexere Szenarien lassen sich allerdings besser als XML-Kontext abbilden, da sich so problemlos mehrere Szenarien wie Test und Produktion parallel umsetzen lassen, ohne die Klasse mit Annotationen zu überfrachten. Zusätzlich hat der XML-Kontext den Vorteil, die Abhängigkeiten zentral zusammenzufassen. Beide Ansätze lassen sich zwar auch mischen, jedoch ist dieses Vorgehen nicht zu empfehlen, da es eher zu Verwirrung führt.

Für das eigentliche Setzen der Abhängigkeit in der Objektinstanz haben sich zwei Ansätze etabliert, die in den folgenden Abschnitten erläutert werden. Als Beispiel dient dafür das Setzen der `SessionFactory` von Hibernate in die Managerinstanzen der WBS-Beispielanwendung, die für den Zugriff auf die Datenbank benötigt wird.

Constructor based Injection

Für die *Constructor based Injection* wird in der Klasse ein Konstruktor definiert (siehe Listing 6.2), dem die benötigten Parameter übergeben werden. Das Setzen der Abhängigkeiten erfolgt also beim Erzeugen der Objektinstanz und kann nun programmatisch in einer Startup-Klasse oder – je nach verwendetem Dependency-Injection-Container – per Annotationen oder Konfigurationsdatei geschehen.

Listing 6.2
Constructor based Injection

```
public class UserManagerImpl implements UserManager {

 private SessionFactory sessionFactory;

 public UserManagerImpl(SessionFactory factory) {
  this.sessionFactory = factory;
 }
}
```

Vorteile der Constructor based Injection sind:

- Es ist immer ein konsistenter Zustand garantiert.
- Die Reihenfolge der Objekterzeugung ist offensichtlich.

[4] Beim Autowiring werden Abhängigkeiten durch das DI-Framework automatisch aufgelöst. Es wird beispielsweise eine Abhängigkeit als Property deklariert, der das Framework anhand der Property-Klasse ein geeignetes Objekt zuweist (wiring by type).

Nachteile sind:

- Es muss häufig eine Anpassung der vorhandenen Konstruktoren vorgenommen werden.
- Bei Konstruktoren ist keine Vererbung möglich.
- Es werden keine optionalen Parameter unterstützt. Das kann nur durch Überladen von Konstruktoren simuliert werden.
- Es ist gegenüber Setter-Methoden nicht so gut selbstdokumentierend (siehe nächster Abschnitt).

Setter based Injection

Für die *Setter based Injection* werden in der Klasse Setter-Methoden definiert (siehe Listing 6.3), über die die benötigten Abhängigkeiten gesetzt werden können. Das Setzen der Parameter, nach der Erzeugung der Objektinstanz, kann ebenfalls programmatisch oder durch den Container geschehen.

Listing 6.3
Setter based Injection

```
public class UserManagerImpl implements UserManager {

 private SessionFactory sessionFactory;

 public setSessionFactory(SessionFactory sessionFactory){
  this.sessionFactory=sessionFactory;
 }
}
```

Vorteile dieses Ansatzes sind:

- Er basiert auf der ausgereiften JavaBeans-Unterstützung.
- Existierende Komponenten können ohne Änderung verwendet werden.
- Er ist ideal für Objekte mit Defaultwert.

Nachteile sind:

- Es existiert keine Möglichkeit, eine Aufrufreihenfolge zu definieren.
- Wenn ein Setter nicht aufgerufen wird, kann das einen inkonsistenten Zustand hervorrufen.

Spring – ein Dependency-Injection-Framework

Es gibt mittlerweile eine ganze Reihe von Dependency-Injection-Frameworks, von denen Spring[5] das bekannteste und auch am weites-

[5] Siehe `http://www.springframework.org`.

ten verbreitete ist. Daher haben wir uns bei der Umsetzung der WBS-Beispielanwendung auch für Spring entschieden. Es unterstützt beide der gerade gezeigten Varianten der Dependency Injection.

Das Spring-Framework stammt ursprünglich von Rod Johnson und basiert auf den Prinzipien, die er 2002 in seinem Buch »Expert One-On-One J2EE Design and Development« [5] vorstellte. Seit 2003 existiert eine Open-Source-Implementierung, die mittlerweile stark verbreitet ist und sich in vielen Projekten bewährt hat.

In Listing 6.4 wird gezeigt, wie die Implementierung des `UserManagers` mit der Hibernate-`SessionFactory` versehen wird.

Listing 6.4
Beispiel einer Spring-Konfiguration mit XML

```
<bean id="userManagerImpl"
  class="com.senacor.domain.user.UserManagerImpl">
  <property name="sessionFactory" ref="sessionFactory"/>
</bean>

<bean id="sessionFactory"
  class="org.springframework.orm.hibernate3.
  annotation.AnnotationSessionFactoryBean">
  ...
</bean>
```

Die zentrale Konfiguration wird bei Spring über eine XML-Datei definiert. Der Default-Scope ist Singleton, d. h. , es wird eine Objektinstanz pro ApplicationContext erzeugt. Da die Objektinstanzen dementsprechend wiederverwendet werden, gilt die grundlegende Voraussetzung für Singletons: Die Objekte dürfen keine Attribute besitzen, die geändert werden können.

Mittlerweile existiert für Spring ein gutes Eclipse-Plug-in (Spring-IDE), das die Arbeit mit der Konfigurationsdatei stark vereinfacht, indem es Features wie Autocompletion, Syntaxcheck, Refactoring und Navigation zu den referenzierten Klassen bietet.

Auch innerhalb des WBS-Beispielprojekts wird Spring sowohl im Frontend als auch im Backend verwendet. So erfolgt z. B. die in Abschnitt 6.4 beschriebene Transaktionssteuerung über Spring. Mehr dazu findet sich in Abschnitt 6.4.1 auf Seite 157.

Praktischerweise existiert für Wicket eine hervorragende Integration von Spring, wie der folgende Abschnitt zeigt. Natürlich gibt es auch für andere DI-Frameworks wie Guice Unterstützung in Wicket. Diese basieren auf ähnlichen Prinzipien und werden daher in diesem Buch nicht weiter vertieft.

6.3 Dependency Injection in Wicket

Auch bei Zugriff auf darunterliegende Schichten aus einer Wicket-Komponente heraus findet die Integration idealerweise über Dependecy Injection statt. Ein Problem an dieser Stelle ist allerdings, dass es sich bei Wicket (im Gegensatz zu JSF) um ein sogenanntes *unmanaged* Framework handelt, d. h. , eine Wicket-Anwendung instanziiert die Komponenten intern mit `new`, ohne dass deren Erzeugung direkt beeinflusst werden kann.

Dafür bietet Wicket die Möglichkeit, sich über einen Listener von der Erzeugung von Komponenten benachrichtigen zu lassen. Dabei handelt es sich um einen `ComponentInstantiationListener`, der bei der Erzeugung jeder Wicket-Komponente (`Page`, `Panel`, `TextField`, ...) aufgerufen wird. Die Registrierung und Verwendung entsprechender Listener sollte daher auch immer im Sinne der Performance bedacht werden.

Ein simples Beispiel zeigt Listing 6.5: ein Listener, der jede Komponente auf der Konsole ausgibt.

Listing 6.5
Component-Instantiation-Listener

```
public class WBSApplication extends
  WebApplication {

 @Override
 protected void init() {
  super.init();
  addComponentInstantiationListener
   (new IComponentInstantiationListener() {
    public void onInstantiation(Component component) {
     System.out.println(component.toString());
    }
   });
 }
}
```

Diesen Mechanismus kann man sich auch für die Dependency Injection zunutze machen. Innerhalb des `onInstantiation`-Aufrufs können die Abhängigkeiten der Komponente gesetzt werden, sofern diese von außen setzbar sind. Das kann entweder »manuell« für jede Komponente einzeln geschehen oder generisch über Reflection. Dabei hält man sich üblicherweise an die JavaBean-Konventionen und geht über alle Setter-Methoden oder man verwendet Annotationen oder wohldefinierte Interfaces, um die zu setzenden Felder zu finden.

6.3.1 Serialisierung

Das Thema Serialisierung spielt bei Webapplikationen grundsätzlich eine große Rolle, sobald diese hochverfügbar[6] sein müssen. Dies lässt sich nur durch den Aufbau eines Clusters realisieren, sodass beim Ausfall eines Clusterknotens die Sessions auf einen anderen Knoten transferiert werden. Dafür muss eine Replikation der Session erfolgen (entweder in-memory zwischen den Clusterknoten oder per Datenbank).

In Wicket müssen alle Komponenten aber ohnehin schon serialisierbar sein. Um einen vollen Back-Button-Support gewährleisten zu können, versioniert Wicket die Komponentenbäume der vorherigen Seiten und serialisiert sie auf die Platte, um die Session auf einer akzeptablen Größe zu halten.

Dazu muss der komplette Komponentenbaum serialisiert werden. Gerade bei den Abhängigkeiten handelt es sich aber häufig um Objekte, deren Serialisierung weder möglich noch sinnvoll ist, z. B. Caches, Remote Stubs und Ähnliches. Diese Abhängigkeiten dürfen also nicht mit serialisiert werden.

Nun bietet Java zwar die Möglichkeit mit dem Schlüsselwort `transient`, Attribute von der Serialisierung auszuschließen, das löst aber leider nur den einen Teil des Problems. Es verhindert zwar, dass diese Attribute mitserialisiert werden, die Anforderung ist aber, dass die Komponenten nach der Deserialisierung wieder voll funktionfähig sind. Bei `transient` wären sie `null`.

Einen eleganten Ausweg bieten Proxies. Diese umhüllen die eigentlichen Abhängigkeiten und werden per `java.lang.reflect.Proxy` oder cglib[7] erzeugt. Bei der Serialisierung wird nur der Teil gespeichert, der für die Wiederherstellung der Abhängigkeit bei der Deserialisierung erforderlich ist. Das könnte z. B. in Spring der Name der benötigten Bean sein, damit diese beim Deserialisieren wieder aus dem Spring-Kontext geholt werden kann.

wicket-ioc

Für diesen Lösungsweg bietet Wicket mit dem Distributionspaket `wicket-ioc`[8] einen Proxy an, der zwischen die Komponenten und die eigentliche Abhängigkeit geschaltet wird (per cglib). Dieser Proxy wird zum Beispiel für die Spring-Integration verwendet.

---

[6] Eine Applikation ist hochverfügbar, wenn sie beim Ausfall einer Komponente weiter uneingeschränkt funktioniert und der Benutzer keine (oder nur eine kurze) Unterbrechung wahrnimmt.

[7] Siehe `http://cglib.sourceforge.net/`.

[8] IoC steht für *Inversion of Control*, ein Oberbegriff, der unter anderem Dependency Injection umfasst.

6.3.2 Spring-Integration in Wicket

Zur Verwendung von Spring in Kombination mit Wicket muss als Erstes der Spring-`ApplicationContext` geladen werden. Hierbei kann für den Webclient ein eigener Kontext definiert oder aber der `ApplicationContext` der Middleware direkt verwendet werden. In der WBS-Beispielanwendung wurde die Middleware über einen eigenen `ApplicationContext` separiert. Das Laden des Kontexts erfolgt über einen von Spring mitgelieferten `ContextLoaderListener`, der in der Datei `web.xml` konfiguriert wird – siehe dazu Listing 6.6.

Listing 6.6 *Laden des ApplicationContext*

```
<context-param>
 <param-name>
  contextConfigLocation
 </param-name>
 <param-value>
  /WEB-INF/applicationContext.xml
 </param-value>
</context-param>
<listener>
 <listener-class>
  org.springframework.web.context.ContextLoaderListener
 </listener-class>
</listener>
```

Wie werden nun die Abhängigkeiten in den Komponenten gesetzt, wenn diese in der Wicket-Anwendung erzeugt werden? Wie in Abschnitt 6.3 beschrieben, erfolgt das über einen spezifischen `ComponentInstantiationListener`, der in der zentralen Anwendungsklasse registriert werden muss, wie Listing 6.7 zeigt. Dieser wird von der Wicket-Spring-Integration mitgeliefert.

Listing 6.7 *SpringComponentInjector*

```
public class WorkBreakdownStructureApplication extends
             WebApplication {

 @Override protected void init() {
  super.init();
  addComponentInstantiationListener(new
    SpringComponentInjector(this));
 }
}
```

Nun muss noch die Markierung der Attribute der Wicket-Komponenten erfolgen, die mit von Spring verwalteten Objekten gesetzt werden sollen. Auch eine solche Annotation wird von der Wicket-Spring-Integration bereitgestellt: `SpringBean`. Diese kann jetzt an beliebige Attribute der Komponente gesetzt werden (siehe Listing

6.8) und der `ComponentInstantiationListener` wird versuchen, eine passende Objektinstanz zu finden.

Listing 6.8 SpringBean-Annotation

```
public class CreateUserPage extends BaseAdminPage {
 @SpringBean()
 private UserManager userManager;
}
```

Existiert im `ApplicationContext` von Spring keine passende oder keine eindeutige Instanz, so wirft der `ComponentInstantiationListener` eine Exception. Weiß man bereits im Vorfeld, dass im `ApplicationContext` mehrere Instanzen (z. B. des `UserManagers`) der gleichen Klasse vorhanden sind, so kann auch eine bestimmte Instanz angefordert werden. Hierzu wird die ID der Objektinstanz im `ApplicationContext` (z. B. `id="userManager"`) der Annotation angegeben: `@SpringBean(name="userManager")`.

So lassen sich alle Wicket-Komponenten – also alle Klassen, die von `Component` erben – sehr einfach und elegant mit Referenzen auf von Spring verwaltete Objekte und Services versehen. Doch auch für Objekte, die nicht von `Component` abgeleitet sind, wie z. B. die Session, ist dies möglich. Listing 6.9 zeigt, wie dazu der `InjectorHolder` verwendet werden kann. Dieser muss zwar explizit aufgerufen werden, nimmt dann aber die Aufgabe wahr, die der `ComponentInstantiationListener` für Wicket-Komponenten übernimmt.

Listing 6.9 InjectorHolder

```
public class MySession extends WebSession {
 @SpringBean
 private UserManager userManager;

 public MySession(Request request) {
  super(request);
  InjectorHolder.getInjector().inject(this);
 }
}
```

Die Integration von Spring-Beans ist somit überall möglich, und es entsteht eine klar strukturierte und übersichtliche Anwendung.

6.4 Transaktionssteuerung

Einen entscheidenden Einfluss auf das Design der Anwendung hat die Frage der Transaktionssteuerung. Je nach Anforderung an die Anwendung gibt es verschiedene Möglichkeiten.

Programmatisch manuell

Die Anwendung kann natürlich jederzeit selbst die Transaktionskontrolle übernehmen und über die entsprechenden Interfaces von JTA (Java Transaction API) Transaktionen beginnen und beenden. Jenseits von ein paar wenigen Methoden wird das aber schnell unübersichtlich und anfällig für Programmierfehler.

Transaktion pro Request

Die zweite Möglichkeit ist die Transaktionssteuerung am Request. Über einen `javax.servlet.Filter` wird die Transaktion bei Beginn der Request-Verarbeitung geöffnet und nach deren Ende wieder geschlossen. Dieses Vorgehen hat folgende Vorteile:

- Wird ein OR-Mapper (wie z. B. Hibernate) verwendet, so kann im Frontend direkt auf den Datenbankobjekten gearbeitet werden. Das Nachladen entsprechender Daten findet transparent im Hintergrund beim Aufruf der jeweiligen Getter statt.
- Alles findet transaktional statt, es kann keine Operation vergessen werden.

Das Vorgehen hat aber auch einen Nachteil:

- Änderungen an geladenen Objekten führen potenziell direkt zu Änderungen in der Datenbank, ohne weitere Kontrolle durch die Businesslogikschicht. Bei kleineren Anwendungen kann das akzeptabel sein.

TransactionInterceptor

Die dritte Möglichkeit ist die Verwendung eines `TransactionInterceptor` auf Ebene der fachlichen Fassade. Dabei handelt es sich um einen aspektorientierten Ansatz, der die Transaktion vor dem Aufruf einer Methode öffnet und danach wieder schließt – üblicherweise wird bei einer `RuntimeException` ein Rollback ausgelöst, ansonsten ein Commit. Vorteile:

- Der Zugriff und die Änderung von Daten ist klar geregelt. Anhand der aufgerufenen fachlichen Methoden ist klar erkennbar, welchen Ablauf und welche Datenänderungen eine Aktion zur Folge hat.
- Es besteht die Möglichkeit, die Zugriffe auf Backends noch über getrennte Mechanismen abzusichern.
- Innerhalb der fachlichen Aufrufe kann eine Aggregation und Konsolidierung der Daten erfolgen sowie die Transformation in ein geeigneteres Objektmodell.

Es existieren aber auch zwei Nachteile:

- Im Backend muss der Füllgrad für die Rückgabeobjekte festgelegt werden, da nicht vorhandene Daten nicht transparent nachgeladen werden können.

- Die Kapselung mehrerer fachlicher Aufrufe in einer Transaktion ist komplexer und benötigt einen zusätzlichen Mechanismus. Alternativ können die Services der Businesslogikschicht so geschnitten werden, dass sie eins zu eins zu den Frontend-Operationen passen.

Diese dritte Variante wird, mit Unterstützung durch Spring, in der WBS-Beispielanwendung verwendet, wie der nächste Abschnitt zeigt.

6.4.1 Transaktionssteuerung mit Spring

In Listing 6.10 wird ein Spring-`TransactionInterceptor` definiert, der so auch innerhalb des WBS-Projekts verwendet wird. Läuft die Anwendung in einem vollwertigen Application Server, sollte der Transaktionsmanager des Containers statt des `HibernateTransactionManager` verwendet werden.

Listing 6.10
Definition des TransactionInterceptor

```
<bean id="matchAll"
      class="org.springframework.transaction.
             interceptor.
             MatchAlwaysTransactionAttributeSource">
 <property name="transactionAttribute">
  <value>PROPAGATION_REQUIRED</value>
 </property>
</bean>

<bean id="transactionManager"
      class="org.springframework.orm.
             hibernate3.HibernateTransactionManager">
 <property name="sessionFactory" ref="sessionFactory"/>
</bean>

<bean id="transactionInterceptor"
      lazy-init="true"
      class="org.springframework.transaction.
                   interceptor.TransactionInterceptor">
 <property name="transactionAttributeSource"
           ref="matchAll"/>
 <property name="transactionManager"
           ref="transactionManager"/>
</bean>
```

Diese Transaktionssteuerung kann nun bei jeder Managerklasse verwendet werden.

Hierzu wird wie in Listing 6.11 für alle Manager ein zentrales Template mit einem `TransactionInterceptor` definiert. In Listing 6.12 wird die `userManager`-Definition von diesem Template abgeleitet und erbt so den Interceptor. Damit ist jeder Aufruf einer Managermethode transaktional gekapselt.

Listing 6.11
Definition eines Manager-Templates

```
<bean id="managerInterceptorTemplate"
      class="org.springframework.
             aop.framework.ProxyFactoryBean"
      abstract="true">
 <property name="interceptorNames">
  <list>
   <value>transactionInterceptor</value>
  </list>
 </property>
</bean>
```

Listing 6.12
Definition eines Managers

```
<bean id="userManager"
      parent="managerInterceptorTemplate">
 <property name="target" ref="userManagerImpl"/>
 <property name="proxyInterfaces"
          value="com.senacor.domain.user.UserManager"/>
</bean>
```

7 Wicket im Detail

Die folgenden Abschnitte liefern einen tieferen Einblick in die Konzepte von Wicket. Das Verständnis über die internen Abläufe ist von besonderer Bedeutung, wenn man selbst komplexere Wicket-Komponenten entwickeln oder das Framework erweitern möchte. Ohne die Architektur verstanden zu haben, bleibt wohl ein gewisses Maß an Unsicherheit beim Entwickler bestehen.

Wicket-Konfiguration

Wir starten mit einer Betrachtung der Konfiguration einer Wicket-Anwendung in Abschnitt 7.1.1. Hier werden die vielfältigen Einstellungsmöglichkeiten des Frameworks vorgestellt.

Wicket-Templates

Anschließend widmen wir uns in Abschnitt 7.1.2 den Wicket-Templates und zeigen, welche XHTML-Erweiterungen Wicket über Tags und Attribute mitbringt und worin der Mehrwert gegenüber bekannten View-Mechanismen wie z. B. JavaServer Pages besteht.

Components

Das Innenleben einer Komponentenklasse, die grundsätzlichen Komponentenarten und die Anordnung im Komponentenbaum sollen Gegenstand des nachfolgenden Abschnitts 7.1.3 sein.

Behaviors

Ein wichtiger Baustein zum Erweitern von Komponenten um wiederverwendbares Verhalten sind die Behaviors, denen der Abschnitt 7.1.4 gewidmet ist.

Models

In Abschnitt 7.1.5 stellen wir die verschiedenen Arten zur Implementierung von Models vor. Die richtige Model-Wahl hat entscheidende Auswirkungen auf Speicherverbrauch und Laufzeitverhalten einer Wicket-Anwendung.

Request-Verarbeitung

In Abschnitt 7.2 beschäftigen wir uns mit dem Innenleben der Request-Verarbeitung. Wir zeigen, welche Schritte vom Request bis zum Response ausgeführt werden und welche Frameworkklassen dabei eine Rolle spielen. Es wird auch gezeigt, welche Request-Arten Wicket dabei unterscheidet.

Zustandsverwaltung

Im letzten Abschnitt 7.3 werden wir uns mit der Verwaltung des Zustands von Seiten und Komponenten auseinandersetzen. Hier wird auch erklärt, wie die Browserfunktionen »Back« und »Forward« von Wicket unterstützt werden.

7.1 Aufbau des Frameworks

7.1.1 Application und Settings

Wenden wir uns nun den Verantwortlichkeiten der Anwendungsklasse zu, die von jeder Wicket-Anwendung als Implementierung von WebApplication bereitgestellt werden muss.

Wie die Anwendungsklasse innerhalb der WicketFilter-Konfiguration deklariert wird, haben wir bereits in Kapitel 2 gesehen. Der Vollständigkeit halber zeigen wir hier noch die Variante für WicketServlet (siehe Listing 7.1).

Listing 7.1 *WicketServlet konfigurieren*

```
<servlet>
 <servlet-name>MyApplication</servlet-name>
 <servlet-class>
  wicket.protocol.http.WicketServlet
 </servlet-class>
 <init-param>
  <param-name>applicationClassName</param-name>
  <param-value>
    com.whoever.MyApplication
  </param-value>
 </init-param>
 <load-on-startup>1</load-on-startup>
</servlet>
...
<servlet-mapping>
 <servlet-name>MyApplication</servlet-name>
 <url-pattern>/*</url-pattern>
</servlet-mapping>
```

Über die Anwendungsklasse können Grundeinstellungen des Frameworks vorgenommen werden, die zum einen das frameworkinterne Verhalten (z. B. Logging oder Caching) und zum anderen für den Anwender wahrnehmbare Parameter (wie die Anwendungsstartseite oder Seiten für den Fehlerfall) beeinflussen. In weiten Teilen ist die Konfiguration optional, da entsprechende Standardeinstellungen greifen. Unbedingt konfiguriert werden muss nur die Anwendungsstartseite. Das geschieht durch Implementierung der Methode

```
public abstract Class<? extends Page> getHomePage();
```

in der Anwendungsklasse. Der Rückgabewert muss eine Erweiterung zu Page sein. Die abstrakte Methode getHomePage() ist der Grund dafür, dass immer eine Implementierung von WebApplication durch die Anwendung bereitgestellt werden muss. Dieser Mechanismus ist vergleichbar mit dem Eintrag `welcome-file-list` in web.xml[1]. Wicket führt hierfür einen eigenen Mechanismus ein, da Wicket-URLs im Allgemeinen vom Framework erzeugt werden und das Codierungsschema jederzeit geändert werden kann. Die Seitenauswahl bzw. -navigation erfolgt in Wicket deshalb in der Regel über eine `Page`-Klasse oder -Instanz und nicht über eine URL.

Die optionalen Einstellungen gliedern sich in zwei Gruppen, in die attribut- und die verhaltensbasierten Einstellungen. Attributbasierte Einstellungen werden durch eine JavaBean-Property oder eine Registrierungsmethode vorgenommen. Verhaltensbasiert bedeutet, dass entsprechend gekennzeichnete Methoden von `WebApplication` erweitert oder überschrieben werden.

Die attributbasierten Einstellungen verteilt Wicket auf mehrere Interfaces nach dem Schema `IxxxSettings`. Jedes Interface gruppiert funktional zusammengehörige Attribute. Damit die Einstellungen zur richtigen Zeit beim Hochfahren der Anwendung zur Verfügung stehen, gibt es mit `WebApplication#init()` eine spezielle Methode, in der die Parameter gesetzt werden müssen. Man wählt dazu ein Interface mit `getxxxSettings()` aus und ändert auf dem gelieferten Objekt die gewünschten Attribute. Listing 7.2 demonstriert das Vorgehen. Hier wird festgelegt, dass die HTML-Templates im ISO-Latin1-Encoding vorliegen, dass HTTP-Request und HTTP-Response UTF-8-codiert sind und dass der Buffer für die Seitenhistorie maximal drei Seiten aufnimmt[2].

Listing 7.2
Einstellungen in WebApplication#init()

```
protected void init() {
 super.init();

 getMarkupSettings().
        setDefaultMarkupEncoding("iso-8859-1");
 getRequestCycleSettings().
        setResponseRequestEncoding("utf-8");
 getSessionSettings().setMaxPageMaps(3);
}
```

Die verfügbaren Interfaces zusammen mit einer kurzen Beschreibung ihrer Verantwortlichkeiten sind hier aufgelistet:

IApplicationSettings Hier können die Standardfehlerseiten für »access denied«, »internal error« und »page expired« geändert werden.

[1]`welcome-file-list` wird ignoriert, wenn man den WicketFilter auf die Kontext-URL /* konfiguriert.

[2]Seitenhistorisierung wird in Abschnitt 7.3 beschrieben.

Zusätzlich kann die maximale Dateigröße bei Datei-Uploads eingestellt werden.

IDebugSettings Verschiedene Debugging-Einstellungen wie das Einbzw. Auschalten der Ajax-Debug-Konsole, Überprüfung der Konsistenz von Component-Tree und Markup sowie der Steuerung von Line-Precice-Reporting.

IExceptionSettings Hier wird gesteuert, wie ein unerwarteter Fehler dargestellt wird: als ausführliche Fehlerseite mit Stacktrace, als frei durch die Anwendung definierbare Seite oder ohne Fehlerseite (nur mit Fehlerlogging).

IMarkupSettings Verschiedene Einstellungen zur Markup-Generierung. Dazu gehören der Umgang mit Whitespace, HTML-Kommentaren und der XML-Deklaration im Header. Des Weiteren kann das Font-Encoding der HTML-Templates konfiguriert werden und ob `wicket:id`-Attribute im generierten Markup sichtbar sind.

IPageSettings Enthält Seiteneinstellungen wie die Unterstützung für mehrere Fenster pro Benutzersession, die Versionierung von Seiten oder zur Registrierung von Markup-Erweiterungen.

IRequestCycleSettings Zum Setzen von Parametern, die den Request-Zyklus beeinflussen. Hier kann z. B. eine Rendering-Strategie zur Vermeidung des Double-Submit-Problems eingestellt werden. Durch Registrieren von `ResponseFiltern` kann der von Wicket generierte Markup nochmals gefiltert werden. Ein Parameter zur Angleichung des Encodings für Request und Response hilft dabei, altbekannte Font-Encoding-Probleme zu vermeiden.

IResourceSettings Hier gibt es diverse Einstellungen zum Auffinden von Ressourcen wie z. B. Images, JavaScript-Bibliotheken, CSS-Dateien, Resource-Bundles oder Templates.

ISecuritySettings Eine Ansammlung sicherheitsrelevanter Einstellungen. Darunter findet man z. B. Einstellungen für persistente Cookies, die beim Sichern von Formulareingaben über die Lebenszeit der Session hinaus Verwendung finden. Interessant ist auch die Möglichkeit zur Parametrierung einer Kryptografie-Factory zur Kennwortverschlüsselung des Query-Strings (d. h. der Request-Parameter).

ISessionSettings Hier können sessionrelevante Einstellungen der Anwendungsseiten vorgenommen werden. Dazu gehört die maximale Anzahl von Browserfenstern pro Session oder die Strategie zur Verdrängung nicht mehr aktiver Seiten.

IFrameworkSettings Frameworkrelevante Parameter. Aktuell kann hier lediglich die Wicket-Version abgefragt werden.

IRequestLoggerSettings Einstellungen zum Request-Logging. Der `IRequestLogger` zeichnet statistische Daten pro Request auf. Geloggt werden u.a. das Ereignis, Zeitverbrauch und die Sessiongröße.

Begleitend zur WBS-Beispielanwendung werden Sie noch einige Parameter detailliert kennenlernen. Wir werden jedoch nicht alle Attribute im Einzelnen betrachten. Dazu sei auf die entsprechende Javadoc der Wicket-API verwiesen.

Development- und Deployment-Modus

Alle Einstellungen sind mit Defaultwerten vorbelegt, sodass man gleich mit der Anwendungsentwicklung starten kann, ohne in eine Setup-Orgie zu verfallen. Es gibt aber auch einige Einstellungen, die man während der Entwicklung anders setzen würde wie in der Praxis. Wicket unterscheidet deshalb die beiden Spielarten »development« und »deployment«. Den Deployment-Modus kann man auf folgende Arten mit absteigender Priorität setzen:

- über die Systemvariable `wicket.configuration`
- über den Init-Parameter (`<init-param>`) `wicket.configuration` in der `WicketFilter`- oder `WicketServlet`-Konfiguration
- über den Kontextparameter (`<context-param>`) `wicket.configuration` in web.xml.
- über den Init-Parameter (`<init-param>`) `configuration` in der `WicketFilter`- oder `WicketServlet`-Konfiguration
- über den Kontextparameter (`<context-param>`) `configuration` in web.xml.

Voreingestellt ist der Entwicklungsmodus. Das Framework macht sich mit folgender Meldung auf der Konsole bemerkbar, wenn der Entwicklungsmodus aktiv ist.

```
********************************************************************
*** WARNING: Wicket is running in DEVELOPMENT mode.              ***
***                               ^^^^^^^^^^^                    ***
*** Do NOT deploy to your live server(s) without changing this.  ***
*** See Application#getConfigurationType() for more information. ***
********************************************************************
```

Die Methode `Application.configure()` (siehe Listing 7.3) verrät, welche Einstellungen modusabhängig gesetzt werden:

Listing 7.3
Einstellungen abhängig vom Modus

```
if (DEVELOPMENT.equalsIgnoreCase(configurationType)) {
 getResourceSettings().setResourcePollFrequency(
   Duration.ONE_SECOND);
 getDebugSettings().setComponentUseCheck(true);
 getMarkupSettings().setStripWicketTags(false);
```

```
  getExceptionSettings().setUnexpectedExceptionDisplay(
      IExceptionSettings.SHOW_EXCEPTION_PAGE);
  getDebugSettings().setAjaxDebugModeEnabled(true);
  getDebugSettings().setDevelopmentUtilitiesEnabled(true);
  getResourceSettings().setJavascriptCompressor(null);
} else if (DEPLOYMENT.equalsIgnoreCase(configurationType)) {
  getResourceSettings().setResourcePollFrequency(null);
  getDebugSettings().setComponentUseCheck(false);
  getMarkupSettings().setStripWicketTags(true);
  getExceptionSettings().setUnexpectedExceptionDisplay(
      IExceptionSettings.SHOW_INTERNAL_ERROR_PAGE);
  getDebugSettings().setAjaxDebugModeEnabled(false);
  getDebugSettings().setDevelopmentUtilitiesEnabled(false);
  getResourceSettings().setJavascriptCompressor(
    new DefaultJavascriptCompressor());
}
```

In `WebApplication#init()` können sämtliche Einstellungen überschrieben werden. Doch bevor wir das tun, sollten wir die modusabhängigen Parameter zunächst einmal vorstellen.

Ressourcen wie Bundles oder Templates können zur Laufzeit geändert und automatisch neu geladen werden. Die Property `resourcePollFrequency` bestimmt, in welchem Zeitabstand die Ressourcen auf Veränderung geprüft und gegebenenfalls neu geladen werden. Das automatische Neuladen wird mit dem Wert `null` abgeschaltet. Im Deployment-Modus ist dieser Mechanismus aus Performance-Gründen deaktiviert.

Wenn `getDebugSettings().setComponentUseCheck(...)` auf `true` gesetzt wird, prüft Wicket nach dem Rendern einer Seite, ob alle Komponenten im Komponentenbaum auch in der Ausgabe gerendert wurden. So wird festgestellt, wenn im Template vergessen wurde, eine Wicket-ID an einem Tag einzutragen. Eine solche Fehlersituation wird sehr schnell in der Entwicklung beim ersten Aufruf einer Seite sichtbar und sollte im Betrieb ausgeschlossen sein. Im Deployment-Modus ist das Feature daher nicht aktiv.

Durch das Rendern der Komponenten bleiben Wicket-Tags und -Attribute im Ergebnis-Markup stehen. Das ist sehr hilfreich in der Entwicklung. In der Einstellung `getMarkupSettings().setStripWicketTags(true)` werden diese aus der resultierenden Seite entfernt.

Dem Anwender in einer Fehlersituation einen Stacktrace zu präsentieren ist nicht unbedingt die feine Art. Abgesehen davon gibt man systeminterne Informationen preis, die nicht für den Anwenderkreis bestimmt sind, und öffnet unter Umständen ein Tor für Angreifer. In der

Entwicklung dagegen sind Code-kontextsensitive Fehlermeldungen unabdingbar.

`getExceptionSettings().setUnexpectedExceptionDisplay(...)` legt fest, ob eine ausführliche Fehlerseite mit Stacktrace (`IExceptionSettings.SHOW_EXCEPTION_PAGE`), eine Fehlerseite mit der Meldung »Internal Error« (`IExceptionSettings.SHOW_INTERNAL_ERROR_PAGE`) oder keine Fehlerseite (`IExceptionSettings.SHOW_NO_EXCEPTION_PAGE`) angezeigt wird.

Eine besondere Stärke von Wicket ist der nahtlose Übergang zwischen dem seitenbasierten Request-Response-Modell und dem Ajax-Modell. Gerade für Entwickler von Ajax-basiertem Verhalten ist es wichtig, dass sie sehen können, was in Ajax-Requests und -Antworten enthalten ist. Wicket liefert mit der Ajax-Debug-Konsole glücklicherweise gleich das entsprechende Werkzeug mit. Die Ajax-Debug-Konsole ist ein CSS-basiertes Fenster, in dem die komplette Ajax-Kommunikation geloggt wird. Die Konsole wird über einen Button am unteren Fensterrand geöffnet. Über den Schalter `getDebugSettings().setAjaxDebugModeEnabled(true)` wird die Konsole im Entwicklungsmodus aktiviert. Im Deployment-Modus ist sie erwartungsgemäß inaktiv.

Das Modul `wicket-devutils` der Wicket-Distribution hält mit dem Wicket-Inspector noch ein weiteres Debugging-Werkzeug bereit, das über den Schalter `getDebugSettings().setDevelopmentUtilitiesEnabled(true)` im Entwicklungsmodus aktiviert wird.

Die letzte modusabhängige Einstellung hilft dabei, die in einer Seite referenzierten JavaScript-Bibliotheken in ihrer Größe zu minimieren oder ihren Inhalt zu verschleiern. Der Komprimierungs- bzw. Verschleierungsalgorithmus ist austauschbar. Im Deployment-Modus wird standardmäßig eine Komprimierung über `DefaultJavascriptCompressor` gesetzt: `getResourceSettings().setJavascriptCompressor(new DefaultJavascriptCompressor())`. Dieser bewirkt, dass während des Ladevorgangs JavaScript-Kommentare und Whitespaces herausgefiltert werden. Im Entwicklungsmodus ist keine Komprimierung aktiv.

Zu den am häufigsten benötigten verhaltensbasierten Einstellungen zählt die Festlegung der `WebSession`-Implementierung. Man implementiert dazu die Fabrikmethode `Session newSession(Request request, Response response)`, wie es in folgendem Codebeispiel skizziert ist (siehe Listing 7.4).

Listing 7.4 *Eigene Sessionklasse verwenden*

```
public class MySession extends WebSession {
 public MySession(Request request) {
   super(request);
 }
```

```
   private String userId;
   private Cart shoppingCart;

   // ... getters and setters
 }

 @Override
 public Session newSession(Request request, Response response) {
    return new MySession(request);
 }
```

Die Standardimplementierung von `newSession()` in `WebApplication` liefert eine Instanz von WebSession zurück. Werden keine anwendungsspezifischen Attribute in der Session benötigt, muss man sich nicht um eine eigene Sessionklasse kümmern.

WebApplication stellt einige weitere Fabrikmethoden wie `newRequestCycle(...)`, `newWebRequest(...)` oder `newWebResponse(...)` bereit, die es ermöglichen, zentrale Infrastrukturelemente den eigenen Wünschen anzupassen. Die Wicket-Komponente `UploadProgressBar` zum Beispiel, die einen Datei-Upload mit einer Fortschrittsanzeige möglich macht, benötigt eine eigene `WebRequest`-Implementierung (`UploadWebRequest`), die der Komponente den aktuellen Upload-Status zur Verfügung stellt.

7.1.2 Trennung von UI-Logik und Design

Templating zum Erzeugen der HTML-Darstellung hat in der Webentwicklung eine lange Tradition. Templates beschreiben die Darstellung einer Anwendungsseite durch Verknüpfung von statischem Markup und dynamischen Inhalten innerhalb einer Vorlagendatei. Eine Templating-Engine oder ein generiertes Servlet (bei JSP) erzeugen zur Laufzeit aus einer solchen Beschreibung zusammen mit dem Zugriff auf Attribute des Anwendungsmodells das Markup einer Anwendungsseite.

Warum braucht man Templating? In den Zeiten der CGI-Programmierung, als man HTML noch von Hand durch Printanweisungen erzeugt hat, war die Pflege des Anwendungsdesigns ein schwieriges Unterfangen. Webdesigner waren entweder selbst Entwickler oder mussten für die Wartung des Designs von den Entwicklern entsprechend unterwiesen werden. Templates unterstützen die eigenständige Entwicklung von Logik und Design. Der Webdesigner kann sich auf einen Artefakttyp konzentrieren, der den für ihn entscheidenden statischen Markup enthält.

Für die Einbettung der dynamischen Inhalte gibt es prinzipiell drei Möglichkeiten:

- Einbettung von Skripting-Code, wie z. B. durch Java-Scriptlets in JSP oder durch Groovy-Code in den Templates des Frameworks Grails. Der Skripting-Code kann Anwendungs- und UI-Logik beinhalten. Allerdings gilt vor allem in MVC-basierten Frameworks der Grundsatz, keine Anwendungslogik in die Templates zu integrieren.
- Einbettung von UI-Logik mithilfe spezieller Tags und Ausdrücke einer Expression-Language. Expression-Languages sind Sprachen, die darauf spezialisiert sind, Ausdrücke zu formulieren, um in Objektgraphen beliebig navigieren und logische Bedingungen formulieren zu können.
- Der »Clean-Template«-Ansatz. Inhalte markierter Elemente im HTML-Prototypen werden zur Laufzeit durch dynamisch generierten Markup ersetzt. Markierungen berücksichtigen die Korrektheit des Template-Markups. Das Template ist frei von Anwendungs- und UI-Logik. Jede Form von Logik wird in Java umgesetzt.

In der JSP-Technologie sind die ersten beiden Verfahren umgesetzt. Wicket dagegen verfolgt den »Clean-Template«-Ansatz.[3].

Die Frameworkautoren sahen Probleme in den ersten beiden Ansätzen, die dem Einsatz in Wicket im Wege standen. Aus ihrer Sicht sollten folgende Anforderungen an den Templating-Mechanismus erfüllt sein:

- Uneingeschränkter einfacher Zugang zum Design durch Webdesigner nicht nur während der Prototyperstellung, sondern in jeder Phase der Entwicklung.
- Anwendungslogik darf nicht in die Vorlage integriert werden können. Mit JSP ist das nur durch Einhaltung einer Entwicklungsrichtlinie möglich.
- UI-Logik soll alleine über Java umgesetzt werden, damit der Entwickler dafür nicht noch eine weitere Sprache erlernen muss.

Die Template-Sprache in Wicket ist XHTML. Über einen eigenen Namensraum werden Wicket-Attribute und -Elemente als Markup-Erweiterungen eingeführt, ohne dass XHTML-fähige Webdesign-Tools dadurch irritiert werden. Listing 7.5 zeigt den vollständigen Header eines Wicket-Templates. Es ist üblich, für den Wicket-Namensraum das Präfix `wicket` zu verwenden.

[3] Die Basisidee der Markierung bzw. Injizierung von Komponenten über HTML-Attribute stammt vom Webframework Tapestry (`http://tapestry.apache.org/`).

Listing 7.5 Vollständiger Template-Header

```
<?xml version="1.0" encoding="UTF-8"?>
<html xmlns="http://www.w3.org/1999/xhtml"
        xmlns:wicket="http://wicket.apache.org/"
        xml:lang="de" lang="de">
```

Wicket-Templates können damit außerhalb des Webcontainers mit den gewohnten Tools des Webdesigners gepflegt werden, und das zu jeder Phase der Softwareentwicklung.

Neben XHTML kommt das Prinzip, »keine Logik in die Templates aufzunehmen«, der parallelen Entwicklung von Webdesign und Java-Anwendung entgegen. Je leichtgewichtiger sich die Integration der dynamischen Aspekte in den Templates gestaltet, desto reibungsloser gestaltet sich auch die Pflege der Templates durch Entwickler und Webdesigner.

Jenseits von HTTP und HTML

Der Fokus bei Wicket liegt klar auf der Entwicklung von Anwendungen basierend auf HTTP und HTML. Das Grundgerüst des Frameworks ist so ausgelegt, dass auch andere Request-Response-gestützte Protokolle und alternative Markup-Sprachen möglich sind. Das wird durch eine konsequente Trennung der Klassen des Frameworks in protokoll- und Markup-unabhängige sowie in protokoll- und Markup-abhängige erreicht. Die HTTP/HTML-abhängigen Klassen erkennt man anhand des Präfixes `Web` im Vergleich zu den protokoll- und Markup-unabhängigen Klassen. Beispiele sind `Application/WebApplication`, `Session/WebSession`, `Request/WebRequest` oder `Response/WebResponse`. Die protokoll- und Markup-abhängigen Klassen leiten von den unabhängigen Klassen ab.
Wicket liefert selbst zu HTTP und HTML keine Alternativen mit aus. Das soll aber zum gegenwärtigen Zeitpunkt kein Nachteil sein. Die Vergangenheit hat gezeigt, dass dieses Thema oft überbewertet wurde. Wo steht heute beispielsweise die vielgepriesene WML (Wireless Markup Language)? Auch auf dem Mobil-Sektor hat sich HTML als Markup-Sprache durchgesetzt.

UI-Logik gänzlich vom Template fernzuhalten klingt allerdings so, als ob damit für den Anwendungsentwickler Restriktionen einhergehen. Genau das Gegenteil ist der Fall. Die UI-Logik wird schließlich in die Komponentenklasse verlagert. Dort genießt man dank eines geeigneten Kontextes und der objektbasierten Entwicklung in Java einen viel besseren Ausgangspunkt zur Umsetzung der UI-Logik. Nebenbei wird durch die Umsetzung in Java die UI-Logik

- beim Refactoring durch die IDE mitberücksichtigt,
- bei Bedarf in Unit Tests mit aufgenommen,
- in Debugging-Sessions mit einbezogen.

Template und WebPage im Wechselspiel

Das sind Vorzüge, die nicht nur leidgeprüfte JSP-Entwickler schätzen werden. Um zu zeigen, wie die Verbindung zwischen Template und Seitenklasse hergestellt wird, betrachten wir nochmals das Hello-World-Beispiel aus Kapitel 2. Abbildung 7-1 zeigt nochmals die Seitenklasse (HomePage.java) und das zugehörige Template (HomePage.html) der Beispielseite. Die Zuordnung von Seitenklasse und Template findet durch eine besondere Konvention statt:

- Seitenklasse (HomePage.class) und Template (HomePage.html) besitzen den gleichen Basisnamen (hier: HomePage).
- Beide Artefakte befinden sich im gleichen Klassenpfad.

Die Seitenvorlage wird also über den Klassenpfad gesucht und im gleichen Java-Package wie die Seitenklasse erwartet. In dieser Vorgehensweise spiegelt sich das Prinzip »Convention over Configuration« wider, das wir in Kapitel 1 als eines der Wicket-Paradigmen kennengelernt haben.

Trennung zwischen UI- und Anwendungslogik
Von einem sauberen Anwendungsdesign kann man erwarten, dass UI-Logik und Anwendungslogik in eigenen Schichten umgesetzt werden. Die Anwendungslogik kann dadurch leichter getestet und beim Wechsel des Webframeworks mit größerer Wahrscheinlichkeit wiederverwendet werden. Dabei muss natürlich entsprechend dem Gesetz der Schichtentrennung gelten, dass die Anwendungslogik als untere Schicht niemals aktiv auf Bestandteile einer darüberliegenden Schicht wie der UI-Logik zugreifen darf. Siehe dazu auch das Kapitel 6.

Nachdem die Zuordnung von Seitenklasse und Template geklärt ist, müssen noch die Komponenten auf der Seite zwischen Seitenklasse und Template assoziiert werden. Im Template markiert man dazu HTML-Elemente durch `wicket:id`-Attribute. Die Markierungen werden als Platzhalter genutzt, um zur Laufzeit dort Markup von Komponenten auszugeben. Welche Komponenten das sind, wird wiederum bei der Erzeugung des Komponentenbaums im Konstruktor der Seitenklasse festgelegt. Komponenten werden manuell mit `new` erzeugt und anschließend mit `add()` einer Containerkomponente hinzugefügt. Im Beispiel sind `WebPage` und `Form` Containerkomponenten. Beim Instanziieren einer

Abb. 7-1
Zusammenhang Seitenvorlage und -Implementierung

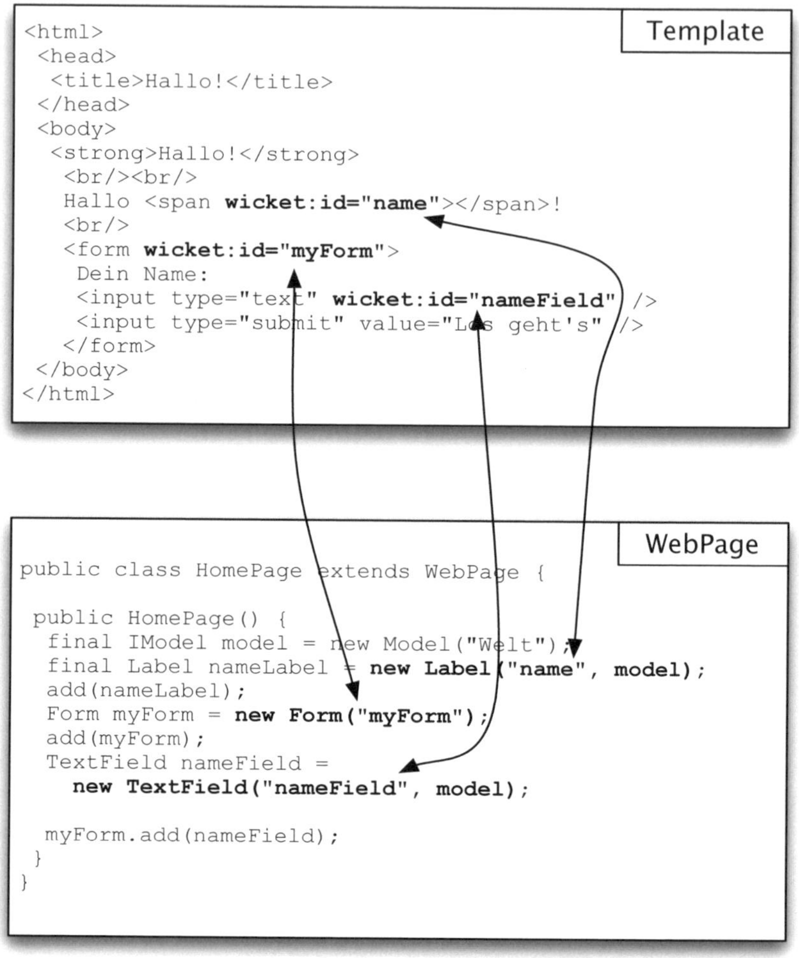

Komponente muss die Wicket-ID als Parameter übergeben werden. Die Vergabe der Wicket-IDs auf beiden Seiten ist allerdings noch nicht ausreichend, um eine eindeutige Zuordnung zu erhalten. Der Hintergrund ist der, dass Wicket-IDs im Template nicht wie zum Beispiel `id`-Attribute auf einer XHTML-Seite eindeutig sein müssen. Auf verschiedenen Hierarchieebenen ist es durchaus erlaubt, die gleiche Wicket-ID mehrfach zu verwenden. Damit die Zuordnung trotzdem eindeutig wird, müssen noch folgende Bedingungen erfüllt sein:

- Die Verschachtelung der durch Wicket-IDs markierten HTML-Elemente im Template muss zur Anordnung der Komponenten in der Seitenklasse korrespondieren.

- Wicket-IDs im Template müssen auf gleicher Strukturtiefe eindeutig sein.

Es muss also eine strukturelle Gleichheit zwischen der Komponentenhierarchie und der über `wicket:id` markierte Elemente aufgebauten Markup-Hierarchie vorhanden sein.

WebPage ist nicht der einzige Komponententyp dem ein Template zur Seite steht. Die Komponenten `Panel` und `Border` sind ebenfalls Vertreter dieser Gattung. Panels wurden in Kapitel 5 eingehend behandelt. Hinter `Border` steckt eine weitere Möglichkeit Komponenten und Markup zu aggregieren. In Abschnitt 9.3 werden wir näher auf `Border`-Komponenten eingehen.

Wicket-Tags

Neben den Wicket-ID-Attributen gibt es auch Elemente bzw. Tags im Wicket-Namensraum. Was auf den ersten Blick wie eine JSP-Tag-Library aussieht, dient in Wicket zumeist ganz anderen Zwecken. Ein verbreiteter Einsatzzweck für Wicket-Elemente ist das Markieren von Abschnitten im Template, die zur Laufzeit gerendert oder explizit vom Rendern ausgeschlossen werden sollen.

Im Template der Komponente `Panel` kommt z. B. das Tag `<wicket:panel>` zum Einsatz, das den zur Laufzeit relevanten Markup einschließt, wie das Beispiel in Listing 7.6 zeigt.

Listing 7.6
Einsatz von wicket:panel

```
<!DOCTYPE html PUBLIC "-//W3C//DTD XHTML 1.0 Transitional//EN"
    "http://www.w3.org/TR/xhtml1/DTD/xhtml1-transitional.dtd">
<html
  xmlns="http://www.w3.org/1999/xhtml"
  xmlns:wicket="http://wicket.sourceforge.net/"
  xml:lang="en"
  lang="en">
<body>
 <wicket:panel>
  <h3>
    <span wicket:id="welcomeLabel">Guten Tag</span>,
    <span wicket:id="vorname"/>
    <span wicket:id="name"/>
  </h3>
 </wicket:panel>
</body>
</html>
```

Da die Komponente `Panel` nur ein Fragment zu einer Wicket-Seite beisteuert, ist es für Test und Voransicht der Komponente hilfreich, das Markup außerhalb von `<wicket:panel>` zu einer vollständigen XHTML-Seite zu ergänzen.

Andere Elemente helfen bei der Gestaltung eines gemeinsamen Layouts, wie zum Beispiel `<wicket:child>` und `<wicket:extend>`, die einen Vererbungsmechanismus für Templates beschreiben. Wiederum andere Elemente sind dazu da, um Code zu reduzieren. Darunter fällt beispielsweise `<wicket:message>`, mit dem ein Wert aus einem Resource-Bundle angezeigt werden kann, ohne dafür eine Komponente in Java deklarieren zu müssen.

Wir werden in diesem Buch nicht alle Wicket-Elemente behandeln, sondern nur diejenigen, die unserer Meinung nach die größte Relevanz für die Praxis haben. Einige Wicket-Tags haben einen konkreten Komponentenbezug. Sie wurden deshalb bereits zusammen mit den Komponenten in Kapitel 5 beschrieben.

Mit der Vorstellung von `<wicket:remove>` wollen wir das Thema Wicket-Templates vorerst beenden. Listing 7.7 zeigt eine Tabelle, die mithilfe der Komponente `DataView` (`wicket:id="dataView"`) aufgebaut wird. `DataView` ist eine Repeater-Komponente, die das HTML-Element, dem sie zugeordnet ist, entsprechend ihrer darzustellenden Datensätze iteriert. Auf `DataView` wurde in Abschnitt 5.1.4 bereits näher eingegangen.

Listing 7.7
Einsatz von wicket:remove

```
<table cellspacing="0" class="dataview">
  <tr>
   <th>ID</th>
   <th wicket:id="orderByFirstName">First Name</th>
   <th wicket:id="orderByLastName">Last Name</th>
  </tr>
  <tr class="odd" wicket:id="dataView">
        <td><span wicket:id="contactid">1</span> </td>
        <td><span wicket:id="firstname">Violette</span></td>
        <td><span wicket:id="lastname">Hornsby</span></td>
  </tr>
 <wicket:remove>
  <tr class="even">
        <td>2</td>
        <td>John</td>
        <td>Kowalski</td>
  </tr>
  ...
 </wicket:remove>
</table>
```

In HTML-Prototypen ist es oft wichtig, dass Tabellen mit statischen Daten gefüllt werden. Dem Webdesigner fällt es dann leichter, das Seitenlayout zu verifizieren. Nebenbei kann dahinter auch eine fachliche Anforderung stecken, nämlich dann, wenn ein funktionaler (naturgetreuer) Prototyp der Anwendung erstellt werden soll. Bei Überführung in ein Template und Verwendung der `DataView`-Komponente müssten solche Tabelleninhalte bis auf eine Zeile, an der die DataView-Komponente annotiert wird, wieder entfernt werden. Ansonsten landet der statische Tabelleninhalt auch auf der gerenderten Anwendungsseite.

Mit `<wicket:remove>` können die zur Laufzeit nicht gewünschten statischen Daten ausgeblendet werden. Im Preview-Modus, d. h. in der Voransicht eines Webdesign-Tools, oder einfach durch Laden der Template-Datei mit dem Browser bleiben die statischen Inhalte sichtbar. Man unterstützt also den Webdesigner bei der Weiterentwicklung des Designs.

7.1.3 Components

Im letzten Abschnitt haben Sie gelernt, dass das XHTML-Template den statischen Anteil einer Seite beschreibt und darin über `wicket:id`-Attribute diejenigen HTML-Elemente gekennzeichnet werden, die zur Laufzeit über Wicket-Komponenten gerendert werden. Es wurde auch dargelegt, dass eine Wicket-Komponente durch eine Java-Klasse definiert ist und als Instanz Benutzerereignisse wie zum Beispiel den Klick auf einen Link verarbeitet oder Daten aus einer Datenbank anzeigt.

Abgrenzung Komponente und Objekt

Wir wollen nun den Begriff der Wicket-Komponente schärfen. Der Komponentenbegriff wird in der objektorientierten Softwareentwicklung sehr vielseitig eingesetzt. Komponenten können hier grobgranular einen Anwendungsbaustein bzw. ein Subsystem bezeichnen oder feingranular ein Java-Objekt. Worin besteht eigentlich der Unterschied zwischen einem Java-Objekt und einer Komponente?

Bedauerlicherweise existiert keine Einigkeit bei der Abgrenzung von Objekt und Komponente. Wir wagen dennoch den Versuch einer Differenzierung und orientieren uns dabei an wenigen grundlegenden, aber in einigen Komponentenmodellen wiederauffindbaren Eigenschaften:

- Komponenten stellen prozessorientierte Endbenutzerfunktionalität in Form von Zustand und Verhalten bereit. Objekte dagegen abstrahieren Konzepte, entfalten ihren Wert erst im Objektverbund und sind in erster Linie datenorientiert.
- Komponenten sollen in unterschiedlichen Kontexten wiederverwendbar sein. Daher wird von Komponenten ein viel höheres Maß an funktionaler Kohäsion (Erläuterung siehe Kasten auf der nächsten Seite) erwartet als von Objekten.

- Komponenten sind nicht direkt untereinander gekoppelt. Eine Verbindung ist nur durch Zusammenschalten von Komponenten durch den Konsumenten bzw. den Anwender der Komponenten möglich.

Kohäsion

Kohäsion beschreibt in der objektorientierten Softwareentwicklung, wie gut eine Programmeinheit eine Aufgabe oder logische Einheit abbildet. Es geht darum, Subsysteme, Klassen und Methoden funktional so zu schneiden, dass im Idealfall jeweils genau ein wohldefinierter Zweck erfüllt wird. Man spricht dann von starker funktionaler Kohäsion. Dies zu erreichen, gilt als elementares Ziel beim Design objektorientierter Softwaresysteme. Funktionale Kohäsion steht in direktem Zusammenhang mit der Wiederverwendbarkeit eines Softwarebausteins. Je stärker die Kohäsion eines Softwarebausteins ist, desto ausgeprägter ist seine Rolle und umso mehr eignet er sich dafür, wiederverwendet zu werden.

Ein kleines Beispiel soll diesen Sachverhalt verdeutlichen. Betrachten wir die Methode

```
Bonitaet ladeKundeUndErmittleBonitaet(
            Kundennummer kundennummer);
```

Es wird schnell klar, dass hier zwei voneinander trennbare Aufgaben umgesetzt werden, das Laden eines Kunden über die Kundennummer und die Ermittlung seiner Bonität. Dies ist ein klares Zeichen nicht erwünschter, schwacher Kohäsion. Durch Aufteilen in die beiden Methoden

```
Kunde ladeKunde(Kundennummer kundennummer);
Bonitaet ermittleBonitaet(Kunde kunde);
```

wird die Kohäsion erhöht.

Komponenten sind also vor allem dazu da, Funktionalität wiederverwendbar bereitzustellen. Neben der funktionalen Kohäsion kann die Konfigurierbarkeit von Komponenten für den jeweiligen Kontext eine tragende Rolle spielen. Wir werden noch sehen, dass Wicket gerade im letzten Punkt besondere Stärken aufweist.

Es gibt unterschiedliche Einsatzbereiche für Komponenten, die sich grob nach ihrem Einsatz im Server und im Client unterteilen lassen. Unsere Komponentendefinition passt zum Beispiel serverseitig in der JEE-Welt auf das Modell der Stateful-Session-Beans. Bei clientseitigen Komponenten spricht man auch von User-Interface- bzw. abkürzend von UI-Komponenten oder Widgets, wenn sie primär für Aufgaben der grafischen Benutzerschnittstelle einer Anwendung zuständig sind. Komponenten in Wicket stellen ausschließlich UI-Funktionalität bereit. Von einfachen Komponenten wie Labels, Links, Eingabefeldern und komplexen Komponenten wie Menüs, Tabellen oder Wizards bis hin zu Containern wie Formularen oder Panels ist ein großes Spektrum an Widgets bereits in der Wicket-Distribution vorhanden.

Component-Hierarchie

Eine Wicket-Komponente ist eine Java-Klasse, die von der abstrakten Klasse `Component` erbt. Wie in der Ableitungshierarchie (siehe Abbildung 7-2) zu sehen ist, gibt es zwei direkte `Component`-Abkömmlinge: `WebComponent` und `MarkupContainer`.

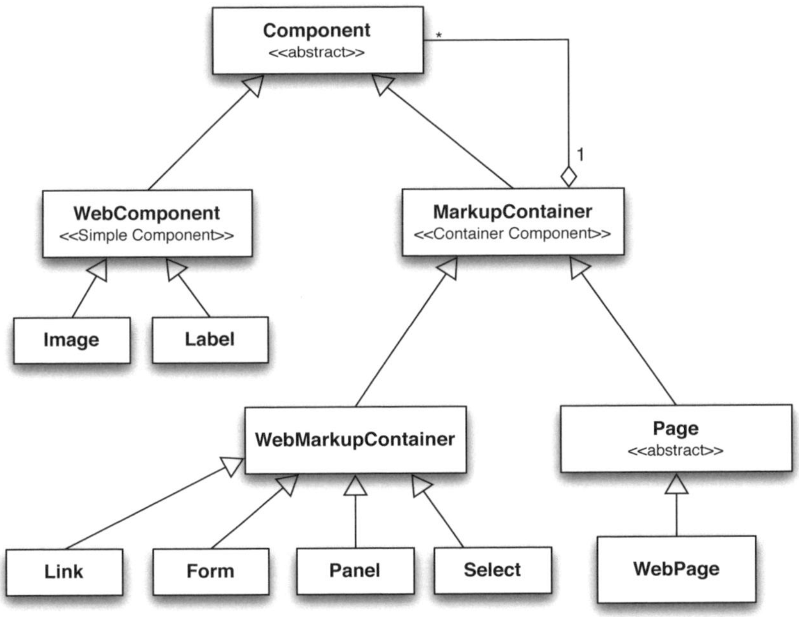

Abb. 7-2
Aufbau der Komponenten nach dem Composite-Pattern [4]

`WebComponent` bezeichnet eine einfache Komponente, die keine eigenen Kinder im Komponentenbaum einer Seite besitzt. Beispiele sind `Label` zum Ausgeben von Text oder `Image` zum Rendern eines `<img>`-Tags.

Mithilfe eines `MarkupContainer` werden Komponenten zu einer Gruppe zusammengefasst, um auf ihnen gemeinsame Operation ausführen zu können. Solche Operationen umfassen zum Beispiel das Ein-/Ausblenden oder das Beschreibbar- bzw. Nicht-Beschreibbar-Setzen von Komponenten in der Gruppe. `MarkupContainer` sind zum Beispiel die Seitenklasse `WebPage` oder die Komponente `Panel` zur Darstellung eines Seitenausschnitts.

Abb. 7-3
Die Komponenten-schnittstelle

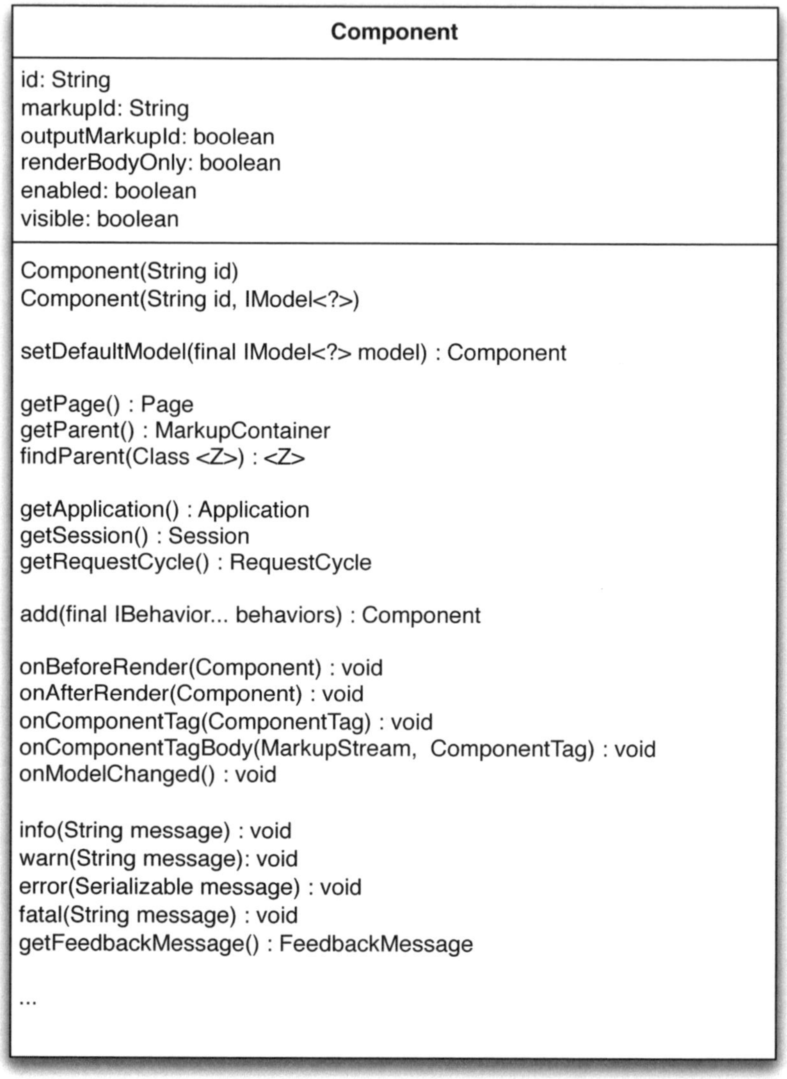

Basisklasse: Component

In Abbildung 7-3 sind die wichtigsten Attribute und Methoden von `Component` aufgelistet. Wie schon eingehend erläutert, muss für jede Komponente eine Wicket-ID (Attribut `id`) vergeben werden. Dafür stehen entsprechend parametrisierbare Konstruktoren bereit. Die Wicket-ID ist der erste Parameter im Konstruktor und sollte auch bei selbst definierten Konstruktoren stets an erster Stelle stehen, damit die Komponenten leicht identifiziert werden können.

Der Konstruktor `Component(final String id, final IModel<?> model)` wird dann verwendet, wenn der Komponente ein Modell

(IModel) zugeordnet werden soll. Als Alternative bietet sich die Setter-Methode setDefaultModel(final IModel<?> model) an, mit der es auch möglich ist, zu einem späteren Zeitpunkt (z. B. während der Event-Verarbeitung) ein anderes Modell zuzuweisen.

Wicket-ID vs. Markup-ID

Das Attribut id bezieht sich alleine auf wicket:id im Template und hat nichts mit dem gleichnamigen XHTML-Standardattribut zu tun. Dennoch ist das XHTML-Attribut id in Wicket-Komponenten von besonderer Bedeutung. Es wird benötigt, wenn bei der Verarbeitung der Antwort eines Ajax-Requests das Markup einer Komponente aktualisiert werden soll. Wicket vergibt die XHTML-ID automatisch beim Rendern einer Komponente und speichert sie im Attribut markupId. Das passiert aber nur auf Anforderung durch setOutputMarkupId(true), da bei normalen Requests eine XHTML-ID praktisch nicht benötigt wird.

visible/enabled

Wicket-Komponenten kennen zwei grundlegende Darstellungszustände:

visible Der Komponentenzustand *visible* beschreibt, ob eine Komponente und evtl. vorhandene Kindkomponenten (bei MarkupContainer) gerendert werden. Mit visible=false sind die Komponente und ihre Kinder aber weiterhin im Komponentenbaum der Seite vorhanden.

enabled Der Zustand *enabled* definiert, ob eine Komponente bereit für den Empfang von Benutzerereignissen bzw. »beschreibbar« ist. Die Komponente Link zum Beispiel rendert bei enabled=false nur noch das Label des Links mit <span>Link-Text</span> anstatt <a href=... >Link-Text</a>. Der Status *enabled* ist naturgemäß nicht für alle Komponenten relevant. Eine Enable/Disable-Logik kann dort entfallen. Die Einstellung für *enabled* wird nicht auf die Kindobjekte vererbt.

Aus allen Komponenten heraus erfolgt ein einfacher Zugriff auf die zentralen Wicket-Anwendungsobjekte wie die Implementierungen von Application und Session sowie auf das Objekt RequestCycle, das die Steuereinheit zur Verarbeitung des Request-Zyklus bildet.

Lifecycle-Methoden

Während der Abarbeitung eines Wicket-Requests durchlaufen die am Request beteiligten Komponenten einen (in RequestCycle) definierten Lebenszyklus, auf den wir ausführlich in Abschnitt 7.2 eingehen werden. Wicket ruft bei markanten Zustandswechseln auf der Komponente Callback-Methoden auf, die es ermöglichen, in den Request-Zyklus einzugreifen. Solche Eingriffe sind in erster Linie für den Komponentenentwickler interessant. Die Callback-Methoden onBeforeRender() und onAfterRender() werden, wie der Name schon sagt, direkt vor und nach dem Rendern einer Komponente aufgerufen.

Als Beispiel für den Einsatz von `onBeforeRender()` kann eine über Rechte abgesicherte Komponente dienen, bei der vor dem Rendern geprüft wird, ob der Zustand »enabled« erlaubt ist. Falls nicht, würde für die betreffende Komponente in `onBeforeRender()` das Flag `enabled` auf `FALSE` gesetzt werden. Ein anderes Beispiel dazu wurde in Abschnitt 5.3.2 auf Seite 142 gezeigt, in dem vor dem Rendern voneinander abhängige Formularwerte miteinander synchronisiert werden.

Während des Renderns einer Komponente werden die Methoden `onComponentTag(final ComponentTag tag)` und `onComponentTagBody (final MarkupStream markupStream, final ComponentTag openTag)` aufgerufen. Hier hat man als Komponentenentwickler die Chance, das Markup der Komponente nach Belieben zu manipulieren. Zu Erinnerung: Das Markup der Komponente ist zunächst durch das per `wicket:id` markierte HTML-Tag im Template vorgegeben. Mit `onComponentTag(...)` können Attribute im öffnenden Tag hinzugefügt oder bestehende ausgelesen und geändert werden. Der Body des HTML-Tags wird mithilfe von `onComponentTagBody(...)` manipuliert.

FeedbackMessage

Bei der Request-Bearbeitung können komponentenbezogen Benutzermeldungen registriert werden. Dafür stehen die Methoden

- `info(final String message)`,
- `warn(final String message)`,
- `error(final Serializable message)` und
- `fatal(final String message)`

zur Verfügung. Es können also vier unterschiedliche Meldungskategorien verwendet werden. Meldungen stehen oft im Zusammenhang mit Eingabefeldern. Dann hat man es mit den üblichen Validierungsnachrichten zu tun. Auf der anderen Seite gibt es auch Meldungen, die sich auf eine Gruppe von Komponenten beziehen. Das betrifft z. B. Datenkonsistenzmeldungen aus dem Backend als Folge des Speicherns von ungültigen Formulardaten. In solchen Fällen wird man Meldungen bezogen auf einen `MarkupContainer` wie z. B. auf die Komponente `Form` registrieren.

Konstruktor einer Komponente

Was passiert nun im Konstruktor einer Komponente? Dort werden zunächst Grundeinstellungen für die Komponente vorgenommen. Der in Listing 7.8 vorgestellte Konstruktor der Komponente `RequiredIntegerRangeTextField` setzt z. B. das Attribut `required` auf `TRUE` und registriert einen Validator, der auf einen ganzzahligen Wertebereich prüft. Zusatzlich wird mit `RequiredStyleModifier` ein `IBehavior` registriert, das dafür sorgt, dass das Feld durch Ändern der Hintergrundfarbe als Pflichtfeld vom Anwender erkannt wird.

Listing 7.8
Voreinstellung im Konstruktor

```
public RequiredIntegerRangeTextField(String id,
        IModel<Integer> model, int min, int max) {
  super(id, model);
  setRequired(true);
  add(new RangeValidator<Integer>(min, max));
  add(new RequiredStyleModifier());
}
```

MarkupContainer

Handelt es sich bei der zu erzeugenden Komponente um einen `MarkupContainer`, so werden in der Implementierung des Konstruktors auch eventuell benötigte Kindkomponenten instanziiert und dem `MarkupContainer` zugeordnet. Abbildung 7-4 zeigt die wichtigsten Methoden von `MarkupContainer`. Hinzugefügt werden Komponenten über die Methode `add(final Component... childs)`. Entsprechend dem Composite-Pattern aus [4] können damit `MarkupContainer` wieder andere `MarkupContainer` und `Components` aufnehmen.

MarkupContainer
MarkupContainer(String id) MarkupContainer(String id, IModel<?>) add(Component) : MarkupContainer remove(Component) : void replace(Component) : MarkupContainer contains(Component, boolean) : boolean get(String) : Component visitChildren(Class<?>, IVisitor<S>) : <S> ...

Abb. 7-4
Methoden von MarkupContainer

Komponentenbaum

Dementsprechend werden mithilfe eines Konstruktors der `WebPage`, die ja ebenfalls ein `MarkupContainer` ist, alle Komponenten einer Wicket-Seite erzeugt, für die eine entsprechende Wicket-ID im Markup deklariert ist. Jede Wicket-Seite (`WebPage`) repräsentiert damit einen Komponentenbaum, wie er schematisch in Abbildung 7-5 dargestellt ist.

In Listing 7.9 haben wir ein Beispiel vorbereitet, das die typischen Aktionen beim Konstruieren einer Seite vorführt. Über die Seite `RegistrationPage` können Geschäftspartner registriert werden. Die Komponente `Form` wird mit `add(form)` der Seite hinzugefügt. `Form` erweitert `MarkupContainer`. Die Komponenten `TextField`, `DateTextField` und `Button`, die die Formularfelder repräsentieren, werden wiederum der Komponente `Form` zugeordnet.

Abb. 7-5 Komponentenbaum einer WebPage

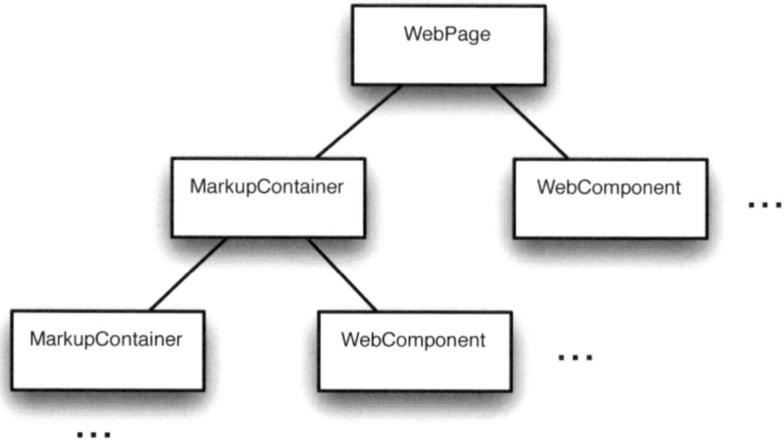

Listing 7.9 Komponentenerzeugung und -zuordnung

```
public RegistrationPage() {
 final Form<Registration> form =
   new Form<Registration>("regForm",
     new CompoundPropertyModel<Registration>(
       new Registration()));
 form.add(new TextField<String>("nachname"));
 form.add(new TextField<String>("vorname"));
 form.add(new DateTextField("geburtstag"));
 form.add(new Button("register") {

  @Override
  public void onSubmit() {
   Registration regData = form.getModelObject();
   // registrationService.register (regData)
  }
 });
 add(form);
}
```

In einem `MarkupContainer` können Komponenten nicht nur hinzugefügt, sondern mit `remove(Component)` auch gelöscht und mit `replace(Component)` auch ersetzt werden. Mit diesen Operationen verliert der Komponentenbaum seinen statischen Charakter. Allerdings ist beim Einsatz dieser Operationen Vorsicht geboten. Denn es ist nicht zu jedem Zeitpunkt im Wicket-Request-Zyklus erlaubt, den Komponentenbaum zu verändern.

Navigation im Komponentenbaum

Mit Operationen wie `getPage()`, `getParent()` und `findParent(Class <Z>)` kann im Komponentenbaum zu den Containerkomponenten (`MarkupContainer`) einer Komponente navigiert werden. findParent(Class <Z>) liefert den ersten MarkupContainer entlang der Hierarchie zur WebPage, der eine Instanz der angegebenen Klasse ist.

Ausgehend von einem MarkupContainer kann eine beliebige Kindkomponente mit get(final String path) referenziert werden. Der übergebene String ist ein Pfadausdruck, der durch Aneinanderreihung von Wicket-IDs möglicher Kindkomponenten gebildet wird. Die Wicket-IDs werden mit »: « getrennt. Im Beispiel der RegistrationPage liefert der Ausdruck "regForm:vorname" ausgehend von der Seiteninstanz die TextField-Komponente, die das Eingabefeld des Vornamens präsentiert.

Rekursive Operationen

Ein sehr leistungsfähiges Konstrukt, um Operationen rekursiv auf Kindkomponenten auszuführen, stellt das Interface IVisitor zusammen mit der Methode visitChildren(Class<?>, IVisitor<S>) : <S> dar. Beim Aufruf von visitChildren() wird über alle Kindkomponenten der angegebenen Klasse im ersten Parameter navigiert und eine Operation darauf ausgeführt. Die Operation muss in Form einer Component#IVisitor-Implementierung bereitgestellt werden. IVisitor enthält als einzige Methode public Object component(Component component) – die auszuführende Operation – und wird üblicherweise anonym implementiert.

In Listing 7.10 wird das Ganze praktisch veranschaulicht. Die Methode setChildrenEnabled(boolean enabled) ist Bestandteil eines MarkupContainer und setzt den *enabled*-Zustand aller Kindkomponenten, die gleichzeitig Formularkomponenten sind.

Listing 7.10
Operationen rekursiv auf Kindkomponenten anwenden

```
private void setChildrenEnabled(final boolean enabled) {
  this.visitChildren(FormComponent.class,
    new IVisitor<Component>() {

     public Object component(Component component) {
      component.setEnabled(enabled);
      return CONTINUE_TRAVERSAL;
     }

    });
}
```

Über den Rückgabewert von IVisitor#component() kann das Iterationsverhalten gesteuert werden:

CONTINUE_TRAVERSAL Führt die Iteration ungehindert fort.

CONTINUE_TRAVERSAL_BUT_DONT_GO_DEEPER Ist die momentan besuchte Komponente ein MarkupContainer, so werden dessen Kinder nicht besucht.

STOP_TRAVERSAL Hält die Iteration nach dem Besuch der aktuellen Komponente an.

7.1.4 Behaviors

Bestehende Komponenten zu erweitern, um immer wiederkehrende Anforderungen nur einmal implementieren zu müssen, gehört sicher zum Tagesgeschäft in der Anwendungsentwicklung mit Wicket. Aus `TextField` entstehen z. B. Komponenten zur Eingabe spezieller Datenformate wie `DateTextField`, `CurrencyField` oder `CreditcardNumberField`, die gleich die passende Eingabeformatprüfung mitbringen.

Schnell kann es passieren, dass neue Anforderungen an die spezialisierten Komponenten herangetragen werden, wie zum Beispiel folgende Anforderung: »Bei Datumswerten, Währungsbeträgen, Kreditkartennummern und bei Textfeldern im Allgemeinen soll während der Eingabe eine Liste mit Vorschlägen präsentiert werden, die mit jedem Tastenanschlag abhängig vom eingegebenen Text gefiltert wird.« Durch erneute Ableitung würde eine solche Lösung (vergleichbar mit Google-Suggest) Komponenten wie `SuggestingDateTextField`, `SuggestingCurrencyField`, `SuggestingCreditcardNumberField` oder `SuggestingTextField` hervorbringen.

Eine Umsetzung neuer Anforderungen durch Ableitung bestehender Komponenten führt früher oder später zur inflatorischen Vermehrung der Komponenten und der Entstehung tiefer Ableitungshierarchien.

Zusätzlich gibt es noch ein weiteres Problem. Die Umsetzung einer automatischen Vorschlagsliste wird in den einzelnen Komponenten wohl größtenteils identisch sein. Lediglich die Anbindung der Datenquelle zum Erstellen der Auswahllisten wird individuell vonstattengehen müssen. Das ist aber sowieso nicht Aufgabe der Komponente, sondern desjenigen, der die Komponente verwendet. Das Beisteuern der Datenanbindung kann zum Beispiel durch Implementieren einer Callback-Methode der Komponente erfolgen:

```
protected abstract Collection<String>
        getProposal(String currentInput);
```

Es stellt sich also die Frage, wie Codeduplikation zwischen den Komponenten vermieden werden kann. Wicket-Behaviors offerieren eine elegante Lösung zu diesem Problem. Behaviors sind eine Art Plug-ins, die das Verhalten einer Komponente erweitern, ohne von ihr abzuleiten. Ein Behavior implementiert das Interface `IBehavior` (siehe Abbildung 7-6) und wird an einer Komponente mit `Component#add(final IBehavior behavior)` registriert. Die Komponente verwaltet die hinzugefügten Behaviors in einer Liste. Auf diese Weise können einer Komponente mehrere Behaviors zugeordnet werden.

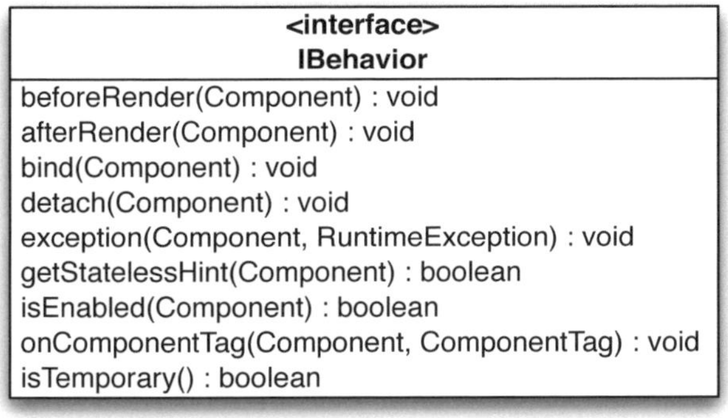

Abb. 7-6
Das Interface IBehavior

Mit dem Registrieren an einer Komponente nimmt ein Behavior an den wichtigsten Ereignissen im Lebenszyklus einer Komponente teil. Gemäß dem Observer-Pattern ruft die Komponente auf allen registrierten Behaviors eine zum aktuellen Komponentenereignis passende Ereignismethode auf. Wenn zum Beispiel in `onRender(MarkupStream)` gerade das Html-Tag, dem die Komponente zugeordnet ist, gerendert wird, so wird im Anschluss daran `IBehavior#behavior.onComponentTag(Component, ComponentTag)` auf allen registrierten Behaviors aufgerufen, die dann die Chance haben, das Tag zu modifizieren.

Die Einsatzbereiche für Behaviors an sich sind vielfältig. Die meisten Behaviors lassen sich einer der beiden Gruppen zuordnen:

- Behaviors, die das Komponenten-Tag modifizieren
- Behaviors, die einen eigenen Event-Listener bereitstellen

Ein Beispiel für die erste Gruppe sehen wir in Listing 7.11. Hier wird der Komponente `DropDownChoice` zur Abbildung einer Drop-down-Box das Behavior `AttributeModifier` hinzugefügt, das dafür sorgt, dass mit jeder Auswahländerung automatisch ein Form-Submit ausgelöst wird.

Listing 7.11
Einsatz von AttributeModifier

```
DropDownChoice choice =
   DropDownChoice("filter", model, choices, renderer);
choice.add(
        new AttributeModifier("onchange", true,
                new Model("this.form.submit();")));
```

Der `AttributeModifier` fügt dem Komponenten-Tag einen `onchange`-Event-Handler hinzu oder ersetzt einen bestehenden mit `onchange="this.form.submit();"`.

Ajax-Behaviors

In die Gruppe der Behaviors mit Event-Listener fallen praktisch alle Implementierungen, die Verhalten über Ajax abbilden. Die Idee, Ajax in Wicket über Behaviors zu realisieren, rührt daher, dass man die grundsätzlichen Eigenschaften einer Komponente in der Komponentenklasse abbildet und sie damit erst einmal ohne Ajax einsatzfähig ist. Das »Ajaxifizieren« der Komponente kann dann auf Bedarf durch ein Behavior erfolgen. Damit ein Event-Listener eines Behaviors aufgerufen werden kann, muss das Behavior das Interface `IBehaviorListener` implementieren.

Nach so viel Theorie folgt hier ein Beispiel (siehe Listing 7.12), das anhand von `AjaxSelfUpdatingTimerBehavior` zeigt, wie ein Behavior mit Event-Listener eingesetzt werden kann.

Listing 7.12
Behavior mit IBehaviorListener

```
Label loggedInDuration =
  new Label("loggedInDuration",
    new AbstractReadOnlyModel() {

     public Object getObject() {
      WBSSession session = (WBSSession) getSession();
      return (System.currentTimeMillis() - session
        .getLoginTime()) / 60000;
     }

    });
loggedInDuration
  .add(new AjaxSelfUpdatingTimerBehavior(Duration
    .seconds(30)));
```

In dem Beispiel soll ein `Label` anzeigen, wie lange der aktuelle Benutzer schon angemeldet ist. Das Label `loggedInDuration` erfüllt für sich alleine diese Anforderung. Allerdings würde die Zeit nur dann aktualisiert werden, wenn die Komponente erneut gerendert wird. Durch das Hinzufügen von `AjaxSelfUpdatingTimerBehavior` wird das Label im Abstand von 30 Sekunden automatisch per Ajax verändert. `AjaxSelfUpdatingTimerBehavior` ist eines von vielen Behaviors mit hohem Wiederverwendungspotenzial. Damit kann praktisch jede Komponente periodisch aktualisiert werden. Das Thema Ajax und folglich auch Behaviors werden wir noch ausführlich in Kapitel 8 behandeln.

Zum Abschluss noch ein paar Worte zur Wiederverwendbarkeit von Behavior-Instanzen: Allen Behavior-Ereignismethoden ist gemein, dass die aufrufende Komponente als Parameter übergeben werden muss. Behavior-Instanzen sind dann Thread-sicher und können hierdurch gleichzeitig von mehreren Komponenten verwendet werden. Es gibt aber auch Behaviors, die an eine konkrete Komponenteninstanz gebunden sind. Dazu gehören die Ajax-Behaviors (Ableitungen von

AbstractAjaxBehavior), die mithilfe von IBehavior#bind(Component) eine Referenz auf die Komponente halten. Solche Behavior-Instanzen sind dann natürlich nicht ohne Weiteres wiederverwendbar.

7.1.5 Wicket-Models

Wicket-Models sind die Wegbereiter zur Integration der Geschäftsdaten einer Anwendung. Sie stehen in einer Vermittlerrolle zwischen Komponenten und den Domänenobjekten.

Wicket-Model als Vermittler zwischen Komponente und Daten

Das Modell bietet der Komponente einen einheitlichen Zugriff auf die Daten, die einerseits von ihr angezeigt und andererseits durch sie oder andere Komponenten verändert werden sollen. Der entscheidende Punkt dabei ist, dass die Komponente keine Kenntnis darüber besitzt, welche Domänenobjekte angebunden und wie diese lokalisiert werden. Aus Sicht der Komponente ist es unerheblich, ob die Daten der Anwendungsdomäne beispielsweise durch einen Datenbankzugriff dynamisch ermittelt oder durch einen Zustand des Modellobjektes repräsentiert werden. Auf der anderen Seite verbergen die Komponenten, wann und wie sie Daten des Modells anzeigen. Domänenobjekte erlangen damit keine Kenntnis über ihre Darstellung. Wir haben in Abschnitt 3.1 davon gesprochen, dass die Domänenobjekte das Modell in Wickets MVC-Umsetzung darstellen. Wir wollen diese Aussage hier ein wenig differenzieren. Je nach Blickwinkel sind es die Domänenobjekte oder die Wicket-Models, die das MVC-Model bilden. Aus der Perspektive der Komponenten sind es eher die Wicket-Models.

Die Stellung des Modells hat zur Konsequenz, dass zum Manipulieren von Komponentendaten grundsätzlich das der Komponente zugeordnete Modell und nicht die Komponente selbst bemüht wird.

Wie manifestieren sich Wicket-Models? Modelle sind Klassen, die das Interface IModel implementieren (siehe Listing 7.13).

Listing 7.13
Interface IModel

```
public interface IModel<T> extends IDetachable
{
        T getObject();

        void setObject(final T object);
}
```

Die Vermittlerrolle des Wicket-Models (Delegate) zwischen Komponente und Domänenobjekt ist in Abbildung 7-7 skizziert.

Jeder Komponente kann bei ihrer Instanziierung ein IModel zugewiesen werden. Die Basisklasse aller Komponenten, die Klasse Component, enthält dafür einen Konstruktor und einen Setter, in dem das IModel übergeben werden kann:

Abb. 7-7
Wicket-Model

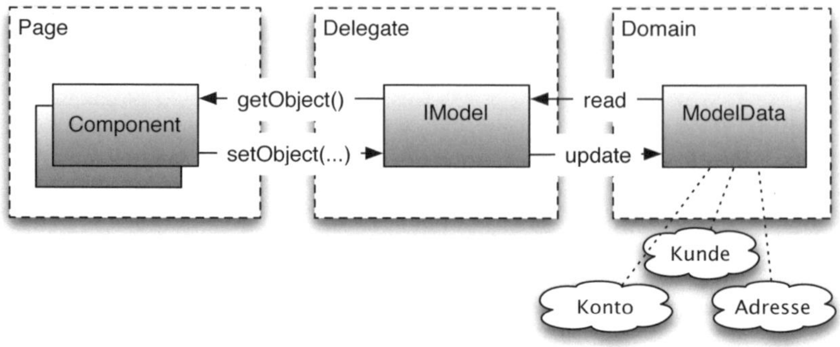


```
public Component(final String id, final IModel<?> model)

public Component setDefaultModel(final IModel<?> model)
```

Die Zuweisung eines Modells ist optional. Das hat verschiedene Ursachen:

- Nicht alle Komponenten sind dafür ausgelegt, Domänendaten zu repräsentieren. Die Komponente `RepeatingView` beispielsweise, die als Containerkomponente kein eigenes Markup generiert, benötigt kein Modell.
- Komponenten besitzen von sich aus einen internen Zustand, sodass z. B. für einen Prototyp funktionsfähige Formulare mit Eingabefeldern entwickelt werden können. Der interne Zustand wird lediglich nicht durch die Bindung an ein Modell weiterverwertet.
- Komponenten können Modelle mit verwenden, die ihren Containerkomponenten zugewiesen sind. Das Stichwort hierzu lautet `CompoundPropertyModel`, eine Modell-Variante die wir in diesem Abschnitt noch vorstellen werden.

Es wäre jetzt ziemlich mühsam, jedes Mal wenn ein Modell benötigt wird, das Interface `IModel` zu implementieren. Die Wicket-Entwickler haben hier schon Vorarbeit geleistet. Sie bieten fertige `IModel`-Implementierungen für unterschiedliche Einsatzzwecke an. Wir werden hier nur die wichtigsten Grundvarianten betrachten, da es andernfalls den Rahmen des Buches sprengen würde:

Model Das ist eine einfache Implementierung, die das Domänenobjekt wrappt.

PropertyModel Für den lesenden und schreibenden Zugriff auf das Domänenobjekt wird eine Property-Expression auf einem Referenzobjekt der Anwendungsdomäne angewandt.

CompoundPropertyModel Dieses Modell wird einer Vaterkomponente zugewiesen. Die Kindkomponenten nutzen das Modell durch einen Vererbungsmechanismus und durch eine Property-Expression, die sie selbst über ihre Komponenten-ID liefern.

LoadableDetachableModel Dieses Modell löst im Prinzip drei Probleme: Es ermöglicht die Verwendung von nicht serialisierbaren Domänenobjekten und bietet eine Reduzierung der Sessiongröße, was insbesondere bei der Verwendung von komplexen Domänenobjekten hilfreich sein kann. Dieses Modell sorgt dafür, dass immer auf dem aktuellen Datenzustand gearbeitet werden kann.

ResourceModel Ein Modell zum einfachen Zugriff auf Textmeldungen in Resource-Bundles.

StringResourceModel Ein Modell zum Zugriff auf Textmeldungen in Resource-Bundles, das Property-Expressions und Ersetzung über `MessageFormat` versteht.

Bevor wir uns den `IModel`-Implementierungen zuwenden, sollten wir noch ein paar Worte über die Serialisierbarkeit von Modellen verlieren. Aus den Ausführungen in Abschnitt 7.1.3 wissen wir, dass Seiten und die ihnen zugeordneten Komponenten in der `HttpSession` gehalten werden[4]. Beim Betrieb in einem Cluster wird in der Regel ein automatischer Session-Replikationsmechanismus verwendet, den die gängigen Webcontainer durch Serialisieren und Deserialisieren der `HttpSession`-Tabelle unter Nutzung des in Java integrierten Serialisierungsmechanismus umsetzen. Die Java-Serialisierung setzt voraus, dass serialisierbare Klassen das Marker-Interface `java.io.Serializable` implementieren. Um einen Objektbaum mit allen Attributen serialisieren zu können, müssen auch alle Objektattribute rekursiv absteigend `Serializable` implementieren.

Was bedeutet das für den Einsatz von Modellen? Das Modell einer Komponente wird in einem Attribut der Komponente gehalten. Beim Serialisieren einer `WebPage` werden alle verknüpften Komponenten mit ihren Modellen serialisiert. `WebPage`, `Component` und `IModel` sind von Haus aus serialisierbar. Das gilt allerdings nicht automatisch für die durch das Modell verwaltete Domänenklasse. Wird nämlich innerhalb des Modells das Domänenobjekt in einer Instanzvariablen verwaltet, muss auch darauf geachtet werden, dass das Domänenobjekt serialisierbar ist. Domänenklassen sind aber häufig vorgegeben, sodass hier selten Einfluss genommen werden kann. Ehrlich gesagt würde es auch dem Sinn von Modellen widersprechen, wenn für ihre Verwendung die Domänenklassen erst modifiziert oder adaptiert werden müssten. Wicket

[4] Ausnahme sind Stateless-`WebPages`, die in einer Wicket-Anwendung eher selten zum Einsatz kommen.

hält hierfür natürlich auch Lösungsansätze parat. Wir gehen gleich darauf ein, wenn wir LoadableDetachableModel vorstellen.

Model<T>, der »Wrapper«

Starten wir bei der Präsentation der Modelle mit Model<T>, das die einfachste IModel-Implementierung darstellt. Model<T> ist ein Wrapper um ein beliebiges Objekt (Elementtyp T). Hat man beispielsweise eine Domänenklasse Customer, eine normale JavaBean mit der Property nachname, so kann die Property mit Model<String> wie in Listing 7.14 an eine Label-Komponente gebunden werden.

Listing 7.14 *Wrapper-Model*

```
public class CustomerPage1 extends WebPage {
 private Customer customer = new Customer("Schmidt");

 public CustomerPage1(final PageParameters parameters) {
  add(new Label("lblNachname", new Model<String>(
    customer.getNachname())));
 }
}
```

Wicket hält für diesen einfachen, aber wohl häufig benötigten Fall einen Shortcut bereit, sodass das Label auch mit

```
new Label("lblNachname", customer.getNachname());
```

erzeugt werden kann. Die Label-Komponente benötigt von Natur aus ausschließlich lesenden Zugriff auf ihr Modell. Das heißt, es wird nur Model#getObject() (beim Rendern) aufgerufen. Wicket stellt die Klasse AbstractReadOnlyModel<T> für die Fälle bereit, in denen man lediglich lesenden Zugriff auf das Modellobjekt benötigt. Bei ihrer Verwendung muss nur noch die Methode public abstract T getObject() implementiert werden.

Was passiert eigentlich mit dem Label, wenn die Property nachname von customer neu gesetzt wird? Das kann z. B. dann passieren, wenn durch ein Formular auf der gleichen Seite der Inhalt von customer aktualisiert wird. Dieser Fall ist in Listing 7.15 dargestellt, in dem das ursprüngliche Beispiel um ein Formular mit einem Eingabefeld für den Nachnamen erweitert wurde.

Listing 7.15 *Problem mit der Wrapper-Variante bei Modelländerung*

```
public class CustomerPage2 extends WebPage {
 private Customer customer = new Customer("Schmidt");

 public CustomerPage2(final PageParameters parameters) {
  Form<Object> form = new Form<Object>("customerForm");
```

```
  form.add(new TextField<String>("nachname",
    new Model<String>(customer.getNachname())));

  add(form);
  add(new Label("lblNachname", new Model<String>(
    customer.getNachname())));
 }
}
```

Sie haben es sicher bemerkt: Der Inhalt des Labels wird nicht aktualisiert. Das Problem liegt einfach daran, dass die Komponenten mit ihren Modellen im Konstruktor der Seite einmal erzeugt werden. Nachfolgende Requests, die an die gleiche Seiteninstanz gerichtet sind, ändern an dieser Situation nichts mehr, wenn keine Gegenmaßnahmen ergriffen werden.

Ein möglicher Ausweg ist, das `Label`-Modell neu zu setzen, wenn das Formular abgesendet wird. Dazu wird die `onSubmit()`-Methode von `Form` überschrieben. Um aus dem Handler heraus auf das `Label` und das `TextField` zugreifen zu können, werden beide Komponenten als Instanzvariablen der Seite deklariert (siehe Listing 7.16).

Listing 7.16
Manuelles Update bei Model-Änderung

```
public class CustomerPage3 extends WebPage {
 private Label lblNachname;
 private TextField<String> nachname;

 private Customer customer = new Customer("Schmidt");

 public CustomerPage3(final PageParameters parameters) {
  Form<Object> form = new Form<Object>("customerForm") {
   @Override
   protected void onSubmit() {
    customer.setNachname(nachname
      .getDefaultModelObjectAsString());
    lblNachname.setDefaultModel(new Model<String>(
      customer.getNachname()));
   }
  };

  nachname =
    new TextField<String>("nachname", new Model<String>(
      customer.getNachname()));
  form.add(nachname);
```

```
    add(form);
    lblNachname =
      new Label("lblNachname", new Model<String>(customer
        .getNachname()));
    add(lblNachname);
  }
}
```

Diese Lösung besitzt den entscheidenden Nachteil, dass eine an sich nicht erwünschte Kopplung von Komponenten alleine zum Zweck der Modell-Aktualisierung hergestellt wird. Außerdem muss das eigentliche Modellobjekt, die Property `nachname` des Objektes `customer`, manuell in `onSubmit()` aktualisiert werden.

Dynamic Model

Die Klasse `Model` als Wrapper um ein Domänenobjekt bzw. Domänenattribut führt uns hier nur mit Extraaufwand zum Ziel. Ein Ausweg besteht darin, anstatt das Domänenobjekt zu wrappen, nur an dieses zu delegieren. Eine solche Lösung ist in Listing 7.17 dargestellt.

Listing 7.17
Model-Delegation

```
public class CustomerPage4 extends WebPage {
 private Customer customer = new Customer("Schmidt");

 public CustomerPage4(final PageParameters parameters) {
  Form<Object> form = new Form<Object>("customerForm");
  add(form);
  form.add(new TextField<String>("nachname",
    new IModel<String>() {

     public String getObject() {
      return CustomerPage4.this.customer.getNachname();
     }

     public void setObject(String object) {
      CustomerPage4.this.customer.setNachname(object);
     }

     public void detach() {
     }

    }));

  add(new Label("lblNachname",
    new AbstractReadOnlyModel<String>() {
```

```
      @Override
      public String getObject() {
       return CustomerPage4.this.customer.getNachname();
      }
    }));
  }
}
```

Leider hat auch diese Variante einen Nachteil: Es muss im Verhältnis viel Code in die Modelle gesteckt werden. Wenn man berücksichtigt, dass normalerweise beim Hineinnavigieren in die Domänenobjekte `NULL`-Checks auf den passierten Attributen stattfinden müssen, ist davon auszugehen, dass `getObject()` und `setObject()` in der Praxis noch ausführlicher und damit auch fehleranfälliger werden.

PropertyModel

Das haben die Wicket-Entwickler früh erkannt und mit `PropertyModel` ein adäquates Werkzeug dafür entwickelt. Bei `PropertyModel` wird auf das Domänenobjekt dynamisch zur Laufzeit durch Auswertung einer Property-Expression zugegriffen. Erzeugt wird das Modell über den Konstruktor `public PropertyModel(final Object modelBase, final String expression)`. Im Parameter `modelBase` steckt das Objekt, auf dem die Property-Expression (der zweite Parameter) ausgewertet wird. Betrachten wir den Einsatz von `PropertyModel` zunächst an unserem Beispiel (siehe Listing 7.18), bevor wir uns mit den Möglichkeiten der Expression-Language auseinandersetzen.

Listing 7.18
PropertyModel

```
public class CustomerPage5 extends WebPage {
 private Customer customer = new Customer("Schmidt");

 public CustomerPage5(final PageParameters parameters) {
  Form<Object> form = new Form<Object>("customerForm");
  add(form);
  final TextField<String> nachname =
    new TextField<String>("nachname",
      new PropertyModel<String>(customer, "nachname"));
  form.add(nachname);

  add(new Label("lblNachname", nachname.getModel()));
 }
}
```

Das Modell für das `TextField` `nachname` wird jetzt mit `new PropertyModel<String>(customer, "nachname")` gebildet. Die Modell-Basis, d.h. das Referenzobjekt, auf dem die Expression `"nachname"` angewandt wird, um das Domänenobjekt zu lesen oder zu schreiben, ist die Instanz `customer`. Die Expression `"nachname"` wird je nach Zugriffsart unterschiedlich interpretiert:

- Beim Lesen des Domänenobjektes mit `getObject()` liefert die Expression-Evaluierung `customer.getNachname()`.
- Beim Schreiben des Modells mit `setObject(...)` wird `customer.setNachname(...)` evaluiert.

Um sicherzugehen, dass das Label (ID `lblNachname`) auch die gleichen Daten anzeigt, die in dem Eingabefeld geändert werden, haben wir als `Label`-Modell einfach das Modell des Eingabefeldes genutzt: `nachname.getModel()`.

Expression-Language

Die Expression-Language verfügt über Konstrukte, die ein nahezu beliebiges Navigieren in Objektbäumen erlaubt. Die Navigation über einfache Bean-Properties kann nach dem Schema `<beanProperty1>.<beanProperty2>` geschachtelt werden. Der Expression-Interpreter verhält sich dabei zunächst gemäß der JavaBean-Spezifikation und versucht entsprechende Getter- oder Setter-Methoden aufzuspüren. Gelingt das nicht, wird zusätzlich nach passenden Attributen Ausschau gehalten, egal in welchem Scope diese deklariert sind. Unser Beispiel würde also genauso funktionieren, wenn nur das Attribut `Customer#nachname` vorhanden wäre. Die Evaluierung ist `NullpointerException`-sicher: Sobald bei der Evaluierung von geschachtelten Properties festgestellt wird, dass eine Property `NULL` ist, wird die Evaluierung abgebrochen und `NULL` als Ergebnis zurückgeliefert.

Neben einfachen Bean-Properties kann auch in Indexed Properties, Arrays und Collections navigiert werden. In Tabelle 7-1 ist die vorgeschriebene Syntax beispielhaft beschrieben.

Tab. 7-1 *PropertyModel-Expression-Syntax*

Expression	**Beschreibung**
`nachname`, `kontakt.telefon`	Einfache Bean-Properties oder -Attribute
`adresse[2]` `adresse[2].strasse` `adresse.2`	Beschreibt einen indizierten Zugriff. `adresse` ist entweder ein Array, eine `List` oder ein Indexed Property (d. h. , es existieren die Methoden `getAdresse(Index)` und `setAdresse(index, value)`).
`mobil[private]` `mobil.privat`, `privat`	Beschreibt den Zugriff auf eine Map. Beim letzten Beispiel `privat` ist das Referenzobjekt selbst eine Map.

Auffällig an der Syntax ist, dass beim indizierten Zugriff und beim Zugriff auf eine Map jeweils eine Schreibweise mit [] und eine ohne []

möglich ist. Wir empfehlen hier, die Schreibweise mit den Klammerpaaren einzusetzen, weil sie unserer Meinung nach besser zu lesen ist.

Der Einsatz von PropertyModel bringt zweifellos eine massive Einsparung von Code. Allerdings bekommt man das auch nicht umsonst. Man verliert durch das Evaluieren von Ausdrücken per Java-Reflection die statische Bindung (*Static Typing*) durch den Compiler. Das kann bei Änderungen an den Domänenobjekten z. B. durch Refactoring sehr unangenehm auffallen. Nicht mehr gültige Expressions führen erst beim Aufruf der entsprechenden Seiten zum Fehler.

CompoundPropertyModel

Wicket hält noch zwei spezielle Varianten von PropertyModel bereit, die richtig eingesetzt zu weiterer Codeersparnis führen können. Häufig hat man die Situation, dass man auf einer Anwendungsseite gleich mehrere Attribute des gleichen Domänenobjektes als Komponentenmodell benötigt. Das betrifft zum Beispiel Domänenobjekte wie *Adresse*, *Bankverbindung* oder *Kontakt*, deren Attribute als Ganzes in einem Formular erfasst werden. Beim CompoundPropertyModel wird ein mehrere Attribute aggregierendes Domänenobjekt einer einzigen Komponente zugewiesen. Die Komponente kann eine beliebige Containerkomponente wie Form, Panel oder Page sein. Komponenten innerhalb dieser Containerkomponente können Attribute des Domänenobjektes nutzen, ohne dass ihnen explizit ein Modell zugewiesen wird. Wie das genau funktioniert, soll anhand des Beispiels in Listing 7.19 gezeigt werden.

Listing 7.19
CompoundProperty-Model

```
public class CustomerPage6 extends WebPage {
 private Customer customer = new Customer("Schmidt");

 public CustomerPage6(final PageParameters parameters) {
  Form<Object> form =
    new Form<Object>("customerForm");
  form.setDefaultModel(
    new CompoundPropertyModel<Customer>(customer));
  add(form);
  final TextField<String> nachname =
    new TextField<String>("nachname");
  form.add(nachname);

  add(new Label("lblNachname", nachname.getModel()));
 }

}
```

Im Vergleich zu CustomerPage5 ist zu erkennen, dass der Form das Modell CompoundPropertyModel<Customer> und dem TextField nachname kein Modell zugewiesen wird. Wenn einer Komponente wie im Fall des Textfelds kein Modell zugewiesen wird, setzt das Framework eine Suche in der Komponentenhierarchie entlang der Parent-Beziehungen der Komponente fort, um dort ein CompoundPropertyModel aufzuspüren. Im Beispiel ist das nächstgelegene CompoundPropertyModel das Modell der Form-Komponente (CompoundPropertyModel<Customer>). Dieses dient als Grundlage für die Bildung des TextField-Modells. Diesem fehlt jetzt nur noch eine Property-Expression, die das gewünschte Attribut innerhalb des vom CompoundPropertyModel gebundenen Domänenobjektes angibt. In unserem Beispiel ist das Customer#nachname. Wicket setzt an dieser Stelle auf eine Konvention: Die Wicket-ID der Komponente ist gleichzeitig die benötigte Property-Expression. Unser Textfeld besitzt mit "nachname" die passende Wicket-ID bzw. Property-Expression.

Dass beim Einsatz des CompoundPropertyModel die Wicket-IDs aus Property-Expressions bzgl. eines Domänenobjektes bestehen müssen, sollte im Allgemeinen kein Nachteil sein. Sind die Attribute des Domänenobjektes einigermaßen aussagekräftig, dann dokumentieren die Wicket-IDs sogar ein Stück weit, was die betroffenen Komponenten darstellen.

Für den Fall, dass für die Wicket-ID keine Property-Expression verwendet werden kann, hilft die Methode

```
public <S> IModel<S> bind(String propertyExpression)
```

weiter. Mit ihrer Unterstützung kann ein PropertyModel unter Angabe der gewünschten Property-Expression erzeugt werden, das das bestehende CompoundPropertyModel nutzt, um an dessen Target-Objekt heranzukommen. Das heißt, getObject() auf dem PropertyModel aufgerufen, liefert das CompoundPropertyModel zurück, auf dem wiederum getObject() aufgerufen wird. Nach dem gleichen Prinzip erfolgt der schreibende Zugriff mit setModel(). In Wicket spricht man hierbei von *Model-Chaining*.

Das Beispiel mit den Klassen in Listing 7.20 und der Markup-Datei in Listing 7.21 zeigt die Verwendung von bind(String propertyExpression). Das Formular aus dem letzten Beispiel haben wir um das TextField mit der Wicket-ID "mobileNumber" und um das Label "lblMobile" erweitert. Die Domänenklasse verwaltet jetzt eine Liste von Contact-Objekten. Contact enthält die Properties email und mobileNo.

Listing 7.20
CompoundPropertyModel mit bind()

```
public class CustomerPage7 extends WebPage {
 private Customer customer;

 public CustomerPage7(final PageParameters parameters) {
  customer = new Customer("Schmidt");
```

```
    customer.addContact(new Contact("0171-888888",
      "customer@mail.com"));
    Form<Object> form = new Form<Object>("customerForm");

    CompoundPropertyModel<Customer> customerModel =
      new CompoundPropertyModel<Customer>(customer);
    form.setDefaultModel(customerModel);
    add(form);
    TextField<String> nachname =
      new TextField<String>("nachname");
    form.add(nachname);

    TextField<?> mobileNumber =
      new TextField<Object>("mobileNumber", customerModel
        .bind("contacts[0].mobileNo"));
    form.add(mobileNumber);

    add(new Label("lblNachname", nachname.getModel()));
    add(new Label("lblMobile", mobileNumber.getModel()));
  }
}

public class Customer implements Serializable {
  private String nachname;
  private List<Contact> contacts =
     new ArrayList<Contact>();

  ...
  public void addContact(Contact contact) {
    contacts.add(contact);
  }

  public List<Contact> getContacts() {
    return contacts;
  }
}

public class Contact implements Serializable {
  private String mobileNo;
  private String email;

  public String getMobileNo() {
    return mobileNo;
  }
  ...
}
```

Listing 7.21
CustomerPage7.html

```
...
<form action="#" wicket:id="customerForm">
 <table>
 <tr>
  <td>Nachname:</td>
  <td><input type="text" wicket:id="nachname" /></td>
 </tr>
 <tr>
  <td>Mobil-Telefon:</td>
  <td><input type="text" wicket:id="mobileNumber" /></td>
 </tr>
 <tr>
  <td></td>
  <td><input type="submit" value="OK"/></td>
 </tr>
 </table>
</form>
<div wicket:id="lblNachname">Nachname</div>,
<div wicket:id="lblMobile">0xxxxx</div>
...
```

An das Feld `"mobileNumber"` soll die Mobilfunknummer aus dem ersten Kontakt in der Kontaktliste gebunden werden. Das geschieht mithilfe des Ausdrucks `customerModel.bind("contacts[0].mobileNo")`. Das Framework löst auf dem damit erzeugten PropertyModel `getObject()` so auf, wie es in Abbildung 7-8 dargestellt ist.

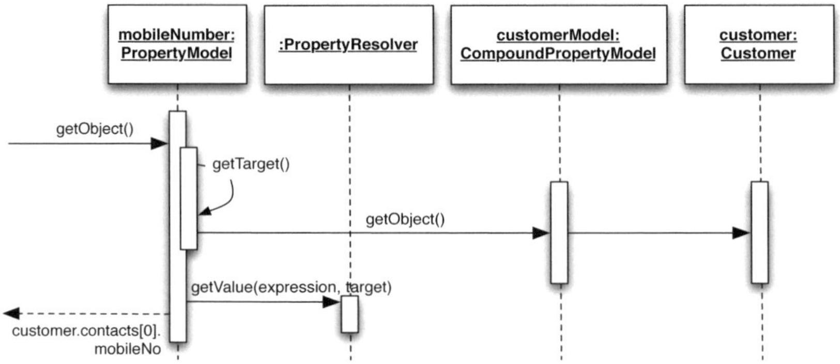

Abb. 7-8
Model-Chaining in CompoundProperty-Model#bind()

Das In-Reihe-Schalten von Modellen erlaubt es, die Eigenschaften verschiedener Modellarten für den jeweiligen Bedarf mit wenig Aufwand zu kombinieren.

Bei allen bisher vorgestellten Modellen ist das Domänenobjekt so an das Modell geknüpft, dass es beim Seitenwechsel oder im Cluster-Betrieb mit serialisiert werden muss. Bei größeren oder komplexeren

Domänenobjekten kann sich das negativ auf Performance und Auslastung der Netzwerkbandbreite auswirken. Außerdem kann nicht garantiert werden, dass die Domänenobjekte immer serialisierbar sind.

Dieses Problem kann dadurch umgangen werden, dass das Modell keine Referenz auf das Domänenobjekt hält und immer direkt auf das Backend durchgreift. Das kann wie in Listing 7.22 aussehen. Die Methoden `retrieveCustomer` und `saveCustomer` deuten den Zugriff auf das Backend an.

Listing 7.22
Dynamic Model ohne Caching

```
public class CustomerPage8 extends WebPage {

 public CustomerPage8(final PageParameters parameters) {

  Form<Object> form = new Form<Object>("customerForm");
  add(form);
  form.add(new TextField<String>("nachname",
    new IModel<String>() {

     public String getObject() {
      return retrieveCustomer(parameters).getNachname();
     }

     public void setObject(String object) {
      Customer customer = retrieveCustomer(parameters);
      customer.setNachname(object);
      saveCustomer(customer);
     }

     public void detach() {
     }

    }));

  add(new Label("lblNachname",
    new AbstractReadOnlyModel<String>() {

     @Override
     public String getObject() {
      return retrieveCustomer(parameters).getNachname();
     }
    }));
 }
 ...
}
```

Im Laufe eines Requests kann mehrfach auf das Modell zugegriffen werden, vor allem dann, wenn mehrere Komponenten das gleiche Modell verwenden, wie unser Beispiel mit dem `TextField` und dem `Label` zeigt. Wenn das Ergebnis von `retrieveCustomer()` nicht anderweitig, z. B. in einem Second-Level-Cache, zwischengespeichert wird, wird sich das negativ auf die Performance auswirken. Problematisch an dieser Lösung ist auch, dass `setObject()` das Kundenobjekt speichert. Möchte man weitere `Customer`-Attribute editieren können, so muss in den Modellen der zugehörigen Eingabefelder ebenfalls `saveCustomer()` aufgerufen werden.

Static Model

Die Backend-Zugriffe können minimiert werden, wenn man statische Modelle einsetzt. Das letzte Beispiel (siehe Listing 7.23) haben wir dahingehend abgeändert, dass `Model` für `TextField` und `Label` eingesetzt wird. `Model` darf natürlich nur wie in diesem Fall ein serialisierbares Objekt wrappen. In der Methode `Form#onSubmit()` wird das Domänenobjekt `Customer` mit dem Modellobjekt aus dem Textfeld `nachname` aktualisiert.

Listing 7.23
Static Model ohne Caching

```
public class CustomerPage9 extends WebPage {
 TextField<String> nachname = null;

 public CustomerPage9(final PageParameters parameters) {

  Form<Object> form = new Form<Object>("customerForm") {
   @Override
   protected void onSubmit() {
    Customer customer = retrieveCustomer(parameters);
    customer.setNachname(nachname.getModelObject());
    saveCustomer(customer);
   }
  };
  add(form);
  nachname =
    new TextField<String>("nachname", new Model<String>(
      retrieveCustomer(parameters).getNachname()));
  form.add(nachname);

  add(new Label("lblNachname", nachname.getModel()));
 }

...

}
```

Auch wenn bei dieser Lösung `Customer` nicht serialisierbar sein muss und die Anzahl der Backend-Zugriffe minimiert werden kann, ist es doch keine elegante Lösung. Das Domänenobjekt kann nicht mehr direkt als Modellobjekt verwendet werden. In der Anwendung muss manuell zwischen Modell und Domänenobjekt gemappt werden. Das Prinzip des Model-Binding, wie man es von `PropertyModel` her kennt, geht komplett verloren. Damit stehen Features wie automatische Datenkonvertierung durch IConverter unter Berücksichtigung der Locale nicht mehr zur Verfügung.

Model-Detaching und Model-Attaching

Wäre es nicht besser, wenn das Domänenobjekt für die Gesamtdauer des Requests gecacht werden könnte und es sich in diesem Zeitraum direkt für Model-Binding verwenden ließe, um es am Ende des Requests wieder freizugeben, damit es nicht in die Session-Serialisierung mitgenommen wird? Genau das ist die Idee von Model-Attaching und Model-Detaching.

Zustände: attached und detached

Ein *Detachable Model* enthält grundsätzlich: eine Referenz auf das Domänenobjekt und ein serialisierbares Identifikationsmerkmal des Domänenobjektes. Bei einer Entität repräsentiert durch die Klasse `Customer` kann beispielsweise ihr Primärschlüssel als Identifikationsmerkmal dienen. Primärschlüssel sind in der Regel als einfache serialisierbare Datentypen wie `String` oder `Long` ausgeprägt.

Im Zustand *attached* enthält das Modell die Domänenobjektreferenz und das Identifikationsmerkmal. Im Zustand *detached* ist lediglich das Identifikationsmerkmal gesetzt, das heißt, die Domänenobjektreferenz ist `null`. Ein *Detachable Model* wird mit Identifikationsmerkmal konstruiert und dann wie jedes andere Modell einer Komponente zugewiesen. Es bleibt so lange im Zustand *detached*, bis `getModel()` aufgerufen wird. Dann wird das Domänenobjekt über das Backend geladen und die Domänenobjektreferenz gesetzt. Das Modell befindet sich danach im Zustand *attached*. Nachfolgende Zugriffe über `getObjekt()` liefern das gecachte Domänenobjekt zurück. Für den Übergang in den Zustand *detached* muss die Referenz auf das Domänenobjekt zurückgesetzt werden. Im Wicket-Request-Zyklus (den wir in Abschnitt 7.2 vorstellen) wird am Ende eines Requests der Schritt *Detach Request* ausgeführt. Dort wird allen Komponenten, Behaviors und Modellen auf den während des Requests besuchten Seiten Gelegenheit gegeben, belegte Ressourcen freizugeben. Für die den Komponenten zugewiesenen Modelle hat das zur Folge, dass ihre Methode `detach()` aufgerufen wird. Diese Methode wird von jedem Modell implementiert, da `IModel` das Interface `IDetachable` erweitert (siehe Listing (siehe Listing 7.13 und 7.24).

Listing 7.24
IDetachable erweitert IClusterable

```
public interface IDetachable extends IClusterable {
 void detach();
}
```

Bisher hatten wir der Methode `detach()` mangels Bedarf keine Beachtung geschenkt. Beim Model-Detaching kommt sie jetzt aber zum Zuge. Sie bezeichnet genau die Stelle, an der die Domänenobjektreferenz zurückgesetzt werden muss. Listing 7.25 zeigt die Implementierung von Detachable Model.

Listing 7.25
Model-Attaching und -Detaching

```
public abstract class DetachableModel<T extends Entity>
  implements IModel<T> {

 private Long id;
 private transient T domainObject;

 public DetachableModel(Long id) {
  this.id = id;
 }

 public T getObject() {
  if (domainObject != null)
   return domainObject;
  this.domainObject = load(id);
  return domainObject;
 }

 public void setObject(T obj) {
  this.domainObject = obj;
  id = (domainObject == null ?
    null : domainObject.getId());
 }

 public void detach() {
  if (isAttached()) {
   save(domainObject);
   this.domainObject = null;
  }
 }

 public boolean isAttached() {
  return domainObject != null;
 }

 protected abstract T load(Long id);
```

```
 protected abstract void save(T domainObject);

}

public interface Entity extends Serializable {
 Long getId();
}
```

Hier fällt auf, dass die Domänenobjektreferenz `domainObject` transient deklariert ist. Damit wird deutlich, dass auch nicht serialisierbare Domänenobjekte verwendet werden können. Zudem wird garantiert, dass auch im Falle eines serialisierbaren Domänenobjektes dieses am Ende des Requests nicht mit serialisiert wird.

Wicket stellt mit `LoadableDetachableModel` bereits ein *Detachable Model* zur Verfügung, das den Attaching/Detaching-Mechanismus implementiert und vom Anwender lediglich die Methode `protected abstract T load()` erwartet. Diese rekonstruiert bzw. lädt das Domänenobjekt mithilfe des Identifikationsmerkmals.

Model-Nesting

Unser Beispiel in Listing 7.26 zeigt den Einsatz von `LoadableDetachableModel` und darüber hinaus einen sinnvollen Einsatz von Model-Nesting. Zunächst wird dort eine `LoadableDetachableModel<Customer>`-Implementierung erzeugt. Die Methode `load()` zum Laden eines Kunden erwartet, dass die Customer-ID als Request-Parameter geliefert wird, um per `findById(id)` den Kunden aus dem Backend zu ermitteln.

Listing 7.26
Model-Nesting

```
public class CustomerPage10 extends WebPage {

 public CustomerPage10(final PageParameters parameters) {

  LoadableDetachableModel<Customer> loadableDetachableModel =
    new LoadableDetachableModel<Customer>() {

     @Override
     protected Customer load() {
      Long id = parameters.getAsLong("id");
      Customer customer =
        CustomerService.getInstance().findById(id);
      return customer;
     }

    };
```

```
    Form<Customer> form =
      new Form<Customer>("customerForm",
        new CompoundPropertyModel<Customer>(
          loadableDetachableModel));
    add(form);

    TextField<String> nachname =
      new TextField<String>("nachname");
    form.add(nachname);

    TextField<String> mobileNumber =
      new TextField<String>("contacts[0].mobileNo");
    form.add(mobileNumber);

    add(new Label("lblNachname", nachname.getModel()));
    add(new Label("lblMobile", mobileNumber.getModel()));
  }
}
```

Das Modell `loadableDetachableModel` wird von einem `CompoundPropertyModel<Customer>` gewrappt, das der `Form`-Komponente zugeordnet wird. Durch die Verschachtelung der Modelle können wir die spezifischen Eigenschaften des jeweiligen Modells nutzen, ohne weitere Modell-Implementierungen erzeugen zu müssen.

Zum Model-Nesting sollte angemerkt werden, dass der Kombinierbarkeit der Modelle Grenzen gesetzt sind. Zum einen ist nicht jede Kombination sinnvoll. `LoadableDetachableModel` ist zum Beispiel dazu gedacht, ein Domänenobjekt zu laden. Darin ein anderes Modell zu kapseln ist unsinnig. Außerdem muss ein Modell, in das ein anderes Modell geschachtelt werden kann, entsprechend im Code reagieren. Die Implementierung von `getObject()` eines solchen Modells sollte deshalb etwa so wie in Listing 7.27 aussehen.

Listing 7.27
Unterstützung für Model-Nesting in getObject()

```
private Object target;

public T getObject() {
  Object object = target;
  while (object instanceof IModel)
  {
    Object tmp = ((IModel<?>)object).getObject();
    if (tmp == object)
      break;
    object = tmp;
  }
  return (T)object;
}
```

Es wird so lange durch die Model-Chain navigiert, bis das innenliegende Domänenobjekt zum Vorschein kommt.

7.2 Request-Verarbeitung

In diesem Abschnitt wollen wir die internen Abläufe bei der Request-Bearbeitung mit Wicket vorstellen. Auch wenn es an dieser Stelle etwas theoretisch wird, ist das Verständnis der beschriebenen Elemente und Abläufe in jedem Fall lohnenswert. Der reine Anwendungsentwickler, der sich in seiner Arbeit primär an den Programmiervorgaben von Wicket orientiert, kann diesen Abschnitt auch überspringen.

Im ersten Teil werden die am Ablauf beteiligten Frameworkklassen kurz beschrieben, um anschließend ihr Zusammenspiel bei der Bearbeitung eines Wicket-Requests zu erläutern.

7.2.1 WebRequestCycle und WebRequestCycleProcessor

Für jeden Request erstellt das Framework ein Objekt vom Typ `WebRequestCycle`. Der `WicketFilter` ruft dazu am Anwendungsobjekt die Methode `newRequestCycle(request, response)` auf. Dieses Objekt kapselt die eingegangenen Request-Parameter und ist für die komplette Verarbeitung eines Requests verantwortlich. `WebRequestCycle` bedient sich eines Delegates, des `WebRequestCycleProcessor`, zur Verarbeitung der einzelnen Prozessschritte. Die Ablauflogik befindet sich in `WebRequestCycle`. Der `WebRequestCycleProcessor` wird von allen `WebRequestCycle`-Objekten gemeinsam verwendet. In `WebRequestCycle` gibt es verschiedene Hilfsmethoden, wovon besonders die in mehreren Ausprägungen vorkommende Methode `urlFor(...)` zum Codieren von URLs erwähnt werden soll. URLs codiert man beim Rendern von Links, wie z. B. beim Erzeugen der Tags `<a href="...">`, `<script src="...">` oder `<iframe src="...">`.

`WebRequestCycle` beherbergt weiterhin die Attribute `WebRequest` und `WebResponse`, die eine Klammer um `HttpServletRequest` und `HttpServletResponse` bilden und bei Bedarf die gekapselten Objekte der Servlet-API preisgeben.

7.2.2 IRequestTarget

Ergebnisse von Requests an die Anwendung können ganz unterschiedlich aussehen. Beim Aktivieren eines Links – z. B. `BookmarkablePageLink` – soll beispielsweise eine Seite gerendert werden. Ein Request, der durch die Komponente `AjaxLink` verarbeitet wird, resultiert darin, dass ein Event-Handler per Ajax aufgerufen und Markup durch Rendern einzelner Komponenten in XML codiert als Antwort zurückgeliefert wird. Resource-Requests führen dazu, dass statische Ressourcen wie z. B. Images, CSS-, JS-Dateien oder zur Laufzeit generierte Ressourcen gestreamt werden.

Das voneinander abweichende Verhalten bei der Bearbeitung unterschiedlicher Request-Arten wird in separate Handler ausgelagert. Diese implementieren das Interface `IRequestTarget` (siehe Listing 7.28) und werden initial aus der Request-URL ermittelt. IRequestTarget verkörpert also die für eine bestimmte Request-Art individuell notwendigen Verarbeitungsschritte.

Listing 7.28 *Interface IRequestTarget*

```
public interface IRequestTarget {
        void respond(RequestCycle requestCycle);

        void detach(RequestCycle requestCycle);
}
```

`WebRequestCycle` verwaltet einen Stack von `IRequestTarget`-Objekten. Im Laufe der Request-Verarbeitung ist es möglich, dass mehrere `IRequestTargets` involviert sind. Ein typischer Fall ist die `Link`-Komponente. Für das Aktivieren eines Links ist `ListenerInterfaceRequestTarget` zuständig. Wird der `onClick`-Handler der `Link`-Komponente ausgeführt, kann am Ende mit `setResponsePage()` eine neue Seite angefordert werden. Damit kommt auch mit `PageRequestTarget` ein neuer `IRequestTarget` ins Spiel. Nur das zuletzt auf den Stack gelegte `IRequestTarget`-Objekt wird vom `WebRequestProcessor` mit der Generierung des Response beauftragt.

7.2.3 Request-Verarbeitung Schritt für Schritt

Die Request-Verarbeitung in Wicket gliedert sich in folgende fünf Bearbeitungsschritte:

1. Prepare Request
2. Resolve Target
3. Process Events
4. Respond
5. Detach Request

Schritt 1: Prepare Request

`WebRequestCycle` startet die Verarbeitung eines Wicket-Requests mit »Prepare Request«. Hier wird der Anwendung Gelegenheit gegeben, durch Überschreiben der Lifecycle-Methoden `WebRequestCycle#onBeginRequest()` und `AbstractHttpSessionStore\#onBeginRequest()` Code vor der Request-Verarbeitung ausführen zu lassen. Das Framework selbst liefert nur leere Implementierungen der Methoden. Für Aufräumarbeiten am Ende der Request-Verarbeitung werden im Schritt »Detach« unter anderem die korrespondierenden Methoden `WebRequestCycle#onEndRequest()` und `AbstractHttpSessionStore#onEndRequest()` aufgerufen. Auch hier werden nur leere Methoden bereitgestellt.

Schritt 2: Resolve Target

Im Schritt »Resolve Target« wird der Request decodiert und die zuständige `IRequestTarget`-Implementierung ermittelt. Beim Request-Decodieren werden die Wicket-spezifischen und optionalen Request-Parameter in ein Objekt vom Typ `RequestParameters` überführt. Die Interpretation von URL und Request-Parametern wird an eine Coding-Strategie vom Typ `IRequestCodingStrategy` delegiert. Die Strategie ist im Übrigen auch für das Codieren von URLs verantwortlich, wie z. B. für die Erzeugung von Links und Ressourcenreferenzen.

WebRequest-CodingStrategy

Die Coding-Strategie legt Syntax und Semantik der Wicket-URLs fest und nimmt der Anwendung die Aufgaben der Request-Interpretation und der URL-Generierung ab. Das Framework erlaubt es, die Coding-Strategie pro Anwendung zu konfigurieren. Wir werden in Abschnitt 11.5 sehen, wie das geht und warum das sinnvoll sein kann. Da man die meiste Zeit wohl mit Wickets Standard-Coding-Strategie zu tun hat, wollen wir den Aufbau der damit definierten URLs hier erläutern.

Wicket unterscheidet zunächst einmal zwischen `Page`-Requests und `Resource`-Requests. Dementsprechend gibt es eigene URLs für `Page` und `Resource`. Page-URLs selbst werden nochmals in zwei Gruppen unterteilt:

Bookmarkable Pages

Eine Seite, die bisher noch nicht aufgerufen wurde und damit nicht in der Benutzersession liegt, kann durch Angabe der Seitenklasse referenziert werden. Beim Aktivieren der URL wird die Seite zur angegebenen Seitenklasse instanziiert:

```
/[Application]?bookmarkablePage=[pageMapName]:[classname]&[param
]=[value] [...]
```

Solche Seiten sind Bookmark-fähig, d. h., auf sie kann zuverlässig durch einen Browser-Bookmark verwiesen werden, egal in welchem Zustand sich die Benutzersession gerade befindet. In der Wicket-Nomenklatur spricht man von »Bookmarkable Pages«, was letztendlich auch durch den Request-Parameter-Namen `bookmarkablePage` ausgedrückt wird. In Bookmarkable-Page-URLs dürfen weitere Request-Parameter angegeben werden. Stellt man dann in der Seitenklasse den Konstruktor `WebPage(final PageParameters parameters)` bereit, findet man die Request-Parameter in der von `HashMap` abgeleiteten Klasse `PageParameters` wieder. Bei Bookmarkable Pages wird, unabhängig davon, ob weitere Request-Parameter angegeben wurden, dieser Konstruktor anstatt des Defaultkonstruktors aufgerufen.

Zustandsbehaftete Seiten

Auf Seiten, die innerhalb der Session bereits angefragt wurden, kann ebenfalls per URL verwiesen werden:

```
/[Application]?wicket:interface=[pageMapName]:[pageId]: ...
```

Die URL zeigt in diesem Fall auf eine in der `WebSession` abgelegte Seite (Instanz von `WebPage`), die in einem der vorangegangenen Requests aufgerufen wurde. Eine solche Seitenreferenz wird beispielsweise dann benötigt, wenn man von einer Folgeseite aus durch einen Link wieder auf die im Zustand unveränderte Ausgangsseite zurückspringen möchte. Das ist sehr hilfreich für die Umsetzung des Masterworkflow/Subworkflow-Prinzips. Wicket verwaltet auf diese Weise nicht nur die zuletzt aufgerufene Seite, sondern auch weiter in der Historie zurückliegende Seiteninstanzen. Die Seitenhistorie wird vom Framework genutzt, um für die Anwendung transparent die Unterstützung der Browserfunktionalitäten *Back* und *Forward* anzubieten.

Page Map

Wicket verwaltet die Seitenhistorie in einem Container des Typs `IPageMap`. Für jedes Browserfenster (oder Browser-Tab) wird eine eigene `IPageMap`-Instanz angelegt. Innerhalb einer Page Map wird eine Seite über einen numerischen Index (`pageId`) referenziert. Die Koordinaten bestehend aus dem Namen einer Page Map (`pageMapName`) und dem Seitenindex sind damit der Schlüssel zur Identifizierung einer Seite in der Historie. Wir werden im nächsten Abschnitt noch im Detail auf das Page-Map-Konzept eingehen.

Post-Back-Prinzip

Der Zugriff auf die zuletzt gerenderte Seite in der Historie wird häufig aber aus einem anderen Grund veranlasst. Wicket arbeitet wie viele andere komponentenbasierte Frameworks auch[5] nach dem »Post-Back«-Prinzip bei der Verarbeitung von Formularen oder bei aktions-

[5] Dazu zählen beispielsweise JSF und Tapestry.

auslösenden Links. Für die Formularbearbeitung heißt das, dass in einem ersten Schritt eine Seite mit dem Formular gerendert und die Seiteninstanz in der `WebSession` abgelegt wird. Beim Absenden der Formulardaten im zweiten Schritt wird die Instanz der gerenderten Seite aus der `WebSession` geholt, um auf ihr entsprechende Aktionen wie die Validierung der Eingabewerte oder den Aufruf eines Komponenten- oder Behavior-Event-Handlers zur Ausführung von Anwendungslogik zu veranlassen. Beim Post-Back werden also nicht nur die letzte Seite, sondern auch eine darauf befindliche Komponente oder ein der Komponente zugewiesenes Behavior adressiert. Post-Back-URLs besitzen daher noch weitere URL-Bestandteile:

```
/[Application]?wicket:interface=[pageMapName]:[pageId]:
            [componentPath]:[version]:[interfaceName]:
                             [behaviorId]:[urlDepth]
```

Die betreffende Komponente wird über den zur Seite relativen Komponentenpfad (`componentPath`) angegeben. Mit `version` wird durch eine ganzzahlige fortlaufende Nummer die Version der Seite angeführt. Wicket unterstützt neben der Historisierung der zuletzt aufgerufenen Seiten auch die Versionierung der Seiteninstanzen selbst. Das Thema Versionierung werden wir im Detail in Abschnitt 11.4 behandeln. Für den Augenblick soll es uns reichen, dass wir grundsätzlich davon Kenntnis genommen haben. Interessieren soll uns vielmehr noch der Parameter `interfaceName`, der den Namen eines Interface angibt, das die Event-Handler-Methode spezifiziert. Wenn das Aufrufziel der Event-Handler eines Behaviors sein soll, muss noch die Behavior-ID spezifiziert werden. Dahinter verbirgt sich einfach die laufende Nummer in der Liste der Behaviors, die an der Komponente registriert wurden.

Jeder dieser Listener erweitert das Marker-Interface `IRequestListener` und stellt genau eine parameterlose Methode als Handler-Methode zur Verfügung. Aus Sicherheitsgründen muss jedes `IRequestListener`-Interface noch beim Framework registriert werden, sodass es nicht möglich ist, durch Ausspionieren von Methodennamen dafür nicht vorgesehene Methoden von außen aufzurufen.

Hier ist ein Beispiel einer Post-Back-URL, die die codierte URL eines Formular-Submit-Buttons zeigt:

```
/[Application]?wicket:interface=:5:addressForm:
              submit::IFormSubmitListener
```

Das Ganze ist folgendermaßen zu lesen: Die Seite mit der ID 5 in der Standard-Page-Map (d. h., `pageMapName` ist leer) enthält eine `Form`-Komponente mit der Wicket-ID `addressForm`. Darin befindet sich eine `Button`-Komponente mit der Wicket-ID `submit`.

`IFormSubmitListener` beschreibt die Signatur der aufzurufenden Handler-Methode auf der `Form`-Komponente. In diesem Fall ist das die Methode `public final void onFormSubmitted()` (siehe Listing 7.29).

Listing 7.29 *Interface IFormSubmitListener*

```
public interface IFormSubmitListener
    extends IRequestListener {

 public static final RequestListenerInterface INTERFACE =
   new RequestListenerInterface(IFormSubmitListener.class);

 void onFormSubmitted();
}

public class Form<T> extends WebMarkupContainer
    implements IFormSubmitListener {
 ...

 public final void onFormSubmitted() {
  markFormsSubmitted();
  ...
 }
}
```

Zur Registrierung des Interface als gültigen `IRequestListener` wird ein Metaobjekt vom Typ `RequestListenerInterface` mit der `IRequestListener`-Klasse als Parameter gebildet. RequestListenerInterface stellt selbst die Registry über eine statische Map zur Verfügung. Die Registrierung findet einfach über die Methode `RequestListenerInterface#register()` statt. Im gegebenen Beispiel wird `IFormSubmitListener` mit dem Aufruf `IFormSubmitListener.INTERFACE.register()` beim Hochfahren der Anwendung registriert.

Nachdem wir uns ausgiebig mit der Codierung der Wicket-URLs beschäftigt haben, kommen wir nun zur Hauptaufgabe des Verarbeitungsschrittes »Resolve Target«, dem Ermitteln des initialen `IRequestTarget`, zurück. In WebRequestCycleProcessor wird dazu die Methode

```
public IRequestTarget resolve(
final RequestCycle requestCycle,
final RequestParameters requestParameters)
```

aufgerufen. Die `IRequestTarget`-Instanz wird aus Objekten zugänglich über `RequestCycle`, wie `Request` oder `Session`, und aus den decodierten Request-Parametern (`RequestParameters`) ermittelt. In der Tabelle 7-2 sind die wichtigsten `IRequestTarget`-Varianten gegenübergestellt.

Klasse/Interface	Beschreibung
`BookmarkablePageRequestTarget`	Rendert eine Bookmarkable Page entweder direkt über `WebPage#renderPage()` oder über einen Browser-Redirect auf dieselbe.
`BookmarkableListenerInterfaceRequestTarget`	Dieser `IRequestTarget` ist zuständig, wenn im Request neben der Bookmarkable Page auch noch ein Komponentenpfad und ein Request-Listener angegeben sind. Dieser Fall tritt bei zustandslosen Formularen und Links ein.
`PageRequestTarget`	Das Ziel ist eine Seite, die bereits gerendert wurde. Sie wird entweder direkt über `WebPage#renderPage()` gerendert oder über einen Browser-Redirect auf dieselbe.
`ListenerInterfaceRequestTarget`	Das Ziel ist der `IRequestListener` einer Komponente einer bereits gerenderten Seite.
`BehaviorRequestTarget`	Das Ziel ist ein Behavior, das das Interface `IBehaviorListener` implementiert, d. h. , es wird eine Handler-Methode auf einem Behavior aufgerufen.
`AjaxRequestTarget`	Das Ziel ist ein Behavior, das einen Ajax-Response erzeugen kann. Dieses Request-Target wird in der Regel nachgelagert über die Listener-Methode von `IBehaviorListener` instanziiert.
`RedirectPageRequestTarget`	Eine bestehende Seite soll über einen Redirect aufgerufen werden.
`ComponentResourceRequestTarget`	Das Ziel ist die Methode `onResourceRequested()` des Request-Listeners `IResourceListener`, die von einer Komponente implementiert wird. Die Komponente liefert also eine Ressource als Request-Antwort.
`SharedResourceRequestTarget`	Das Ziel ist eine Shared Resource. Bei Shared Resources handelt es sich um Ressourcenobjekte, die an der Anwendung registriert werden und auf die über eine stabile URL zugegriffen werden kann.

Tab. 7-2
IRequestTarget-Varianten

Schritt 3: Process Events

Im Schritt »Process Events« geht es darum, den Event-Handler einer gerenderten Komponente oder eines an ihr registrierten Behavior aufzurufen, insofern dies durch den Wicket-Request angefordert wird. Natürlich sind naturgemäß nicht alle Wicket-Komponenten mit einem

Event-Handler ausgestattet. Repeater- und Ausgabekomponenten besitzen zum Beispiel keinen Event-Handler. In Behaviors findet man vor allem dann einen Event-Handler vor, wenn Ajax-Verhalten gefragt ist.

Wie die Handler-Methode und das Ziel (Komponente oder Behavior) aus der Request-URL ermittelt werden, haben wir bereits im Abschnitt 7.2.3 kennengelernt. Jetzt wollen wir den Weg zum Aufruf der Handler-Methode skizzieren. Das Framework übergibt in »Process Events« den Request zur weiteren Bearbeitung an das aktuelle `IRequestTarget`. Events werden nur dann verarbeitet, wenn das Request-Target das Interface `IEventProcessor` implementiert (siehe Listing 7.30).

Listing 7.30 *Interface IEventProcessor*

```
public interface IEventProcessor {
 void processEvents(final RequestCycle requestCycle);
}
```

Von den vorgestellten Request-Targets implementieren alle außer `SharedResourceRequestTarget` dieses Interface.

Am Beispiel der Komponente `Link` soll der Weg über das Request-Target zum Aufruf des Event-Handlers vorgestellt werden. Die gerenderte URL von `Link` kann zum Beispiel so aussehen:

```
/[app]?wicket:interface=:1:header:loginPanel:logout:logoutLink::
ILinkListener::
```

Zu dieser URL gehört das `ListenerInterfaceRequestTarget`. Der `Link` hat den Komponentenpfad `header:loginPanel:logout:logoutLink`.

In `ListenerInterfaceRequestTarget#processEvents()` wird auf dem `Link`-Objekt die durch `ILinkListener` festgelegte Handler-Methode `onLinkClicked()` aufgerufen (siehe Listing 7.31).

Listing 7.31 *Event-Handler der Komponente Link*

```
public interface ILinkListener extends IRequestListener {

 public static final RequestListenerInterface INTERFACE =
            new RequestListenerInterface(
                     ILinkListener.class);

 void onLinkClicked();
}


public abstract class Link<T> extends AbstractLink
   implements ILinkListener {
 ...

 public final void onLinkClicked() {
```

```
    if (popupSettings != null) {
      RequestCycle.get().getRequest().getRequestParameters().
        setPageMapName(popupSettings.getPageMap(this).getName());
    }
    onClick();
  }

  public abstract void onClick();
}
```

Der Handler `onLinkClicked()` ruft die Callback-Methode `onClick()` auf, die wiederum von der Anwendung implementiert werden muss. In unserem Beispiel kann das wie in Listing 7.32 aussehen.

Listing 7.32 *Implementierung des Event-Handler-Callbacks*

```
add(new Link("logoutLink") {

  public void onClick() {
    WBSSession.get().invalidate();
    setResponsePage(StartPage.class);
  }

});
```

Schritt 4: Respond

Nach dem Aufruf des Event-Handlers wird es Zeit, die Request-Antwort vorzubereiten. `IRequestTarget` stellt dazu die Methode `void respond(RequestCycle requestCycle)` zur Verfügung, die im Schritt »Respond« aufgerufen wird. An dieser Stelle wird entweder direkt das Antwort-Markup generiert oder ein Redirect auf eine andere Wicket-Seite angestoßen. Je nach Request-Target besteht das Markup zum Beispiel aus dem XHTML einer Seite, das durch den Aufruf von `Page#renderPage()` erzeugt wird, oder aus XML, das eine Ajax-Antwort darstellt. Letztendlich können hier beliebige Daten als HTTP-Antwort gestreamt werden. Wicket setzt der `IRequestTarget`-Implementierung praktisch keine Grenzen.

Schritt 5: Detach Request

Kommen wir zu »Detach Request«, dem letzten Schritt der Request-Verarbeitung. Hier wird die Methode `IRequestTarget#detach()` aufgerufen, um dem aktiven Request-Target die Chance zu geben, von ihm belegte Ressourcen wieder freizugeben. Die Methode detach() erinnert uns aber auch an `IModel#detach()`. Tatsächlich wird in der `detach`-Methode einiger Request-Targets auch ein `detach`-Aufruf auf alle Models der aktiven Seite veranlasst. `Page#detach()` ist dafür die richtige Adresse.

7.3 Page Map und Session

Wicket-Komponenten sind vollwertige Java-Objekte mit Verhalten und Zustand. Der Komponentenzustand setzt sich aus UI-bezogenem Zustand wie z. B. den in allen Komponenten verfügbaren Zuständen *enabled* und *visible* und bei Bedarf aus einer Modellreferenz zusammen.

Das Framework übernimmt die Aufgabe, diesen Zustand in den Servlet-Containern `HttpSession` und `HttpServletRequest` zu verwalten. Zusätzlich werden Second-Level-Stores auf Dateibasis oder über eine Datenbank genutzt. Wir wollen in diesem Abschnitt zeigen, was hinter dieser Zustandsverwaltung steckt und wie man sie parametrisiert.

Seitenhistorie

Wicket verwaltet den Zustand auf Basis kompletter Seiten in Page Maps (Interface `IPageMap`). Die Page Map ist ein Container, der in der Standardeinstellung die aktuelle Seite konkret, d. h. in-memory, und bereits besuchte Seiten in serialisierter Form vorhält. Wicket ordnet jedem Browserfenster eine eigene Page Map zu. Eine Page Map verwaltet also die Seitenhistorie in Bezug auf ein Fenster. Durch den Einsatz von Page Maps unterstützt Wicket aus Sicht der Anwendung transparent ein Zurück- und Vorwärtsnavigieren über die entsprechenden Browserbuttons *Back* und *Forward*.

Seitenversionierung

Eine Page Map verwaltet nicht nur die zuletzt besuchten Seiten, sondern auch mehrere Versionen der gleichen Seiteninstanz. Eine neue Seitenversion liegt dann vor, wenn der Komponentenbaum der Seite dahingehend verändert wird, dass Komponenten hinzugefügt, gelöscht oder ersetzt werden. Details zum Thema Versionierung aus Entwicklersicht finden sich in Abschnitt 11.4.

Page Maps werden im Sessioncontainer `Session` verwaltet. Session selbst nutzt für den eigentlichen Sessiondatenzugriff ein Delegate vom Typ `ISessionStore`. Abbildung 7-9 verdeutlicht den Zusammenhang von `ISessionStore`, `Session` und Page Map.

Wicket bietet zwei `ISessionStore`-Implementierungen an:

HttpSessionStore Verwaltet alle Seiten einer Page Map in der `HttpSession`.

SecondLevelCacheSessionStore Verwaltet die zuletzt besuchte Seite einer Page Map in der `HttpSession` und ältere Seiten in einem Second-Level-Store. Der Second-Level-Store selbst ist durch das Interface `IPageStore` abstrahiert. Konkret setzt Wicket standardmäßig `DiskPageStore` als Implementierung ein, bei der ältere Seiten

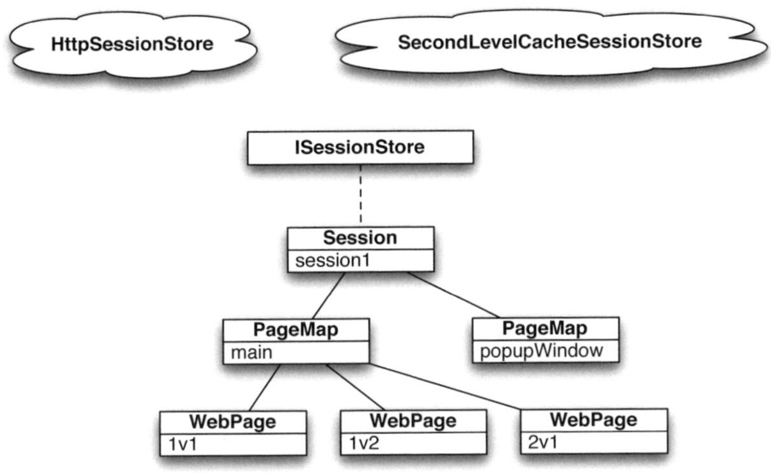

Abb. 7-9
Verwaltung von Page Maps

in eine Datei serialisiert werden, d. h. eine Datei pro Page Map. Das Arbeitsverzeichnis wird über die Standard-ServletContext-Variable `javax.servlet.context.tempdir` ermittelt. Mit relativ geringem Entwicklungsaufwand ist z. B. auch eine datenbank-gestützte `IPageStore`-Implementierung denkbar.

In der Standardeinstellung wird `SecondLevelCacheSessionStore` genutzt. Das ist naheliegend. Denn die durchschnittliche Größe einer Benutzersession kann beim Einsatz von `HttpSessionStore` sehr schnell anwachsen. `HttpSessionStore` bietet die bessere Unterstützung im Clusterbetrieb, wenn gefordert ist, die Seitenhistorie bei einem Failover zu erhalten.

Die Wahl der `ISessionStore`-Implementierung kann durch Überschreiben der Methode `Application#newSessionStore()` getroffen werden. An dieser Stelle können z. B. auch die `DiskPageStore`-Parameter justiert werden, wie es Listing 7.33 zeigt.

Listing 7.33
Feinjustierung von DiskPageStore

```
@Override
 protected ISessionStore newSessionStore() {
  return new SecondLevelCacheSessionStore(this,
    new DiskPageStore((int) Bytes.megabytes(20).bytes(),
      (int) Bytes.megabytes(500).bytes(), 50));
 }
```

Hier wird festgelegt, dass pro Page Map maximal 20 MByte und alle Page Maps einer Session zusammen nicht mehr als 500 MByte auf der Platte belegen dürfen. Bei Überschreitung dieser Grenzen werden im ersten Fall die ältesten Seiten und im zweiten Fall die am längsten nicht verwendeten Page Maps aus dem Disk-Store entfernt. Der letzte Parameter (50) legt die maximale Anzahl der Dateien fest, die zur gleichen Zeit geöffnet werden dürfen.

8 Ajax

Webanwendungen haben sich innerhalb der letzten Jahre in fast allen Bereichen verbreitet. Einer der Hauptgründe dafür ist, dass dem Benutzer über eine standardisierte Schnittstelle Anwendungen zur Verfügung gestellt werden können, ohne dass dieser eine zusätzliche Software installieren muss. Das rasante Wachstum in diesem Bereich hat allerdings zu Entwicklungen geführt, für die das zugrunde liegende HTTP-Protokoll nicht konzipiert wurde.

Einer der größten Kritikpunkte an Webanwendungen ist das zustandslose Protokoll. Um den Benutzer über die Zustandslosigkeit der Anwendung hinwegzutäuschen, werden die einzelnen Seiten der Anwendung über eine Session-ID zu einer Anwendung gekoppelt, die entweder clientseitig innerhalb eines Cookies gespeichert wird oder in jedem Link innerhalb der Anwendung mit als Parameter übertragen werden muss (vergleiche auch Anhang A.2).

Trotz dieser Kopplung bestand aus UI-Sicht immer die Problematik, dass Aktionen innerhalb der Anwendung zu einem kompletten Neuladen der Seite (Page-Refresh) führten und der Benutzer somit in seiner Arbeit unterbrochen wurde. Insbesondere die Veränderung des Angebots innerhalb des Internets von eher statischen Inhalten zu dynamischen Anwendungen, in denen alle Benutzer Inhalte generieren können, sorgte für eine steigende Notwendigkeit für interaktivere Webanwendungen mit hochdynamischen Oberflächen.

An diesem Punkt kommt Ajax ins Spiel.

8.1 Ajax-Grundlagen

Der Begriff Ajax ist eine Abkürzung für Asynchronous JavaScript and XML. Er steht für ein Konzept, das zur Realisierung dynamischer Oberflächen innerhalb von Webanwendungen auf bestehende Technologen (wie JavaScript und XML) zurückgreift. Diese haben den enscheidenden Vorteil, dass sie von den meisten Browsern unterstützt werden, ohne dass Erweiterungen installiert werden müssen. Zwar gibt es auch bei diesen Technologien Probleme durch browserspezifische Interpretationen, diese können allerdings durch Verwendung Cross-Browser-kompatibler Bibliotheken umgangen werden. Für den Entwickler besteht damit keine Notwendigkeit mehr, die Ajax-Funktionalität der Anwendung auf verschiedene Browser optimieren zu müssen.

Wie in Abbildung 8-1 zu sehen, läuft innerhalb einer Webanwendung mit Ajax eine zusätzliche JavaScript-Engine im Browser mit, die synchron oder asynchron (je nach Anwendungsfall) mit dem Webserver kommuniziert. Anstatt allerdings komplett neue Seiten zu laden, werden nur kleine HTML-Fragmente (oder JavaScript-Datenobjekte) vom Webserver geladen, die dann in die bestehende Seite integriert werden. Dieses Vorgehen hat den Vorteil, dass die kleinen Datenmengen relativ schnell vom Server bezogen werden können, sodass der Benutzer seine Arbeit nicht unterbrechen muss.

Abb. 8-1
Ajax-Webanwendung

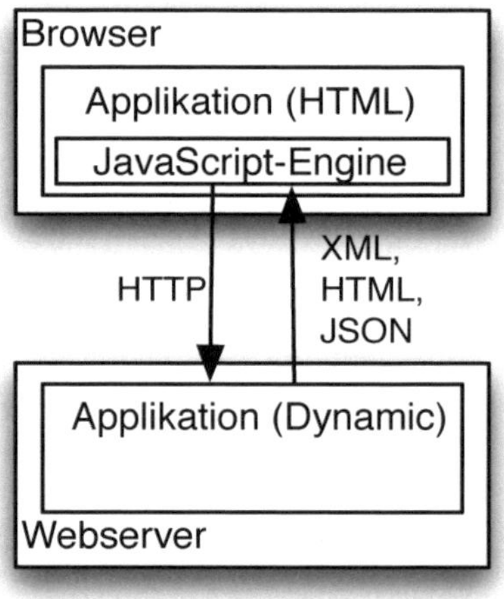

Handelt es sich dabei um HTML-Fragmente, so werden sie über eine DOM-Manipulation gegen einen Teil der bestehenden Seite ausgetauscht. Reine JavaScript-Datenobjekte (z. B. Formularinhalte) werden direkt in der bestehenden Seite angezeigt. Hierfür wird aufgrund der Performance in vielen Fällen JSON als Protokoll verwendet.

Auch wenn heute nicht mehr genau nachvollziehbar ist, wer den Begriff Ajax als Erstes verwendet hat, ist jedoch unbestreitbar, dass Jesse James Garrett mit seinem Artikel »Ajax: A New Approach to Web Applications«[1] maßgeblich beteiligt war. Als Basis dienten die damals unter dem Begriff XMLHttpRequest bekannten Technologien.

[1] http://www.adaptivepath.com/ideas/essays/archives/000385.php

Allerdings soll trotz der steigenden Verbreitung von Ajax-Anwendungen an dieser Stelle nicht verschwiegen werden, dass dieser Ansatz nicht nur Vorteile mit sich bringt, denn die zusätzliche Komplexität sowie die Schwierigkeit, Tests durchzuführen, hat schon in einigen Projekten zu Problemen geführt. Insbesondere wenn es bei den dort eingesetzten Frameworks keine so gute Kapselung wie bei Wicket gab.

Zusammenfassend ergeben sich durch den Einsatz von Ajax folgende Vorteile:

- Die Ladezeiten für das Aktualisieren von Web-Content sind kürzer.
- Durch die Reduktion des Datentransfers auf kleine Teile der Seite ist eine direktere Interaktion zwischen Benutzer und Anwendung möglich.

Es gibt aber auch Nachteile:

- Ajax-Anwendungen sind schwerer zu testen.
- Sie sind schwieriger zu refaktorieren.
- Es entstehen Abhängigkeiten zwischen Java und JavaScript.
- Man verliert die Back-Button-Unterstützung im Browser.

Im Ajax-Umfeld gibt es eine Reihe von Bibliotheken mit unterschiedlichen Schwerpunkten. Prominente Vertreter sind:

Prototype Dieser Klassiker unter den Ajax-Frameworks konzentriert sich in erster Linie auf Cross-Browser-fähige Unterstützung von Ajax, DOM-Zugriff und Event-Handling.

DWR Direct Web Remoting nutzt eine Technik, um Ajax-Requests als Remote Procedure Calls (RPC) auszuführen.

Dojo Dieses JavaScript-Framework hält neben Ajax viele andere Funktionen bereit. Dazu gehören z. B. Widgets, Drag-and-Drop-Funktionalität, clientseitige Datenhaltung und ein Modulsystem, bei dem JavaScript-Funktionen per Namespace voneinander abgeschirmt werden können.

8.2 Wicket und Ajax

Wicket bringt von Haus aus eine hervorragende Ajax-Unterstützung mit, die sich mittlerweile schon seit einigen Jahren bewährt hat. Diese besteht aus einer eigenen Ajax-Implementierung, die optimal auf die Kombination mit Wicket zugeschnitten ist. Trotzdem besteht natürlich die Möglichkeit, Wicket auch mit anderen Ajax-Bibliotheken (Dojo,

Prototype, ...) zu verwenden. Durch die Integration in Wicket gibt es für den Entwickler keinerlei Notwendigkeit mehr, selber JavaScript zu verwenden. Dynamische Elemente können direkt im Java-Code definiert werden.

Dabei konzentriert sich Wicket auf folgende Schwerpunkte:

- Komponenten innerhalb der Seite zu aktualisieren, zu ändern und auszutauschen,
- den Programmierer innerhalb der Anwendungsentwicklung mit detaillierten Debug-Meldungen zu versorgen,
- die Möglichkeit, über Komponenten zusätzlich eigenes JavaScript, JavaScript-Bibliotheken und CSS-Erweiterungen dynamisch zur Seite hinzuzufügen,
- periodisch Elemente der Seite zu aktualisieren.

Dabei liefert schon die Wicket-Core-Distribution eine Reihe von Ajax-Komponenten mit, die direkt verwendet werden können:

`AjaxButton` Ein Button, der die Form, die ihm im Konstruktor übergeben wird, per JavaScript übermittelt.

`AjaxCheckBox` Eine Checkbox, die Änderungen sofort im Hintergrund überträgt.

`AjaxLink` Ein Link, der asynchron einen Request auslöst.

`AjaxPagingNavigation` Eine Paging-Navigation für eine `PageableListView`, sodass das Einblenden der nächsten x Elemente mit Ajax realisiert ist.

`AutoCompleteTextField` Ein Textfeld, das Vervollständigungsvorschläge anbietet.

`AjaxSubmitLink` Ein Link, der einen Form-Submit mit Ajax auslöst.

Bei ihrer Verwendung gilt es Folgendes zu beachten: Damit Wicket Elemente innerhalb einer Seite austauschen kann, müssen sie über eine eindeutige ID im DOM-Baum der Seite identifizierbar sein. Hierzu bietet Wicket die Methode `setOutputMarkupId` an. Wird die `outputMarkupId` gesetzt, kann Wicket neue Versionen dieser Komponenten identifizieren und austauschen. Dieses Vorgehen kann allerdings nur funktionieren, wenn die Komponente schon vorher auf der Seite vorhanden war.

Handelt es sich also um eine bis dato unsichtbare Komponente (ungerendert), die nun zum ersten Mal eingeblendet werden soll, so muss Wicket beim Aufbau der Seite einen entsprechenden Platzhalter einfügen. Hierzu verwendet Wicket z. B. für ein Panel einen Platzhalter der Form: `<div style="display:none;"id="panelId">`. Dieses Verhalten lässt sich durch Setzen der Property `outputMarkupPlaceholderTag` erreichen. Die `outputMarkupId` wird in diesem Fall automatisch mit gesetzt.

Ajax-Beispiel: Rollen definieren

Als ein erstes Beispiel soll an dieser Stelle das Editieren der Rollen innerhalb der Benutzerverwaltung der WBS-Beispiel-Anwendung dienen. Hier wird beim Klick auf eine Rolle ein modales Fenster mit Ajax eingeblendet (siehe Abbildung 8-2), in dem die Berechtigungen der Rolle definiert werden können.

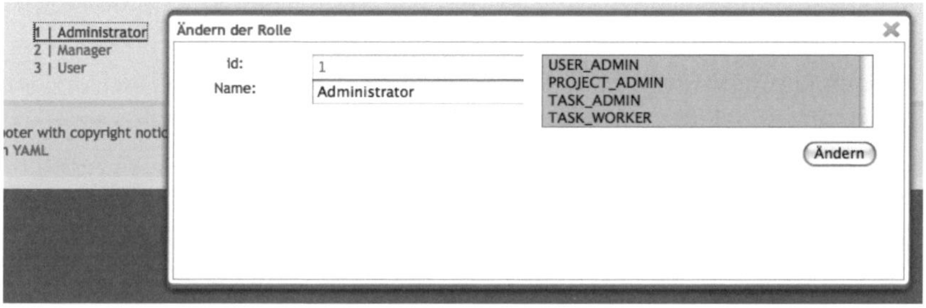

Abb. 8-2
Editieren von Rollen

An dieser Stelle tritt die gerade geschilderte Problematik auf. Das modale Fenster muss innerhalb der Seite einen Platzhalter bekommen, damit es später eingeblendet werden kann. Praktischerweise haben die Entwickler des modalen Fensters dies geahnt und den Aufruf direkt innerhalb der `setContent`-Methode eingebunden (Listing 8.1).

Listing 8.1
Definition eines modalen Fensters

```
public class ModalWindow extends Panel {
 ...
 public ModalWindow setContent(final Component component) {
  ...
  component.setOutputMarkupPlaceholderTag(true);
  component.setVisible(false);
  ...
 }
}
```

Somit sind alle Voraussetzungen erfüllt und das modale Fenster wird beim Anklicken der Rolle über einen `AjaxLink` wie in Listing 8.2 zu sehen mit der ausgewählten Rolle bestückt und im Anschluss eingeblendet:

Listing 8.2
Anzeigen des modalen Fensters

```
AjaxLink link = new AjaxLink("editRole") {
 @Override
 public void onClick(AjaxRequestTarget target) {
  editRoleModalWindow.setRole(role);
  editRoleModalWindow.show(target);
 }
};

add(link);
```

8.2.1 Ajax-Behaviors

Schaut man sich die implementierten Ajax-Komponenten an, so fällt eines schnell ins Auge: Sie basieren alle auf entsprechenden Ajax-Behaviors, über die die eigentliche Wicket-Ajax-Integration funktioniert. Das Geniale an diesem Ansatz ist, dass damit jeder Entwickler bei der Entwicklung eigener Ajax-Komponenten auf diesen Behaviors aufbauen kann. Damit können wiederum eigene Ajax-Komponenten entwickelt werden, ohne dass JavaScript-Know-how benötigt wird. Der zweite Vorteil dieses Ansatzes ist, dass bestehende Komponenten einfach durch das Hinzufügen von Ajax-Behaviors dynamisiert werden können, ohne dass sich an der ursprünglichen Implementierung etwas ändert.

Wicket bringt von Haus aus folgende Behaviors mit:

`AjaxEventBehavior` Ein Behavior, mit dem man Komponenten auf die JavaScript-Events reagieren lassen kann.

`AjaxFormComponentUpdatingBehavior` Ein Behavior, das die korrespondierende Form-Komponente per Ajax aktualisiert.

`AjaxFormSubmitBehavior` Ein Behavior, das die Form per Ajax übermittelt.

`AjaxFormValidatingBehavior` Ein Behavior, das die Form per Ajax übermittelt und alle `Feedback`-Panels auf der Seite aktualisiert, um Validierungsfehler direkt anzuzeigen.

`AjaxSelfUpdatingTimerBehavior` Ein Behavior, das die Komponente in einem definierten Intervall immer wieder aktualisiert.

Ajax-Beispiel: Chatfenster

Als Beispiel für die Verwendung eines Ajax-Behaviors soll hier die Realisierung eines Chatfensters dienen. Es wird ein Panel mit einer `TextArea` zur Anzeige der Nachrichten aller Benutzer benötigt sowie ein `TextField` zur Eingabe der eigenen Nachrichten. Die `Textarea` soll sich in regelmäßigen Abständen die neuen Nachrichten vom Server holen, bei der Eingabe einer eigenen Nachricht muss diese zum Server übertragen und anschließend auch die Nachrichtenanzeige aktualisiert werden.

Im ersten Schritt wird hierzu ein `ChatPanel` entworfen (siehe Listing 8.3), das die komplette Funktionalität kapseln wird. Es stellt zusätzlich die Methoden zum Senden und Empfangen der Nachrichten zur Verfügung.

Listing 8.3 *ChatPanel*

```
public abstract class ChatPanel extends Panel {
 public ChatPanel(String id) {
  super(id);
  setOutputMarkupId(true);
  ...
 }
```

```
 protected abstract Vector<String> receiveMessages();
 protected abstract void sendMessage(String message);
}
```

Dem `ChatPanel` wird nun die `TextArea` hinzugefügt, die die Nachrichten anzeigen wird. Durch Erweiterung der `TextArea`-Komponente mit einem `AjaxSelfUpdatingTimerBehavior` wird erreicht, dass die Komponente zweimal pro Sekunde aktualisiert wird.

Listing 8.4
MessageArea

```
TextArea textArea = new TextArea("nachrichten",
  new Model(nachrichten)) {
 protected void onBeforeRender() {
   nachrichten.addAll(receiveMessages());
 }
};
textArea.add(new AjaxSelfUpdatingTimerBehavior(
  Duration.milliseconds(500)));
textArea.setEnabled(false);
textArea.setOutputMarkupId(true);
```

Des Weiteren fügen wir ein Eingabefeld für neue Nachrichten hinzu sowie einen Senden-Button, der beim Versenden der neuen Nachricht einfach das komplette `ChatPanel` in der Seite aktualisiert. Mehr ist für eine einfache Chatfunktionalität nicht zu tun.

Listing 8.5
MessageField

```
TextField textField =
  new TextField("neueNachricht", new Model(
    "deine Nachricht"));
add(textField);

add(new AjaxButton("senden") {

 @Override
 protected void onSubmit(AjaxRequestTarget target,
   Form form) {
  sendMessage(textField.getInput());
  target.addComponent(ChatPanel.this);
  textField.setModel(new Model(""));
  textField.clearInput();
 }

});
```

Wie zu sehen ist, lässt sich auf Basis der Ajax-Behaviors schnell und problemlos neue Funktionalität erzeugen, ohne dass man sich mit JavaScript auseinandersetzen muss.

8.2.2 Ajax-Fallback-Komponenten

Ein weiteres Schmankerl der Ajax-Wicket-Integration sind die sogenannten Fallback-Komponenten. Diese ermöglichen das Bauen von Ajax-Anwendungen in einem Umfeld, in dem nicht gesichert ist, dass alle Browser der Anwender Ajax-Unterstützung anbieten, oder in dem Anwender aus Sicherheitsgründen die JavaScript-Funktionalität ihres Browsers abgeschaltet haben. Die Fallback-Komponenten verwenden in diesem Fall ihre ursprüngliche Dynamik und lösen z. B. einen Submit der Form mit komplettem Neuladen der Seite aus.

Wicket bringt von Haus aus folgende Fallback-Komponenten mit:

`AjaxFallbackButton` Ein Ajax-Submit-Button, der im Fallback-Fall einen normalen Submit-Request auslöst.

`AjaxFallbackLink` Ein Ajax-Link, der im Fallback-Fall einen normalen Request vornimmt.

Dabei basiert das Verhalten auf einem `CancelEventIfNoAjaxDecorator`, der die eigentliche Aktion des HTML-Elements unterbindet, wenn der Ajax-Request erfolgreich war. Ist dieses nicht der Fall (z. B. weil JavaScript deaktiviert wurde), so wird also die ursprünglich vorgesehene Aktion ausgeführt. Schaut man sich die Implementierung des `AjaxFallbackLinks` an (siehe Listing 8.6), so wird dieser über ein onClick-AjaxEventBehavior realisiert, das mit dem gerade beschriebenen `CancelEventIfNoAjaxDecorator` dekoriert wird.

Listing 8.6 *AjaxFallbackLink*

```
add(new AjaxEventBehavior("onclick") {
 ...
 protected IAjaxCallDecorator getAjaxCallDecorator() {
  return new CancelEventIfNoAjaxDecorator(
   AjaxFallbackLink.this.getAjaxCallDecorator());
 }
 ...
);
```

Dieses Vorgehen lässt sich natürlich auch auf eigene Komponenten übertragen, wenn bei der Entwicklung einer Anwendung auf diese Fälle geachtet werden muss.

8.2.3 Validierung mit Ajax

Ein weiterer häufiger Anwendungsfall für die Verwendung von Ajax ist die Validierung. Insbesondere bei Einzelfeldvalidierungen ist es wesentlich sinnvoller, den Benutzer direkt nach Verlassen des Eingabefelds auf seinen Fehler hinzuweisen, als zu warten, bis er das komplette Formular versenden möchte und dabei in der Erwartung ist, nun auf die nächste Seite zu kommen. Dieses Vorgehen ist allerdings nur sinnvoll, wenn das Feld zumindest direkt als fehlerhaft markiert wird oder sogar die komplette Fehlermeldung oberhalb des Feldes angezeigt wird.

Ajax-Beispiel: TextField-Validierung

Als Beispiel wird an dieser Stelle ein eigenes `Behavior` skizziert, das auf ein `TextField` angewendet wird. Dieses validiert die Eingabe und sorgt damit implizit dafür, dass bei Fehlern das Feld markiert wird. Zusätzlich wird die Fehlermeldung in dem zentralen `FeedbackPanel` ausgegeben.

Im ersten Schritt wird, wie in Listing 8.7 zu sehen, das Eingabefeld erzeugt. Da es durch das `Behavior` aktualisiert werden soll, muss seine Markup-ID gesetzt und das neue `ValidateBehavior` hinzugefügt werden.

Listing 8.7 *Definition des Eingabefelds*

```
TextField field = new TextField();
field.setOutputMarkupId(true);
field.add(StringValidator.lengthBetween(2,8));
field.add(new ValidateBehavior());
add(field);
```

Im zweiten Schritt (siehe Listing 8.8) wird ein `AjaxFormComponentUpdatingBehavior` definiert, das auf dem onChange-Event registriert wird. Daher wird bei jeder Änderung des Feldes automatisch der neue Inhalt an den Server übertragen und dort konvertiert und validiert. Liegt kein Validierungsfehler vor, so wird der neue Inhalt in das Model übertragen.

Listing 8.8 *Definition des ValidateBehavior*

```
public class ValidateBehavior
   extends AjaxFormComponentUpdatingBehavior {
 public ValidateBehavior() {
  super("onchange");
 }
 ...
}
```

Um bei fehlerhaften Eingaben das Eingabefeld zu markieren, wird im nächsten Schritt (siehe Listing 8.9) die `onComponentTag`-Methode so überschrieben, dass bei nicht validen Eingaben ein CSS-Style in die Komponente gerendert wird, der diese als rot einfärbt.

Listing 8.9 *Markierung im Fehlerfall*

```
@Override
protected void onComponentTag(final ComponentTag tag) {
  super.onComponentTag(tag);
  FormComponent formComponent = getFormComponent();
  if (!formComponent.isValid()) {
    tag.getAttributes().put("class", "fieldError");
  }
}
```

Im nächsten Schritt (siehe Listing 8.10) wird nun die onUpdate-Methode implementiert. Hierbei ist darauf zu achten, dass nicht nur das Textfeld nach dem Ajax-Request aktualisiert werden muss, sondern auch das zentrale FeedbackPanel. Sonst werden die Validierungsmeldungen nicht angezeigt. Da das FeedbackPanel auf einer anderen Ebene des Komponentenbaums hinzugefügt wurde, ist es von unserer Komponente heraus nicht direkt sichtbar. Daher empfiehlt es sich, die Komponente, der das FeedbackPanel hinzugefügt wurde, durch ein eigenes FeedbackPanelLocator-Marker-Interface zu markieren, sodass sie direkt im Baum gesucht werden kann, um das FeedbackPanel zu bekommen.

Listing 8.10
Implementierung von onUpdate

```
@Override
protected void onUpdate(AjaxRequestTarget target) {
  target.addComponent(getFormComponent());
  target.addComponent((getFormComponent().
    findParent(FeedbackPanelLocator.class)).
      getFeedbackPanel());
}
```

Zusätzlich empfiehlt es sich auch, die onError-Methode zu überschreiben (siehe Listing 8.11), da sonst aufgetretene Exceptions nur im Logfile und nicht an der Oberfläche sichtbar sind. Daher wird die Exception über die error-Methode der Formularkomponente in das FeedbackPanel übertragen und dieses neu gerendert.

Listing 8.11
Implementierung von onError

```
@Override
protected void onError(AjaxRequestTarget target,
                             RuntimeException e) {
  getFormComponent().error(e.getMessage());
  target.addComponent(getFormComponent());
  target.addComponent((getFormComponent().
    findParent(FeedbackPanelLocator.class)).
      getFeedbackPanel());
}
```

Das so definierte Behavior ist nicht auf TextField beschränkt, sondern kann problemlos bei beliebigen Formularkomponenten verwendet werden, solange die Anwendung sinnvoll ist und das CSS passt.

8.2.4 Eigenes JavaScript einbinden

Nun lässt sich auf Basis der Ajax-Integration von Wicket zwar sehr viel erreichen, es kann jedoch auch die Notwendigkeit geben, weitere JavaScript-Bibliotheken einzubinden. Ein typisches Beispiel hierfür ist die von Google zur Verfügung gestellte Google-Maps-Bibliothek, die per Ajax-API Karten und Routen zur Verfügung stellt.

Doch wie genau wird eine solche Einbindung vorgenommen und was wird hierfür benötigt?

- Die Google-Maps-Bibliothek wird nicht von Google heruntergeladen, sondern direkt von der Google-Webseite heraus eingebunden. Sie muss also beim Laden der Komponente im Head-Bereich der Seite als `<script>... </script>` vorhanden sein.
- Benötigt wird auch der Lizenzschlüssel für die Verwendung von Google Maps. Dieser kann unter `http://code.google.com/apis/maps/index.html` kostenfrei bezogen werden. Er ist an die verwendete URL geknüpft. In der Beispielanwendung ist er für die URL `http://localhost:8080/wicket-wbs-web` bereits enthalten.
- Wenn auf der Karte eine bestimmte Adresse eingezeichnet werden soll, so werden für diese die zugehörigen Geokoordinaten benötigt. Grundsätzlich ist also zu empfehlen, diese bei Erfassung der Adresse mitzubestimmen und zu speichern. In der Beispielanwendung werden sie einfach beim Laden der Karte ermittelt, das vereinfacht die Entwicklung, sorgt auf der anderen Seite aber natürlich für eine längere Ladezeit der Seite. Die Ermittlung erfolgt auch über die Google-API, sie wird aber innerhalb eines eigenen JavaScript-Aufrufs gekapselt.

Doch wie kann eine Wicket-Komponente einen Eintrag im Head-Bereich der Seite vornehmen? Eine solche Möglichkeit wird ja nicht nur für JavaScript, sondern auch für CSS-Bibliotheken benötigt. Hierzu bietet Wicket zwei Möglichkeiten. Zum einen existiert ein spezielles Tag (siehe Listing 8.12), über das eine Komponente in ihrem Markup-Code festlegen kann, was zu dem Head-Bereich der Seite, in der sie verwendet wird, hinzugefügt wird.

Listing 8.12
<wicket:head />

```
<wicket:head>
 <wicket:link>
  <link rel="stylesheet" type="text/css"
        href="css/tagcloud.css"/>
  </wicket:link>
</wicket:head>
```

Zum anderen kann dieses Hinzufügen auch programmatisch erfolgen. Zu diesem Zweck bietet Wicket das `IHeaderContributor`-Interface (siehe Listing 8.13). Es definiert über die `renderHead`-Methode die Möglichkeit, in `IHeaderResponse` z. B. JavaScript-Referenzen oder CSS-Referenzen mit rendern zu lassen. Grundsätzlich lassen sich aber über die `IHeaderResponse#renderString`-Methode beliebige Einträge im Head-Bereich vornehmen. Diese Methode wird beim Aufbau der Seite in allen Komponenten ausgeführt, die das Interface implementieren oder eine

`<wicket:head />`-Definition besitzen. Seiteneffekte zwischen sich störenden Bibliotheken können also nicht ausgeschlossen werden.

Listing 8.13
IHeaderContributor

```
public interface IHeaderContributor
  extends IClusterable {
 void renderHead(final IHeaderResponse response);
}
```

Bei der Google-Maps-Integration werden nun zwei zusätzliche JavaScript-Referenzen der Seite (siehe Listing 8.14) hinzugefügt: Erstens die Remote-Referenz auf die Google-API und zweitens die Referenz auf das eigene JavaScript, das die Berechnung der Koordinaten vornimmt.

Listing 8.14
Google-Maps-Integration

```
public class GMapPanel
   extends Panel
   implements IHeaderContributor {

 public void renderHead(IHeaderResponse response) {
  response.renderJavascriptReference("http://...");
  response.renderJavascriptReference("res/GMapJS.js");
 }
}
```

Die eigene JavaScript-Datei stellt nun eine `showAddress`-Funktion zur Verfügung, die innerhalb der Applikation verwendet werden kann, um Adressen auf einer Google-Maps-Karte anzuzeigen.

9 Komplexe Komponenten

Zusätzlich zu den Basiskomponenten, die als Grundlage für Seiten und eigene Komponenten dienen, bietet Wicket auch eine Reihe komplexerer Klassen wie Tables, Wizards, TabbedPanel und Trees. Eine Auswahl davon stellt dieses Kapitel vor.

Auch außerhalb der Wicket-Distribution entsteht eine Reihe von Open-Source-Komponentenbibliotheken, die verschiedene Möglichkeiten bieten. Der Hauptteil dieser externen Projekte wird über Wicket-Stuff (`http://wicketstuff.org`) zusammengefasst.

9.1 TabbedPanel

Bei einem `TabbedPanel` handelt es sich um die aus vielen Desktop-Oberflächen bekannte Karteireiterstruktur. Diese Form der Einteilung bietet sich z. B. an, wenn identische Daten visualisiert werden sollen, die einem Objekt in unterschiedlichen Rollen zugeordnet sind. In der WBS-Beispielanwendung wird diese Komponente zur Anzeige der privaten und der geschäftlichen Kontaktdaten (Telefon, E-Mail usw.) verwendet.

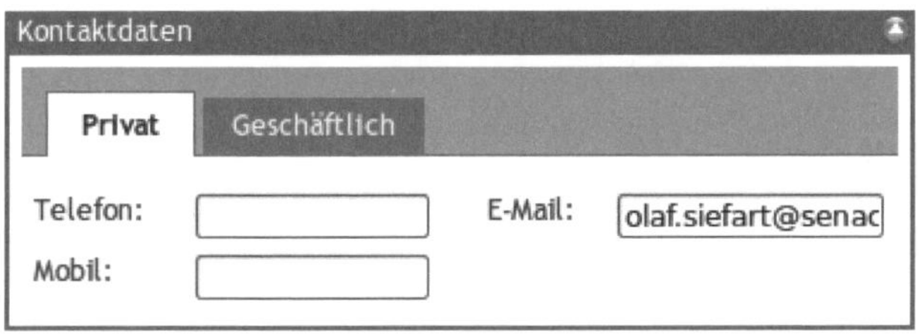

Abb. 9-1
Anzeige der Kontaktdaten

Zur Anzeige muss für jeden Reiter ein Titel und ein Panel definiert werden. Diese werden dann innerhalb eines Containerobjekts (als Liste von `AbstractTab`) dem TabbedPanel bei der Erzeugung übergeben.

Listing 9.1
Definition eines TabbedPanel

```
public EditContactsPanel(String id, Set<ContactData> cd) {
  ...
  List<AbstractTab> tabs = new ArrayList<AbstractTab>();
```

```
  tabs.add(new AbstractTab(new Model("Privat")) {
   public Panel getPanel(String panelId) {
    return new EditContactDataPanel(panelId, data[0]);
   }
  });
  ...
  add(new TabbedPanel("contactDataPanel", tabs));
}
```

Wird die Standardimplementierung verwendet, so werden zum Umschalten zwischen den einzelnen Reitern normale HTML-Links benutzt. Da in unserem Beispiel allerdings das `TabbedPanel` innerhalb einer Form verwendet wird, hätte das zur Folge, dass die eingegebenen Daten verloren gehen würden.

Zusätzlich ist das komplette Laden der Seite für den Anwendungsfall unschön, da der Anwender bei der Erfassung der Eingaben bleibt. Daher wird in der WBS-Anwendung in diesem Fall ein `AjaxSubmitLink` verwendet, der das umgebende Panel mit `TabbedPanel` und `FeedbackPanel` innerhalb der Seite austauscht.

Hierzu muss die Methode `TabbedPanel#newLink(String linkId, final int index)` überschrieben werden.

Listing 9.2
Überschreiben der newLink-Methode

```
panel = new TabbedPanel("contactDataPanel", tabs) {
 @Override
 protected WebMarkupContainer newLink(String linkId,
   final int index) {
  return new AjaxSubmitLink(linkId) {
   @Override
   protected void onError(AjaxRequestTarget target,
     Form form) {
    target.addComponent(feedbackPanel);
   }

   @Override
   protected void onSubmit(AjaxRequestTarget target,
     Form form) {
    setSelectedTab(index);
    target.addComponent(EditContactsPanel.this);
   }
  };
 }
}
```

Durch den ausgelösten Submit des Formulars werden auch die Validatoren innerhalb des TabbedPanel ausgewertet. Daher ist es entscheidend, dass innerhalb von `AjaxSubmitLink` auch die `onError`-Methode implementiert und das FeedbackPanel aktualisiert wird, damit Validierungsfehler auf der Seite angezeigt werden.

Für die Darstellung der Reiter werden zusätzliche CSS-Definitionen benötigt, sonst werden die Links mit den Titeln der Reiter nur als Liste angezeigt. Hierzu gibt es einige Lösungen. Im WBS-Beispiel werden die CSS-Definitionen und Bilder aus den Wicket-Examples[1] verwendet. Das dortige CSS wiederum basiert auf dem Sliding-Doors-Artikel von alistapart.com[2].

Listing 9.3
CSS-Definitionen für die Reiter

```
...
<wicket:head>
  <style type="text/css">
    div.tabpanel div.tab-row{
      float:left;
      width:100%;
      background:#DAE0D2
                 url("images/tabs/bg.gif")
                 repeat-x bottom;
      line-height:normal;
    }
    ...
    div.tabpanel div.tab-row li.selected a {
      background-image:
          url("images/tabs/right_on.gif");
      color:#333;
      padding-bottom:5px;
    }
</style>
</wicket:head>
...
<div wicket:id="contactDataPanel"
     class="tabpanel">contactDataPanel</div>
...
```

9.2 Wizard

Bei einem Wizard handelt es sich um eine »geführte« Form eines Dialogs, die den Benutzer in mehreren Schritten durch einen komplexeren Arbeitsprozess leitet. Dabei bietet eine Wizard-Komponente eine vordefinierte Funktionalität, um zwischen den einzelnen Schritten des Dialogs zu wechseln (Nächste, Vorherige, Abbrechen, Beenden etc.).

[1] Siehe Seite 14.

[2] http://www.alistapart.com/articles/slidingdoors/

In anderen Webframeworks (wie z. B. JBoss Seam) wird für diese Anwendungsfälle häufig ein eigener Kontext (»Conversation Scope«) verwendet, der Daten bis zum Abschluss der Aktion speichert. Dieses Vorgehen ist für Wicket nicht notwendig, da die notwendigen Daten direkt in der Wizard-Instanz gespeichert werden können.

Wicket bietet eine fertige Wizard-Komponente, die allerdings kein Bestandteil des Wicket-Core-Projekts, sondern der Wicket-Extensions ist. Diese wird als weitere Abhängigkeit über Maven in das wbs-web-client-Projekt eingebunden.

Listing 9.4
Einbinden der Wicket-Extensions über Maven

```
<dependency>
 <groupId>org.apache.wicket</groupId>
 <artifactId>wicket-extensions</artifactId>
 <version>1.4.1</version>
</dependency>
```

In der WBS-Anwendung wird die Wizard-Komponente verwendet, um einen neuen Benutzer anzulegen. Dies geschieht in folgenden Schritten:

- Erfassung der Benutzernamen
- Erfassung der Adresse
- Zuordnung des Benutzers zu einer fachlichen Rolle
- Bestätigung des Auftrags

Dabei ist die Zuordnung der fachlichen Rolle optional und muss nur erfolgen, wenn kein Standardbenutzer angelegt werden soll.

Abb. 9-2
Wizard zum Anlegen eines Benutzers

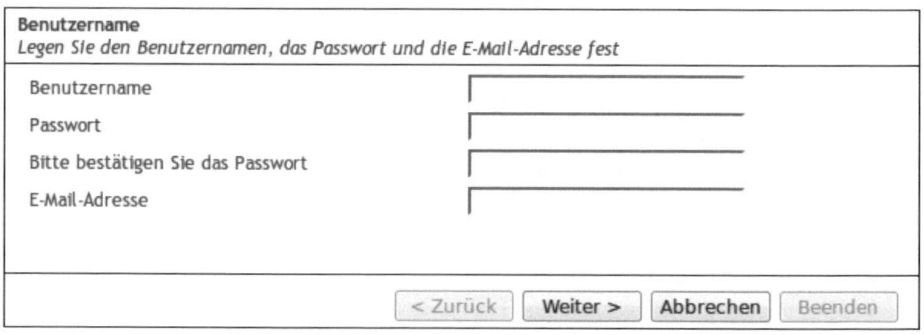

Neben der eigentlichen Wizard-Komponente (die von der `Wizard`-Klasse erbt) werden noch die einzelnen Step-Komponenten benötigt. Dabei handelt es sich um Panels, die zusätzlich das `IWizardStep`-Interface implementieren müssen. Die Verbindung der einzelnen Komponenten findet über das `WizardModel` statt, über das die einzelnen Steps dem Wizard hinzugefügt werden.

```
public CreateUserWizard(String id) {
 ...
 WizardModel model = new WizardModel();
 model.add(new UserNameStep());
 model.add(new UserDetailsStep());
 model.add(new UserRolesStep());
 model.add(new ConfirmationStep());
 init(model);
}
```

Listing 9.5
WizardModel

Bei Verwendung des WizardModel entspricht die Reihenfolge der einzelnen Schritte der Reihenfolge, in der sie dem Modell hinzugefügt wurden. Eine Beeinflussung der Reihenfolge zur Laufzeit ist nicht möglich, wenn man von der Definition optionaler Schritte absieht.

Für eine optionale Aktion bei der Ausführung des Wizards muss das Interface `ICondition` implementiert werden. Es definiert eine `evaluate`-Methode, die zur Laufzeit prüft, ob die Bedingung für den optionalen Schritt erfüllt ist.

In dem vorliegenden Beispiel ist die Zuordnung von Rollen für den Benutzer ein optionaler Schritt. Für das Anlegen eines normalen Benutzers kann er übersprungen werden, da dieser automatisch mit der passenden Rolle angelegt wird. Somit kann für den Standardfall ein möglichst einfacher Prozess definiert werden, der eine effiziente Abarbeitung ermöglicht.

In diesem Fall wird der optionale Schritt über eine einfache Checkbox auf der ersten Seite gesteuert, auf deren Inhalt von der `evaluate`-Methode zugegriffen wird.

```
public class CreateUserWizard extends Wizard {
 ...
 private boolean roleConfiguration;
 ...
 private final class UserRolesStep extends WizardStep
  implements ICondition {
 ...
  public boolean evaluate() {
   return roleConfiguration;
  }
 }
 ...
}
```

Listing 9.6
Definition eines optionalen Schritts

Ein einzelner Schritt kann nun wie gewohnt als Wicket-Komponente realisiert werden.

Listing 9.7
Anlegen des Benutzers

```
// Username + Passwort + E-Mail
private final class UserNameStep extends WizardStep {
 public UserNameStep() {
  super(new ResourceModel("username.title"),
    new ResourceModel("username.summary"));

  passwort1 = user.getPasswort();
  passwort2 = user.getPasswort();

  add(new RequiredTextField("user.username"));
  add(new PasswordTextField("passwort1"));
  add(new PasswordTextField("passwort2"));
  RequiredTextField email =
    new RequiredTextField("user.email");
  email.add(EmailAddressValidator.getInstance());
  add(email);
 }
}
```

Wird für einen Schritt nur statischer Inhalt benötigt, so kann auf eine weitere vordefinierte Klasse zurückgegriffen werden, den `StaticContentStep`. Hier kann die Referenz auf den Inhalt direkt über `ResourceModels` angegeben werden, sodass die passenden Texte aus der zugehörigen Property-Datei geladen werden.

Listing 9.8
Confirmation

```
private final class ConfirmationStep extends
  StaticContentStep {
 public ConfirmationStep() {
  super(true);
  IModel userModel = new Model(user);
  setTitleModel(new ResourceModel("confirmation.title"));
  setSummaryModel(new StringResourceModel(
    "confirmation.summary", this, userModel));
  setContentModel(new StringResourceModel(
    "confirmation.content", this, userModel));
 }
}
```

Wird für die Abbildung des Prozesses eine dynamischere Reihenfolge benötigt, so muss statt des `WizardModel` das `DynamicWizardModel` verwendet werden. Es ermöglicht einen flexiblen Prozessablauf durch die Definition eigener Schritt-Logik. Dazu verwendet man für die einzelnen Steps das erweiterte Interface `IDynamicWizardStep`.

Indem man die in Listing 9.9 gezeigten Methoden von `IDynamicWizardStep` implementiert, kann man in jedem Schritt definieren, ob und in welche Richtung der Benutzer weitergehen kann und welches der nächste Schritt ist. Das ist zwar aufwendiger als beim einfachen `WizardModel`, dafür hat man größtmögliche Flexibilität.

Listing 9.9
IDynamicWizardStep

```
public interface IDynamicWizardStep extends IWizardStep {

 boolean isLastAvailable();

 boolean isLastStep();

 boolean isNextAvailable();

 boolean isPreviousAvailable();

 IDynamicWizardStep last();

 IDynamicWizardStep next();

 IDynamicWizardStep previous();

}
```

Unabhängig davon, welches Schrittmodell man wählt, müssen innerhalb der Wizard-Komponente noch die Methoden `onCancel()` und `onFinish()` implementiert werden. Grundsätzlich empfiehlt es sich, einen Wizard so zu implementieren, dass erst bei Aufruf der `onFinish()`-Methode eine Zustandsänderung im Backend erfolgt. Bei Aufruf der `onCancel()`-Methode sollte also die Komponente mit ihrem Zustand komplett verworfen werden können.

Listing 9.10
Cancel / Finish

```
public class CreateUserWizard extends Wizard {

 private String passwort1;
 private String passwort2;
 private User user;

 ...

 public void onCancel() {
  setResponsePage(UserAdminPage.class);
 }

 public void onFinish() {
  user.setPasswort(passwort1);
  userManager.save(user);
  setResponsePage(UserAdminPage.class);
 }
```

Für die einzelnen Schritte des Wizards wird ein gemeinsamer Datenbereich benötigt (in dem z. B. in unsererem Beispiel der `User` referenziert wird), da das entsprechende Objekt in jedem Schritt weiter befüllt wird.

Ist der Anwendungsfall nicht zu komplex und sind die einzelnen Schritte als innere Klassen des Wizards modelliert, so lässt sich die umgebende Wizard-Instanz zu diesem Zweck verwenden. Sie wird über ein `CompoundPropertyModel` gesetzt.

Listing 9.11 *Datenbereich der Schritte*

```
public CreateUserWizard(String id) {
  super(id);
  user = new User();
  setModel(new CompoundPropertyModel(this));
  ...
}
```

Bei komplexeren Abläufen empfiehlt sich die Kapselung des Datenbereichs in einer separaten Klasse, die dann beim Erzeugen der Schritte mit übergeben wird.

Insgesamt bietet die Wizard-Komponente eine gute Basis zur Implementierung optimierter Abläufe, die eine schnelle Abarbeitung der Standardfälle ermöglichen und dem Anwender genau die Informationen zeigen, die er in dem einzelnen Schritt benötigt.

9.3 Rahmenkomponenten

Eine typische Anforderung an eine komponentenorientierte Entwicklung ist die Möglichkeit, bestehende Komponenten erweitern und anreichern zu können. Hier finden sich bei Wicket gleich mehrere mögliche Konzepte, die von Vererbung über die Komposition von Komponenten (z. B. in Panels) bis hin zu der Verwendung von Behaviors reichen.

Eine weitere Möglichkeit bietet Wicket durch die Unterstützung von Rahmenkomponenten. Die Idee dabei ist, über eine Implementierung von `Border` einen Rahmen zu definieren, der wiederverwendbar um ein beliebiges Set an Markup und Komponenten gelegt wird. Abbildung 9-3 zeigt an einem Minimalbeispiel die Verwendung der Border-Komponente.

Vergleichbar mit `Panel` besitzt auch `Border` eine eigene Markup-Datei. Das Markup wird mit dem Tag `<wicket:border>` eingeschlossen und definiert den eigentlichen Rahmen. Genau an einer Stelle innerhalb von `<wicket:border>` wird mit dem Tag `<wicket:body />` ein Platzhalter definiert, an dem der von Border eingeschlossene Inhalt, bestehend aus Markup und Komponenten, injiziert werden soll. Die Verwendung einer `Border`-Komponente in einer Seite ist vergleichbar

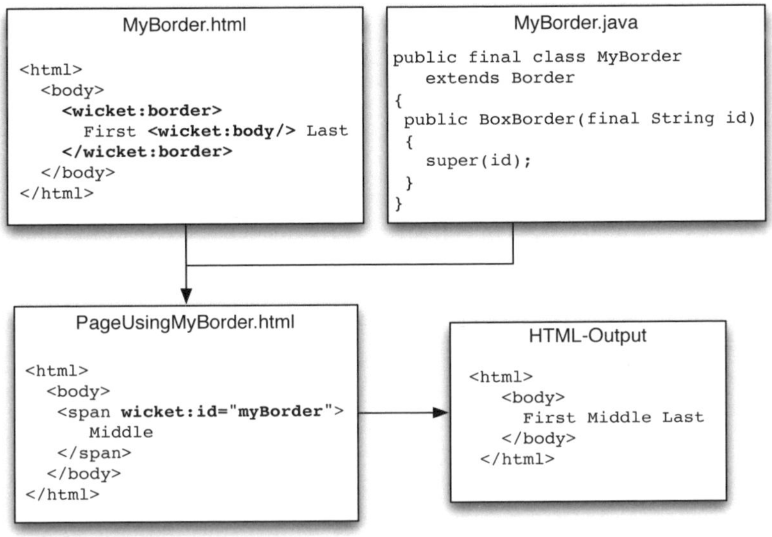

Abb. 9-3
Prinzip von Border

mit der Verwendung von `WebMarkupContainer`. Man fügt zunächst die `Border`-Komponente hinzu. Danach werden alle Komponenten, die innerhalb von `<wicket:body />` erscheinen sollen, der `Border`-Komponente mit `add(...)` hinzugefügt.

Typische Anwendungsfälle für Border-Implementierungen sind:

- das Markieren von Eingabefeldern bei Validierungsfehlern, z. B. mit `FormComponentFeedbackBorder`, wie in Abschnitt 5.1.3 gezeigt wurde,
- Rahmen für Komponenten, die z. B. ein Auf-/Zuklappen der Ansicht ermöglichen, z. B. `ToggleBorder`,
- eine Erweiterung, um die Spalten einer Tabelle sortierbar zu machen, z. B. `OrderByBorder`. Ein Beispiel dafür zeigt Listing 5.70 auf Seite 110.

Beispiel: ToggleBorder

Exemplarisch für die Eigenentwicklung einer Border-Komponente soll an dieser Stelle `ToggleBorder` vorgestellt werden. Die `ToggleBorder`-Komponente ermöglicht es, beliebige Komponenten innerhalb eines auf- und zuklappbaren Bereichs zu definieren. Dabei wird der Klappstatus in der Komponente und damit serverseitig verwaltet. Ein serverseitiger Status bringt dabei den Vorteil, dass er von anderen Komponenten gesteuert werden kann und bei Requests erhalten bleibt.

Innerhalb der WBS-Anwendung wird diese Border-Komponente z. B. eingesetzt, um den »Passwort ändern«-Bereich auf- und zuzuklappen, wenn auf die Überschrift des Bereichs »Passwort ändern« geklickt wird (siehe Abbildungen 9-4 und 9-5).

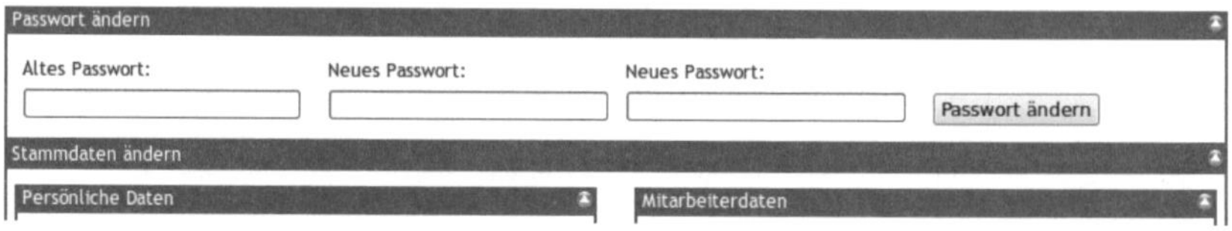

Abb. 9-4 *Aufgeklappt*

Abb. 9-5 *Zugeklappt*

Die Komponente `ToggleBorder` erbt wie erwartet von `Border`. Ihre Implementierung besteht aus zwei Teilen. Im ersten Teil (siehe Listing 9.12) wird die Funktionalität der Titelleiste mit `AjaxLink`, `Label` und zwei `Images` für den Klappzustand umgesetzt.

Listing 9.12 *Implementierung einer ToggleBorder-Komponente, Teil 1*

```
public class ToggleBorder extends Border {

 private boolean isExpanded = true;

 public boolean isExpanded() {
  return isExpanded;
 }

 public void setExpanded(boolean isExpanded) {
  this.isExpanded = isExpanded;
 }

 public ToggleBorder(String id, IModel titleModel) {
  ...
  setOutputMarkupId(true);
  PackageResource rollUp = ...
  Image rollUpImage =
    new Image("rollUpImage", rollUp) {
     @Override
     public boolean isVisible() {
      return isExpanded;
     }
    };

  PackageResource rollDown = ...
  Image rollDownImage =
    new Image("rollDownImage", rollDown) {
     @Override
     public boolean isVisible() {
      return !isExpanded;
```

```
      }
    };

  AbstractLink headerLink = new AjaxLink("header") {

    @Override
    public void onClick(AjaxRequestTarget target) {

      isExpanded = !isExpanded;
      target.addComponent(ToggleBorder.this);

    }
  };

  headerLink.add(new Label("title", titleModel));
  headerLink.add(rollUpImage);
  headerLink.add(rollDownImage);
  add(headerLink);

  ...
 }
}
```

Der Klappzustand wird im Attribut `expanded` festgehalten. Er kann über den Aufruf von `setExpanded(boolean isExpanded)` vorbelegt werden. Durch Klick auf den Link `headerLink` wird der Klappzustand invertiert. Im Ajax-Response wird `ToggleBorder` selbst aktualisiert, wodurch zum einen das zum Klappzustand passende `Image` aktiv geschaltet und zum anderen der Inhaltsbereich ein- oder ausgeblendet wird.

Die Logik für den Inhaltsbereich wird im zweiten Teil der Implementierung beschrieben (siehe Listing 9.13).

Listing 9.13
Implementierung einer ToggleBorder-Komponente, Teil 2

```
public class ToggleBorder extends Border {
 ...

 public ToggleBorder(String id, IModel titleModel) {
  ...

  final WebMarkupContainer content =
    new WebMarkupContainer("content");

  content.add(getBodyContainer());

  content.add(new AttributeAppender("style", true,
    new AbstractReadOnlyModel() {
```

```
    @Override
    public String getObject() {
      return (isExpanded ? "display:block"
        : "display:none");
    }

  }, ";"));
  add(content);

 }
}
```

Der Inhaltsbereich wird in ToggleBorder über den WebMarkupContainer "content" definiert. Die Border-Komponente verwendet aber noch einen WebMarkupContainer intern, der zum Tag <wicket:body /> korrespondiert. Dieser kann über Border#getBodyContainer() ermittelt werden. Letztendlich landen alle Komponenten, die man der Border-Komponente hinzufügt, in diesem Container. Damit die Komponentenhierarchie konsistent gehalten wird, muss der Inhaltscontainer der Border-Komponente unserem Container content zugefügt werden.

Der Klappzustand wird im Container content durch CSS über display:block (aufgeklappt) und display:none (zugeklappt) umgesetzt. Das heißt, die Komponenten im Inhaltsbereich sind auch im zugeklappten Zustand im Komponentenbaum im Zustand visible=true – sie werden nur im Browser nicht angezeigt. Alternativ könnte man hier auch den Container content mit setVisible(false) für den zugeklappten Zustand ausblenden. Dies hätte allerdings eine andere Semantik zur Folge, da ausgeblendete Komponenten ihr Model nicht mehr abrufen und bei Formularkomponenten auch keine Validierung mehr stattfindet.

Listing 9.14 *Markup einer ToggleBorder-Komponente*

```
<wicket:border>
  <div wicket:id="header" class="toggleBorderHeader">
   <img wicket:id="rollUpImage"
        height="14px" width="14px" align="right"/>
   <img wicket:id="rollDownImage"
        height="14px" width="14px" align="right"/>
   <span  wicket:id="title" />
  </div>
  <div id="content" wicket:id="content"
       class="toggleBorderContent">
     <div class="toggleBorderInnerContent">
        <wicket:body></wicket:body>
     </div>
  </div>
</wicket:border>
```

9.4 Tabellen

Neben der Möglichkeit, Tabellen auf Basis von DataViews zu definieren (siehe Abschnitt 5.1.4) vorgestellt, siehe Seite 106), existieren auch fortgeschrittenere Komponenten, die einen größeren Umfang an Funktionalität mitliefern.

Diese stellen in den meisten Fällen ein Komponentenmodell zur Verfügung, das einen schnellen Aufbau der Tabelle erlaubt. Damit verliert man allerdings meistens die Möglichkeit, den Markup-Code der Komponente zu beeinflussen, da das Template von der Komponente vorgegeben wird.

9.4.1 DataTable

So bietet die Wicket-Distribution von Haus aus eine Tabellenkomponente namens `DataTable`, die Teil der Wicket-Extensions ist.

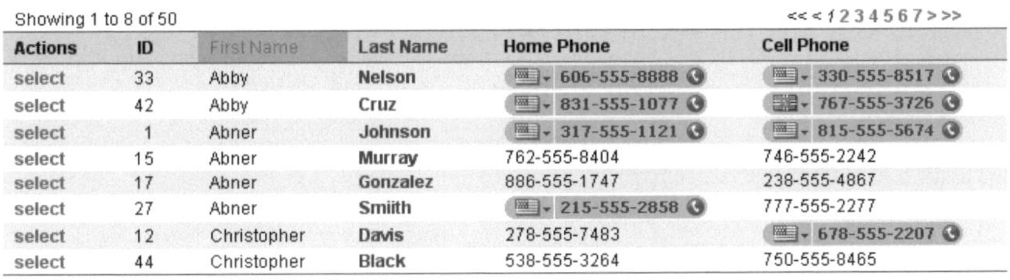

Showing 1 to 8 of 50 << < 1 2 3 4 5 6 7 > >>

Actions	ID	First Name	Last Name	Home Phone	Cell Phone
select	33	Abby	Nelson	606-555-8888	330-555-8517
select	42	Abby	Cruz	831-555-1077	767-555-3726
select	1	Abner	Johnson	317-555-1121	815-555-5674
select	15	Abner	Murray	762-555-8404	746-555-2242
select	17	Abner	Gonzalez	886-555-1747	238-555-4867
select	27	Abner	Smiith	215-555-2858	777-555-2277
select	12	Christopher	Davis	278-555-7483	678-555-2207
select	44	Christopher	Black	538-555-3264	750-555-8465

Abb. 9-6
Tabelle zum Anzeigen der gefundenen Benutzer

Die Verwendung dieser Komponente beruht auf einem spaltenbasierten Modell, mit dem der Inhalt der einzelnen Spalten (`IColumn`) beschrieben wird. Mit der Liste dieser Spalten wird dann die eigentliche `DataTable` erzeugt und innerhalb der Seite (oder dem Panel) verwendet.

Listing 9.15
DataTable

```
List columns = new ArrayList();
columns.add(new AbstractColumn(new Model("Actions")) {
 public void populateItem(Item cellItem,
    String componentId, IModel model) {
  cellItem.add(new ActionPanel(componentId, model));
 }
});
columns.add(new PropertyColumn(new Model("ID"), "id") {
 public String getCssClass() {
  return "numeric";
 }
});
columns.add(new PropertyColumn(new Model("First Name"),
   "firstName", "firstName"));
add(new DefaultDataTable("table", columns,
               new SortableContactDataProvider(), 8));
```

Das Markup in der verwendenden Seite wird in diesen Fällen immer sehr einfach, da der komplette innere Aufbau von der Komponente gekapselt wird.

Listing 9.16 *Markup für die Verwendung von DataTable*

```
<table class="dataview" cellspacing="0" wicket:id="table">
table
</table>
```

9.4.2 Inmethod Grid

Als Alternative existiert auch eine ausgereifte Implementierung einer Grid-Komponente der Firma inmethod.com, mittlerweile verfügbar bei Wicket-Stuff[3]. Diese wird in unserem Beispiel zur Darstellung der Ergebnisse der Benutzersuche verwendet.

Der Vorteil dieser Komponente gegenüber der Standard-Wicket-Komponente ist z. B. die integrierte Ajax- und Drag-and-Drop-Unterstützung, sodass die Inhalte der Tabelle auch problemlos geändert und Spalten vertauscht werden können.

Abb. 9-7 *Tabelle zum Anzeigen der gefundenen Benutzer*

Auch diese Komponente definiert als Basis ein eigenes Tabellenmodell über eine Liste von `IGridColumns`. Dieser Liste können nun die Komponenten für die einzelnen Spalten hinzugefügt werden. Dabei stehen eine Reihe von vordefinierten Spaltentypen zur Verfügung, so werden z.B. `TreeColumn`, `PropertyColumn`, `EditablePropertyColumn` und `SubmitCancelColumn` unterstützt.

Wie in Listing 9.17 auf der nächsten Seite gezeigt, wird zunächst eine Liste angelegt, die mit den einzelnen Spalten befüllt wird. Diese Liste wird dann an das `DefaultDataGrid` übergeben, zusammen mit einer `IDataSource`, die gleich noch erläutert wird.

---

[3] Siehe `http://wicketstuff.org`. Zurzeit ist inmethod-grid leider nur aus dem Wicket-Stuff Maven-Repository (`http://wicketstuff.org/maven/repository/com/inmethod/grid/`) oder aus dem Subversion-Repository (`https://wicket-stuff.svn.sourceforge.net/svnroot/wicket-stuff/trunk/wicketstuff-core/inmethod-grid-parent/inmethod-grid/`) zu beziehen.

```
List<IGridColumn> columns =
  new ArrayList<IGridColumn>();

// ...IGridColumns anlegen...

grid =
  new DefaultDataGrid("grid", dataSource, columns);
grid.setOutputMarkupId(true);

grid.setCleanSelectionOnPageChange(true);
grid.setAllowSelectMultiple(false);
grid.setClickRowToSelect(true);

grid.setRowsPerPage(4);
```

Listing 9.17
UserListPanel – Anlegen eines DefaultDataGrid

Für jede anzuzeigende Spalte wird eine `IGridColumn` angelegt. Beispielhaft zeigt Listing 9.18 eine `EditablePropertyColumn`. Sie enthält ein Textfeld für die Eingabe der E-Mail-Adresse des Benutzers, der in der jeweils aktuellen Zeile dargestellt wird.

```
EditablePropertyColumn emailColumn =
  new EditablePropertyColumn(
    new ResourceModel("email"), "mainContact.email",
    "mainContact.email") {

    @Override
    protected void addValidators(FormComponent component) {
     component.add(EmailAddressValidator.getInstance());
    }

  };
emailColumn.setInitialSize(190);
columns.add(emailColumn);
```

Listing 9.18
UserListPanel – EditableProperty-Column

Der Konstruktor erwartet drei Parameter:

- ein Model für den Text, der im Kopf der Spalte angezeigt wird, im Beispiel ein `ResourceModel`,
- ein Pfad zu dem Element, das mit dem Textfeld bearbeitet werden soll, wie bei `PropertyModel`; hier ist es `"mainContact.email"`, die Haupt-E-Mail-Adresse des Benutzers,
- ein ähnlich gearteter Pfad zu dem Element, nach dem diese Spalte sortiert werden soll, wenn die Spalte zur Sortierung ausgewählt ist; im Beispiel wird ebenfalls die E-Mail-Adresse dafür herangezogen.

Zusätzlich können in der Methode addValidators der Formularkomponente, also dem Textfeld, noch Validatoren hinzugefügt werden.

Woher bekommt DefaultDataGrid seine Daten, und relativ zu welchem Objekt gilt der Pfad "mainContact.email"? Ähnlich wie DataView und sein IDataProvider[4] verwendet DefaultDataGrid ein Provider-Interface, nämlich IDataSource.

Listing 9.19
IDataSource

```
public interface IDataSource extends IDetachable,
                                     IClusterable {
 public IModel model(Object obj);

 public void query(IQuery iquery,
   IQueryResult iqueryresult);
}
```

Die Methode query wird aufgerufen, um die Liste der Elemente initial zu laden. Das IQuery-Objekt enthält bei Bedarf Parameter wie die maximale Anzahl von Treffern oder den Index des ersten benötigten Elements für das Paging. In das IQueryResult-Objekt wird das Ergebnis geschrieben zusammen mit Informationen darüber, ob noch weitere Elemente vorhanden sind oder nicht. Genau wie bei IDataProvider gibt es auch hier eine Methode model, die für jedes Objekt der Elementliste aufgerufen wird und dieses Objekt in ein Model verpacken muss. Genau auf dieses Objekt bezieht sich dann der oben angegebene Pfad in der EditablePropertyColumn. Da im Beispiel eine Liste von User-Objekten verwendet wird, zeigt der Pfad also auf die E-Mail-Adresse im Haupt-Kontaktdatenobjekt des jeweiligen Benutzers.

Sortierung

Die Sortierung der Tabelle kann über das GridSortState-Objekt, eine Implementierung von IGridSortState, gesetzt werden. Das Beispiel sortiert die Tabelle initial aufsteigend nach dem name-Feld:

```
grid.getSortState()
  .setSortState("name", Direction.ASC);
```

DefaultDataGrid sortiert nicht selbst. Um Performance-Optimierungen, wie z. B. schon in der Datenbank zu sortieren, zu ermöglichen, fällt diese Aufgabe an die IDataSource-Implementierung. Diese kann dann mit entsprechenden ORDER BY-Queries gegen die Datenbank gehen oder selbst eine Ergebnisliste sortieren. Dazu enthält das oben erwähnte IQuery-Objekt ebenfalls einen IGridSortState. Listing 9.20 auf der nächsten Seite zeigt einen Ausschnitt aus der query-Methode. IGridSortState#getColumns liefert eine Liste von Spaltensortierungen vom Typ ISortStateColumn, von denen das erste Element der Spalte entspricht, die zuerst sortiert werden soll. Falls vorhanden, entsprechen

[4] Siehe Seite 106.

die weiteren Elemente den niedriger priorisierten Sortierungen in absteigender Reihenfolge. Jedes Element enthält den Namen des Felds, nach dem sortiert werden soll, sowie die Sortierrichtung. Im Beispiel wird nur nach einer Spalte sortiert (was dann nur die erste in der Liste sein kann).

Listing 9.20
UserDataSource.java – Sortierung

```
IGridSortState sortState = iquery.getSortState();

if (!sortState.getColumns().isEmpty()) {
 ISortStateColumn column = sortState.getColumns().get(0);
 String propertyName = column.getPropertyName();
 IGridSortState.Direction direction = column.getDirection();
 SortUtils.sort(result, propertyName,
   IGridSortState.Direction.ASC.equals(direction),
   Session.get().getLocale());
}
```

Der Paging-Mechanismus basiert auf demselben `IPageable`-Interface wie die Standard-Wicket-Komponenten, z. B. `PageableListView`. Die Verwendung von `IPageable` wird in Abschnitt 5.1.4 auf Seite 110 erklärt.

Listing 9.21 zeigt einen Teil des Markup-Codes des `UserListPanel`, das das Grid verwendet. Da `DefaultDataGrid` sein Template selbst mitbringt, reicht es, dass hier lediglich ein einzelnes `<div>` mit einer `wicket:id` verwendet wird.

Listing 9.21
Markup der Benutzerliste

```
<h2>
 <wicket:message key="searchresultpanel.heading">
  Suchergebnis
 </wicket:message>
</h2>
<div wicket:id="grid" />
```

9.5 Auf Wicket basierende Frameworks

Auch wenn in diesem Buch grundsätzlich eher unser persönlicher Blickwinkel – der Aufbau größerer Clientarchitekturen innerhalb von Firmen mit Wicket – vertreten ist, eignet sich Wicket auch hervorragend für kleinere und begrenztere Projekte.

Allerdings ist in diesen Fällen meist ein anderer Schwerpunkt definiert. Für Projekte, die sonst auf Frameworks wie *Ruby On Rails* setzen, ist die schnelle und einfache Entwicklung von Anwendungen ohne den Aufbau komplexer Schichtenarchitekturen entscheidend. Hier ist das Ziel, eine möglichst breite Palette an fertigen Kompontenen zur Verfügung zu stellen und entsprechende RAD[5]-Ansätze zu verfolgen.

Für Wicket gibt es in diesem Umfeld schon eine Reihe von Open-Source-Projekten, die an dieser Stelle kurz vorgestellt werden sollen.

9.5.1 Wicket RAD

Wicket RAD[6] basiert auf JPA und Wicket und wird größtenteils über Annotationen gesteuert. Kern des Projekts bilden folgende Komponenten:

- Ein Form-Generator, der aus JavaBeans zusammen mit per Annotation hinterlegten Metadaten Wicket-Formulare erzeugt. Über die Metadaten wird z. B. festgelegt, welche Wicket-Eingabekomponente zu welcher Property genutzt wird und welche Feldvalidierung angesetzt werden soll.
- Ein Generator für sortierbare Tabellen, in denen geblättert werden kann. Die benötigten Metadaten werden auch hier über Bean-Annotationen bereitgestellt.
- Eine Implementierung des Patterns *Open Session in View* für einen einfachen und bezüglich Ressourcen- und Transaktionssteuerung transparenten Datenbankzugriff.
- Wicket-Komponenten für eine schnelle Entwicklung CRUD-basierter Anwendungsfälle.

Abbildung 9-8 zeigt einen Ausschnitt der mitgelieferten Beispielanwendung, in der CRUD-Funktionalität zum Editieren einer Liste von Ländern angeboten wird. Im zugehörigen Bean `Country` wird für jede zu editierende Property ein Satz Metadaten definiert, wie beispielsweise für die Property `name` (siehe Listing 9.22).

Abb. 9-8 *Beispiel aus dem Wicket-RAD-Projekt*

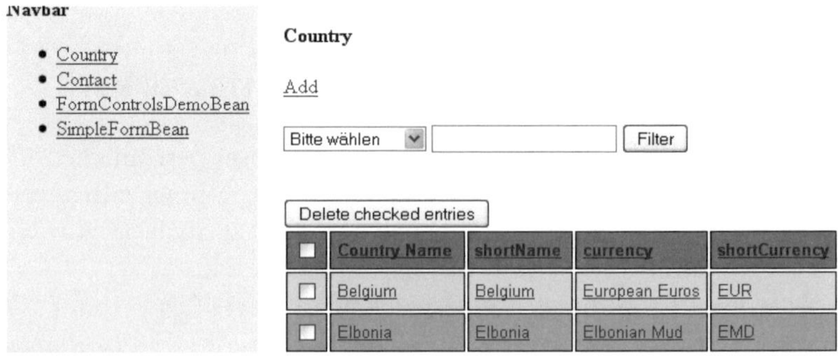

[5] Rapid Application Development.

[6] `http://wicket-rad.sourceforge.net`

Listing 9.22
Country.java

```
// sets the order of the field
@FieldOrder(1)
// this property is only editable in "CREATE" mode
@EditScope(Scope.CREATE)
// this field is the unique identifier and must be unique
@UniqueField(beanType=Country.class)
@Required
@TextField
// sortable in a property table
@Sortable
// Searchable/filterable in a property table
@Searchable
// this property cell should link to the update
// page onClick in a propertytable.
@BeanLinkProperty(UpdatePageToRuleThemAll.class)
public String getName() {
 return name;
}
public void setName(String name) {
 this.name = name;
}
```

9.5.2 Wicketopia

Wicketopia[7] ist ein mit Wicket RAD vergleichbares Projekt. Auch hier können auf Basis von JavaBeans und enthaltenen Annotationen Formulare für Wicket generiert werden. Wicketopia setzt in Sachen Persistierung auf das Projekt Domdrides[8], das wie der Name bereits andeutet, einen Domain-Driven-Ansatz verfolgt und im Kern das Konzept von Entities und Entity-Repositories umsetzt. Entity-Repositories sind eine Art standardisierte und generifizierte Data-Access-Objekte. Die Repository-Persistenz kann für Hibernate, JPA oder iBATIS[9] konfiguriert werden. Die Stärke von Wicketopia liegt in seiner einfachen Erweiterbarkeit durch Annotationen und Bean-Property-Editoren. Allerdings ist das Projekt kaum dokumentiert, sodass für ein tieferes Verständnis der Quellcode analysiert werden muss.

[7] http://wicketopia.sourceforge.net/
[8] http://domdrides.sourceforge.net/
[9] http://ibatis.apache.org/

9.5.3 Databinder

Bei Databinder[10] handelt es sich weniger um ein RAD-Framework, sondern um ein Toolkit, das die Anbindung an die Persistenzschicht vereinfachen soll – in diesem Sinne also um einen Baustein für RAD. Databinder enhält Models, die auf die jeweilige Persistenztechnologie zugeschnitten sind, und Wicket-Komponenten, die wiederum auf diese Models spezialisiert sind. Verschiedene Wicket-Erweiterungen (z. B. eigene RequestCycle- und WebApplication-Implementierungen) werden genutzt, um das *Open Session in View*-Pattern umzusetzen und Transaktionen transparent abzubilden.

Databinder unterstützt die Persistenzframeworks Hibernate, ActiveObjects[11] und Cayenne[12] und nutzt dazu nicht das Spring-Framework, sondern setzt stattdessen auf eine selbst entwickelte Abstraktion.

9.6 Konfiguration über JMX

Ein weiteres Schmankerl von Wicket ist die Möglichkeit, die Applikation auch vollständig über JMX[13] administrieren zu können. Hierzu muss lediglich die Wicket-JMX-Bibliothek zu der Anwendung hinzugefügt werden.

Listing 9.23
Konfiguration per JMX

```
<dependency>
  <groupId>org.apache.wicket</groupId>
  <artifactId>wicket-jmx</artifactId>
  <version>${wicket.version}</version>
</dependency>
```

Natürlich soll auch für die WBS-Anwendung der MBean-Remote-Zugriff freigeschaltet sein. Dieses geschieht, indem man z. B. in der Tomcat-Launch-Konfiguration bei den VM-Argumenten folgende Property setzt:

```
-Dcom.sun.management.jmxremote
```

Verbindet man sich nun mit einer MBean-Konsole (wie z. B. der JConsole, die Teil der Java-Distribution ist) mit dem Server, so können alle Wicket-Konfigurationen direkt zur Laufzeit geändert werden.

Für die Fälle, bei denen der Zugriff als Teil der Anwendung stattfinden soll, existiert eine Wicket-JMX-Komponente, die über Maven

[10] `http://databinder.net`
[11] `https://activeobjects.dev.java.net/`
[12] `http://cayenne.apache.org/`
[13] Java Management Extensions.

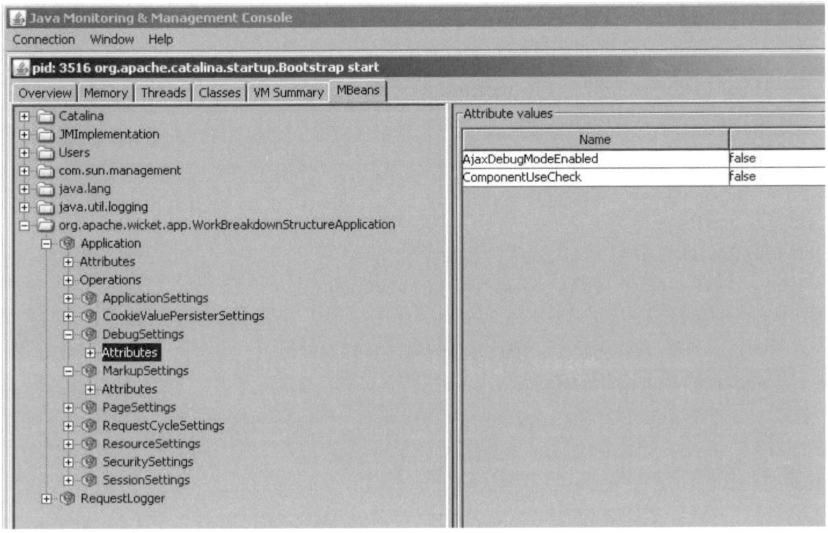

Abb. 9-9
Konfiguration per MBean über die JConsole

in die WBS-Anwendung integriert und einer eigenen Seite hinzugefügt wird. Abbildung 9-10 und die Listings 9.24 und 9.25 zeigen, wie das aussieht.

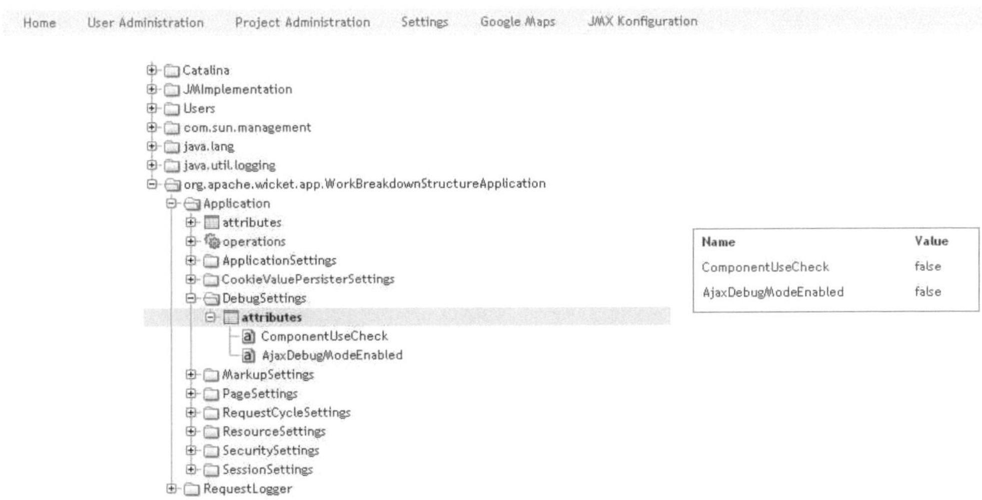

Abb. 9-10
Konfiguration über das JMX-Panel

Listing 9.24
Wicket-JMX-Komponente in Maven einbinden

```
<dependency>
 <groupId>org.wicketstuff</groupId>
 <artifactId>wicketstuff-jmx-panel</artifactId>
 <version>1.3.3</version>
</dependency>
```

Listing 9.25
Verwendung der JMX-Komponente

```
public JmxPage() {
 middleColumn.getListPanel().add(
   new JmxPanel(middleColumn.getListPanel()
     .newChildId()) {
    protected IDomainFilter getDomainFilter() {
     return ALL_DOMAINS;
    }
   });
}
```

Wenn in dem Panel nicht nur die Konfiguration der Wicket-Anwendung, sondern alle MBeans des MBean-Servers angezeigt werden sollen, so muss der DomainFilter des Panels überschrieben werden. Listing 9.26 zeigt einen simplen `ALL_DOMAINS`-Filter, der alle Strings akzeptiert. Hier kann durch eigene Logik jedes gewünschte Verhalten abgebildet werden.

Listing 9.26
DomainFilter

```
private final IDomainFilter ALL_DOMAINS =
 new IDomainFilter() {
    public boolean accept(String domain) {
     return true;
    }
   };
```

10 Tests

Schon seit Jahren gehören Tests zum Pflichtprogramm jedes guten Softwareentwicklers. Die Palette reicht von Unit Tests, die einzelne Funktionen oder Module isoliert testen, bis hin zu großen Integrationstests, bei denen das Zusammenspiel aller Komponenten geprüft wird.

Dabei sind Webanwendungen traditionell ein Schwachpunkt. Da diese Anwendungen typischerweise nur HTTP-Requests als Input und HTML als Output haben und in einem laufenden Server deployt sein müssen, sind automatisierte Tests dafür recht aufwendig. In der Praxis fallen sie daher oft dem engen Zeitplan zum Opfer und es gibt allenfalls ein paar manuelle Tests: Jemand klickt ein bißchen herum und wartet, ob ein Fehler auftritt.

Typische Tests für eine Webanwendung müssen prüfen,

- ob die Navigationsfolge der Seiten passt,
- ob Formulare ihre Felder richtig validieren,
- ob ggf. die richtigen Backend-Services aufgerufen werden,
- ob Ajax-Aufrufe funktionieren.

In diesem Kapitel werden wir zeigen, wie man mit vergleichsweise geringem Aufwand auch die Tests für die Webschicht unserer Anwendung weitgehend automatisieren kann.

10.1 Containertests

Eine Wicket-Anwendung lässt sich natürlich wie jede andere Webanwendung als deployte Anwendung im Container testen. Man spricht hier auch von funktionalen oder Blackbox-Tests. Dabei wird die Anwendung auf einem Testsystem installiert. Das Testprogramm schickt HTTP-Requests an dieses System und wertet die Antworten aus.

Dieses Vorgehen hat folgende Vorteile:

- Es entsteht keine Verfälschung durch Mocks[1] und andere Unit-Test-Eigenheiten.
- Fehler im Deployment werden gleich mitgetestet (z. B. fehlende Bilddateien).
- Cookies, Response-Header, HTTP-Status etc. können getestet werden.
- Abhängig vom eingesetzten Testwerkzeug kann direkt mithilfe der in der Praxis relevanten Browser getestet werden. Dadurch können auch Browsereigenheiten aufgedeckt werden.

Es hat auch ein paar Nachteile:

- Es entsteht wegen vollständigem Build und Deployment eine lange »Turnaround-Zeit«[2]. Das macht ein schnelles, testgetriebenes Entwickeln[3] recht schwer.
- Die Deployment-Konfiguration wird gleich mitgetestet. Einerseits sind solch praxisnahe Tests zwar wünschenswert, andererseits können Probleme mit dem Deployment die sonstige Entwicklung und deren Tests aufhalten.
- Die auf dem Markt verfügbaren Werkzeuge für Containertests setzen auf ganz unterschiedliche Techniken für die Testerstellung und Durchführung. Aufwendige Einarbeitung und langfristige Produktbindung sind vorprogrammiert.

Bei Blackbox-Tests ist die Wahl der Technologien für Implementierung und Betrieb der Webanwendung weitestgehend irrelevant, solange es sich um serverseitig ausgeführte Programmlogik handelt. Das Webframework spielt daher eine untergeordnete Rolle. Trotzdem kann es Sinn machen, das HTML-Markup auf Testbarkeit hin zu optimieren. Die Verwendung von XHTML als Markup-Grundlage unterstützt z. B. sicheres Parsen durch das Testtool. Des Weiteren kann es sinnvoll sein, statische `id`-Attribute an Elemente zu vergeben, um sie bei der Verifikation des Markup-Codes leichter auffinden zu können.

Bei der Auswahl eines Testwerkzeugs für Containertests sollte man sich aufgrund der Vielfalt der Angebote im Klaren sein, welche Kriteri-

---

[1] Ein Mock ist eine Art Test-Dummy, eine Implementierung des jeweiligen Interface (wie `UserManager`), die nicht wie üblich mit dem Backend oder anderen Modulen interagiert. Stattdessen gaukelt sie der zu testenden Komponente eine gewünschte Situation vor, wie z. B. das Laden oder Nicht-Finden eines bestimmten Datensatzes. Siehe `http://www.mockobjects.com/` sowie [1].

[2] Hier gibt es Ansätze, u.a. mit JavaRebel (`http://www.zeroturnaround.com/javarebel/`) und anderen Hot-Replacement-Lösungen, den Aufwand zu reduzieren.

[3] Siehe [1].

en das Werkzeug erfüllen soll. Wir wollen nachfolgend ein paar Kriterien vorstellen, die uns besonders am Herzen liegen.

- Testprogramme sollten ohne großen Einarbeitungsaufwand vom Webentwickler erstellt und ausgeführt werden können. Idealerweise werden solche Tests daher in der Entwickler-IDE auf Basis von Java erstellt.
- In größeren Unternehmen ist für das Spezifizieren, Pflegen und Durchführen der funktionalen Tests oft eine eigene Abteilung zuständig. Auch wenn der Entwickler selbst dann keine Testssuiten mehr erstellen muss, sollte er trotzdem in der Lage sein, die Tests mit wenig Aufwand ausführen und bei Änderungen in der Anwendung korrigieren zu können.
- Test-Requests sollen möglichst durch die in der Anwendungspraxis eingesetzten Browser ausgeführt werden. Es muss also eine Art Browser-Fernsteuerung vorhanden sein, die durch das Testskript angetrieben wird. Eine skriptgetriebene Steuerung des Browsers bringt einen zusätzlichen Nutzen für den Entwickler. Während der Use-Case-Umsetzung können dessen Vorbedingungen durch Ausführen von Testskripten hergestellt werden. Dazu gehört beispielsweise:
    - einen Kunden laden,
    - eine Legitimationsprüfung durchführen,
    - die Kontodetails zu einem Girokonto laden, für das der Dispositionskredit erhöht werden soll.

Ein zurzeit populäres Testwerkzeug, das die Anforderungen erfüllt, ist Webdriver[4]. Über eine einfache Java-API können Webseiten per URL aufgerufen, Eingabefelder befüllt sowie Buttons und Links geklickt werden. Nach jedem Schritt kann in der Antwortseite geprüft werden, ob erwartete Elemente und Elementinhalte vorhanden sind. Das Framework nutzt vorhandene Browser zum Ausführen der Tests durch Bereitstellen von Browsertreibern (daher der Name Webdriver). Unterstützt werden momentan HtmlUnit[5], Internet Explorer, Firefox und Safari. HtmlUnit ist streng genommen kein Browser. Es handelt sich hierbei um eine JUnit-Test-Bibliothek zum Testen von Anwendungen über HTTP, bei der Requests mit Java-Mitteln versendet werden. Der HtmlUnit-Treiber bietet sich für die Ausführung von Tests in Build-Integration-Läufen an, da dort häufig keine echte Browserinstanz genutzt werden kann.

[4] `http://code.google.com/p/webdriver`

[5] `http://htmlunit.sourceforge.net/`

Listing 10.1 zeigt, wie ein Test mit Webdriver aufgebaut ist. Zuerst muss eine `Webdriver`-Instanz erzeugt werden (`setUp(String driverType)`). Mit `Webdriver#get()` wird eine Seite der Anwendung per `HTTP-Get` aufgerufen. Über `Webdriver#findElement()` kann ein HTML-Element der Antwortseite ermittelt werden, um darauf entweder Inhaltsprüfungen durchzuführen oder Benutzereingaben zu simulieren. Texteingaben können über `Webdriver#sendKeys()` und Mausklicks auf Links und Buttons über `Webdriver#click()` vollzogen werden. Bei der Suche nach Elementen helfen XPath-Queries mit `findElement(By.xpath(...))` dabei, auch kompliziertere Abfragen durchzuführen.

Listing 10.1
Containertest mit Webdriver

```
public class TestWbs extends TestCase {
 WebDriver driver = null;

 @Override
 protected void setUp() throws Exception {
  setUp("htmlunit");
 }

 @Override
 protected void tearDown() throws Exception {
  driver.close();
 }

 private void setUp(String driverType) {
  if ("ie".equals(driverType)) {
   driver = new InternetExplorerDriver();
  } else if ("firefox".equals(driverType)) {
   driver = new FirefoxDriver();
  } else if ("safari".equalsIgnoreCase(driverType)) {
   driver = new SafariDriver();
  } else {
   HtmlUnitDriver htmlUnitDriver = new HtmlUnitDriver();
   htmlUnitDriver.setJavascriptEnabled(true);
   driver = htmlUnitDriver;
  }
 }

 public void testUserAdmin() {
  driver.get("http://localhost:8080/wicket-wbs-web");

  WebElement userElement =
    driver.findElement(By.name("username"));
  userElement.sendKeys("osiefart");
  WebElement passwordElement =
```

```
    driver.findElement(By.name("password"));
  passwordElement.clear();
  passwordElement.sendKeys("dummy");

  passwordElement.submit();

  assertEquals("Wicket WBS", driver.getTitle());

  WebElement linkBenutzerverwaltung =
    driver
      .findElement(By.xpath(
         "//a[@href = '?wicket:bookmarkablePage="
       + ":com.senacor.wbs.web.user.UserAdminPage']"
      )
    );
  assertNotNull(linkBenutzerverwaltung);
  linkBenutzerverwaltung.click();

  WebElement vorname =
    driver.findElement(By.name("vorname"));
  vorname.sendKeys("Roland");
  WebElement nachname =
    driver.findElement(By.name("name"));
  nachname.sendKeys("F");

  WebElement sucheButton =
    driver.findElement(By.name("search"));
  sucheButton.click();

  ...
 }
 ...
}
```

Die mit der Webdriver-API geschriebenen Tests mögen für manchen Entwickler nicht besonders gut lesbar sein. Wenn man einen solchen Test überfliegt, ist es in der Tat zumindest schwierig, die `WebElement`-Arten voneinander zu unterscheiden. Hier gehört eine klare Variablenbenennung zum Pflichtprogramm.

Die Lesbarkeit des Testcodes kann durch Nutzung eines Webdriver-API-Aufsatzes verbessert werden. Dieser nutzt eine prädikatgestützte Syntax, basierend auf der Bibliothek Hamcrest[6]. Wie das aussehen kann, zeigt das Beispiel in Listing 10.2. Die Formulierung des Testcodes erfolgt in einer Weise, die natürlicher Sprache schon sehr nahekommt.

[6] `http://code.google.com/p/hamcrest`

Der API-Aufsatz ist im abstrakten JUnit-Test-Case `HamcrestWebDriverTestCase` realisiert. Dort gibt es Methoden zum Simulieren von Benutzerereignissen, wie `goTo()` zum Aufrufen einer Anwendungs-URL, `type()` für Eingaben mit der Tastatur oder `clickOn()` für das Klicken von Links und Buttons.

Listing 10.2
Webdriver und Hamcrest

```
package de.dpunkt.wicket.webtest;
import static org.openqa.selenium.lift.Finders.*;
import static org.openqa.selenium.lift.Matchers.*;
import static org.hamcrest.Matchers.*;
import static de.dpunkt.wicket.webtest.DivFinder.*;
...
public class TestWbsModernStyle extends HamcrestWebDriverTestCase {

 @Override
 protected WebDriver createDriver() {
  String webdriverName = System.getProperty("webdriver");
  if ("ie".equalsIgnoreCase(webdriverName)) {
     return new InternetExplorerDriver();
  } else if ("firefox".equalsIgnoreCase(webdriverName)) {
   return new FirefoxDriver();
  } else if ("safari".equalsIgnoreCase(webdriverName)) {
   return new SafariDriver();
  } else {
   HtmlUnitDriver htmlUnitDriver = new HtmlUnitDriver();
   htmlUnitDriver.setJavascriptEnabled(true);
   return htmlUnitDriver;
  }
 }

 public void testLogin() throws Exception {
  goTo("http://localhost:8080/wicket-wbs-web");

  assertPresenceOf(textbox().with(attribute("name",
    is("username"))));

  type("osiefart", into(textbox().with(
    attribute("name", is("username")))));
  type("dummy", into(textbox().with(
    attribute("name", is("password")))));

  clickOn(button().with(attribute("type", is("submit"))));

  assertPresenceOf(link("Benutzerverwaltung"));

  clickOn(link().with(
```

```
    attribute("href", containsString("JmxPage"))));
  assertPresenceOf(div().with(
    attribute("class", is("jmxTreePanel"))));
 }
}
```

Anstatt ein Element über `driver.findElement(By ...)` zu ermitteln, wird auf einem `Finder`-Objekt eine Selektormethode mit einem `Matcher`-Objekt (dem Hamcrest-Prädikat) aufgerufen. Da ein Matcher nur einen konkreten Aspekt prüft, können einige Matcher auch verschachtelt werden. Der über die Factory-Methode `attribute()` erzeugte `AttributeMatcher` ist ein Beispiel dafür (siehe Abbildung 10-1).

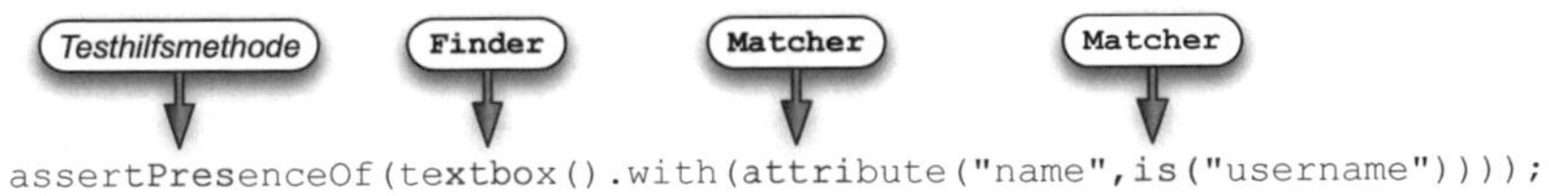

Abb. 10-1
Finder und Matcher kombiniert

Die Testhilfsmethoden `assertPresenceOf()`, `type()`, `clickOn()` usw. können über die Methode `Collection<WebElement> Finder<WebElement , WebDriver>#findFrom(WebDriver driver)` das `WebElement`-Suchergebnis ermitteln und darauf ihre Logik abbilden.

10.2 Unit Tests mit WicketTester

Wicket bringt eine eigene API-basierte Methode mit, um funktionale Tests durchzuführen. Dabei wird ein Ansatz verfolgt, der nicht auf HTTP-Requests gegen die laufende (deployte) Anwendung, sondern auf eine simulierte Serverumgebung (ohne Deployment) setzt. Ausgangspunkt dieser Umgebung ist die Klasse `WicketTester`. Mit ihr wird einerseits das Benutzerverhalten im Browser simuliert, und andererseits besteht voller Zugriff auf die serverseitigen Anwendungsobjekte (Komponenten, WebApplication, WebSession etc.). Die eingangs genannten Vor- und Nachteile drehen sich damit quasi um:

- Vorteil: Deployment ist nicht nötig, der Test ist so schnell, wie die Komponenten instanziiert werden können. Man kann testgetrieben entwickeln.
- Nachteil: Die Testbedingungen entsprechen nicht mehr dem Deployment, sondern man bewegt sich in einer »künstlichen« Umgebung. Andererseits kann ein Fehler im Testserver hier nicht mehr die Entwicklung aufhalten.

10.2.1 Eine Seite testen

Auch für das erste Testbeispiel bleiben wir bei »Hello World«. Die Homepage aus dem Beispiel in Kapitel 2 auf Seite 25 soll darauf getestet werden, ob das dort enthaltene Label mit »Welt« vorbelegt ist. Es ist für die Verwendung von `WicketTester` nicht notwendig, von einer bestimmten Klasse abzuleiten, daher kann jedes beliebige Testframework eingesetzt werden. Das Beispiel zeigt JUnit 3[7], das den meisten Entwicklern bekannt sein sollte. Der `WicketTester` wird in `setUp` aufgesetzt und dann in der `test`-Methode verwendet.

Listing 10.3
Hallo getestete Welt

```
public class TestHomePage extends TestCase {
 private WicketTester tester;

 @Override
 public void setUp() {
  tester = new WicketTester();
 }

 public void testRenderHomePage() {
  // HomePage starten und rendern
  tester.startPage(HomePage.class);

  // Pruefen, dass das Label aussieht wie es soll:
  tester.assertLabel("name", "Welt");
 }
}
```

Was passiert hier der Reihe nach? `WicketTester` simuliert gegenüber dem Anwendungscode eine Webumgebung. Die `WebApplication` steht zur Verfügung, Request und Response werden aufgebaut, aber der Test selbst operiert eine Ebene unterhalb der HTTP- und Servlet-Schichten. Über `WicketTester` können verschiedene Events – wie das Klicken auf einen Link – direkt auf den Komponenten gestartet werden. Danach kann man prüfen, ob die richtigen Dinge passiert sind.

Mit `startPage` beginnt der Request als Aufruf auf die `HomePage`. Die Seite wird in einen `WicketTester`-internen Puffer gerendert. Daraufhin können jetzt weitere Aktionen durchgeführt werden, wie die Überprüfung, ob das Label gerendert wurde und den erwarteten Wert enthält. Der erste Parameter für `assertLabel` – `"name"` – ist der Komponentenpfad des Labels, der zweite der erwartete Wert.

Dieser Test wird wie jeder andere JUnit-Test gestartet und sollte, so wie gezeigt, grün werden.

---

[7] `http://www.junit.org/`

Komponentenpfade in den Testerklassen

Um eine bestimmte Komponente zu identifizieren, muss man `WicketTester` einen Pfad innerhalb der Seite übergeben, der zu dieser Komponente führt. Die Pfade sind Strings, bestehend aus Identifiern getrennt durch Doppelpunkte »:«. Die Seite als Startpunkt braucht dabei nicht angegeben zu werden. Um ein Label mit der Wicket-ID `adresse` anzusprechen, wäre also der Pfad `"adresse"` ausreichend. Bei verschachtelten Komponenten sieht es dann so aus:

- »Normale« verschachtelte Komponenten, wie z. B. Textfelder in einem Formular, werden durch die aneinandergereihten IDs angesprochen. Ein Textfeld `username` in einem Formular `createuser` hat also den Pfad `"createuser:username"`.
- Elemente in einem `ListView` oder einem anderen Repeater werden durch die ID des Repeaters, den Index des Elements und die Komponenten-ID innerhalb des Elements angesprochen. Ein Label `roles` in der dritten Zeile (entspricht Index 2) eines ListView `users` spricht man daher mit `"users:2:roles"` an.

> Wenn der Komponentenpfad mal nicht auf Anhieb klar sein sollte, können Sie ihn ganz einfach mit der `WicketTester`-Methode `debugComponentTrees()` finden. Diese gibt auf Log-Level INFO die gesamte Komponentenhierarchie der getesteten Seite aus, inklusive der exakten Pfade.

Navigation testen

Ein weiterer typischer Testfall überprüft, ob beim Klick auf einen Link die richtige Folgeseite angezeigt wird. Listing 10.4 enthält den schon bekannten Testaufbau mit `WicketTester` und Testmethode. Der Test beginnt auf der `ProjectOverviewPage` aus der Beispielanwendung und soll verifizieren, dass ein Klick auf den »Statistiken«-Link im `SecondLevelMenu` tatsächlich auf die `ProjectStatisticsPage` führt. Da die die Projektliste dafür nicht wichtig ist, wird die `ProjectOverviewPage` mit einer Dummy-Implementierung des `ProjectManager` instanziiert, die eine leere Projektliste zurückliefert.

Listing 10.4
Ein einfacher Navigationstest

```
public class LinkNavigationTest extends TestCase {
 private WicketTester tester;

 @Override
 protected void setUp() throws Exception {
  super.setUp();
```

```
  // Eine frische Testumgebung starten
  tester = new WicketTester();
 }

 public void testLinkInPage() throws Exception {
  ProjectOverviewPage page =
    new ProjectOverviewPage(
      new ProjectManagerImpl() {
       @Override
       public List<Project> findAll() {
         return new ArrayList<Project>();
       }
      });
  tester.startPage(page);
  tester
    .clickLink(
      "leftColumn:listPanel:1:links:1:link");
  tester.assertRenderedPage(
    ProjectStatisticsPage.class);
 }
}
```

Dann wird der Test wie üblich gestartet und mit `clickLink(komponentenpfad)` der Klick auf den Link simuliert. `assertRenderedPage(pageclass)` verifiziert, dass die erwartete Seite tatsächlich aufgerufen wurde.

Formulare testen

Zurück zum Beispiel aus Kapitel 2. Der nächste Test, der sich anbietet, ist die Formularverarbeitung. Neben der Navigation ist dies vermutlich der wichtigste Aspekt beim Testen von Webanwendungen.

Es soll ein Formular ausgefüllt und abgeschickt werden, um dann zu prüfen, ob die Anwendung den Request korrekt verarbeitet. Eine Möglichkeit, die Listing 10.5 zeigt, ist es, den Inhalt der Ergebnisseite zu kontrollieren.

Listing 10.5 *Formularkontrolle*

```
public class HelloWorldFormTest extends TestCase {
 private WicketTester tester;

 @Override
 public void setUp() {
  tester = new WicketTester();
 }
```

```
  public void testSubmitName() throws Exception {
    tester.startPage(HomePage.class);

    // Formulartest vorbereiten fuer "myForm"
    FormTester form = tester.newFormTester("myForm");

    // Formular ausfuellen und abschicken
    form.setValue("nameField", "MyTestValue");
    form.submit();

    // Ergebnis ueberpruefen
    tester.assertRenderedPage(HomePage.class);
    tester.assertLabel("name", "MyTestValue");
  }
}
```

Hier sieht man eine weitere wichtige Testkomponente: Für jedes Formular kann mit `WicketTester#newFormTester` ein `FormTester` erzeugt werden. Dabei handelt es sich um eine eigene Testumgebung für das betreffende Formular, die dessen Zustand kapselt und eine programmatische Interaktion fast wie im Browser erlaubt. Das Formular aus dem Schnellstart-Beispiel enthält nur ein einzelnes Textfeld, das mit der Methode `setValue` befüllt wird. `form.submit()` löst den Formularversand aus. Wie schon im vorigen Test wird geprüft, ob die richtige Seite ausgegeben wird und ob der korrekte Wert im Label steht – diesmal natürlich der Testwert, der in das Textfeld geschrieben wurde.

Weitere Möglichkeiten mit WicketTester und FormTester

Es gibt verschiedene Möglichkeiten, mit WicketTester die Ausgaben der Applikation zu testen:

WicketTester

- `assertLabel` wurde gerade schon gezeigt. Da die meisten Ausgaben über Labels stattfinden, ist dies wahrscheinlich die am häufigsten eingesetzte Testmethode.
- `assertRenderedPage` ist der einfachste Test und hauptsächlich für Navigationstests interessant, siehe dazu Seite 257.
- `assertContains(String regex)` ist flexibel, dafür aber auch etwas komplexer: Das gesamte von der Seite ausgegebene HTML wird nach dem übergebenen regulären Ausdruck durchsucht[8]. Damit lassen sich Ausgaben überprüfen, die nicht von einer Komponente generiert werden, z. B. `<wicket:message>`-Texte. Aber auch komple-

[8] Eine Google-Suche nach »Regular Expressions« führt schnell zu einer ganzen Reihe von guten Tutorials.

xere Ausgaben einer »normalen« Komponente können so per Regular Expression getestet werden.

- assertErrorMessages, assertInfoMessages, assertNoErrorMessage, assertNoInfoMessage prüfen das korrekte Erscheinen bzw. Nicht-Erscheinen von Fehler- und Info-Nachrichten[9].
- assertComponent stellt fest, ob eine Komponente die erwartete Klasse hat. Die Komponente wird dabei mit einem Komponentenpfad bestimmt, siehe dazu Seite 257.
- assertVisible und assertInvisible verifizieren, ob eine bestimmte Komponente sichtbar oder unsichtbar ist.
- clickLink simuliert einen Klick auf einen Link, indem dessen onClick-Methode aufgerufen wird.
- executeAjaxEvent wird verwendet, um einen beliebigen JavaScript-Event auf einer Methode aufzurufen.

FormTester

Formulare bestehen meist aus mehr Komponenten als nur Textfeldern. FormTester unterstützt auch die anderen Elementtypen für HTML-Formulare:

- select und selectMultiple selektieren einen einzelnen oder mehrere Werte in select-Listen, Radiobutton-Gruppen und Checkbox-Gruppen.
- setFile übergibt eine Datei an ein Upload-Feld im Formular.
- submit schickt das Formular über den Standardbutton ab. submit(String buttonname) »drückt« stattdessen einen alternativen Submit-Button, indem dessen Wicket-ID übergeben wird.
- submitLink schickt das Formular ebenfalls ab, aber über einen SubmitLink.

Isolierte Komponententests

Auf Seite 257 wurde eine ProjectOverviewPage mit gemocktem ProjectManager aufgebaut, um die Seitennavigation zu testen. War dieser relativ komplizierte Aufbau wirklich notwendig, nur um die Navigation im SecondLevelMenu auszuprobieren? In klassischen, seitenorientierten Webframeworks wie Struts oder Spring MVC ist das so – man kann immer nur auf eine ganze Seite gehen. Mit WicketTester hat man stattdessen auch die Möglichkeit, einzelne Komponenten isoliert zu testen.

[9] Siehe Abschnitt 5.1.3.

Listing 10.6
Panel ohne Page testen, Erweiterung zu LinkNavigationTest.java

```
public void testLinkInPanel() throws Exception {
  tester.startPanel(new TestPanelSource() {
   public Panel getTestPanel(final String panelId) {
    final SecondLevelMenu menu =
      new SecondLevelMenu(panelId);
    menu.addMenuLink(new Model("foo"),
      ProjectStatisticsPage.class);
    return menu;
   }
  });
  tester.clickLink("panel:links:0:link");
  tester.assertRenderedPage(ProjectStatisticsPage.class);
}
```

Statt wie vorher die `ProjectOverviewPage` aufzubauen, wird das `SecondLevelMenu` mit `startPanel` gestartet.[10] Man könnte `startPanel` einfach `SecondLevelMenu.class` übergeben, dann würde eine Instanz mit dem String/WicketID-Konstruktor erzeugt und in eine Dummy-Seite eingebunden. Es soll aber noch ein Menü-Link angehängt werden, daher muss man direkt auf das Panel zugreifen. Dafür übergibt man eine anonyme Implementierung von `TestPanelSource` – die einzige darin enthaltene Methode `getTestPanel()` bekommt die passende Komponenten-ID als Parameter. Der Rest dieses Tests ist schon bekannt: Der Test klickt auf den Link und prüft das Navigationsergebnis. Der Komponentenpfad beginnt hier immer mit `panel`, dem Wert der Konstante `DummyPanelPage.TEST_PANEL_ID`.

10.2.2 Mit der richtigen Applikation testen

Die meisten Komponententests sind mit den Standardeinstellungen von `WicketTester` einfach durchzuführen. Für komplexere Tests wie z. B. Security-Checks oder Aktionen, die bis auf ein Backend durchgreifen sollen, braucht man aber möglicherweise die Infrastruktur, die die eigene Anwendungsklasse bietet. Im Abschnitt über Security (siehe Abschnitt 11.6) wird die Anwendung so umgebaut, dass ein Login zwingend erforderlich ist, um die Benutzerrollen – `ListRolesPage` – sehen zu können. Dieser Security-Check braucht die angepasste `WBSSession`, die wiederum die `WorkBreakdownStructureApplication` benötigt. Man muss

[10] Achtung: WicketTester besitzt eine Methode `startComponent()`, die für diesen Zweck nicht verwendbar ist. `startPanel()` generiert eine »Dummy-Seite« rund um das Panel, `startComponent()` tut das nicht. Daher funktionieren Methoden wie `clickLink()`, die einen Komponentenpfad innerhalb einer Seite brauchen, nicht.

jetzt also den `WicketTester` mit dieser Applikation statt der sonst von `WicketTester` erzeugten Dummy-Applikation starten:

Listing 10.7
Mit der Applikation den Security-Check testen

```
public class TestAccessControl extends TestCase {
 private WicketTester tester;

 @Override
 public void setUp() throws Exception {
  super.setUp();

  // Eigene Anwendungsklasse instanziieren:
  WorkBreakdownStructureApplication application =
    new WorkBreakdownStructureApplication(false) {

      // Fuer jeden Test einen eigenen HiveKey
      // verwenden:
      @Override
      protected Object getHiveKey() {
       return super.getHiveKey() + ""
         + TestAccessControl.this.getName();
      }
    };

  // Tester mit unserer Applikation starten
  tester = new WicketTester(application);
 }

 /**
  * Prueft, ob ohne Login nur die AccessDeniedPage kommt.
  */
 public void testAccessControl() throws Exception {
  // Erste Seite aufrufen:
  tester.startPage(ListRolesPage.class);
  // Verifizieren, dass AccessDenied kam:
  tester.assertRenderedPage(AccessDeniedPage.class);
 }
}
```

Wie gehabt legt man den `WicketTester` in der `setUp`-Methode an. Als Parameter bekommt er eine anonyme Subklasse der Anwendung. Im Moment gibt es zwar nur eine Testmethode in dieser Klasse, aber es sollen später noch mehr werden, und vor jeder Methode wird (durch `setUp()`) ein frischer `WicketTester` angelegt. Beim Einsatz von WASP[11]

[11] Wicket Abstract Security Platform, siehe Abschnitt 11.6 auf Seite 297

muss jede Instanz der Anwendung einen eigenen HiveKey[12] haben, deshalb zeigt das Beispiel hier kurzerhand eine anonyme Subklasse, in der der Name des Tests mit in den Key einfließt.

Der eigentliche Test ist ganz ähnlich zu den zuvor beschriebenen: Man startet mit einer Seite – in diesem Fall `ListRolesPage`. Da die Security aktiviert ist, aber niemand eingeloggt ist, erwartet der Test, dass statt dieser Seite `AccessDeniedPage` kommt. Mit `assertRenderedPage` wird das geprüft.

[12]Ein HiveKey ist für WASP eine eindeutige ID für den aktuellen Sicherheitskontext.

11 Weiterführende Themen

Internationalisierung

In diesem Kapitel werden Themen behandelt, die über die einfachen Standardprobleme hinausgehen. Ein längerer Abschnitt ist dem Thema Lokalisierung bzw. Internationalisierung der Anwendung gewidmet (siehe Abschnitt 11.1).

Ressourcen

Im Anschluss wird das Thema Ressourcen behandelt, hinter dem ein leistungsfähiges Konzept zum Referenzieren und Cachen von beliebigen Anwendungsressourcen wie Grafiken, CSS- und JS-Dateien etc. steckt und womit das Streamen bzw. der Download von Daten komfortabel unterstützt werden (siehe Abschnitt 11.2).

Dateien hochladen

Ein weiterer Abschnitt ist dem Hochladen von Dateien gewidmet (siehe Abschnitt 11.3). Bei diesem Thema wird deutlich, wie viel Mühe die Entwickler in die Wicket-Umsetzung gesteckt haben. Neben der simplen Anwendung von Datei-Upload wird die Einbindung einer Fortschrittsanzeige vorgestellt.

Back und Forward im Browser

Dem Thema Versionierung von Seiten und Komponenten zur Unterstützung der Browser-Back- und Browser-Forward-Funktionalität ist ein weiterer Abschnitt gewidmet (siehe Abschnitt 11.4).

URL-Codierung

Wie das Standardverhalten der URL-Erzeugung in Wicket geändert werden kann, wird im Abschnitt »URL-Codierung beeinflussen« (siehe Abschnitt 11.5) vorgestellt.

Sicherheit

Zum Ende des Kapitels gehen wir ausführlich auf das Thema Sicherheit unter Wicket ein (siehe Abschnitt 11.6). Hier wird gezeigt, wie Wicket gegenüber typischen Angriffen wie Session Hijacking, Cross-Site Scripting und SQL-Injection gewappnet ist. Im Anschluss wird erläutert, wie Benutzerauthentifizierung und -autorisierung in Wicket umgesetzt werden.

11.1 Lokalisierung

Internationalisierung

Internationalisierung und Lokalisierung von Software sind Themen, deren Komplexität in der Praxis oft unterschätzt werden, aber gerade in öffentlichen Webanwendungen häufig gefordert sind. Zunächst wollen wir die beiden Begriffe erläutern und gegeneinander abgrenzen. Internationalisierung umfasst alle Maßnahmen bei der Gestaltung eines Softwareprodukts, um die Voraussetzungen herzustellen, damit die Software mit wenig Aufwand an die Erfordernisse anderer Länder, Sprachen und Kulturen angepasst werden kann. Eine konkrete Kombination aus Land, Sprache und Kultur bezeichnet man auch als *Zielgebiet*. Maßnahmen der Internationalisierung bestehen beispielsweise darin, sicherzustellen, dass die Zeichencodierung Unicode zur Verfügung steht oder dass Texte aus der Benutzeroberfläche in Konfigurationsdateien ausgelagert werden können.

Lokalisierung

Lokalisierung bezeichnet den Prozess, die Software an die Erfordernisse eines oder mehrerer Zielgebiete anzupassen. In diesem Abschnitt werden wir zeigen, welche Unterstützung Wicket bei der Lokalisierung bietet.

Viele denken bei Lokalisierung zunächst an die Übersetzung der Benutzeroberfläche oder Softwaredokumentation in weitere Sprachen. Das ist aber nur ein Faktor unter vielen, die regelmäßig angepasst werden müssen:

- Numerische, Datums- und Zeitformate
- Währungen
- Maßeinheiten
- Vergleich und Sortierung
- Symbole, Zeichen und Farben
- Texte und Grafiken
- Abweichende gesetzliche Bestimmungen
- Formate für Bankkonten, Postleitzahlen, Sozialversicherungsnummern etc.

Lokalisierung mit Java-Bordmitteln

Die Java-Plattform bringt das Werkzeug mit, um Software lokalisieren zu können. Dazu gehört beispielsweise, dass Zeichenketten (`String`) auf Unicode operieren und eine Vielzahl von Zeichencodierungen für die Serialisierung und Deserialisierung zur Verfügung stehen.

Mehrsprachigkeit durch Resource-Bundles

Mit Resource-Bundles können Texte der Benutzeroberfläche aus dem Anwendungscode ausgelagert und an die Sprache des jeweiligen Zielgebietes angepasst werden. Ein `ResourceBundle` enthält Schlüssel-Wert-Paare für ein Zielgebiet. Resource-Bundles können aus Property-Dateien gelesen und als `PropertyResourceBundle` instanziiert oder direkt als `ResourceBundle`-Klassen über den Bundle-Namen referenziert werden. Der Algorithmus zum Einlesen eines Resource-Bundles ist in Javadoc zu `ResourceBundle#getBundle(String baseName, Locale locale, ClassLoader loader)` beschrieben. Wir werden uns im Abschnitt 11.1.1 im Rahmen der `ResourceBundle`-Erweiterungen durch Wicket noch intensiver mit dem Thema auseinandersetzen.

Das Zielgebiet wird in Java durch die Klasse `java.util.Locale` realisiert. `Locale` beinhaltet folgende Attribute:

Locale modelliert das Zielgebiet.

language Die Sprache in Kleinbuchstaben nach ISO 639-1, z. B. de, us, en, fr

country Land in Großbuchstaben nach ISO 3166-1 alpha-2, z. B. CH, AU, DE, US, GB, FR

variant Browser- oder herstellerspezifischer Code z. B.: WIN für Windows, MAC für Macintosh, POSIX

Für die `Locale`-abhängige Darstellung und Konvertierung von numerischen, Datums- und Zeitformaten stehen die Klassen `NumberFormat` und `DateFormat` aus dem Paket `java.text` zur Verfügung. Ebenfalls dort zu finden ist die Klasse `Collator`, mit der `Locale`-spezifisch `String`-Vergleiche durchgeführt werden können. Nicht selten kommt es beispielsweise vor, dass Anwendungen eine sortierte Länderliste präsentieren, bei der Äquatorialguinea nicht unter »A« und Österreich nicht unter »O«, sondern am Ende der Liste zu finden sind. Zur korrekten Sortierung nach lexikografischer Ordnung des jeweiligen Zielgebietes sollte man daher in einer `Comparator`-Implementierung die Klasse `Collator` verwenden. Listing 11.1 zeigt wie `Collator` eingesetzt werden kann.

Listing 11.1
CollatorComparator.java

```
public class CollatorComparator<T> implements
  Comparator<T> {
 Collator collator;

 public CollatorComparator(Locale locale) {
  collator = Collator.getInstance(locale);
 }

 public int compare(T o1, T o2) {
  assert o1 instanceof String;
  assert o2 instanceof String;

  return collator.compare(o1, o2);
 }
}
```

Wicket bietet aufbauend auf den Java-Bordmitteln weitere Features zur Lokalisierung von Webanwendungen:

- Lokalisierung ist auf Komponenten-, Seiten- und Anwendungsebene möglich. Damit können mehrere Locales gleichzeitig verwendet werden.
- Wicket-Templates können über ein einfaches Namensschema vergleichbar mit dem der Resource-Bundles lokalisiert werden.

- Bei der Konvertierung zwischen String und konkreten Model-Attribut-Typen wird die Locale-Einstellung berücksichtigt. Dies ist insbesondere bei der Darstellung und Verarbeitung von `Date`- und `Number`-Objekten interessant. Die Konvertierung kann mithilfe von `IConverter`-Klassen zentral für die Anwendung oder pro Komponente eingestellt werden.
- Der Resource-Bundle-Mechanismus wird erweitert, sodass jetzt XML-basierte Resource-Bundles verwendet werden können.
- Wicket implementiert einen ausgeklügelten Algorithmus zum Auffinden von Resource-Bundles, der besonders darauf ausgerichtet ist, dass Ressourcen zusammen mit Komponentenklassen in einer Bibliothek gebündelt und durch die Anwendung bei Bedarf überschrieben werden können.
- Neben Text können auch JavaScript, CSS und Images lokalisiert werden.
- Spezielle Tags vereinfachen die Ausgabe von Text über Resource-Bundles.

11.1.1 Mehrsprachige Texte mit Resource-Bundles

Zum Übersetzen von Anwendungsseiten in verschiedene Sprachen bietet Wicket prinzipiell drei Varianten an:

- Verwendung der Komponente `Label` zusammen mit `ResourceModel` oder `StringResourceModel` als `IModel`-Implementierung
- Verwendung einer impliziten Komponente über das `<wicket:message>`-Element oder eines impliziten Behaviors über das `wicket:message`-Attribut
- Einsatz eines eigenen Templates pro `Locale`

Betrachten wir zunächst die erste Variante. Die `Label`-Komponente haben wir schon mehrfach eingesetzt, allerdings nicht unter dem Aspekt der Lokalisierung. Nehmen wir an, wir möchten den Anwender nach der Anmeldung entsprechend seiner Spracheinstellung begrüßen. Dazu definieren wir in `WelcomePanel` eine `Label`-Komponente mit der ID `welcomeLabel`.

Listing 11.2
WelcomePanel.html

```
<wicket:panel>
  <h3>
    <span wicket:id="welcomeLabel">Guten Tag</span>,
    <span wicket:id="vorname"/>
    <span wicket:id="name"/>
  </h3>
</wicket:panel>
```

In WelcomePanel.java verwenden wir beim Erzeugen der Label-Komponete ein ResourceModel. Bei diesem Model handelt es sich um ein AbstractReadOnlyModel, das mit einem ResourceBundle-Schlüssel initialisiert wird (hier welcomeMessage) und durch getObject() den passenden ResourceBundle-Wert liefert. Definiert man hierzu noch die Bundle-Dateien welcomePanel_de.properties und welcomePanel.properties mit entsprechenden Einträgen für welcomeMessage, so hat man die Begrüßung schon in der Sprache des Standard-Locale und in Deutsch bereitgestellt.

Listing 11.3
WelcomePanel.java

```
public class WelcomePanel extends Panel {

 public WelcomePanel(String id) {
  super(id);
  setModel(new CompoundPropertyModel(
        WBSSession.get().getUser()));

  add(new Label("welcomeLabel",
        new ResourceModel("welcomeMessage")));
  add(new Label("vorname"));
  add(new Label("name"));
 }
}
```

Listing 11.4
WelcomePanel Resource-Bundles

```
WelcomePanel_de.properties:
        welcomeMessage=Guten Tag

WelcomePanel.properties:
        welcomeMessage=Have a nice day
```

Enthält die Seite viele Textabschnitte, die lokalisiert werden müssen, leidet mit Sicherheit die Lesbarkeit der Templates darunter. Um zu sehen, was hinter einer Komponente steckt, die lokalisierten Text ausgibt, muss man sich vom Template über die Komponenten-ID zur Komponentenklasse und von dort über den Resource-Bundle-Schlüssel zum entsprechenden Resource-Bundle durchhangeln. Einfacher geht es mit der zweiten Variante zur Lokalisierung von Textabschnitten. Wir verwenden das Tag <wicket:message> anstatt der Label-Komponente (siehe Listing 11.5).

Listing 11.5
WelcomePanel.html

```
 <wicket:panel>
  <h3>
    <wicket:message key="welcomeMessage">Moin Moin</wicket:message>
    <span wicket:id="vorname"/>
    <span wicket:id="name"/>
```

```
  </h3>
</wicket:panel>
```

<wicket:message> ist eine von Wicket automatisch erzeugte Komponente. Diese sogenannten Autokomponenten findet man im Komponentenbaum Seite an Seite zu den explizit erzeugten Komponenten. Das Attribut key liefert den Schüssel zum Resource-Bundle-Eintrag. Die Komponente ermittelt den Eintrag und ersetzt den Tag-Body durch den im Resource-Bundle ermittelten Wert. Falls es zu dem Schlüssel keinen Bundle-Eintrag gibt, wird sofern vorhanden der Body von wicket:message ausgegeben (hier: »Moin Moin«).

Es gibt in Wicket auch eine bequeme Möglichkeit, HTML-Attribute zu lokalisieren, wie das folgende Beispiel zeigt:

```
AuthenticationStatePanel.html:

 <input type="submit" value="Login"
    wicket:message="value:submitLoginValue,
                    title:submitLoginTitle"/>

AuthenticationStatePanel_de_DE.properties:

submitLoginValue=Anmelden
submitLoginTitle=Bitte klicken Sie hier zum Anmelden
```

Hier wird wicket:message als Attribut eingesetzt und mit einer Liste von Schlüssel-Wert-Paaren konfiguriert. Die Schlüssel bezeichnen die zu lokalisierenden HTML-Attribute, die zugehörigen Werte sind Schlüssel zu Resource-Bundles. Auch hier gilt, dass der vorgegebene Wert im Template verwendet wird, falls der Resource-Bundle-Eintrag nicht ermittelt werden kann.

XML-basierte Resource-Bundles

Wie eingangs schon erwähnt, dürfen als Resource-Bundles auch XML-Dateien verwendet werden. Dies ist eigentlich ein Java-Feature, das erst mit Java 6 Einzug in ResourceBundle gefunden hat[1]. Wicket portiert dieses Feature zurück, sodass es in einer Wicket-Anwendung schon ab Java 1.4 eingesetzt werden kann.

Die Verwendung von XML-basierten Resource-Bundles ist vor allem für die Locales interessant, deren Zeichenvorrat nicht in ISO-8859-1 codiert werden kann. Man denke hier vor allem an asiatische Länder wie China, Thailand oder Japan. Property-Dateien dürfen nur in Latin-1 (ISO-8859-1) codiert werden. Alle nichtcodierbaren Zeichen müssen

[1] Seit Java 5 ist es auch schon möglich, Properties über Properties#loadFromXML() als XML einzulesen. ResourceBundle verwendet dieses Feature jedoch erst seit Java 6.

als Unicode-Sequenzen der Art \udddd angegeben werden, was die Lesbarkeit nicht gerade fördert.

XML-Resource-Bundles basieren auf der Document Type Definition http://java.sun.com/dtd/properties.dtd. Listing 11.6 zeigt, wie das in unserer Anwendung aussehen kann.

Listing 11.6
BaseProjectPage_de.xml

```
<?xml version="1.0" encoding="UTF-8"?>
<!DOCTYPE properties SYSTEM
    "http://java.sun.com/dtd/properties.dtd">
<properties>
 <entry key="second.level.projects">
   Projekte (€)
 </entry>
 <entry key="second.level.stats">
  Statistiken
 </entry>
</properties>
```

Lokalisierung von Templates

Manchmal unterscheidet sich eine Seite abhängig von der Locale-Einstellung so sehr, dass es nicht mehr sinnvoll erscheint, einzelne Textabschnitte mit Label-Komponenten oder mit <wicket:message> zu lokalisieren. Zum Beispiel kann es aufgrund von landesspezifischen Bestimmungen notwendig sein, eine individuelle Strukturierung der Komponenten vorzunehmen. In diesem Fall erlaubt uns Wicket, pro Locale ein eigenes Template zu verwenden. Dazu wird, wie wir es von Resource-Bundles kennen, die Locale-Information an das Ende des Template-Dateinamens gehängt. Das funktioniert zugleich für Seiten und Panels. Tabelle 11-1 demonstriert dieses Feature anhand des WelcomePanel.

Tab. 11-1
Lokalisierung von Templates

Template	Zielgebiet
WelcomePanel_de_DE.html	für Deutschland
WelcomePanel_de.html	für den deutschen Sprachraum
WelcomePanel_en.html	für den englischen Sprachraum
WelcomePanel.html	für alle anderen Locales

11.1.2 Wege zum Resource-Bundle

Resource-Bundles werden in Wicket nicht über den Bundle-Namen konfiguriert, sondern nach dem Muster *Convention over Configuration* und einem besonderen Pfadalgorithmus ermittelt. Die Konvention ist, dass Resource-Bundles über den Klassenpfad eingelesen werden und entweder den Namen einer Komponentenklasse oder den der Anwendungsklasse als Bundle-Namen tragen. Dabei liegen die Resource-Bundles im gleichen Klassenpfad und Classloader wie die zugehörige Komponentenklasse. In unserem Beispiel befinden sich `WelcomePanel.java`, `WelcomePanel_de.properties` und `WelcomePanel.properties` im Klassenpfad `com/senacor/wbs/web`.

Der Resource-Bundle-Suchpfad

Für das Auffinden eines Resource-Bundles anhand von Schlüssel und `Locale` werden mehrere Faktoren aus dem Kontext der Anwendung variiert, um eine priorisierte Liste von Suchpfaden zu erhalten. Das Ergebnis wird aus dem erste Treffer in der Liste gebildet. Zur Beschreibung des Algorithmus soll folgendes Beispiel herangezogen werden: Wir haben die Seite `com.senacor.wicket.HomePage`. Diese enthält das Panel `com.senacor.wicket.TopPanel` mit der ID »top«, das wiederum ein Label mit der ID »message« beinhaltet. Label verwendet ein ResourceModel mit dem Schlüssel »welcomeMessage« (siehe Listing 11.7).

Listing 11.7 *HomePage.java, TopPanel.java und WicketApplication.java*

```
public HomePage(final PageParameters parameters) {
 add(new TopPanel("top"));
}

public class TopPanel extends Panel {

 public TopPanel(String id) {
  super(id);
  add(new Label("message", new ResourceModel(
    "welcomeMessage")));
 }

}

public class WicketApplication extends WebApplication {
 public Class getHomePage() {
  return HomePage.class;
 }

 @Override
 public Session newSession(Request request,
   Response response) {
  Session session = super.newSession(request, response);
  session.setStyle("skin1");
  return session;
 }
```

Wicket führt über das Style-Attribut Unterstützung für Themes[2] ein. Damit können einzelne Komponenten oder die ganze Anwendung für den Anwender personalisiert werden. Letztere Variante kommt im Beispiel zur Anwendung, indem mit `session.setStyle("skin1")` das Theme »skin1« festgelegt wird. Themes sind keineswegs nur Spielerei. Hier geht es z. B. auch darum, barrierefreie Interfaces zu ermöglichen.

Ausgehend von der äußersten Iteration passiert nun Folgendes beim Auflösen des Ressourcenschlüssels »welcomeMessage«:

1. Suche entlang der Komponentenhierarchie ausgehend von der obersten Komponente bis zu der Komponente, zu der die Ressource korrespondiert. Führe die Suche in der Anwendungsklasse (`WicketApplication`) fort. In unserem Beispiel besteht die Hierarchie aus HomePage, TopPanel »top« und dem Label »message«. Die Ressource korrespondiert zum Label.
2. Iteriere über folgende Schlüssel:
    a. Ergänze ursprünglichen Schlüssel um den relativen Pfad zu der korrespondierenden Komponente entlang der Komponentenhierarchie, ausgehend von der aktuellen Containerkomponente. Ist die aktuelle Containerkomponente z. B. `HomePage`, dann ist der Schlüssel »top.message.welcomeMessage«.
    b. Ursprünglicher Schlüssel (»welcomeMessage«)
3. Suche entlang der Ableitungshierarchie der aktuellen Komponente, ausgehend von der Komponentenklasse bis zur obersten (HTML-bezogenen) Klasse, entweder `WebPage`, `WebMarkupContainer` oder `WebComponent`. Im Beispiel sind das die Ableitungshierarchien:
    a. `HomePage-WebPage`
    b. `TopPanel-Panel-WebMarkupContainerWithAssociatedMarkup-WebMarkupContainer`
    c. `Label-WebComponent`
    d. `WicketApplication-WebApplication-Application`
4. Iteriere über Locale und Style:
   `<style>_<locale>`, `<locale>`
5. Iteriere über die Locale-Parameter:
   `<language>_<country>_<variant>`, `<language>_<country>`, `<language>`, `<ohne Locale>`
6. Iteriere über alle Resource-Bundle-Extensions: `.properties`, `.xml`, d. h., Property-Dateien haben Vorrang vor XML-basierten Resource-Bundles.

[2]Für unsere Zwecke ist ein Theme dasselbe wie ein Skin oder ein Style: Eine grafisch variable Darstellung für dieselben Inhalte.

Hier ist ein Ausschnitt der (immerhin 348) möglichen Suchpfade zum Anwendungsbeispiel:

```
com/senacor/wicket/HomePage_skin1_de_DE.properties;
key: top.message.welcomeMessage
...
com/senacor/wicket/HomePage_de_DE.properties;
key: top.message.welcomeMessage
com/senacor/wicket/HomePage_de_DE.xml;
key: top.message.welcomeMessage
com/senacor/wicket/HomePage_de.properties;
key: top.message.welcomeMessage
com/senacor/wicket/HomePage_de.xml;
    key: top.message.welcomeMessage
...
org/apache/wicket/markup/html/WebPage_skin1_de_DE.properties;
    key: top.message.welcomeMessage
org/apache/wicket/markup/html/WebPage_skin1_de_DE.xml;
    key: top.message.welcomeMessage
...
com/senacor/wicket/TopPanel.properties;
    key: message.welcomeMessage
com/senacor/wicket/TopPanel.xml;
    key: message.welcomeMessage
...
org/apache/wicket/markup/html/panel/Panel.properties;
    key: message.welcomeMessage
org/apache/wicket/markup/html/panel/Panel.xml;
    key: message.welcomeMessage
...
com/senacor/wicket/WicketApplication_de.xml;
    key: top.message.welcomeMessage
com/senacor/wicket/WicketApplication.properties;
    key: top.message.welcomeMessage
com/senacor/wicket/WicketApplication.xml;
    key: top.message.welcomeMessage
...
org/apache/wicket/Application.properties;
    key: welcomeMessage
org/apache/wicket/Application.xml;
    key: welcomeMessage
```

Warum beginnt die Resource-Bundle-Suche gerade in der obersten Komponente der Hierarchie? Das ist auf den ersten Blick nicht einleuchtend. Die zugrunde liegende Idee ist aber Folgende:

Damit eine Komponente out-of-the-box eingesetzt werden kann, müssen neben der Komponentenklasse und dem HTML-Template auch alle zugehörigen Artefakte wie JavaScript, Images und Resource-Bundles zur Verfügung stehen. In Wicket können alle Artefakte einer Komponente als JAR gepackt bereitgestellt werden. Nach der Integration der Komponente in eine Anwendungsseite können Resource-Bundles durch den integrierenden Entwickler an die Bedürfnisse der Anwendung angepasst werden, indem er in Resource-Bundles korrespondierend zu Containerkomponenten oder der Anwendungsklasse Ressourceneinträge der Komponente überschreibt. Die originale Komponente muss dazu nicht angefasst werden und kann weitestgehend unabhängig von der Anwendung weiterentwickelt werden.

11.1.3 Jenseits mehrsprachiger Texte

Mit Wicket ist es auch möglich, Grafiken zu lokalisieren. Bei statischen Image-Dateien geht das am einfachsten, wenn man das `<wicket:link>`-Tag verwendet:

```
<wicket:link><img src="banner.gif" /></wicket:link>
```

Hier wird eine Autokomponente vom Typ `Image` erstellt. Wicket sucht jetzt nicht nur nach `banner.gif` parallel zum Template. Es wird vielmehr eine Liste von Dateinamen erzeugt und abgearbeitet, die den Style und die Locale beinhalten. Hat man beispielsweise `Locale.GERMANY` und den Style »herbst« eingestellt, so wird folgende Suchliste verwendet:

1. banner_herbst_de_DE.gif
2. banner_herbst_de.gif,
3. banner_herbst.gif
4. banner_de_DE.gif,
5. banner_de.gif
6. banner.gif

Style- und Locale-Parameter werden analog zu den Resource-Bundle-Suchpfaden kombiniert.

In manchen Fällen kann es auch sinnvoll sein, CSS- und JavaScript-Dateien in Locale-abhängigen Varianten bereitzustellen. `<wicket:link>` hilft uns auch hier weiter (siehe Listing 11.8).

Listing 11.8
Lokalisierung von CSS und JavaScript

```
<head>
  ...
  <wicket:link>
    <link rel="stylesheet" type="text/css" href="style.css"/>
    <script language="JavaScript" type="text/javascript"
            src="prototype.js"></script>
  </wicket:link>
</head>
```

Wie nicht anders zu erwarten, wird aus `style.css` und `prototype.js` jeweils eine Liste von möglichen Dateikandidaten, angereichert um Style und Locale, erzeugt – analog dem Beispiel für Images.

11.1.4 Zielgebiet ermitteln

Strategie zur Ermittlung der Locale

Nach welchen Kriterien wird die `Locale` ermittelt, wenn sie nicht ausdrücklich in der Anwendung gesetzt wird? Pro Java-VM gibt es eine Standard-`Locale`, die mit `Locale.getDefault()` geholt wird. Beim Hochfahren der VM werden die Attribute für die Standard-Locale aus den Betriebssystemvorgaben ermittelt. Es ist allerdings auch möglich, diese mit den System-Properties `user.language` und `user.region` oder mit `user.language`, `user.country` und `user.variant` manuell zu setzen. `user.region` ist dabei die Kombination aus *country* und *variant* und entspricht einem der Muster *country*, *country_variant* oder *_variant*.

Bei Webanwendungen ist es allerdings Sinn und Zweck, die `Locale` durch den Benutzer und nicht durch die Java-VM bestimmen zu lassen. Das HTTP-Protokoll stellt hierfür das Header-Attribut `Accept-Language` bereit, das anhand der Einstellungen des Browsers auf eine Liste der präferierten Sprachen und Länder gesetzt wird, z. B.:

```
Accept-Language: de-de,de-ch,de,en-us,en,fr
```

Über die Methode `HttpServletRequest#getLocale()` der Servlet-API wird der erste Eintrag in der Liste als User-`Locale` geliefert. In unserem Beispiel ist das `Locale.GERMANY`. Für den Fall, dass der Accept-Language-Header nicht gesetzt ist, wird die Standard-`Locale` des Servers übernommen. Wicket hält sich beim Ermitteln der Locale an den Mechanismus der Servlet-API und delegiert seine Methode `org.apache.wicket.Request#getLocale()` direkt an `HttpServletRequest#getLocale()`.

Locale über die Anwendung einstellen

Man kann die `Locale` auch über die Anwendung für den Benutzer steuern. Die Wicket-Session (Ableitung der Klasse `org.apache.wicket.Session`) verfügt über die Property `locale`, die bei Sessionerzeugung (standardmäßig über `org.apache.wicket.Application#newSession()`) auf den aktuellen Wert in `org.apache.wicket.Request` gesetzt wird und danach nach Belieben aus der Anwendung heraus verändert werden kann.

Wicket geht noch einen Schritt weiter und lässt sogar die Einstellung der `Locale` individuell für jede Komponente einer Wicket-Seite zu. `org.apache.wicket.Component#getLocale()` ist so implementiert, dass `getLocale()` zunächst rekursiv auf den Vaterkomponenten aufgerufen wird, bis entweder ein Objekt ungleich `null` zurückgeliefert wird oder keine Vaterkomponente mehr existiert. Im letz-

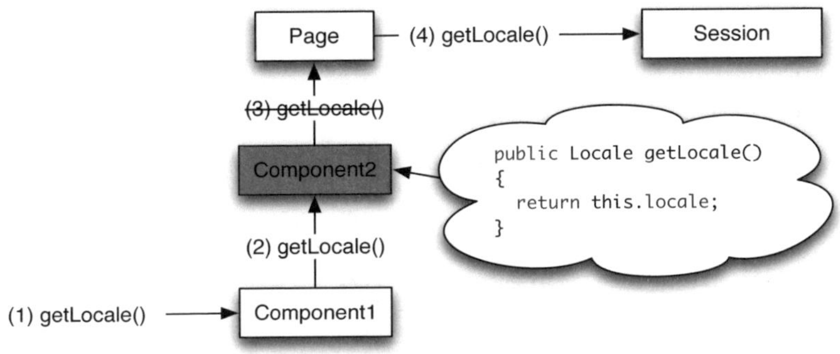

Abb. 11-1
Locale-Ermittlung in Komponentenhierarchie

ten Fall befinden wir uns in der `Page`. Wenn auf dem beschriebenen Weg kein `Locale`-Objekt ermittelt werden kann, wird die `Locale` aus `org.apache.wicket.Session` übernommen. Wie in Abbildung 11-1 zu sehen ist, genügt es, `getLocale()` in einem Knoten der Komponentenhierarchie zu überschreiben, um die Lokalisierungseinstellung für den darunterliegenden Teilbaum neu zu definieren.

Abb. 11-2
Locale-Umschaltung im Panel

In Listing 11.9 und 11.10 wird gezeigt, wie man die `Locale` in der WBS-Projektübersicht (Panel `ProjectListPanel`) umschalten kann. Wir erweitern das Panel im Tabellenkopf um zwei `ImageButtons` mit deutscher und amerikanischer Flagge (siehe Abbildung 11-2). In den `onSubmit()`-Methoden der Buttons wird `ProjectListPanel#locale` entsprechend auf `Locale.GERMANY` oder `Locale.US` gesetzt.

Listing 11.9
ProjectListPanel.java

```
public class ProjectListPanel extends Panel {

 private DataView dataView;
 private Locale locale;

 public ProjectListPanel(String id,
   List<Project> projects) {

  ...
```

```
    Form localeForm = new Form("localeForm");
    ImageButton deButton =
      new ImageButton("langde", new ResourceReference(
        BaseWBSPage.class, "de.png")) {

       @Override
       public void onSubmit() {
        ProjectListPanel.this.locale = Locale.GERMANY;
       }

      };

    localeForm.add(deButton);
    ImageButton usButton =
      new ImageButton("langus", new ResourceReference(
        BaseWBSPage.class, "us.png")) {

       @Override
       public void onSubmit() {
        ProjectListPanel.this.locale = Locale.US;
       }

      };

    localeForm.add(usButton);
    add(localeForm);

    ...
  }

  @Override
  public Locale getLocale() {
    if (locale == null) {
     return super.getLocale();
    }
    return locale;
  }

}
```

Listing 11.10
ProjectListPanel.html

```
<wicket:panel>
 <table>
  <tr>
   <th>
   <form wicket:id="localeForm">
    <input type="image" wicket:id="langde" />
    <input type="image" wicket:id="langus" />
   </form>
   </th>
   <th>ID</th>
   ...
  </tr>
   ...
 </table>
 <div wicket:id="projectsNavigator" />
</wicket:panel>
```

11.1.5 Lokalisierung von Model-Attributen

Wir wissen jetzt wie man statische Ressourcen, d. h. Texte, Grafiken oder CSS, und JS-Dateien lokalisieren kann. Was aber tun wir mit den Daten der Applikation? Dort finden wir z. B. Datumswerte, Geldbeträge oder Prozentwerte, die abhängig von der eingestellten `Locale` unterschiedlich formatiert werden sollen.

An dieser Stelle kommen die Konverter (Interface `IConverter`) zum Zuge, die wir in Abschnitt 5.1.3 schon kennengelernt haben. Betrachten wir nochmals die beiden Interface-Methoden von `IConverter`:

```
Object convertToObject(String value, Locale locale);
String convertToString(Object value, Locale locale);
```

Beide Konvertierungsmethoden bekommen beim Aufruf die aktuelle `Locale` der Komponente mitgeliefert. Handelt es sich bei `Object` um einen Kandidaten für die Lokalisierung wie z. B. Date oder BigDecimal, dann ist es in der Regel sinnvoll, das `Locale` in der `IConverter`-Implementierung zu berücksichtigen. Die in `ConverterLocator` per Default registrierten Konverter berücksichtigen die eingestellte Locale und bedienen sich beispielsweise beim Parsen und Formatieren von Datums- und numerischen Werten der Klassen `DateFormat` und `NumberFormat` aus der Standard-Java-Bibliothek. Der `BigDecimalConverter` zeigt z. B. den Wert fünfzigtausend-kommavier als `50.000,4` bei `Locale.GERMANY` und als `50,000.4` bei `Locale.US`. Will man `BigDecimal`-Objekte als Währungsbetrag mit Währungssymbol formatieren, muss man einen eigenen Konverter schreiben, der

`NumberFormat.getCurrencyInstance(locale)` zum Formatieren verwendet. Wir wollen diese Übung allerdings noch interessanter gestalten, indem wir unseren Konverter noch eine Kursumrechnung durchführen lassen (siehe Listing 11.11).

Listing 11.11
CurrencyConverter.java

```
public class CurrencyConverter extends
  BigDecimalConverter {

 private static HashMap<Locale, BigDecimal> EXCHANGE_RATES =
   new HashMap<Locale, BigDecimal>();
 static {
  EXCHANGE_RATES
    .put(Locale.GERMANY, new BigDecimal("1"));
  EXCHANGE_RATES
    .put(Locale.US, new BigDecimal("1.4428"));
  ...
 }

 public CurrencyConverter() {
  super();
 }

 public Object convertToObject(String value,
   Locale locale) {

  BigDecimal numValue =
    (BigDecimal) super.convertToObject(value, locale);

  return numValue.divide(EXCHANGE_RATES.get(locale),
    RoundingMode.HALF_EVEN);
 }

 public String convertToString(Object value,
   Locale locale) {

  BigDecimal numValue =
    ((BigDecimal) value).multiply(EXCHANGE_RATES
      .get(locale));

  return super.convertToString(numValue, locale);
 }

 /**
  * @param locale
  * @return Returns the numberFormat.
  */
```

```
public NumberFormat getNumberFormat(Locale locale) {
  return NumberFormat.getCurrencyInstance(locale);
}
```

`CurrencyConverter` leitet von `BigDecimalConverter` ab und überschreibt `getNumberFormat(Locale locale)`, damit der Währungsbetragformatierer geliefert wird. Wir nehmen an, unser Datenmodell verwaltet Beträge in Euro. Die Hashmap `EXCHANGE_RATES` gibt pro Locale den Wechselkurs *Fremdwährung nach EURO* an. Bei der Betragsanzeige wird das Model-Attribut in `convertToString()` mit dem Wechselkurs multipliziert und damit in Landeswährung angezeigt. Mit unserem Konverter können Beträge auch in Landeswährung eingegeben werden. `convertToObject()` sorgt dafür, dass eingegebene Beträge in die Referenzwährung umgerechnet werden, bevor sie im Model landen.

An diesem Beispiel ist sehr schön zu sehen, dass mithilfe der Konverter das Datenmodell bei der Lokalisierung unabhängig von der aktuell eingestellten Locale bleibt. Mann muss lediglich im Datenmodel Referenzwerte für einige Locale-Parameter festlegen, z. B. EURO für die Währung oder GMT+0 für die Uhrzeit.

11.2 Ressourcen

In klassischen Webanwendungen mit Servlets und JSPs hängen die URLs zu den einzelnen Komponenten meist eng mit der tatsächlichen Position im Dateisystem des Servers zusammen. Eine JSP unter /warenkorb/show.jsp (relativ zum Kontext) wird auf dem Server auch tatsächlich im Verzeichnis /warenkorb liegen. Von dieser Seite aus referenzierte Ressourcen wie Grafiken oder JavaScript, aber auch Links auf andere Seiten innerhalb der Anwendung, müssen relativ zu dieser Position sein. Sollte sich durch ein Refactoring die Seite verschieben, müssen nicht nur alle Links auf diese Seite verändert werden, sondern auch die relativen Links, die die Seite enthält. Wicket dagegen entkoppelt die Seiten komplett von den URLs – kein Wunder, liegen die Seiten doch ohnehin nicht mehr im Web-Context auf dem Server, sondern sind Teil der Java-Packages.

Auch diese Seiten müssen aber auf Ressourcen verweisen können. Da die Seiten-URLs quasi virtualisiert sind, muss das Gleiche auch für die URLs der Ressourcen gelten. Eine Ressource in diesem Sinne ist alles, was keine `Page` ist und als Datenstrom an den Browser gesendet wird. Dazu gehören u.a.:

- Einzubindende Grafiken
- CSS-Stylesheets
- JavaScript-Dateien
- Videos
- Sonstiger downloadfähiger Content, z. B. PDF-Dokumente oder MP3s

Ressourcenklassen

Eine Reihe von Klassen spielen in Wicket zusammen, um dies zu ermöglichen:

- `IResourceStream` lässt uns einen `InputStream` zurückgeben, das Subinterface `IResourceStreamWriter` stellt uns einen `OutputStream` zur Verfügung, in den wir direkt schreiben können. Beide stellen den Datenstrom an den Browser dar.
- `Resource` verkapselt den Datenstrom über die abstrakte Methode `getResourceStream()`, die von uns implementiert wird und die Daten zur Verfügung stellt. Meistens werden Erweiterungen der Unterklasse `WebResource` verwendet, die u.a. HTTP-Header für das Caching setzt.
- Komponenten, die auf Ressourcen verweisen, wie `ResourceLink` und `Image`.
- `ResourceStreamRequestTarget` und einige weitere `RequestTargets`, die von diesen Komponenten gesetzt werden und den Datenstrom an den Browser schicken.
- `SharedResources`, über die Ressourcen applikationsweit verfügbar gemacht werden.
- `PackageResources` für den Zugriff auf Daten, die im Klassenpfad der Anwendung liegen.
- `ResourceReferences` bieten eine Indirektion über Ressourcen und unterstützen so z. B. die automatische Verwendung von Locale-spezifischen Ressourcen.

Sehen wir uns die Klassen der Reihe nach an.

PackageResource

Die am einfachsten zu verwendende Ressource ist die `PackageResource`. Wie schon in Abschnitt 5.1.1 beschrieben, lassen sich Ressourcen wie z. B. Grafiken zusammen mit dem Rest einer Komponente im Klassenpfad, also üblicherweise im JAR, ablegen. Eine `PackageResource` nimmt eine Klasse als Ausgangspunkt und folgt von dort dem übergebenen Pfad im Klassenpfad.

```
foto = new Image("foto", PackageResource.get(
       EditUserPanel.class, "photoPlaceholder.jpg"));
```

Listing 11.12
EditUserPanel.java (Auszug) – Image und PackageResource

Listing 11.12 zeigt einen Ausschnitt aus `EditUserPanel`. Wir bestücken ein `Image` mit einer `PackageResource`, die auf eine Grafikdatei im Klassenpfad zeigt. Dazu verwenden wir die Factory-Methode `PackageResource.get`. Diese geht davon aus, dass der als String übergebene Pfad relativ zur ebenfalls übergebenen Klasse ist – im Beispiel befindet sich also `photoPlaceholder.jpg` im selben Verzeichnis wie `EditUserPanel.java`. Pfade in Unterverzeichnise (`"v1/v2/resource"`) sind dabei möglich, in übergeordnete Verzeichnisse (`"../"`) jedoch *nicht*.

Locale und Style

Eine weitere Factory-Methode von `PackageResource` nimmt zusätzlich einen Parameter vom Typ `Locale`[3] und einen String, der eine Style-Variante beschreibt. Auf diese Weise können für jede beliebige Locale und jeden Style (auch bekannt als Theme oder Skin) Ressourcen geladen werden. Wicket sucht dabei automatisch nach Dateien mit dem gleichen Namen und der gleichen Dateiendung wie übergeben, nur werden noch Locale und/oder Style eingefügt. Mit der Locale `de_DE` und dem Style `"red"` würde Wicket im Beispiel die Datei `photoPlaceholder_de_DE_red.jpg` finden. In Abschnitt 11.1.2 wird beschrieben, wie Wicket nach XML- und Properties-Dateien sucht, dieses Verfahren ist dasselbe, das auch hier angewandt wird.

Auf Seite 65 haben wir gesehen, wie mittels `<wicket:link>` Grafiken und Skripte automatisch eingebunden werden können. Dabei handelt es sich tatsächlich nur um einen Spezialfall der Verwendung von `PackageResource`: Im Hintergrund passiert genau das Gleiche, nur automatisch von Wicket ausgelöst.

Downloads mit ResourceLink

Unsere Anwendung bietet eine Projektübersicht als PDF-Download an. Dabei hat der User zwei Möglichkeiten: Er kann entweder ein Popup-Fenster öffnen, in dem ihm das PDF angezeigt wird (sofern er das Acrobat-Plug-in installiert hat), oder er kann einen direkten Download bekommen, bei dem der Browser sofort einen »Speichern«-Dialog öffnet.

Sehen wir uns zuerst die Popup-Variante an.

```
final IResourceStream pdfResourceStream =
  new AbstractResourceStreamWriter() {

   public void write(final OutputStream output) {
    // PDF generieren und in den
    // OutputStream schreiben
   }
```

Listing 11.13
ProjectListPanel.java (Auszug) – ResourceLink mit Popup

[3] Siehe Abschnitt 11.1.

```
      public String getContentType() {
        return "application/pdf";
      }

    };
  WebResource projectsResource = new WebResource() {
    {
      setCacheable(false);
    }

    @Override
    public IResourceStream getResourceStream() {
      return pdfResourceStream;
    }
  };

ResourceLink pdfPopup =
    new ResourceLink("pdfPopup", projectsResource);
  PopupSettings popupSettings =
    new PopupSettings(PopupSettings.STATUS_BAR);
  popupSettings.setWidth(500);
  popupSettings.setHeight(700);
  pdfPopup.setPopupSettings(popupSettings);

  add(pdfPopup);
```

Zuerst definieren wir für das PDF einen `IResourceStreamWriter`. In der Methode `write` generieren wir das PDF und schreiben die Daten in den `OutputStream`. Im Listing ist aus Platzgründen die Generierung ausgelassen, sie hat auch mit Wicket selbst nichts zu tun. Als Nächstes erzeugen wir eine `WebResource`, die auf Anfrage diesen `ResourceStream` übergibt und nicht cachebar ist, da wir das PDF on-the-fly generieren wollen. Zuletzt fügen wir den `ResourceLink` hinzu. Dabei handelt es sich um eine spezielle `Link`-Implementierung[4], die beim Klick ein `ResourceStreamRequestTarget` setzt. Der `ResourceLink` bekommt als Parameter die zuvor erzeugte Ressource. Wie Popup-Settings funktionieren, haben wir bereits in Abschnitt 5.1.2 gesehen.

Wenn wir statt eines Popup-Fensters direkt einen Download anbieten wollen, müssen wir den vorangegangenen Code nur leicht ändern (siehe Listing 11.14).

[4] Siehe Abschnitt 5.1.2.

Resources und ResourceStreams

Wicket bietet eine Reihe von vorgefertigten `Resource`- und `IResourceStream`-Implementierungen, die für viele Einsatzzwecke interessant sind. Es empfiehlt sich, im Javadoc und im Code von Wicket zu stöbern, hier seien nur ein paar als Startpunkte erwähnt:

- `CompressedPackageResource` ist identisch mit `PackageResource`, es komprimiert den Datenstrom aber mit gzip, sofern der Client es unterstützt.
- `JavaScriptPackageResource` entfernt Kommentare und Whitespace aus JavaScript-Ressourcen und komprimiert sie dann ebenfalls.
- `StringResourceStream` macht einen `IResourceStream` aus einem String.
- `FileResourceStream` verkapselt eine Datei im Dateisystem des Servers.
- `ZipResourceStream` verpackt ein Verzeichnis auf dem Server on-the-fly als ZIP-Datei zum Download.
- `ByteArrayResource` lässt sich mit einem Byte-Array bestücken.

Es lohnt sich, im IDE einfach einmal die Unterklassen von `IResourceStream` und `Resource` durchzusehen.

Listing 11.14 ProjectListPanel.java (Auszug) – ResourceLink ohne Popup

```
  WebResource projectsResourceDL = new WebResource() {
  {
   setCacheable(false);
  }

  @Override
  public IResourceStream getResourceStream() {
   return pdfResourceStream;
  }

  @Override
  protected void setHeaders(final WebResponse response) {
   super.setHeaders(response);
   response.setAttachmentHeader("projekte.pdf");
  }
 };
 ResourceLink pdfDownload =
   new ResourceLink("pdfDownload", projectsResourceDL);
 add(pdfDownload);
```

Wir verwenden den schon erstellten PDF-ResourceStream wieder. Der `ResourceLink` kommt hier ohne `PopupSettings` aus. Die einzige signifikante Änderung ist, dass wir die Methode setHeaders erweitern um response.setAttachmentHeader("projekte.pdf");: Wir geben der WebResource den Dateinamen mit, woraufhin dem Client ein Header content-disposition:attachment mitsamt dem Namen gesendet wird. Der Browser zeigt dann dem Benutzer einen »Speichern«-Dialog.

SharedResources

Was ist, wenn wir diesen Download an verschiedenen Stellen der Anwendung zur Verfügung stellen wollen? Oder wenn wir eine »stabile« URL brauchen, damit ein Benutzer sich den PDF-Report direkt bookmarken kann? In diesen Fällen reicht es nicht, wenn die Ressource hier innerhalb einer Komponente erzeugt und zur Verfügung gestellt wird. Wicket bietet dafür SharedResources, ein von der Application verwalteter Container für Ressourcen. Jede Ressource, die hier registriert ist, ist über eine stabile URL unterhalb von /resources/... erreichbar:

```
Resource r = ...
SharedResources s =
  MyApplication.get().getSharedResources();

s.add("myResource", r);
```

Die Resource ist nun unter /resources/org.apache.wicket.Application/myResource verfügbar. Application ist dabei der Standard-Scope für die Resource, eine Art Namensraum, um Kollisionen zu vermeiden. Wenn wir in einen anderen Namensraum wechseln wollen, verwenden wir die lange Variante von add und geben eine Klasse als Scope an:

```
s.add(my.package.MyComponent.class, "myResource", null, null, r);
```

Damit ändert sich der Pfad auf /resources/my.package.MyComponent/myResource. Die beiden übrigen Parameter sind Locale und Style, die ignoriert werden, wenn sie null sind. Wollen wir sie doch einsetzen, ergibt sich Folgendes:

```
s.add(MyComponent.class, "myResource",
      Locale.GERMAN, "red", r);
```

So erhalten wir den vollständigen Pfad /resources/my.package.MyComponent/myResource_red_de und können entsprechend an verschiedene Locales und Styles angepasste Ressourcen unter demselben Namen registrieren.

ResourceReference

Um einen Link auf eine so registrierte Ressource zu setzen, nehmen wir wieder den ResourceLink, übergeben ihm aber nicht direkt eine Resource, sondern eine ResourceReference. Dabei handelt es sich um eine Zusammenfassung der Parameter, die wir auch gerade für SharedResources.add verwendet haben. Wenn wir zum Beispiel die erste, einfachste Form benutzen, erstellen wir so einen passenden ResourceLink:

```
new ResourceLink("downloadLink",
         new ResourceReference("myResource"));
```

Mounting

Die gezeigten Pfade starten alle mit /resources, einem für Wicket reservierten Präfix. Für Links, die als gut sichtbarer Bookmark gedacht sind, sind die folgenden Klassennamen eventuell störend. Ähnlich wie auch Pages[5] können wir Shared Resources mounten und ihnen so einen beliebigen Pfad zuweisen:

```
MyApplication.get().mountSharedResource(
    "downloadMe",
    new ResourceReference("myResource")
              .getSharedResourceKey());
```

Dadurch wird unsere Ressource ohne Präfix unter /downloadMe verfügbar.

Initialisierung

Registrierung und Mounting sollten nach dem Hochfahren der Anwendung schon abgeschlossen sein, damit eventuelle Bookmarks jederzeit funktionieren. Daher sollte dies innerhalb der init-Methode der Anwendung geschehen oder in Initializern. Zu Letzteren siehe den Abschnitt auf der nächsten Seite.

Parametrierung

Was ist, wenn ein PDF-Report wie im Beispiel Parameter braucht – z. B. um nur die Top-10- oder Top-20-Projekte zu beinhalten? Sofern wir Shared Resources (und damit ResourceReferences) verwenden, können wir die gleiche Resource-Implementierung benutzen, und den Links einfach Parameter mitgeben. Bei einem ResourceLink sieht das z. B. so aus:

```
ValueMap params = new ValueMap();
params.add("projects", "top10");

ResourceLink top10link = new ResourceLink(
     "top10Link,
     new ResourceReference("myResource"),
     params);
```

Bei ValueMap handelt es sich um die gleiche Klasse, die auch den PageParameters von Bookmarkable Pages zugrunde liegt. Die Ressource kann sich diese Map später jederzeit per getParameters() holen. Diese Methode »fischt« die Parameter aus dem aktuellen Request und setzt sie wieder zu einer ValueMap zusammen.

Download via RequestTarget

Manchmal soll ein Download nicht einfach auf einen Klick hin gestartet werden – wie bei ResourceLink –, sondern zum Beispiel als Response auf eine Formularabsendung. So könnte ein Download nur erlaubt werden, wenn der Benutzer vorher seine E-Mail-Adresse angibt.

[5] Siehe Abschnitt 11.5.

Für solche Fälle können wir in den üblichen Event-Handler-Methoden wie onClick oder – bei einem Formular – onSubmit ein neues Request-Target setzen, um den Download zu starten:

```
...
 public void onSubmit() {
  // Hier Eingabewerte pruefen...
  // ...und dann Download starten:
  RequestCycle.get().setRequestTarget(
    new ResourceStreamRequestTarget(pdfResourceStream,
        "projekte.pdf"));
 }
```

Hier verwenden wir erneut den IResourceStream aus dem PDF-Beispiel und übergeben ihn an ein ResourceStreamRequestTarget, das, wie der Name schon vermuten lässt, den Request auf diesen Stream umleitet.

Initializer

Wicket kann beim Starten der Anwendung eine Reihe von Initialisierungsklassen aufrufen. Das erlaubt es z. B., Ressourcen vorzubereiten oder andere anwendungsrelevante Initialisierungen durchzuführen. Dazu sucht Wicket beim Start in jedem JAR (eigentlich in jeder Klassenpfadwurzel) nach einer Datei wicket.properties. Diese wiederum kann eine Property initializer=klassenname enthalten. Die so referenzierte Klasse muss das Interface org.apache.wicket.IInitializer implementieren. Dessen einzige Methode init(Application) wird von Wicket aufgerufen und kann dann alle notwendigen Initialisierungen ausführen.

Im Allgemeinen könnte das alles auch von static-Blöcken z. B. in der Anwendungs- oder einer Seitenklasse erledigt werden. Wozu also dieser IInitializer-Mechanismus? Wenn Wicket in einem Cluster betrieben wird, könnte es sein, dass ein Request für eine Ressource an einem Clusterknoten ankommt, auf dem die initialisierende Seitenklasse noch nicht geladen wurde und daher auch ihr static-Block noch nicht laufen konnte. In einem solchen Umfeld sollte stattdessen ein IInitializer verwendet werden.

11.3 Upload von Dateien

Das Hochladen von Dateien auf den Anwendungsserver ist ein in der Praxis relativ oft benötigtes Feature. Man denke nur an Portale zur Präsentation und Verwaltung von Medien wie Bildern, Musik oder Videos.

Leider ist die Umsetzung ohne Unterstützung durch das Webframework alles andere als trivial. In Wicket liefert die FileUploadField-Komponente hier die entsprechende Abstraktion.

FileUploadField korrespondiert zum Form-Element <input type="file"> und darf auch nur einem solchen Element injiziert werden. Listing 11.15 und 11.16 zeigen, wie man einen Datei-Upload in Wicket umsetzt. Dabei soll im Rahmen der Benutzerprofilpflege ein Foto des Benutzers hochgeladen werden können. Zur Umsetzung des Use Case spielen die Komponenten FileUploadField mit der Wicket-ID fotoUpload und Image mit der Wicket-ID foto die Hauptrolle.

Damit ein Datei-Upload überhaupt funktionieren kann, muss der Form-Submit als Multipart-Request ausgeführt wird. Dafür setzt man auf der Form die Property multipart auf true. Diese Einstellung bewirkt unter anderem, dass auf dem <form>-Element das Attribut enctype="multipart/form-data" gesetzt wird.

FileUploadField benötigt ein Modell mit Inhaltstyp FileUpload. Von diesem kann die hochgeladene Datei entweder in Form eines InputStreams mit getInputStream() oder als byte[] mit getBytes() abgeholt werden. Des Weiteren ist es möglich, die Datei über writeTo(File file) in eine Datei auf dem Server zu schreiben. Bei größeren Dateien ist den Methoden getInputStream() und writeTo() Vorzug zu gewähren, um ein Zwischenspeichern der hochgeladenen Dateien im Speicher zu vermeiden. Vorsichtshalber sollte die maximale Dateigröße den verfügbaren Ressourcen angepasst werden. Dies kann entweder lokal über die Property maxSize der Form oder global in der init()-Methode der Anwendungsklasse über getApplicationSettings().setDefaultMaximumUploadSize() geschehen.

Die Image-Komponente soll das hochgeladene Foto anzeigen. Zu Beginn wird dort ein Platzhalterbild präsentiert (photoPlaceholder.jpg), das über den Klassenpfad mit PackageResource geladen wird. Wählt man nun ein Foto zum Hochladen aus und sendet das Formular über den Button «Speichern» ab, braucht man in UserForm#onSubmit() nur noch das Foto aus dem Model der FileUploadField-Komponente abzuholen und dem Image als neue Resource mit setImageResource() zuzuweisen. Im Beispiel haben wir uns beim Abholen des Bildes für die Methode getBytes() entschieden.

Listing 11.15
Datei-Upload in EditUserPanel.java

```
public class UserForm extends SecureForm {

  private FileUploadField fotoUploadField =
    new FileUploadField("fotoUpload",
      new Model<FileUpload>());
  private Image foto;
```

```
public UserForm(final String componentName,
  final User user) {
 super(componentName, new CompoundPropertyModel(user));

 ...

 ToggleBorder borderRight =
   new ToggleBorder("borderPerson2", new Model(
     "Mitarbeiterdaten"));
 add(borderRight);

 foto =
   new Image("foto", PackageResource.get(
     EditUserPanel.class, "photoPlaceholder.jpg")
     .setCacheable(false));
 borderRight.add(foto);

 borderRight.add(fotoUploadField);

 // Datei-Upload funktioniert nur mit Multipart-Requests
 setMultiPart(true);
 setMaxSize(Bytes.megabytes(1));

 add(new UploadProgressBar("progress", UserForm.this));

 add(new Button("Speichern"));
}

@Override
protected void onSubmit() {
 super.onSubmit();
 ...

 FileUpload fotoUpload =
   fotoUploadField.getFileUpload();
 if (fotoUpload != null) {
  foto
    .setImageResource(new ByteArrayResource(fotoUpload
      .getContentType(), fotoUpload.getBytes())
      .setCacheable(false));
 }

 ...
}

}
```

Listing 11.16
Datei-Upload in EditUserPanel.html

```
...
<div wicket:id="borderPerson2">
<div class="subcolumns">
<div class="c25l">
<div class="subcl">
        <img height="80" wicket:id="foto" />
</div>
</div>
<div class="c75r">
<div class="subcr">
        <input wicket:id="fotoUpload" id="upload" type="file" />
</div>
</div>
</div>
...
<table>
  <tr>
  ...
  <td><input wicket:id="Speichern" type="submit"
             value="Speichern" />
  </td>
  </tr>
</table>
...
```

Je nach verfügbarer Bandbreite und Dateigröße kann ein Datei-Upload ziemlich lange dauern. Es ist deshalb angebracht, für ein Benutzerfeedback in Form einer Fortschrittsanzeige zu sorgen. Genau dafür wurde die Komponente `UploadProgressBar` entwickelt. Sie zeigt den Fortschritt über einen sich füllenden Balken an. `UploadProgressBar` ist ein Panel, das an einer beliebigen Stelle in der Seite platziert werden kann. Beim Instanziieren muss lediglich eine Referenz auf die `Form` mitgegeben werden (siehe Listing 11.17).

Listing 11.17
Datei-Upload mit Fortschrittsanzeige

```
public class UserForm extends SecureForm {
  ...
  public UserForm(final String componentName,
    final User user) {
   ...

   add(new UploadProgressBar("progress", UserForm.this));
  }
  ...
 }

...
```

```
<table>
  <tr>
   ...
   <td><span wicket:id="progress"></span></td>
   ...
  </tr>
</table>
...
```

UploadProgressbar zeigt den echten Fortschritt der übertragenen Datenmenge an. Dafür benötigt die Komponente aber noch Unterstützung von anderer Stelle. Die Klasse UploadWebRequest erweitert WebRequest derart, dass im Falle eines Datei-Uploads die Startzeit der Übertragung, die Dateigröße und die bereits übertragene Datenmenge durch ein Objekt in der Session stetig aktualisiert werden. Auf der anderen Seite wertet UploadProgressbar diese Information aus und aktualisiert den Fortschrittsbalken per Ajax. UploadWebRequest wird wie in Listing 11.18 dargestellt in die Anwendungsklasse eingehängt.

Listing 11.18
UploadWebRequest

```
...
@Override
protected WebRequest newWebRequest(
  final HttpServletRequest servletRequest) {
 return new UploadWebRequest(servletRequest);
}
...
```

11.4 Versionierung von Komponenten

11.4.1 Zeitreise: Das Back-Button-Problem

Bei der Entwicklung von Webanwendungen gibt es ein besonderes Problem, das bei »normalen« Desktop-Anwendungen so nicht auftritt: Die Anwender können in der Zeit reisen[6]. Auf dem Desktop kann man den Weg des Anwenders steuern und weiß immer, wo er sich gerade befindet und was er tun kann. Auf den ersten Blick kann man das auch im Web, denn die Anwendung zeigt ja nur die Controls und Links, die gerade sinnvoll sind. Aber auch wenn der Benutzer schon im vierten Schritt eines ausgeklügelten Bestellprozesses ist, kann er aus seinem »Gehege« ausbrechen: Er springt mit dem Back-Button in der Zeit zurück und sieht einen Zustand der Anwendung, den es gar nicht mehr

[6] Wohin das führen kann, davon kann jeder Raumschiffkapitän seit James T. Kirk ein Lied singen.

gibt. Was passiert z. B., wenn er einen Task in der Planung eines Projekts geändert hat, und das kurz darauf rückgängig machen will? So sehr wir Entwickler auch davor warnen, er wird auf »Zurück« klicken. Die Benutzer werden niemals zuverlässig auf Warnungen hören, sondern das tun, was am Naheliegendsten erscheint, also muss die Anwendung darauf vorbereitet sein. Einer der wichtigsten Vorteile von Wicket ist die (weitgehend) automatische Verwaltung von serverseitigem Zustand, und genau das machen wir uns hier zunutze.

11.4.2 Versionierung von Seiten

Oft ist das Zeitreiseproblem weniger weitreichend als das Beispiel gerade eben, bei dem sich die Änderungen bis ins Datenmodell durchziehen. Ein typisches Problem ist, dass im Laufe der Verwendung einzelne UI-Komponenten auf einer Seite ausgetauscht oder entfernt werden. Mit einem langen, in Seiten aufgeteilten ListView z. B. kann der Benutzer mit »Zurück« im Browser auf eine Seite weiter vorne springen, statt die dafür vorgesehenen Navigationslinks zu benutzen. Wenn er dort jetzt auf einen Link oder Button klickt, steht die Anwendung vor einem Problem: Diese Aktionen werden von Wicket mit einem Callback in die entsprechende Komponente auf der Seite behandelt, aber die Komponente ist in der aktuellen Version der Seite gar nicht mehr da! Die Lösung ist bereits in dieser Formulierung versteckt: Die aktuelle *Version* der Seite. Wicket hält standardmäßig eine (konfigurierbare) Anzahl von Versionen für jede Seite vor, ohne dass der Anwendungsentwickler dafür etwas tun muss. Jede generierte Link- oder Button-URL enthält neben dem eigentlichen Callback (z. B. auf Seite X, Komponente Y, Methode Z) auch die Versionsnummer der Seite, zu der der Link gehört. Sollte der Aufruf auf eine andere als die aktuelle Seite zeigen, wird die ältere Version aus der Page Map geladen und wiederverwendet. Details über die Page Map werden in Abschnitt 7.3 erläutert.

11.4.3 Versionierung von Komponenten

Im Allgemeinen muss man für die Versionierung sehr wenig selbst tun. Alle Änderungen an der Komponentenhierarchie – Austausch von Komponenten, Änderungen an der Sichtbarkeit usw. – werden von Wicket automatisch nachverfolgt und versioniert. Für die meisten Fälle wird das ausreichen. Lediglich in drei Fällen muss man selbst tätig werden:

- Wenn ein Formular versioniert sein soll, muss *form*.setVersioned(true) aufgerufen werden.
- Wenn Änderungen an einem Model getrackt werden sollen.
- Wenn andere Zustandsänderungen der Anwendung, die nichts direkt mit einer Wicket-Komponente zu tun haben, versioniert werden sollen.

Versionierung von Modelländerungen

Der erste Fall ist trivial, die beiden anderen sehen wir uns kurz an. »Direkte« Modelländerungen – wenn das Model über setModel oder das zugrunde liegende Objekt mit setModelObject ausgetauscht wird – werden von Wicket automatisch versioniert. Wenn man aber eine Änderung direkt am Model-Objekt vornimmt, z. B. einen Setter aufruft, oder in einer List einen Eintrag hinzufügt oder austauscht, muss man Wicket dies melden, damit eine entsprechende Version gespeichert werden kann. An der entsprechenden Komponente ruft man zuerst modelChanging() und nach der Änderung modelChanged() auf. Component legt daraufhin eine neue Version der Seite an mit einer serialisierten Version des Modells zum Zeitpunkt vor der Änderung.

Versionierung für Wicket-fremde Zustandsänderungen

Auch Änderungen, die nicht durch ein Wicket-Modell abgebildet werden, können mit ein wenig Handarbeit versioniert werden. In unserem Beispiel ist es ein Flag an der Applikation, dass auf einer Settings-Seite umgeschaltet werden kann. Wenn der Benutzer später, nach dem Ändern dieses Flags durch den Back-Button, auf eine alte Version der Seite gerät, trifft er die Entscheidung, eine andere Aktion auszulösen – z. B. ein automatisches Backup zu starten –, möglicherweise aufgrund der veralteten Information auf dieser Seite. Durch die Versionierung dieser Änderung kann man, falls der Benutzer auf dieser alten Seite einen anderen Button drückt, den Zustand wiederherstellen, der zu diesem Zeitpunkt bestand.

Dazu legt man für jede durchgeführte Änderung ein Change-Objekt an und übergibt es an die Komponente via addStateChange. Change ist eine abstrakte Wicket-Klasse, deren undo-Methode so implementiert werden muss, dass sie die entsprechende Änderung rückgängig macht.

Listing 11.19 *AppSettingsPanel.java (Auszug) – Eigenes Undo*

```
add(new Link("pubstatsToggle") {
@Override
public void onClick() {
 final boolean oldState =
   WorkBreakdownStructureApplication.get()
     .isStatsPublic();
 AppSettingsPanel.this.addStateChange(new Change() {
  @Override
```

```
        public void undo() {
          WorkBreakdownStructureApplication.get()
            .setStatsPublic(oldState);
        }
      });
      WorkBreakdownStructureApplication.get()
        .setStatsPublic(!oldState);
    }
  });
```

Listing 11.19 zeigt ein sehr einfaches Beispiel, auf diese Weise kann aber fast jedes beliebige »Undo« in der Anwendung implementiert werden. Während die Benutzeraktion verarbeitet wird – in diesem Fall mit `onClick` –, zeichnet man zunächst den aktuellen Zustand auf und schreibt so in die `undo`-Methode das genaue Gegenteil von dem, was die gewollte Aktion ist. Das Ganze übergibt man an die Komponente, und erst dann führt man die eigentliche Änderung durch. Wenn später vom Benutzer eine ältere Version der Seite aufgerufen wird, führt Wicket alle aufgezeichneten `undo`-Operationen aus, bis zu der Version, die angefordert wurde.

11.5 URL-Codierung beeinflussen

Wicket übernimmt das Codieren von URLs und Decodieren von Request-Parametern an zentraler Stelle über eine Coding-Strategie. Die Standardstrategie `WebRequestCodingStrategy` mit der korrespondierenden URL-Syntax haben wir in Abschnitt 7.2.3 auf Seite 205 vorgestellt.

Wicket erlaubt es, eine alternative Coding-Strategie zu konfigurieren. Es gibt mindestens zwei Situationen, in denen es sinnvoll sein kann, eine andere Coding-Strategie zu verwenden. Zum einen können fachliche oder technische Anforderungen vorliegen, die den Aufbau der Anwendungs-URLs festlegen. Solche Anforderungen können beispielsweise darin begründet sein, dass die Anwendung viele direkt aufrufbare URLs zum Einsprung in unterschiedliche Funktionsbereiche anbieten muss. Dazu sind die kryptischen URLs der Standardstrategie eher ungünstig.

Eine andere Situation beschreibt die genau gegenteilige Anforderung, dass URLs möglichst nicht lesbar sind. In sicherheitskritischen Einsatzbereichen ist das ein durchaus verständliches Anliegen. Das sogenannte *Obfuskieren* der Anwendungs-URLs hilft, fachliche Informationen und Details zur Implementierungsplattform vor möglichen Angreifern zu verbergen.

Anhand der `CryptedUrlWebRequestCodingStrategy` wollen wir zeigen, wie eine alternative Coding-Strategie eingestellt werden kann (siehe Listing 11.20).

Listing 11.20 *Ändern der Coding-Strategie*

```
public class WorkBreakdownStructureApplication
   extends SwarmWebApplication {

...

 @Override
 protected IRequestCycleProcessor newRequestCycleProcessor()
 {
   return new WebRequestCycleProcessor()
   {
     @Override
     protected IRequestCodingStrategy newRequestCodingStrategy()
     {
       return new CryptedUrlWebRequestCodingStrategy(
        new WebRequestCodingStrategy());
     }
   };
 }

}
```

Die `IRequestCodingStrategy` wird in der Factory-Methode `newRequestCodingStrategy()` des Request-Processors (hier `WebRequestCycleProcessor`) gesetzt. Für die Erzeugung des Request-Processors selbst ist die Factory-Methode `newRequestCycleProcessor()` in der Anwendungsklasse (`WorkBreakdownStructureApplication`) vorgesehen.

Die `CryptedUrlWebRequestCodingStrategy` bewirkt, dass die Request-Parameter in den Anwendungs-URLs durch ein symmetrisches Kryptosystem verschlüsselt werden. Symmetrische Verschlüsselung bedeutet, dass mit dem gleichen Schlüssel sowohl verschlüsselt als auch wieder entschlüsselt werden kann. `CryptedUrlWebRequestCodingStrategy` kümmert sich alleine nur um das Verschlüsseln und Entschlüsseln des Query-Strings und delegiert das Codieren und Decodieren der Request-Parameter an die `WebRequestCodingStrategy`. Der Schlüssel wird für jede Session neu erzeugt.

Alle Wicket-URLs haben mit der neuen Coding-Strategie die Form »`http://localhost:8080/wicket-wbs-web/?x=lnakhRw*lbpOQrrzliF2xg;`«.

Bookmark-fähige Links sind weiterhin möglich. Allerdings haben sie nur dann über den Session-Lebenszyklus hinaus Bestand, wenn sie explizit in `WebApplication#init()` gemounted werden:

```
mountBookmarkablePage("/start", StartPage.class);
mountBookmarkablePage("/gmap", GMapsPage.class);
```

Bookmarkable Pages mounten

Mounten bedeutet, dass eine Seite mit einer bestimmten URL verknüpft wird, sodass beim Aufruf der URL die zugewiesene (bookmarkable) Seite erzeugt und gerendert wird. Wird anders herum eine gemountete Seitenklasse als Ziel angegeben, dann sucht Wicket in den Mount-Einträgen nach der Seitenklasse und rendert die dort angegebene URL.

Durch das Mounten von Bookmarkable Pages können *lesbare Links* zu einzelnen Seiten der Anwendung erzeugt werden. Gegenüber den nicht gemounteten Seiten hat das den Vorteil, dass Implementierungsdetails versteckt werden können:

gemounted:
`http://localhost:8080/wicket-wbs-web/gmap`

nicht gemounted:
`http://localhost:8080/wicket-wbs-web/start?`
`wicket:bookmarkablePage=:com.senacor.wbs.web.gmap.GMapsPage`

11.6 Sicherheit mit Wicket

Die folgenden Abschnitte beschäftigen sich mit dem Thema Sicherheit von Webanwendungen, die mit Wicket realisiert werden. Dabei werden in Abschnitt 11.6.1 grundlegende Fragen von Sicherheitsproblemen bei Webanwendungen betrachtet und es wird gezeigt, wie Wicket gegen sie vorgeht. Hier werden insbesondere die im Anhang A.2 vermittelten Kenntnisse über HTTP und Servlets benötigt.

In den Abschnitten 11.6.2 bis 11.6.6 geht es dann um die Fragestellung, mit welchen Mitteln Benutzer, Berechtigungen und Rollenkonzepte am besten mit Wicket abgebildet werden können. Dabei wird zuerst auf Wickets interne Mechanismen eingegangen, bevor darauf aufbauende Frameworks wie Wicket Auth Roles und WASP/Swarm behandelt werden.

11.6.1 Sicherheit von Webanwendungen

Mit der immer weiter wachsenden Anzahl von Webanwendungen sind die Fragen bezüglich der sicheren Benutzung immer wichtiger geworden. Zwar setzen viele Angriffe immer noch direkt bei den Betreibern an (so sind Meldungen über gestohlene Kreditkartennummern mittlerweile fast an der Tagesordnung), jedoch ist die Frage der Sicherheit einer Anwendung durchaus auch abhängig von dem Framework, durch das sie realisiert wurde.

Hier punktet Wicket durch sein Komponentenmodell. Durch die Notwendigkeit von instanziierten Komponenten, die sich hinter einem Aufruf verbergen, ist es gegenüber Frameworks, die zustandslos arbeiten, klar im Vorteil. Anstatt z. B. anhand von Request-Parametern ein zu löschendes Objekt zu identifizieren (über seine ID in der Datenbank), hat Wicket eine direkte Referenz des Delete-Links auf das Objekt und schließt damit von Haus aus Manipulationen (wie z. B. die Übergabe einer manuell geänderten ID) aus.

Session Hijacking

Unter `Session Hijacking` im Kontext einer Webanwendung versteht man die Übernahme der HTTP-Session (die Grundlagen zur Kommunikation über HTTP und der Notwendigkeit einer Session werden im Anhang A.2 behandelt). Hierzu muss der Angreifer die ID der Session herausfinden, unter der diese im Server verwaltet wird. Über das Mitsenden der Session-ID bei einem Request kann er in der Rolle des Benutzers agieren und alle Aktionen durchführen, zu denen dieser ohne weitere Prüfung berechtigt ist. (Um sich gegen solche Angriffe zu schützen, können spezifische Aktionen einer Anwendung zusätzlich abgesichert werden, wie es z. B. beim Onlinebanking durch die Anforderung einer Transaktionnummer (TAN) geschieht.)

Für das Ausspähen einer Session-ID existieren verschiedene Angriffsszenarien. Am einfachsten ist das Ermitteln der Session-ID auf Netzwerkebene möglich, sofern es sich um eine nicht verschlüsselte Verbindung handelt. Gelingt es dem Angreifer, die Requests des Anwenders mitzuloggen (indem er z. B. als Proxy agiert), kann er die Session-ID direkt aus dem HTTP-Request auslesen. Auf Frameworkebene (und somit auch durch Wicket) kann ein solcher Angriff nicht verhindert werden. Daher sollte die Kommunikation bei sicherheitsrelevanten Anwendungen immer über eine verschlüsselte Verbindung (HTTPS) mit verifiziertem Zertifikat erfolgen.

Eine andere Möglichkeit zur Ermittlung der Session-ID ist das Cross-Site Scripting.

Cross-Site Scripting

Gelingt es dem Angreifer, JavaScript-Code so in die Anwendung einzubringen (z. B. durch Angabe im Verwendungszweck einer Überweisung an den Anwender), dass dieser in der Session des Anwenders beim Anzeigen der Seite ausgeführt wird, so kann er problemlos über `document.cookie` die nötigen Informationen auslesen und übermitteln. Wicket verhindert das Ausführen von JavaScript-Code in seinen Komponenten oder in `<wicket:message/>` über ein Escaping[7] der Ausgaben, solange dieses Verhalten nicht per `setEscapeModelStrings(false)` abgeschaltet wird.

SQL-Injection

Eine weitere häufige Sicherheitslücke bei Webanwendungen ist SQL-Injection. Ähnlich wie beim Cross-Site Scripting wird auch hier versucht, Funktionszeichen in die laufende Anwendung einzuschleusen, nur dass es sich hier um SQL-Code handelt. Das wohl bekannteste Beispiel für SQL-Injection ist: »Did you really name your son `Robert'); drop table students;?`«[8] Voraussetzung für diese Sicherheitslücke ist die direkte Verwendung von durch den Benutzer eingegebenen oder gesendeten Daten in SQL-Anfragen durch String-Konkatenation, sodass der SQL-Interpreter diese ausführt. Dieses Vorgehen ist häufig in Skriptanwendungen (PHP etc.) zu finden.

Das schon im vorherigen Abschnitt angesprochene Escaping der Metazeichen bietet auch hiergegen einen ersten Schutz. Allerdings zeigt das manuelle Zusammenbauen der SQL-Anfragen in Java grundsätzlich einen schlechten Programmierstil. Stattdessen bietet Java über die `PreparedStatements` die Möglichkeit, SQL-Anfragen mit vordefinierten Parametern zu verwenden. Diese werden in der Datenbank kompiliert und die an diese Parameter übergebenen Werte werden von der Datenbank nicht mehr interpretiert.

Sicherheit per Design

Wicket verhindert eine große Menge von Angriffsmöglichkeiten durch den serverseitigen Status der Komponenten und Modelle. Dieser sorgt dafür, dass in den Anwendungen keinerlei Notwendigkeit mehr besteht, Datenbank-IDs von Objekten über versteckte Formularfelder oder als Übergabeparameter bei Links zu verwenden. Stattdessen lässt sich direkt ein serverseitiges Binding der Zielobjekte an die Komponenten vornehmen. Sind noch höhere Sicherheitsansprüche vorhanden, so bietet Wicket unter anderem die Verwendung von verschlüsselten URLs an. Die Verwendung der dazu notwendigen `CryptedUrlWebRequestCodingStrategy` wird in Abschnitt 11.5 beschrieben.

---

[7] Hierunter versteht man ein Maskieren der JavaScript-Funktionszeichen, sodass diese nicht ausgeführt, sondern angezeigt werden.

[8] `http://xkcd.com/327/`

11.6.2 Wer darf was? Beschränkung von Aktionen innerhalb der Anwendung

Eine typische Anforderung an komplexere Anwendungen ist die Beschränkung bestimmter Aktionen auf spezifische Benutzergruppen. Um diese Anforderung realisieren zu können, muss innerhalb der Applikation folgende Information ausgewertet werden:

- Authentifizierung: Welcher Benutzer führt die Aktion aus?
- Autorisierung: Besitzt der Benutzer die notwendigen Berechtigungen für die aktuelle Aktion?

Authentifizierung: Wer?

Um dem System mitzuteilen, welcher Benutzer mit ihm kommuniziert, muss die Benutzerinformation an das System übertragen und die Echtheit dieser Daten bestätigt werden. Im Standardfall wird der Benutzer sich gegenüber dem System mit einer Kombination aus Benutzername und Passwort ausweisen. Diese Information muss vom System gespeichert werden und jeder Aktion des Benutzers zuordenbar sein. Da es sich bei html-Abfragen um ein zustandsloses Protokoll handelt, werden diese Informationen typischerweise in der Session des Benutzers auf dem Server gespeichert. Bei jeder Aktion wird nun im Hintergrund die Session-ID mit versendet, sodass im Server eine Zuordnung der Session und der dort gespeicherten Benutzerinformationen erfolgen kann.

Die Wicket-Session

Die HttpSession wird innerhalb von Wicket durch eine eigene Klasse gekapselt, die `WebSession`. Um nun Benutzerinformationen zu speichern, empfiehlt es sich, eine Unterklasse zu definieren, die die `WebSession` um die Benutzerinformationen ergänzt, wie es in Listing 11.21 demonstriert wird.

Listing 11.21 *Erweiterung der WebSession*

```
public class MyWBSSession extends WebSession {

 private User user;

 public MyWBSSession(Application application,
   Request request) {
  super(application, request);
 }
```

```
 public static MyWBSSession get() {
  return (MyWBSSession) WebSession.get();
 }

 // Getter / Setter
 public User getUser() {
  return user;
 }

 public void setUser(User user) {
  this.user = user;
 }
}
```

Auffallend an der Definition der eigenen Session ist die statische `get`-Methode, die die jeweilige Session des Benutzers zurückliefert, dessen Request gerade abgearbeitet wird. Dahinter verbirgt sich eine `ThreadLocal`-Variable, in der Wicket die Session während des Requests referenziert.

ThreadLocal
Java bietet die Möglichkeit, Variablen an einem Thread zu speichern. Auf diese Variablen kann dann aus dem `Runnable`-Objekt zugegriffen werden. Basis dafür ist die Verwendung der `java.lang.ThreadLocal`-Klasse. Entscheidend bei ThreadLocal-Variablen ist, dass sie am Ende der Request-Verarbeitung wieder vom Thread entfernt werden. Nur so ist gewährleistet, dass bei einer Wiederverwendung des Threads durch einen Threadpool nicht Informationen anderer Benutzer sichtbar sind. Für ein Beispiel und weitere Erläuterungen empfehlen wir `http://openbook.galileo-press.de/javainsel7/javainsel_10_008.htm`.

Damit die Wicket-Anwendung die neue Sessionklasse verwendet, muss innerhalb der zentralen Anwendungsklasse die Factory-Methode `newSession` überschrieben werden, wie es in Listing 11.22 gezeigt wird.

Listing 11.22
Verwendung der eigenen Session

```
public class WorkBreakdownStructureApplication extends
  WebApplication {

 @Override
 public Session newSession(Request request,
   Response response) {
  return new MyWBSSession(this, request);
 }
}
```

Nach dem erfolgreichen Login kann nun die Information, um welchen Benutzer es sich handelt, in der Session gespeichert werden (siehe Listing 11.23). Nun könnte grundsätzlich überall mit `MyWBSSession.get().getUser()!=null` geprüft werden, ob ein eingeloggter Benutzer vorhanden ist.

Listing 11.23 *Speichern des Benutzers in der Session*

```
User user = authenticationManager.login(userName, password);
MyWBSSession.get().setUser(user);
```

11.6.3 Autorisierung

Nun ist es für die Sicherheit der Anwendung zwar ein Fortschritt, dass immer bekannt ist, wer Aktionen ausführt. Grundsätzlich möchte man aber die Möglichkeit einer direkten Steuerung haben, um festzulegen, was der Benutzer sehen oder ausführen darf. Hier dient als Basis die `IAuthorizationStrategy` von Wicket. Diese ermöglicht über die Implementierung der Methoden eine direkte Steuerung, ob ein Benutzer eine Komponente instanziieren und verwenden darf.

Listing 11.24 *IAuthorizationStrategy*

```
public interface IAuthorizationStrategy {
 boolean isInstantiationAuthorized(Class componentClass);

 boolean isActionAuthorized(Component component,
   Action action);

}
```

Die Verwendung einer Komponente wird über `Actions` gesteuert. Wicket definiert als Basis `Render` und `Enable`:

- Render-Action: Fehlt für eine Komponente die Autorisierung auf der Render-Action, so wird diese nicht dargestellt.
- Enable-Action: Fehlt für eine Komponente die Autorisierung auf der Enable-Action, so wird diese nur sichtbar (Eine Form kann nicht ausgefüllt werden, ein Link ist nicht anklickbar, ein Button ist nicht drückbar etc.).

Es können aber problemlos weitere eigene Actions definiert werden.

Von dieser AuthorizationStrategy kann nun eine eigene Implementierung geschrieben werden, die sicherstellt, dass Komponenten auch nur von Benutzern aufgerufen werden können, die die notwendigen Berechtigungen dafür haben. Als einfaches Beispiel (siehe Listing 11.25) verwenden wir an dieser Stelle unsere vorher schon erläuterte Prüfung, ob der Benutzer bereits eingeloggt ist (in der Praxis sollte die

Login-Komponente natürlich von dieser Prüfung ausgeschlossen werden). Eine sinnvollere Implementierung würde Benutzer in unterschiedliche Rollen einteilen. Aber dazu später mehr.

Listing 11.25 *Eigene AuthorizationStrategy*

```
public class MyAuthorizationStrategy implements
  IAuthorizationStrategy {

 public boolean isActionAuthorized(
   Component component, Action action) {
  if (MyWBSSession.get().getUser() != null) {
   return true;
  }
  return false;
 }

 public boolean isInstantiationAuthorized(
   Class componentClass) {
  if (MyWBSSession.get().getUser() != null) {
   return true;
  }
  return false;
 }
```

Diese AuthorizationStrategy muss nun noch in den Security-Settings der Anwendungsklasse konfiguriert werden, damit sie verwendet wird.

Listing 11.26 *Security-Settings*

```
public void init(){
 MyAuthorizationStrategy authStrategy =
  new MyAuthorizationStrategy();
 getSecuritySettings().setAuthorizationStrategy(authStrategy);
 getSecuritySettings().setUnauthorizedComponentInstantiationListener(
  authStrategy);
}
```

Normalerweise muss man eine solche Implementierung nicht selber vornehmen, da es für Wicket schon gute Security-Frameworks gibt. Es erleichtert jedoch das Verständnis, wenn man sich mit den dahinterliegenden Konzepten beschäftigt hat.

11.6.4 Wicket Security Frameworks

Für Wicket existieren aktuell zwei Frameworks, die sich mit dem Thema Authentifizierung und Autorisierung beschäftigen:

- Die `wicket-auth-roles`-Bibliothek stellt eine einfach zu verwendende Implementierung bereit, mit der alle grundlegenden Sicherheitsanforderungen erfüllt werden. Insbesondere für kleinere Anwendungen mit nicht zu hohen Anforderungen an die Sicherheit ist sie gut geeignet und kann schnell in die eigene Anwendung integriert werden.

- Mit der `WASP/SWARM`-Bibliothek lassen sich auch relativ komplexe Anforderungen lösen. So stellt z. B. die Realisierung von Lese/Schreib-Berechtigungen mit sich automatisch deaktivierenden Eingabefeldern kein Problem dar und kann ohne zusätzliche Implementierung gelöst werden. Nicht ganz so praktisch ist hingegen die Definition der Berechtigung, da diese über Policy-Dateien gesteuert wird. Hier wäre eine zusätzliche Möglichkeit für eine annotationsbasierte Definition wünschenswert. Zusätzlich ist leider auch noch nicht geklärt, wer das Projekt nach dem Tod des Entwicklers[9] weiter betreut. Somit ist auch die ursprünglich geplante Integration in die Wicket-Core-Distribution noch offen.

Beide Bibliotheken werden nachfolgend vorgestellt. Während die WBS-Anwendung auf WASP/SWARM basiert, haben wir die Wicket-Auth-Roles-Lösung innerhalb des Wicket-RSS-Reader-Projekts für den Herbstcampus 2009[10] verwendet. Sie ist außerdem Teil der Wicket-Examples, wo ein komplettes Beispiel vorliegt.

11.6.5 Wicket Auth Roles

Als Basisklasse für eine mit dem Wicket-Auth-Roles-Framework geschützte Anwendung stellt dieses die `AuthenticatedWebApplication`-Klasse zur Verfügung. Von dieser wird die eigene Applikation abgeleitet (siehe Listing 11.27). Wichtig ist, dass bei eigenen Initialisierungen in der Anwendungsklasse nicht übersehen wird, per `super` die Initialisierung der `AuthenticatedWebApplication` vorzunehmen, da ansonsten das Setzen der `RoleAuthorizationStrategy` verloren geht.

`RoleAuthorizationStrategy` ist für die Hauptarbeit und Prüfung der Rollen zuständig. Sie wertet dabei zuerst die `AuthorizeInstantiation`- und `AuthorizeActions`-Annotationen aus und prüft im Anschluss über die `MetaDataRoleAuthorizationStrategy` noch, ob programmatisch über die Wicket-Metadaten eine Freigabe der Komponente erfolgt ist.

Zusätzlich wird durch das Implementieren der Methode `getWebSessionClass` festgelegt, welche Klasse für die Session verwendet wird.

[9] `http://martijndashorst.com/blog/2008/08/04/a-farewell-to-maurice-marrink/`

[10] `http://www.herbstcampus.de/hc09/program/tutorials.html`

Listing 11.27
Verwendung der AuthenticatedWebApplication

```
public class RSSReaderApplication
   extends AuthenticatedWebApplication {

 @Override
 protected void init() {
  super.init();
  ...
 }

 @Override
 protected
    Class<? extends AuthenticatedWebSession>
    getWebSessionClass() {
  return RSSReaderSession.class;
 }

}
```

Welche Rollen der Benutzer hat, wird direkt innerhalb der eigenen Sessionklasse (siehe Listing 11.28) in der Methode `getRoles` festgelegt. Diese Sessionklasse muss von der `AuthenticatedWebSession` erben und die `authenticate`-Methode implementieren. Die Rollen sind grundsätzlich vom Typ String und frei wählbar, das Framework bringt aber die Admin- und die User-Rolle vordefiniert mit.

Listing 11.28
Verwendung der AuthenticatedWebApplication

```
public class RSSReaderSession
     extends AuthenticatedWebSession {
 ...
 @Override
 public boolean authenticate(final String username,
                             final String password) {
  User retrievedUser =
    userService.retrieveUserByUsernameAndPassword(username,
                                                   password);
  if (retrievedUser !=null){
   user = retrievedUser;
   return true;
  } else {
    return false;
  }
 }
```

```
  @Override
  public Roles getRoles() {
   if (isSignedIn()) {
    return new Roles(Roles.USER);
   }
   return null;
   }
}
```

Bei den Wicket Auth Roles handelt es sich um eine annotationsbasierte Lösung. Komponenten werden per `@AuthorizeInstantiation` oder `@AuthorizeActions` mit den Rollen versehen, die geprüft werden sollen. So können nun z. B. alle Seiten geschützt werden (siehe Listing 11.29), für deren Verwendung ein eingeloggter Benutzer Voraussetzung ist.

Listing 11.29 *AuthorizeInstantiation*

```
@AuthorizeInstantiation(Roles.USER)
public class ManagePage extends BasePage {
 ...
}
```

Der eigentliche Login erfolgt aus der LoginForm (siehe Listing 11.30). Zwar bringt das Framework auch eigene SignIn-Komponenten mit, es ist aber nicht auf deren Verwendung angewiesen. Mit den Daten aus dem Login-Formular wird nun die `signIn`-Methode auf der Session aufgerufen, die wiederum die von uns implementierte `authenticate`-Methode aufruft. Dort wird dann geprüft, ob zu der Kombination aus Name und Passwort ein Benutzer existiert.

Listing 11.30 *LoginForm*

```
private class LoginForm extends Form {
 LoginForm(String id) {
 ...
 @Override
 public void onSubmit() {
  if (RSSReaderSession.get().signIn(username,
   passwort)) {
   setResponsePage(HomePage.class);
  } else {
   error("Kein gueltiger Login");
  }
 }
}
```

Mehr ist für eine einfache Absicherung der Anwendung nicht zu tun. Werden jedoch komplexere Komponenten benötigt, wie z. B. eine rollengesteuerte Navigation oder ein rolenbasierter Lese/Schreibmodus, so müssen diese auf Basis der Frameworkkomponenten entwickelt werden.

11.6.6 WASP (Wicket Abstract Security Platform) und SWARM

Der WASP/SWARM-Ansatz definiert ein deklaratives Sicherheitskonzept. Dabei trennt er zwischen der WASP-Spezifikation und der SWARM-Implementierung. Er bringt eine Reihe von Basiskomponenten mit, die auch die Abbildung komplexer Sicherheitsszenarien ermöglicht. Dabei basiert die WASP-Spezifikation auf den `IAuthorizationStrategys` von Wicket und ermöglicht Komponenten, ihre eigenen Authentifizierungs- und Autorisierungsprüfungen zu vollziehen. Dabei wird das Wicket-Action-Konzept auf die folgenden vier Actions erweitert, die im Gegensatz zu der Wicket-Implementierung objektbasiert und nicht stringbasiert implementiert sind.

`Access` Die Access-Action wird benötigt, um eine Komponente überhaupt erzeugen zu können. Jede andere Action muss diese Action implizieren.

`Render` Die Render-Action ist analog zur Render-Action von Wicket zu sehen. Fehlt einer Komponente die Autorisierung auf der Render-Action, so wird diese nicht dargestellt.

`Enable` Die Enable-Action ist analog zur Enable-Action von Wicket zu sehen. Fehlt für eine Komponente die Autorisierung auf der Enable-Action, so wird diese nur sichtbar, nicht ausführbar.

`Inherit` Über die Inherit-Action kann gesteuert werden, ob sich die anderen Actions auf Unterkomponenten innerhalb der Komponente vererben sollen. Wird für eine Seite nun die Berechtigung »Inherit, Enable, Render« festgelegt, so hat der Benutzer auf dieser Komponente und allen ihren Unterkomponenten die Berechtigung, diese zu sehen und zu verwenden. Vergibt man stattdessen zwei Berechtigungen auf der Komponente – »Inherit, Render« und »Enable« –, so kann der Benutzer zwar alle Unterkomponenten sehen, die Enable-Berechtigung braucht er allerdings noch explizit auf sicheren Unterkomponenten. So kann es durchaus sein, dass er bestimmte Formulare nicht ausfüllen oder bestimmte Links nicht verwenden kann, wenn diese nicht mehr zu seinem Berechtigungsprofil passen.

Integration in die eigene Applikation

Die Integration des SWARM-Frameworks wird direkt über Maven (siehe Listing 11.31) vorgenommen. Leider fällt an dieser Stelle auf, dass die Entwicklung des Frameworks stehen geblieben ist und noch keine passende 1.4-Version vorliegt. Hier bleibt zu hoffen, dass die Weiterentwicklung möglichst schnell von der Wicket-Community übernommen wird.

Listing 11.31
Aufnahme der Maven-Dependencies

```
<dependency>
 <groupId>org.apache.wicket.wicket-security</groupId>
 <artifactId>swarm</artifactId>
 <version>1.4-SNAPSHOT</version>
 <scope>compile</scope>
</dependency>
```

Für die Anwendungsklasse existiert im SWARM-Framework eine abstrakte Oberklasse, die `SwarmWebApplication`. Diese wird in der `WorkBreakdownStructureApplication` verwendet (siehe Listing 11.32). In der Implementierung erfolgt nun das Einlesen der Policy-Datei und die Definition entsprechender Aliase für die Klassen, die in der Policy-Datei referenziert werden.

Listing 11.32
Oberklasse für unsere Applikation

```
public class WorkBreakdownStructureApplication extends
  SwarmWebApplication {
 ...
 @Override
 protected Object getHiveKey() {
  return getServletContext().getContextPath();
 }
 ...
 @Override
 protected void setUpHive() {
  PolicyFileHiveFactory factory =
   new PolicyFileHiveFactory();
  try {
   factory.addPolicyFile(getServletContext()
     .getResource("/WEB-INF/permissions.hive"));
   // Pages
   factory.setAlias("home", StartPage.class.getName());
   factory.setAlias("user", UserAdminPage.class
     .getName());
  } catch (MalformedURLException e) {
   throw new WicketRuntimeException(e);
  }
  // register factory
  HiveMind.registerHive(getHiveKey(), factory);
 }
 ...
}
```

Durch das Vergeben entsprechender Aliase kann die Konfiguration der Berechtigungen unabhängiger von dem Klassennamen der Seite gehalten werden. Dadurch ist das System nicht so anfällig gegen Refactoring und die Policy-Datei bleibt übersichtlicher. In dieser werden nun die einzelnen Berechtigungen für die Seiten oder andere Komponenten festgelegt (siehe Listing 11.33). Dieser Auszug aus der Policy-Datei zeigt, dass z.B. in der WBS-Anwendung für alle definierten Principals die Berechtigung vergeben ist, die Homepage (mit dem Alias »home«) zu sehen und zu verwenden, während die UserAdmin-Seite nur für den Principal `USER_ADMIN` zugänglich ist.

Listing 11.33
Definition der Zugriffbeschränkungen

```
grant
{
 permission ${ComponentPermission} "${home}", "render, enable";
};

grant principal
org.apache.wicket.security.hive.authorization.SimplePrincipal
"PROJECT_ADMIN"
{
 permission ${ComponentPermission} "${tasks}", "inherit,
   render, enable";
};

grant principal
org.apache.wicket.security.hive.authorization.SimplePrincipal
"USER_ADMIN"
{
 permission ${ComponentPermission} "${user}", "inherit,
   render, enable";
};
```

In der WBS-Anwendung findet eine Unterscheidung zwischen technischen und fachlichen Rollen statt. Dabei gilt folgende Definition:

- Principal (technische Rolle): Kapselt eine Menge Berechtigungen, die über die Policy-Datei gesteuert werden. Einer fachlichen Rolle kann wiederum eine Menge von Principals zugeordnet werden, die Berechtigungen verhalten sich additiv.
- Rolle: Eine fachliche Rolle gegenüber der Anwendung. Bei der Anmeldung könnte sich der Benutzer dann entscheiden, welche Rolle er gegenüber dem System einnimmt (z.B. normaler Benutzer oder Administrator). Abhängig von dieser Entscheidung passt sich das Verhalten der Anwendung an seine Rolle an. In der WBS-Anwendung kann für ihn allerdings nur eine Rolle definiert werden, sodass die Wahl automatisch stattfindet.

Wie kommt das SWARM-Framework nun zu den eigentlichen Berechtigungen des Benutzers? Zu diesem Zweck stellt es die `WaspSession`-Basisklasse für die Session zur Verfügung, in der die `login`- und die `logoff`-Methode implementiert werden müssen (siehe Listing 11.34).

Listing 11.34
Basisklasse der Session

```
public class WBSSession extends WaspSession {
 ...
 @Override
 public void login(Object context) throws LoginException {
  login((AuthenticationContext) context);
 }

 @Override
 public boolean logoff(Object context) {
  return super.logoff(context);
 }
 ...
}
```

Intern verwendet SWARM für den Benutzer ein eigenes `Subject`, dem die einzelnen Principals zugeordnet werden, die in der permissions.hive-Datei die Berechtigungen gruppieren. Dieses muss innerhalb des `AuthenticationContext` erzeugt werden, der bei der `login`-Methode übergeben wird. Auch hierzu bietet SWARM eine entsprechende Klasse, die `UsernamePasswordContext`-Basisklasse, in der nur noch die `getSubject`-Methode implementiert werden muss (siehe Listing 11.35).

Listing 11.35
Basisklasse Context

```
public class AuthenticationContext extends
  UsernamePasswordContext implements Serializable {
 ...
 protected Subject getSubject(String username,
   String password) throws LoginException {
  DefaultSubject userSubject = new DefaultSubject();

  // Einloggen gegen die Middleware
  user = authenticationManager.login(username, password);

  // Holen der Principals
  for (Role role : user.getRoles()) {
   for (Principal principal : role.getPrincipals()) {
    userSubject.addPrincipal(new SimplePrincipal(
      principal.getName().name()));
   }
  }
```

```
    return userSubject;
  }
  ...
}
```

Voraussetzung dafür, dass die in der Policy-Datei angegebenen Berechtigungen geprüft werden, ist, dass als Ausgangsbasis für die eigenen Komponenten, die mit Berechtigungen versehen werden sollen, die SecureComponents aus der WASP-Spezifikation verwendet werden. Hier wird für fast alle Komponenten eine alternative Secure-Komponente zu Verfügung gestellt. Somit ist z. B. die `BaseWBSPage` eine Ableitung von `SecurePage` und die `UserForm` eine Ableitung von `SecureForm`.

Werden nun eigene Erweiterungen benötigt, so lassen sich diese verhältnismäßig einfach durch eine Kombination der Basiskomponenten zusammenstellen. Die Definition einer rechtebasierten Navigation kann somit durch die Kombination von `SecurePanel` mit einem `LinkSecurityCheck` (SecureLinks werden nur angezeigt, wenn auf dem Ziel des Links die Berechtigung zum Anzeigen vorhanden ist) erfolgen (siehe Listing 11.36). So entsteht ein Navigationspanel, das nur angezeigt wird, wenn der Benutzer die für die Zielseite notwendigen Rechte besitzt.

Listing 11.36
Verwendung von Secure-Komponenten

```
public class TopLevelMenuItem<T extends WebPage> extends
  SecurePanel {

 public TopLevelMenuItem(IModel<String> title,
   final Class<T> pageClass) {
  ...
  setSecurityCheck(new LinkSecurityCheck(this, pageClass));
 }

}
```

Das WASP/SWARM-Framework macht einen runden Gesamteindruck und hat noch wesentlich mehr Potenzial, als an dieser Stelle vorgestellt werden konnte. Lediglich die Policy-Datei ist für eine schnelle Entwicklung etwas umständlich zu handhaben. Hier würde man sich die ergänzende Möglichkeit wünschen, Berechtigungen auch über Annotationen definieren zu können. Es bleibt zu hoffen, dass die Weiterentwicklung des Frameworks von jemandem aus der Wicket-Community übernommen wird.

12 Migration

Die meisten Projektvorhaben entstehen nicht auf der grünen Wiese. Gewachsene Softwarelandschaften gestalten einen Technologiewechsel wie die Einführung eines neuen Webframeworks oft als aufwendiges und damit auch teueres Unterfangen.

Viele Webclients aus dem Projektumfeld unserer Kunden haben vor allem zwei Dinge gemein:

- Sie sind mit Struts 1.x umgesetzt.
- Sie gründen auf einer stark gewachsenen Codebasis.

Man sollte meinen, dass sich eine mit Struts umgesetzte Webanwendung leicht auf ein komponentenbasiertes Framework wie Wicket migrieren lässt, wenn man mit den unterschiedlichen Paradigmen der beiden Frameworks vertraut ist.

Die Realität sieht leider anders aus. Gewachsene Struts-Webanwendungen beinhalten in der Regel einen hohen Codeanteil, der sich nur damit beschäftigt, Unzulänglichkeiten des Webframeworks auszubügeln. Es entstehen neue, aber zugleich anwendungsspezifische Webframeworks, bei denen die Struts-typischen Artefakte anteilsmäßig in den Hintergrund treten.

Möchte man unter solchen Bedingungen ein neues Webframework einführen, ist man gut beraten, eine Migrationsstrategie auszuarbeiten.

Ein Big-Bang-Szenario, bei dem im Client von einem Release zum nächsten das alte Framework durch das neue komplett abgelöst wird, ist meist unrealistisch. Kaum vorhersehbar ist der dafür nötige Aufwand. Entsprechend hoch ist das Risiko, dass ein solches Vorhaben aus dem Ruder läuft.

Deswegen bietet sich in solchen Fällen der Weg einer schrittweisen Migration an, bei dem das alte und das neue Framework in der Anwendung für einen längeren Migrationszeitraum – z. B. über mehrere Meilensteine oder Releases hinweg – koexistieren. In diesem Kapitel werden wir ein paar typische Probleme einer solchen Migration im How-to-Stil erläutern.

Testabdeckung sicherstellen

Bei größeren Codeänderungen, wie bei einer solchen Migration, sollte in jedem Fall sichergestellt sein, dass ein Netzwerk funktionaler Tests mit guter Abdeckung der zu migrierenden Funktionen existiert. Wer kann sonst schon garantieren, dass die Anwendung nach der Migration sich immer noch gleich verhält? Das kann selbst von einem mit der Anwendung eng vertrauten Entwickler nicht erwartet werden. Wie funktionale Tests unabhängig vom eingesetzten Webframework erstellt werden, haben wir in Abschnitt 10.1 gezeigt.

Taskforce und Maßnahmenkatalog

Das Know-how über die neue Webtechnologie wird zu Beginn ihrer Einführung auf wenige Köpfe verteilt sein. Aufgabe muss es zunächst sein, dieses Wissen durch Bildung eines Expertenteams zu bündeln und einen Maßnahmenkatalog für die Migration zu erstellen. Ein solcher Katalog sollte zunächst die »brennenden« Fragen behandeln. Folgenden Ausschnitt dieser Fragestellungen werden wir näher betrachten:

- Wie kann man die Wicket-Infrastruktur in die bestehende Anwendung integrieren?
- Wie soll das Seitenlayout umgesetzt werden?
- Wie kann man zwischen den Wicket- und Struts-Anwendungsteilen verlinken?
- Wie kann man aus dem Wicket-Code auf den von Struts verwalteten Zustand zugreifen und umgekehrt?

12.1 Wicket-Infrastruktur aufsetzen

Die erste Frage ist relativ schnell beantwortet. Sowohl Wicket als auch Struts verwenden einen Front-Controller, der in Wicket standardmäßig über einen Servlet-Filter und in Struts 1.x über ein Servlet realisiert ist. Entscheidend bei der Konfiguration der Front-Controller in web.xml ist es, dass die Struts- und Wicket-Requests über die Parameter in `<filter-mapping>` und `<servlet-mapping>` sauber voneinander getrennt werden.

Listing 12.1
Struts und Wicket in web.xml

```
<filter>
  <filter-name>wicketApp</filter-name>
  <filter-class>
    org.apache.wicket.protocol.http.WicketFilter
  </filter-class>
  ...
</filter>
<filter-mapping>
  <filter-name>wicketApp</filter-name>
  <url-pattern>/newApp/*</url-pattern>
</filter-mapping>
```

```
<servlet>
  <servlet-name>action</servlet-name>
  <servlet-class>
   org.apache.struts.action.ActionServlet
  </servlet-class>
  <load-on-startup>1</load-on-startup>
</servlet>
<servlet-mapping>
  <servlet-name>action</servlet-name>
  <url-pattern>*.do</url-pattern>
</servlet-mapping>
```

Listing 12.1 zeigt, wie man das Mapping in web.xml konfliktfrei einstellt. Zu beachten ist, dass der `WicketFilter` nicht – wie wir es bisher praktiziert haben – auf `/*`, sondern auf einen konkreten Pfad (`/newApp/*`) gemappt wird, der zudem in der Altanwendung nicht verwendet wird. `WicketFilter` kümmert sich dann um alle Requests, die mit `/newApp/?...`, `/newApp/resources...` oder einem gemounteten Pfad (`/newApp/<mount-point>`) enden. Alle anderen Requests, deren Request-Pfad auf `.do` endet, werden vom Struts-Servlet bedient.

Dem Trennen der Requests über das Request-Mapping sollte die Trennung der Artefakte innerhalb des Webarchives folgen. Durch die Konzentration der Wicket-Artefakte im Klassenpfad reicht es in der Regel aus, ein für alle Wicket-Ressourcen gemeinsames Klassenpfad-Präfix zu definieren. Liegen die Klassen der Altanwendung z. B. unter `com.senacor.banking.fe`, könnte man die Wicket-Klassen, Templates, CSS-Dateien, JavaScript-Dateien etc. unterhalb von `com.senacor.banking.web2` ablegen.

12.2 Wicket-Seiten im gewohnten Layout

Möchte man jetzt die ersten Anwendungsseiten migrieren, steht man gleich vor dem Problem, woher man die Seiten-Templates beziehen soll. Hier gibt es prinzipiell zwei Herangehensweisen, die sich je nach Ausgangslage in der Anwendung anbieten:

- Den Layoutschnitt der Altanwendung mit Wicket-Mechanismen nachbauen.
- Den bisherigen Layoutschnitt ignorieren und einen neuen top-down in Wicket definieren.

Bei der ersten Variante gehen wir davon aus, dass die Seiten der Altanwendung mit Best-Practice-Methoden (z. B. weitestgehend redundanzfrei) durch JSP-Fragmente zusammengesetzt sind. Dabei ist es unerheblich, ob die Aggregation über JSP-Include-Mechanismen wie `<jsp:include page="...">`, `<%@ include file="..." />` oder über Struts-Tiles erfolgt. Was bisher einer Template-JSP oder Tiles-Definition mit Include-Anweisungen entsprach, wird zu einer `WebPage` in Wicket. Die JSP-Fragmente ersetzt man einfach durch `Panels`, die nachfolgend in die `WebPages` eingefügt werden.

Wird in den JSP-Fragmenten intensiv auf Taglibs und Scripting-Code zugegriffen, ist eine Rückführung in die (X)HTML-basierten Panel-Templates oft leider nicht trivial. Ein einfacher Trick hilft in diesem Fall weiter: Man startet die Altanwendung, navigiert zu der zu migrierenden Seite und lässt sich über den Browser den Seitenquellcode anzeigen. Daraus kann man jetzt den gewünschten Markup für das Panel-Template extrahieren. Man sollte sich aber im Klaren darüber sein, dass man nur eine Variante der Seite bzw. des Panels in den Händen hält. Für die Sonderfälle, wie bedingt eingeblendete oder gesperrte Seitenbereiche, muss man nach wie vor den Code analysieren und entsprechende Wicket-Logik nachimplementieren.

Panel als Ersatz für JSP-Tag

Ein Panel kann auch so manches JSP-Tag ersetzen. Oft werden anwendungsspezifische JSP-Tags erstellt, die der Abbildung von Textmakros dienen[1]. Das Migrationsprinzip für solche Custom-Tags soll an einem einfachen Beispiel gezeigt werden: In Listing 12.2 ist eine JSP zu sehen, die mithilfe des Custom-Tags `h:response` eine Begrüßungsmeldung ausgibt, sobald der Request-Parameter `username` gesetzt ist. Die JSP `response.tag` definiert das Tag und besitzt die Pflichtattribute `"greeting"` und `"name"`.

Listing 12.2
JSP mit Custom-Tag

```
greeting.jsp:
<%@ taglib tagdir="/WEB-INF/tags" prefix="h"%>
<%@ taglib uri="http://java.sun.com/jsp/jstl/core" prefix="c"%>
<%@ taglib uri="http://java.sun.com/jsp/jstl/functions" prefix="fn"%>
<html>
<head>
<title>Greetings</title>
</head>
<body>
<c:if test="${fn:length(param.username) > 0}">
  <h:response greeting="Hello my friend"
              name="${param.username}" />
</c:if>
</body>
</html>
```

[1] Der Bedarf an solchen Tags ist scheinbar so groß, dass man in JSP 2.0 eigens zu diesem Zweck die Möglichkeit schuf, mit JSP-Mitteln (Template-gestützte) Taglibs zu definieren.

```
response.tag:

<%@ attribute name="greeting" required="true" %>
<%@ attribute name="name" required="true" %>
<h2><font color="black">${greeting}, ${name}!</font></h2>
```

Die Wicket-Lösung (siehe Listing 12.3) erfordert die Erstellung der Begrüßungsseite `GreetingPage.*` und des Panels `ResponsePanel.*`, das die Funktionalität von `response.tag` nachbildet.

Listing 12.3
Umsetzung in Wicket

```
GreetingPage.java:

public class GreetingPage extends WebPage {

 public GreetingPage(PageParameters parameters) {
  super(parameters);

  final String username =
    parameters.getString("username", "");
  add(new ResponsePanel("response",
      new Model<String>("Hello my friend"),
      new Model<String>(username)) {
   @Override
   public boolean isVisible() {
    return !StringUtils.isBlank(username);
   }
  });
 }

}
```

```
GreetingPage.html:

<html>
<head><title>Greetings</title></head>
<body>
  <div wicket:id="response"/>
</body>
</html>
```

ResponsePanel.java:

```
public class ResponsePanel extends Panel {

 public ResponsePanel(String id,
   IModel<String> greeting, IModel<String> name) {
  super(id);
  assert greeting != null &&
    !StringUtils.isBlank(greeting.getObject());
  assert name != null && !StringUtils.isBlank(name.getObject());
  add(new Label("greeting", greeting));
  add(new Label("name", name));
 }

}
```

ResponsePanel.html:

```
<wicket:panel>
  <h2>
  <font color="black">
    <span wicket:id="greeting"/>, <span wicket:id="name"/>!
  </font>
  </h2>
</wicket:panel>
```

Man beachte, wie in der Klasse `GreetingPage` die bedingte Ausgabe der Begrüßung durch Überschreiben der Methode `ResponsePanel#isVisible()` umgesetzt ist. Wenn man den Konstruktor `GreetingPage(PageParameters parameters)` implementiert, bekommt man einen einfachen Zugang zu den Request-Parametern – in unserem Fall dem Parameter `"username"`. Auch in `ResponsePanel.java` spielt der Konstruktor eine wichtige Rolle. Hier werden die Attribute des `response`-Tags – `greeting` und `name` – zu Parametern des Panel-Konstruktors.

Layout neu definieren

Wenn die zu migrierende Anwendung keinen brauchbaren Layoutschnitt anbietet, definiert man sich am besten einen neuen. Als Vorgehensweise hat sich in unseren Projekten ein Top-down-Ansatz bewährt. Das heißt, man startet mit einer neuen `WebPage` und einem statischen Seiten-Template, das man wie bereits beschrieben aus dem Quelltext der Seite im Browser extrahieren kann.

Als Nächstes muss man die zentralen Layoutbestandteile wie z. B. Kopfzeile, Menüs, Hauptbereich und Fußzeile im Markup identifizieren und daraus Panels erzeugen. Diese Panels werden der Seite hinzugefügt. Panels wie Menüs, Kopf- und Fußzeile werden üblicherweise auf vielen Seiten der Anwendung benötigt. Der einfachste Weg der Wiederverwendung ist, die Panels auf den Seiten, auf denen sie wieder gebraucht werden, zu erzeugen und hinzuzufügen. Das setzt allerdings voraus, dass die Seiten-Templates in großen Teilen dupliziert werden. Um das zu vermeiden, kann man die in Abschnitt 5.2 beschriebenen Methoden zur Wiederverwendung von Panels und Page-Markup anwenden.

Nachdem die Layoutkomponenten jetzt erstellt sind, besteht die Aufgabe, diese weiter zu verfeinern, d. h., die dort benötigten Komponenten zur Ausgabe von dynamischem Text, für Formulare, Tabellen etc. einzufügen. Man arbeitet sich also von grobgranularen Komponenten wie Seiten und Panels zu feingranularen Komponenten wie Labels, Links und Textfeldern vor.

12.3 Verlinkung zwischen Struts und Wicket

Seiten der Altanwendung und die nach Wicket migrierten Seiten müssen in der Regel auch miteinander verlinkt werden. Dabei ist es wichtig, dass Verlinkung in beide Richtungen unterstützt wird.

Betrachten wir zunächst Hyperlinks, die auf Wicket-Seiten verweisen. Für einen externen Einsprung auf eine Wicket-Seite sollte der Link in der Hinsicht stabil sein, dass ein fester URL-Pfad mit wohldefinierten Request-Parametern vorhanden ist. Das Linkziel muss eine Bookmarkable Page (siehe Definition in 7.2.3) sein, d. h. eine `WebPage`, bei der entweder der Public-Default-Konstruktor oder einer der Konstruktoren

```
public WebPage(final PageParameters parameters)
public WebPage(final IPageMap pageMap,
               final PageParameters parameters)
```

definiert ist. Abhängig davon, ob Request-Parameter oder der Name einer Page Map in der URL gesetzt sind, wird Wicket den entsprechenden Konstruktor aufrufen.

Bookmark-fähige URLs sind in Wicket bekanntermaßen eher technischer Natur, wie folgendes Beispiel nochmals verdeutlichen soll:

```
http://localhost:8080/wicket-wbs-web/
  ?wicket:bookmarkablePage=
  :com.senacor.wbs.web.user.ListRolesPage
```

Es ist daher empfehlenswert, Wickets Mount-Mechanismus für lesbarere URLs zu verwenden. Mit `mountBookmarkablePage("/listRoles", ListRolesPage.class)` in `WebApplication#init()` wird die URL deutlich einfacher:

```
http://localhost:8080/wicket-wbs-web/listRoles
```

Wie sieht es mit Wicket-Links auf Ziele der Altanwendung aus? Komponenten wie `Link` und `BookmarkablePageLink` helfen hier nicht weiter, da mit ihnen nur auf Seiten und Komponenten innerhalb der Wicket-Anwendung verwiesen werden kann. Stattdessen setzt man die Komponente `ExternalLink` ein, wie in Listing 12.4 gezeigt wird.

Listing 12.4 *ExternalLink kontextrelativ*

Code:

```
ExternalLink linkToLegacy =
    new ExternalLink("showCustomerAccount", new Model(
      "/showCustomerAccount.do"), new Model(
      "Konto anzeigen"));
linkToLegacy.setContextRelative(true);
add(linkToLegacy);
```

Template:

```
<a href="#" wicket:id="showCustomerAccount">Konto</a>
```

Mit ExternalLink können sowohl absolute Links als auch Links relativ zum Servlet-Context der Webanwendung gerendert werden. Im Beispiel benötigen wir einen kontextrelativen Pfad zu `"/showCustomerAccount.do"`, der über `linkToLegacy.setContextRelative(true)` als solcher markiert wird.

Es gibt auch Fälle, in denen ein einfacher Link nicht ausreicht, z. B. dann, wenn man mit einem Link eine serverseitige Aktion in Wicket ausführen und am Ende auf eine Struts-basierte Seite weiterleiten möchte. Für einen solchen Zweck bietet sich der Einsatz von `Link` an. Allerdings kann man dann nicht wie gewohnt mit `setResponsePage()` auf die Folgeseite weiterleiten. `setResponsePage()` funktioniert nur mit Wicket-Seiten. Die Lösung besteht darin, am Ende von `onClick()` einen Redirect zur URL der Altanwendung anzustoßen:

```
getRequestCycle().setRequestTarget(
  new RedirectRequestTarget("/showCustomerAccount.do"));
```

Die angegebene URL interpretiert das Framework relativ zum Servlet-Context der Anwendung, wenn sie mit / beginnt.

12.4 Anwendungszustand referenzieren

Verknüpfungspunkte zwischen Alt- und Neuanwendung gibt es nicht nur in Bezug auf Verlinkung. Der Zugriff auf die Sessiondaten der jeweiligen Anwendung ist oft ebenso erforderlich. Wir betrachten dazu wieder beide Richtungen und beginnen mit dem Zugriff auf die Wicket-Session aus der Perspektive von Struts.

Von Struts nach Wicket

Das Wichtigste dabei ist, herauszufinden, unter welchem Schlüssel Wicket die verwendete `WebSession`-Implementierung in `HttpSession` verwaltet. Das in Wicket 1.4 verwendete Namenschema ist `wicket:<applicationName>:session`. Der Name der Applikation entspricht dem Wert des Elements `<filter-name>` der `WicketFilter`-Konfiguration in web.xml. In unserer Beispielanwendung stellt sich das wie in Listing 12.5 gezeigt dar.

Listing 12.5
Zugriff auf die Wicket-Session

```
<filter>
  <filter-name>WorkBreakdownStructureApplication
  </filter-name>
  <filter-class>org.apache.wicket.protocol.http.WicketFilter
  </filter-class>
  ...
</filter>

WBSSession wbsSession =
 (WBSSession)httpSession.getAttribute(
"wicket:WorkBreakdownStructureApplication:session");
```

Von Wicket nach Struts

Benötigt man von Wicket aus Zugriff auf Sessiondaten der Struts-Anwendung, ist neben der Kenntnis über die verwendeten Sessionschlüssel vor allem der Zugriff auf das `HttpSession`-Objekt selbst vonnöten. Wicket versteckt den Zugang zu HttpSession ein wenig. In der Klasse `WebRequest` findet man aber schließlich die dafür benötigte Property (siehe Listing 12.6).

Listing 12.6
Zugang zu HttpSession in Wicket

```
HttpSession session =
  ((WebRequest) RequestCycle.get().getRequest())
    .getHttpServletRequest().getSession();
```

In beiden Fällen sollte man sich aber im Klaren darüber sein, dass man sich außerhalb jeder öffentlichen Schnittstelle bewegt und solche (vor allem schreibende) Zugriffe zwischen den Anwendungen auch unangenehme Nebeneffekte hervorrufen können.

Anhang

A Besonderheiten der Webentwicklung

Auch wenn die Entwicklung von Webanwendungen mittlerweile zum Standard in vielen Firmen geworden ist, gibt es immer noch eine Reihe von Besonderheiten, die in den meisten Fällen historisch bedingt sind.

Dieser Anhang schildert die Entstehung und Weiterentwicklung von Webanwendungen und gibt dabei einen Überblick über Grundlagen, deren Kenntnisse bei der Entwicklung von Webanwendungen hilfreich sind.

A.1 Geschichte des Internets

Seit den Anfängen des Internets hat sich die Entwicklung in diesem Bereich immer weiter beschleunigt. Für Tim Berners-Lee, der maßgeblich an der Entwicklung des World Wide Web beteiligt war, bestand das ursprüngliche Ziel darin, eine Möglichkeit zu finden, um bei seinem Arbeitgeber CERN[1] die laufenden Projekte dauerhaft zu dokumentieren. Hierfür definierte er die erste Version des HTML-Standards mit dem Ziel, statische Dokumente in HTML zu verfassen, diese über Hyperlinks zu verknüpfen und über HTTP mithilfe des Webservers dem Client (Browser) zur Verfügung zu stellen.

Dabei verfolgte er diese grundlegenden Absichten:

- die Schaffung eines vernetzten Informationssystems, dessen Inhalte von beliebigen Systemen heraus darstellbar sind;
- Trennung der Software zum Anzeigen der Informationen von der Erstellung der Informationen bei Festlegung einer klaren Schnittstelle;
- die Möglichkeit, Informationen innerhalb des Systems untereinander zu verknüpfen.

[1] Conseil Européen pour la Recherche Nucléaire.

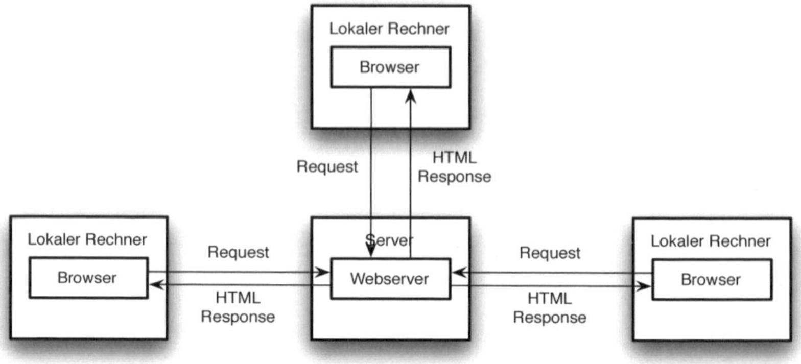

Abb. A-1
Zugriff auf Information

Der erste bekannte Browser (ein Programm zur Visualisierung von HTML-Seiten) war der Mosaic-Browser, der an der Universität von Illinois durch den Studenten Marc Andreessen Anfang der neunziger Jahre entstand. Aus dem Mosaic-Browser ging der Netscape-Browser hervor, der bis circa 1996 der weltweit führende Browser war.

Als jedoch Microsoft mit dem Internet Explorer einen in das Betriebssystem integrierten Browser herausbrachte, verlor der Netscape-Browser zunehmend an Bedeutung, bis sein Quellcode 1998 vom damaligen Besitzer AOL als Open Source freigegeben wurde. Hieraus entstand zuerst die Mozilla Application Suite, aus der der mittlerweile wieder weitverbreitete Firefox-Browser hervorging.

Leider erlangte der Internet Explorer vor allem durch seine Sicherheitslücken (die durch die direkte Integration in Windows das gesamte System anfällig machten) wie auch seine eigenwillige Interpretation bestehender Standards im Webumfeld einen eher zweifelhaften Ruf.

So lebt auch heute noch eine Reihe von Entwicklern von der Notwendigkeit, Anpassungen von Seiten für Besonderheiten des Internet Explorers vornehmen zu müssen, und es existieren immer noch Seiten, die in anderen Browsern Probleme mit der Darstellung haben.

Allerdings gibt es Grund zur Hoffnung, da es in vielen Bereichen schon browserunabhängige Frameworks gibt (sowohl für CSS -> YAML als auch für JavaScript -> Prototype), sodass keine eigenen Anpassungen innerhalb der Webclients mehr notwendig sind. Auch sind bei der Interpretation der Standards durch den Internet Explorer bei neueren Versionen Verbesserungen zu erkennen.

Mittlerweile gibt es eine Reihe von Browsern für alle Betriebssysteme:

- Internet Explorer (Nur für Windows)
- Firefox (Windows, Mac OS, Linux)

- Opera (Windows, Mac OS, Linux, Solaris etc.)
- Google Chrome (Windows)
- Safari (Mac OS, Windows)
- Konqueror (Linux)

Waren die ersten Webanwendungen noch eine reine Sammlung von statischen Inhalten, so entstanden bald Anforderungen nach dynamischen Inhalten. Man erkannte schnell, dass die manuelle Pflege von Dokumenten nicht handhabbar ist, wenn sich Inhalte häufig ändern.

Außerdem waren die darzustellenden Informationen in Unternehmensdatenbanken zumeist schon vorhanden, nur eben nicht aufbereitet für das Web. Es stellte keine allzu große Herausforderung dar, Dokumente oder Teile davon direkt mithilfe einer Datenbank zu erstellen.

Eine der ersten Techniken hierzu war CGI (Common Gateway Interface), bei dem über entsprechende Implementierungen (z. B. in Ruby oder Python) zur Laufzeit HTML erzeugt werden konnte.

Allerdings hatte CGI immer mit Performance-Problemen zu kämpfen und ist heutzutage größtenteils durch serverseitige Technologien wie

- Active Server Pages (ASP),
- Java (JSP, Servlets, ...),
- PHP

und andere verdrängt worden.

Insbesondere Java zeichnet sich an dieser Stelle durch seine Vielfalt an möglichen Frameworks wie Wicket aus, auf deren Basis Webapplikationen entwickelt werden können.

Grundsätzlich lassen sich folgende Programmkategorien klassifizieren:

- Fat Clients
- Rich Clients
- Thin Clients

Webanwendungen waren ursprünglich als Thin Clients konzipiert, die keine eigene Logik enthalten sollten. Schnell zeigte sich allerdings, dass die Ansprüche der Anwender weit über die Möglichkeiten hinausgingen, die der reine HTML-Standard bietet.

Daher entstanden entsprechende Erweiterungen wie DHTML, CSS und JavaScript, die die Möglichkeiten der Darstellung innerhalb des Browsers stark erweiterten, allerdings auch Raum für viele Fehlerquellen waren.

Insbesondere das Problem der fehlenden Standardisierung führte am Anfang zu ähnlichen, aber nicht identischen Implementierungen der gleichen Konzepte (JavaScript vs. JScript).

Erst im Februar 2005 erreichte man durch Kombination der verschiedensten Technologien wie JavaScript, XML und asynchrone Requests (Ajax/Web 2.0) die Möglichkeit, für den Browser Anwendungen zu entwickeln, die sich wie Rich Clients verhalten.

Insbesondere Google machte sich mit Anwendungen wie Google Mail und Google Maps einen Namen und stellte mit dem Google Web Toolkit (GWT) eine mächtige Möglichkeit zur Verfügung, JavaScript-basierte Rich Clients zu entwickeln.

Zusätzlich wird mittlerweile versucht, den Browser als Meta-Betriebssystem einzusetzen und Webanwendungen offlinefähig zu machen, während auf der anderen Seite die mobile Vernetzung immer weiter zunimmt.

A.2 HTTP – ein Protokoll ohne Zustand

Das HTTP-Protokoll ist die Basis für Webapplikationen. Es definiert ein Nachrichtenformat, auf dessen Grundlage Anfragen vom Browser an den Server gestellt und Antwortdokumente vom Server versendet werden.

Das HTTP-Protokoll war in den letzten Jahren relativ wenig Änderungen unterworfen. Es existiert in den Versionen 1.0 und 1.1. Die entscheidende Erweiterung in der Version 1.1 betrifft den Verbindungsaufbau zum Server.

Mussten innerhalb der Version 1.0 zum Laden von referenzierten Ressourcen (wie z. B. CSS- und JavaScript-Dateien) noch eigene TCP/IP-Verbindungen geöffnet werden, so können seit der Version 1.1 mehrere Anfragen über die gleiche Verbindung gesendet werden. Für eine moderne Web-2.0-Anwendung (mit häufigen JavaScript-Requests im Hintergrund) wurde damit eine Voraussetzung geschaffen.

Zum Abruf von Ressourcen vom Webserver stellt das HTTP-Protokoll zwei Varianten zur Verfügung, die sich in der Art unterscheiden, wie Zusatzinformationen zu der URL-Anfrage versendet werden.

A.2.1 HTTP-Get

Per HTTP-Get werden zusätzliche Daten innerhalb der URL verschlüsselt und bleiben beim Speichern des Links erhalten. Dabei wird das Ende der URL durch ein Fragezeichen gekennzeichnet und die zu übertragenden Parameter dann in der Form `key=value` angehängt. Mehrere dieser Parameterpaare können über kaufmännisches Und verkettet werden. Listing A.1 zeigt als Beispiel eine Google-Suchanfrage nach dem Begriff »Wicket«.

```
GET /search?q=wicket&hl=de HTTP/1.1
Host: www.google.de
```

Listing A.1
HTTP-Get

A.2.2 HTTP-Post

Per HTTP-Post werden die Daten innerhalb eines eigenen Headers übertragen und sind in der URL nicht sichtbar. Listing A.2 zeigt die gleiche Google-Suchanfrage, diesmal als HTTP-Post-Request formuliert.

```
POST /search HTTP/1.1
Host: www.google.de
Content-Type: application/x-www-form-urlencoded
Content-Length: 14

q=wicket&hl=de
```

Listing A.2
HTTP-Post

Allerdings handelt es sich bei HTTP um ein zustandsloses Protokoll, was zu einem Problem führte, sobald Benutzerdialoge ins Zentrum des Interesses rückten und mithilfe von HTML-Form-Elementen in Webseiten integriert wurden.

Die Seitenfolge durch die Anwendung sollte von nun an durch die Benutzereingaben in den jeweiligen Seiten bestimmt sein. Abhängig von diesen Benutzereingaben sollten personalisierte Folgeseiten darstellbar sein. Formulareingaben, Klicks auf Hyperlinks und damit verbundene Zwischenergebnisse mussten nun über mehrere Request-Zyklen[2] hinweg zwischengespeichert und einem Benutzer zugeordnet werden.

Zusammengehörige Request-Zyklen eines Benutzers bezeichnet man als »User Conversation« oder Benutzersession.

Doch wie können Benutzersessions auf Basis eines zustandslosen Protokolls technisch umgesetzt werden? Es gibt kein »Gedächtnis« zu vorangegangenen Requests. Ein solches Gedächtnis muss also über die per HTTP transportierten Nutzdaten realisiert werden. Die heute verfügbaren Lösungsansätze unterscheiden sich vor allem dahingehend, ob die Sessiondaten client- oder serverseitig verwaltet werden. Für die clientseitige Verwaltung der Sessiondaten gibt es zwei gängige Varianten:

[2]Ein Request-Zyklus besteht aus einem HTTP-Request, der Verarbeitung durch die Webanwendung und der Antwort der Webanwendung als HTTP-Response.

- In jeder Antwortseite werden die Sessiondaten in ein Hidden-Field (<input type=''hidden'' value=''\ldots''>) serialisiert. Der darauf folgende Request sendet die Daten wieder zum Server, um sie dort schließlich wieder zu deserialisieren. Problematisch hierbei ist, dass unter Umständen sensible Daten in der HTML-Seite sichtbar und damit prinzipiell auch angreifbar sind. Es sollte daher wenigstens eine Verschlüsselung der Daten in Betracht gezogen werden.
- Die Sessiondaten sind komplett in die Anfrage-URL codiert (REST-Prinzip). Hauptproblem bei diesem Ansatz ist, dass die URL nur begrenzt Daten aufnehmen kann.

Aufgrund der genannten Nachteile wird der serverseitige Ansatz in der Regel bevorzugt. Hierzu wird eine künstliche Kopplung der Anfragen an den Server über ein Merkmal zur Identifikation des Sessionspeichers (Session-ID) eines Benutzers vorgenommen. Diese Session-ID muss bei jeder Anfrage an den Server mitgeschickt werden, um serverseitig eine Zuordnung vornehmen zu können, zu welchem Benutzer welche Anfrage gehört.

Hierfür existieren zwei Verfahren:

- URL-Rewriting
- Cookies

Beim URL-Rewriting wird die Session-ID bei jeder Anfrage an die URL angehängt und somit an den Server übermittelt. Dieses Verfahren hat den Vorteil, das sich die Session auf ein Browserfenster beschränken lässt und es problemlos möglich ist, innerhalb mehrerer Fenster in parallelen Sessions auf dem Browser zu arbeiten (falls die dahinterliegende Anwendung dieses Verfahren unterstützt). Allerdings existiert ein entscheidender Nachteil. Da die Session-IDs Bestandteil des Links sind, werden sie von Anwendern häufig beim Verschicken eines Links mitverschickt, was zur Folge hat, dass der Empfänger des Links (falls die Session noch gültig ist) unter falscher Identität Aktionen im System vornehmen kann.

Bei Cookies wird die Session-ID innerhalb eines Speichers auf dem Browser gecacht und bei jeder Anfrage an das Zielsystem per HTTP-Parameter mitgeschickt. Kritikpunkt bei Cookies ist häufig die zu lange Speicherung auf dem System und die damit verbundene Unsicherheit und Nachverfolgbarkeit, welche Seiten besucht wurden, oder die Angriffsmöglichkeit, falls fremde Seiten versuchen die Cookies auszulesen, um an die Session-ID zu kommen (siehe Session Hijacking in Abschnitt 11.6.1).

In Java-Servlet-basierten Webanwendungen werden Benutzersessions durch `HttpSession`-Objekte realisiert. `HttpSession` besitzt eine

HashMap-ähnliche Schnittstelle zur Verwaltung von Sessionobjekten. Der Webcontainer kümmert sich um den Lebenszyklus der HttpSessions, d. h., er erzeugt diese auf Anfrage und gibt sie nach einer eingestellten Zeit der Inaktivität wieder frei.

A.3 Die Bausteine einer Java-Webanwendung

Bei der Realisierung von Anwendungen, die den HTML-Code dynamisch erzeugen, hat sich Java schnell verbreitet.

A.3.1 Servlets

Das erste Mittel, das von Sun für den Zweck der Generierung von HTML zur Verfügung gestellt wurde, waren Servlets. Servlets müssen das Interface `javax.servlet.Servlet` implementieren, in den meisten Fällen wird aber eher das von diesem abgeleitete HTTPServlet verwendet.

Die wichtigsten Methoden dabei sind:

- `init`
- `doGet`
- `doPost`
- `destroy`

Innerhalb der `doPost`- und der `doGet`-Methode kann nun der HTML-Code erzeugt und zurückgeliefert werden. Servlets sind keine eigenständigen Programme, sondern werden innerhalb eines Webservers (auch Servlet-Engine genannt) betrieben, der sich um die komplette Verwaltung der HTTP-Verbindungen und HTTP-Sessions sowie um den Lebenszyklus der Servlets kümmert.

- Die Klasse wird beim Start der Webanwendung geladen.
- Der Webserver ruft die init-Methode des Servlets auf (vorher kann das Servlet keine Anfragen entgegennehmen).
- Nun ist das Servlet imstande, Requests abzuarbeiten. Dabei wird jeder Request von einem eigenen Thread abgearbeitet, der vom Webserver zur Verfügung gestellt und gepoolt wird.
- Wird die Webanwendung heruntergefahren, so wird die destroy-Methode aufgerufen.

Der entscheidende Nachteil von Servlets ist der relativ hohe Aufwand: Da das HTML im Java-Code manuell zusammengebaut werden muss, wird der Java-Code für komplexere Seiten schnell unübersichtlich.

A.3.2 JavaServer Pages (JSP)

JavaServer Pages gehen dabei den umgekehrten Weg, hier erzeugt der Entwickler nicht mehr HTML-Code innerhalb einer Java-Klasse, sondern bettet Java-Befehle in HTML ein. Da der Hauptbestandteil der Seite in den meisten Fällen relativ statisch ist und nur Inhalte ausgetauscht werden, ist somit eine effizientere Entwicklung möglich.

Problematisch wird dieser Ansatz allerdings, wenn zu große Mengen von Anwendungslogik in die Seite eingebettet werden. Die so entstehenden Systeme sind langfristig nicht mehr wartbar. Daher war der nächste Ansatz, die Vorteile von Servlets und JSP zu kombinieren.

A.3.3 Model View Controller (MVC)

Model 2 ist eine Übertragung des Entwurfsmusters Model-View-Controller (MVC) auf den Bereich der Webanwendungen und wurde 1979 zum ersten Mal von Trygve Reenskaug im Rahmen der Weiterentwicklung von Smalltalk beschrieben. Das MVC-Architekturmuster propagiert die Aufteilung von Softwaresystemen in drei Einheiten: Datenmodell (engl. Model), Präsentation (engl. View) und Programmsteuerung (engl. Controller). Das Muster hat grundsätzlich zum Ziel, Anwendungslogik und User-Interface-Belange voneinander zu entkoppeln, um beide voneinander unabhängig (weiter-)entwickeln zu können.

Abb. A-2
Anfrageverarbeitung mit einem MVC-Framework

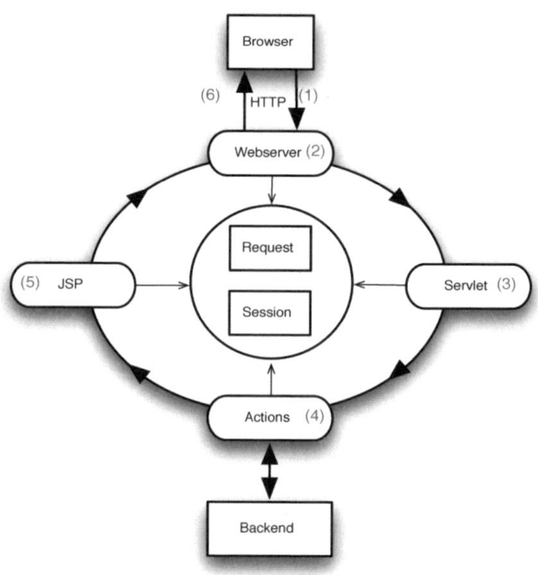

Dabei beinhaltet die in Abbildung A-2 gezeigte Verarbeitung folgende Schritte:

1. Der Browser stellt eine HTTP-Anfrage an eine URL des Servers. Dabei sendet er benötigte Parameter (wie z. B. Formulardaten oder die Session-ID) entweder als URL-Parameter oder über den HTTP-Header mit.
2. Der Webserver nimmt die HTTP-Anfrage entgegen und erzeugt für die weitere Verarbeitung ein HTTPRequest-Objekt (dieses wird im Gegensatz zur Session nach der Verarbeitung des Requests verworfen). Anhand der URL bestimmt er, welche Anwendung für die Weiterverarbeitung des HTTPRequests zuständig ist und delegiert das Request-Objekt an diese.
3. Das zentrale Servlet, das im Model 2 die Rolle des Controllers ausübt, nimmt den Request entgegen und beginnt den Zyklus der Request-Verarbeitung. Dazu gehört z. B. das Erzeugen und Konvertieren der Request-Parameter zu Java-Beans und eine Validierung der Request-Parameter. Anschließend entscheidet es anhand der URL, welche Java-Klasse für die weitere Verarbeitung zuständig ist. Die Zuordnung dieser Klassen (Actions) zu URLs findet dabei meistens über Annotationen oder eine Konfigurationsdatei statt.
4. Innerhalb der Actions wird die eigentliche Anwendungslogik implementiert. Von hier aus wird auf das Backend zugegriffen und dessen Antworten in Form von JavaBeans im Request oder in der Session gespeichert. JavaBeans bilden das Model im Sinne von MVC und sind im Idealfall frei von Abhängigkeiten zur Servlet-API. Anschließend findet eine Weiterleitung zu der JSP statt, die die Darstellung übernimmt.
5. Die JSP greift zur Erzeugung der Ergebnisseite auf die im Request und in der Session liegenden Beans zu. Das durch sie erzeugte HTML wird durch den Webserver zurück an den Browser gesendet, von dem die Anfrage kam.
6. Der Browser zeigt das empfangene HTML als neue Seite an.

Das weitverbreitetste Java-Framework, das auf diesem Mechanismus basierte, war Struts. Mit der Zeit entstanden weitere Implementierungen (Webworks, SpringMVC etc.), die trotz diverser Vorteile nie den Verbreitungsgrad von Struts erlangten.

Seit einigen Jahren geht die Entwicklung stärker in Richtung komponentenbasierter Ansätze (wie JSF [6], Wicket [3] oder Tapestry [8]), die zwar grundlegend auch auf dem MVC-Modell basieren, sich aber nicht auf eine reine Request-basierte Abarbeitung beschränken.

Literaturverzeichnis

[1] K. Beck. *Test-driven development: By example.* Addison-Wesley, 2003.

[2] Alan Cooper, Robert Reimann und David Cronin. *About Face 3: The Essentials of Interaction Design.* Wiley, 3. Auflage, 2007.

[3] Martijn Dashorst und Eelco Hillenius. *Wicket in Action.* Manning Publications, 2008.

[4] Erich Gamma, Richard Helm, Ralph Johnson und John Vlissides. *Design Patterns: Elements of Reusable Object-Oriented Software.* Addison-Wesley, Reading, MA, 1995.

[5] Rod Johnson und Jürgen Höller. *Expert One-on-One J2EE Development without EJB.* Wrox, 2004.

[6] Kito Mann. *JavaServer Faces in Action.* Manning Publications, 2005.

[7] Carl L. Pritchard. *How to Build a Work Breakdown Structure.* Esi Intl, 1999.

[8] Howard M. Lewis Ship. *Tapestry in Action (In Action series).* Manning Publications, 2004.

Index